国家社科基金
GUOJIA SHEKE JIJIN HOUQI ZIZHU XIANGMU
后期资助项目

中共中央西北局体制机制研究（1941—1954）

贺永泰 著

学习出版社

图书在版编目（CIP）数据

中共中央西北局体制机制研究 ：1941—1954 / 贺永泰著. -- 北京 ：学习出版社，2024.5

ISBN 978-7-5147-1253-7

Ⅰ. ①中… Ⅱ. ①贺… Ⅲ. ①陕甘宁边区（代军区）—史料—研究— 1941-1954 Ⅳ. ① E297.4

中国国家版本馆 CIP 数据核字 (2024) 第 020217 号

中共中央西北局体制机制研究（1941—1954）

ZHONGGONG ZHONGYANG XIBEIJU TIZHI JIZHI YANJIU (1941—1954)

贺永泰　著

责任编辑：李　岩
技术编辑：刘　硕
封面设计：杨　洪

出版发行：学习出版社
北京市崇外大街11号新成文化大厦B座11层（100062）
010-66063020　010-66061634　010-66061646
网　　址：http://www.xuexiph.cn
经　　销：新华书店
印　　刷：北京市密东印刷有限公司

开　　本：710毫米×1000毫米　1/16
印　　张：21
字　　数：355千字
版次印次：2024年5月第1版　2024年5月第1次印刷

书　　号：ISBN 978-7-5147-1253-7
定　　价：45.00元

国家社科基金后期资助项目

出版说明

后期资助项目是国家社科基金设立的一类重要项目，旨在鼓励广大社科研究者潜心治学，支持基础研究多出优秀成果。它是经过严格评审，从接近完成的科研成果中遴选立项的。为扩大后期资助项目的影响，更好地推动学术发展，促进成果转化，全国哲学社会科学工作办公室按照“统一设计、统一标识、统一版式、形成系列”的总体要求，组织出版国家社科基金后期资助项目成果。

全国哲学社会科学工作办公室

序 言

我的博士研究生贺永泰承担的国家社科基金后期资助项目的研究成果《中共中央西北局体制机制研究（1941—1954）》一书即将付梓。他请我给本书作序，我欣然应允。

永泰是复旦大学马克思主义学院2008级中共党史专业博士研究生。本书是在他2011年博士论文《中共中央西北局组织系统研究（1941—1954）》的基础上成功申报国家社科基金后期资助项目的研究成果。还记得他们那一级博士论文开题前，永泰向我汇报准备情况，言及他想研究中共中央西北局（以下简称西北局）。我一听，觉得这个选题好，有重要的研究价值，且适合他。因为他来自西北，在延安大学任教，而西北局1941年在延安成立。另外，他做这个题目，还有一种情怀在里边，就是西北人研究西北局，更为合适。但具体研究西北局的什么问题，我们经过讨论，决定从组织和制度的维度入手，这样也符合西北局自身的性质，于是将题目定为《中共中央西北局组织系统研究（1941—1954）》。题目中使用"组织系统"一词，源自中国共产党第三次修正章程决案和中共六大党章。总的来讲，永泰的博士论文属于组织机构研究，主要讨论了西北局的组织体制，特别是领导体制，但对工作机制着墨不多，因此这项研究还有进一步深化和扩展的空间。

申报国家社科基金后期资助项目时，永泰把题目改为《中共中央西北局体制机制研究（1941—1954）》。与博士论文相比，这个题目站位更高了，研究视野也更宽了。这个课题属于中共党史中的制度研究，又分作体制机制两个方面，而此二者又合为一体、不可分割，并在内容上加强了对机制的研究。整体而言，研究的学术性和原创性较原来更强了，研究价值更大了。这也是由制度本身的重要性决定的。

全书共10章内容，近30万字，较博士论文厚实多了，也完整多了。

通览全书，体制机制贯穿始终。体制方面，论及西北局的性质与职责、党的组织系统、领导体制、工作机构、党报党刊与党播、民族工作体系，以及西北局与中共中央的关系等。这些内容均属于体制的范畴，这部分研究有观点有深度。与体制相联系，又单列一章论述了西北局的领导方式，并将领导体制与领导方式分开论述，各有侧重，处理得当。机制方面，含括领导和工作机制，突出主体——活动这一机制的基本含义，重点论述了领导机构及成员、工作机构及人员的工作方式。全书当中，这一块做得很扎实，也很细。

难能可贵的是，全书从中共党史与党的文献、中国共产党组织史和制度史、西北局与其他中央局比较等维度研究了西北局的体制机制。其中许多内容写得很出彩。如，机关驻地是组织史研究不可或缺的内容，且与其他内容相关联，读者也比较关注这个点，搞清楚是很有必要的。又如，党报党刊党播、民族工作体系与民族区域自治设专章来写，是该课题研究题中之义，特别是党播这个点，研究者大多不大注意，写出来很有新意。再如，书中不乏一些史实考证，考证时用第一手史料说话，并作了不少表解，一目了然。另外，全书最后一章，不落俗套，即没有像传统写法那样总结西北局的历史地位、贡献或作用等，而是从制度化的维度论述了西北局体制机制的特色，主要写了 6 个方面，彰显了西北局与众不同之处，也是对全书内容的一个总结与提升。

全书有以下几个优特点。一是从制度维度研究西北局，重点研究其体制机制，内容含括建立与撤销、性质与职能、党的组织系统、领导体制、领导方式、工作机构、工作机制、党报党刊党播、民族工作体系等，最后总结其体制机制的特色。二是从具体到一般，通过研究中共中央局之一的西北局，可知其他中央（分）局的体制机制，易言之，研究了西北局，在一定程度上也等于研究了中央局，有抛砖引玉之效应。三是全书对体制机制含义的区分、理解和把握清楚、准确，内容方面该写的都写到了，10 章内容，无一不是在讲体制机制，而且有许多地方写得较成熟，有独到之处。四是运用组织学、领导学、政治学的方法研究西北局的组织建制、领导体制和工作机制等，研究方法得当。五是在对一些具体问题的论述中追根溯源，依据党章、文件等的规定，从源头说起。如对陕甘宁边区政府党团（组）、集体领导与个人分工负责制、部委制、会议形式等，从早期的党章、党的建立和大革命时期、苏维埃时期谈起。总之，本书与其博士论文相比，内容更丰富了，结构更合理了，逻辑更严密了，资料更充实了，文字表达更成熟了，学术价值值得肯定。

毋庸讳言，本书也有不足之处。一是理论性略显不足，虽然在研究中强调史论结合、以论带史、论从史出，但论的成分还是有些弱。二是史料方面，有前重后轻之嫌，即 1941 年 5 月西北局成立到 1945 年 12 月间较充实，有《中共中央西北局文件汇集》（7 册）可以利用，但在 1945 年后到 1954 年西北局撤销这一长时段，史料相对不足。三是将制度与经济、政治、军事、文化、社会等方面的工作联系起来论述方面尚需加强。四是视野再开阔一点，如从大历史的角度总结探索包括西北局在内的中共中央局体制机制中带有规律性的东西，既精耕细作，又宏大叙事，把宏观研究与微观分析结合起来。

当然，任何研究都不可能一次穷尽所有的资料，也不是一劳永逸的，总会留下空间供自己或他人继续研究。永泰是一个非常努力和有刻苦钻研精神的学人，希望他今后在中共中央（分）局这个领域继续深耕，有新的突破和发现，多出成果，出好成果。

是为序。

杜艳华于复旦大学光华楼

2024 年 4 月 5 日

目　录

Contents

导 论

一、研究对象的界定

中共党史上有过4个西北局：第一个是中共中央结束长征初到陕北时，对外暂用“西北中央局”名称（1935年11月~1937年5月），书记张闻天；第二个是红二、红四方面军在长征途中组成“中央西北局”（1936年7~12月），书记张国焘；第三个是新民主主义革命和社会主义革命时期的西北局（1941年5月~1954年12月），书记先后为高岗、习仲勋、彭德怀、贺龙等；第四个是社会主义建设时期恢复重建的西北局（1960年11月~1966年5月），[①] 书记刘澜涛。

通常所说的西北局，是新民主主义革命和社会主义革命时期的西北局。西北局是一个简称，其全称在建立后较长时间里一直被称为中共西北中央局或西北中央局。1949年3月1日中共中央作出《关于中央局名称的统一规定》后，各中央局或中央分局一律称为中共中央××局或中共中央××分局。中共西北中央局自此改称为中共中央西北局。

1941年至1954年的西北局拥有13年的历史，值得研究，可作通史研究，也可作专题史研究；可从工作角度进行研究，也可从制度的维度进行研究。本书从制度的维度研究西北局的体制机制。

① 关于该西北局结束的时间有不同的说法。《中国共产党组织史资料》的说法是1966年5月。但有关资料显示，1966年11月24日中共中央电复西北局关于红卫兵追查刘澜涛出狱问题的请示。参见樊天顺、赵博主编：《中国共产党组织工作大事记》，中国国际广播出版社1991年版，第192页。一说为20世纪70年代初各中央局相继撤销。参见廖盖隆主编：《中国共产党历史大辞典》（社会主义时期），中共中央党校出版社1991年版，第152页。

二、研究目的与意义

为什么要研究西北局？主要基于两个考虑，一是为了填补中共党史研究中对包括西北局在内的中央局研究的不足。中国共产党在革命和建设时期，先后建立了多达70个中央局与中央分局[①]，但迄今为止学界关注和研究最多的是中共中央南方局，对包括西北局在内的其他中央局与中央分局的研究相对较少。二是为了填补延安时期中共党史研究中西北局研究的不足。在中共党史上，延安时期有3个13年，即党中央在延安13年（1935~1948年）、陕甘宁边区政府13年（1937~1950年）和西北局13年（1941~1954年）。这3个13年在时空上又有交集，密切相关。学界对前两者的研究相对较多，而对后者的研究相对较少，由此出现一些学者所说的“只见政府不见党”的问题。历史地看，研究党中央在延安13年史和陕甘宁边区史，对西北局的研究不可或缺。

为什么要研究西北局的体制机制？简言之，目的有二。一是因为制度具有根本性，也是创新研究的一个维度。本书首次尝试对西北局体制机制进行研究，以期回答中共中央是如何领导和指导西北局的，以及西北局又是如何执行中央政策的，如何领导所属组织和政军民系统的，如何工作的。一句话，西北局的领导体制是什么，工作机制是什么。二是由此及彼，由点到面，由个别到一般，抛砖引玉，引出对为数众多的其他中央局与中央分局体制机制的研究，从而回答中共中央是如何通过中央局与中央分局来保证中央的政策在各地的贯彻执行，各个中央局与中央分局具体又是如何领导、如何工作的。

此外，之所以研究西北局的体制机制，很重要的一点是，挖掘和利用新资料，特别是西北局文件和档案资料，从而在新资料的基础上作出新的研究。最后，为西北局旧址保护、历史讲解、干部培训等提供新的参考资料，发挥党史学习教育资政育人功能。

---

① 此数据依据《中国共产党组织史资料》统计而成。需要说明的是，有的中央局与中央分局几立几废，有的在不同时期有改建、新建、重建、易名等情形，如北方局、南方局、长江局、中原局、上海局、山东分局、华南分局、内蒙古分局等，所以统计时分别计算或重复计算。

三、研究的学术价值

研究西北局的体制机制是一个具有重要学术意义的课题。其学术价值可概括为以下 4 个方面。

第一，研究西北局的体制机制，并非就西北局研究西北局，还要论及西北局与中共中央之间的关系，及其与其他中央局、中央分局之间的关系。由于西北局是中共中央局之一，因此在一定程度上也可以说，研究西北局的体制机制，就是在研究中央局与中央分局的体制机制。

第二，本课题属于机构研究，具体研究西北局的体制机制，并非西北局史研究，也非西北局专题史研究，因此在研究中遵循组织机构研究的理路架构内容，按照组织机构研究的章法综合运用组织学、政治学、领导学的原理和方法进行多学科研究，从而为通史研究和专题史研究提供必要的参考。

第三，引入政治学中系统、体系、制度、体制、机制、形式、方式、领导、指导等基础概念，对西北局进行制度研究。具体从组织系统、集体领导与委员分工负责制、一元化领导体制、请示报告制度、部委制、会议形式、文件政治、民族工作体系、民族区域自治制度等方面架构全书。

第四，充分利用中共中央文件和西北局文件、报刊资料、组织史资料、口述史资料，以及散见于领导人年谱、文稿、文集、日记、传记、回忆录等文献中有关西北局的资料，建立西北局研究资料库，为深化和扩展西北局研究，也为相关研究提供有益的参考。

四、内容结构及逻辑关系

《中共中央西北局体制机制研究（1941—1954）》全书共 10 章，各章内容及逻辑关系如下。

第一章研究西北局的立废或来龙去脉，将建立和撤销合并为一章。首先叙述中国共产党在西北的萌芽、建立和曲折发展，重点叙述西北局的前身和西北局的建立。然后论述西北局的撤销，概括撤销的过程和原因，重点分析撤销的原因。最后梳理并考证西北局的机关驻地。

由于西北局本身是中共中央的派出机构，所以第二章按照机构研究的理路首先论述西北局的性质与职责，然后结合党章、党的文件论述西北局与中共中央的组织关系和工作关系，最后论述西北局与其他中央局与中央分局之间的关系。

西北局作为中共中央局之一，有其自身的组织系统，所以在论述其性质与职责后，第三章集中论述西北局党的组织系统。内容包括地方组织、党外组织、基层组织、党员和干部。其中，地方组织属于西北局的组织序列，在革命时期又包括根据地党组织和国民党统治区党组织（地下党组织）。

本书研究的重点之一是第四章“西北局的领导体制”。可归纳为 3 种体制：一是从机构设置上概括为三级领导体制，即委员会—常委会—书记；二是在党委制下，实行集体领导与委员分工负责相结合的制度；三是从党政军民学的关系来看，实行党的一元化领导体制。与领导体制相联系，第五章讨论西北局的领导方式，主要是指西北局对所属各级党组织以及同级政、军、民组织的领导方式，而这种领导又主要是指组织领导。

本书研究的重点之二是西北局的工作机制。在论述工作机制之前，首先在第六章中介绍了西北局的工作机构。西北局的工作机构主要由部和委员会构成，故实行部委制。主要工作机构有办公厅、组织部、宣传部、统战部、西北党校、西北财经委员会与西北财经办事处等。第七章重点论述了西北局的工作机制。主要内容包括 8 个方面：会议形式、文件政治、调查研究、工作团与下乡、工作试点、运动与动员、群众路线、检查与总结。

第八章论述西北局的党报党刊与党务广播。西北局领导和工作的很多内容是通过党报党刊与党播传达出来的。西北局在其工作机构中设有报社，后来建立了广播电台。西北局的党报党刊包括“两报一刊”，“两报”即《解放日报》、《边区群众报》—《群众日报》（延安版和西安版）。“一刊”即《党内通讯》。党务广播建立起来以后，西北局的一些重要新闻通过电台广播。

民族问题和民族工作是西北局研究中极具特色、极其重要的内容。因此第九章列专章讨论西北局的民族工作体系与民族区域自治制度。用“体系”和“制度”来架构内容，更契合体制机制研究的范式。本章分为两部分。第一部分论述了西北局的民族工作体系，包括党政系统中的民族工作机构、民族学院。第二部分论述了民族区域自治，主要内容及逻辑是法规—实践—制度。

在上述内容的基础上，最后一章总结论述了西北局体制机制的特色。主要内容包括延安时期西北局的特殊重要性、组织机构之于其他中央（分）局的特色、领导机构和工作机构制度化、民族自治工作制度化、纪检监察制度的独特性、政府党团工作制度化。其中，第一个从宏观上进行论述，首先将西北局自身作为一个机构加以考量，指出其最大的特色和贡献主要集中于延安时期。第二个主要论述与其他中央（分）局相比，西北局的组织机构与众不同、独具特色。最后从 4 个方面具体论述了西北局体制机制的制度化特征。

五、国内外研究状况

西北局是中共中央局之一，所以在文献综述中，将从一般与个别的关系角度出发梳理国内外学界对中央局和西北局的研究状况，先述后评。其中，对国外研究状况，主要从中央局一般的角度进行介绍；对国内研究状况，则从两个方面介绍，一是西北局与其他中央局的比较，二是西北局自身及相关问题的研究。最后在此基础上加以评析。

（一）国外研究状况

西方学者，主要是美国学者对中共中央局的组织及其职能早就有所关注，其研究范围主要涉及抗战时期到新中国成立初期的中央局。

费正清和费维恺在《剑桥中华民国史》中将中共中央局称作地方局，重点论述了延安时期或抗战时期的中共中央局。他们认为，中共中央的下一级组织类型之一是区域性的，与党开展活动的地区相对应。“这些地方局，像中央委员会的各部门那样，对延安的党中央负责。它们通过指挥系统向下监督各分局（主要位于华北根据地）以及下级委员会和支部的工作。在地方局以下，也像中央一样设有职能部门，但形式上有所简化。”[①]虽然文字不多，但已经论及中共中央与中央局的关系、中央局与中央分局的关系，以及中央局、中央分局的工作机构设置等，是目前所见国外学者对于中共中央局最早的研究。

---

① 莱曼·范斯莱克：《中日战争时期的中国共产主义运动：1937—1945 年》，汪朝光译，转引自［美］费正清、费维恺：《剑桥中华民国史》（下卷），刘敬坤、叶宗敭、曾景忠、李宝鸿、周祖羲译，中国社会科学出版社 1994 年版。

李侃如则从国家治理的角度对新中国成立初期6个大区的设立、领导和管理体制及其撤销等问题进行了研究。他认为，1949~1954年，中共组织政权的基本方式是在过渡时期建立一种适度“分权”的机构，然后在条件允许时再把它“集中”起来。中共把全国分成6个大区——东北、华北、华东、中南、西南和西北，并分别设立党、政、军机构进行管理。“各区最初都实行军事管制，条件许可后再转为文官治理”。在他看来，“这种体制反映了中共游击战和根据地的经验。每个大区都在一支由游击战时期中共的部队组成的‘野战军’的统辖下，由一两位党内重要人士来领导，他们通常身兼数职，使他们可以有效地控制该地区的所有活动”。对于6个大区的撤销，他注意到，1952~1954年，中共逐渐把这些要人调出这种大区政治机构，把他们分派到各省或中央。1954年10月，新中国成立5年后，第一次全国人民代表大会在北京召开。这次会议正式宣布中央政府过渡时期结束，并建立以国务院为首的新中国常设治理机构。它把前些年担任过渡时期政府要职的人留任，并正式废除了1949年建立的地区党政军机构。从此，中央将直接领导各省。中国成功而迅速地实现了统一。①

汤森和沃马克同样关注到了新中国成立初期的大区政治。在他们看来，中国政治具有等级制的特征。这种等级制分为4个层次，即中央、中级、地方和基层。其中，中级主要是指省级，1949~1954年特别重要的跨省大行政区也属于这个层级。②他们认为，1949~1952年是一个重建时期。在这个时期，国家划分了六大行政区，大区与大军区相一致，“这样就在军民权力合一的基础上使军事征服的形式自然地流向地区政府的分权体制中”③。汤森和沃马克对六大行政区的关注侧重于政府和军队两方面，而对大区党的组织，即六大中央局却未提及。

由《国外中共党史研究述评》《海外中共党史研究著作要览》和其他新近有关国外中共党史研究的论著可知，国外学者对中共中央（分）局的研究很少，对西北局则没有提及，客观地说也不大可能对西北局进行具体研究，因为国内学界对西北局的研究也不是很多。

---

① ［美］李侃如：《治理中国——从革命到改革》，胡国成、赵梅译，中国社会科学出版社2010年版，第107~108页。

② ［美］詹姆斯·汤森、布兰特利·沃马克：《中国政治》，顾肃、董方译，江苏人民出版社2007年版，第62~63页。

③ ［美］詹姆斯·汤森、布兰特利·沃马克：《中国政治》，顾肃、董方译，江苏人民出版社2007年版，第76页。

（二）国内研究状况

在梳理国内学界对西北局研究现状之前，先简单梳理国内有关中共中央（分）局的资料编纂情况，因为此乃研究的前提和基础。

党的十一届三中全会以来，在中共党史研究中，组织史研究相对较弱，“过去有过一些局部的或专题的散篇叙述，但缺乏全面的系统资料”[①]。自20世纪90年代以来，组织史资料的编辑出版工作有了重大进展。特别是由中共中央组织部、中共中央党史研究室、中央档案馆合编的《中国共产党组织史资料》的问世，为组织史研究提供了全面系统的资料。这套资料是在中共各省、市、自治区委员会组织部给中共中央组织部的上报本的基础上编纂而成的，共13卷19册。在省以下，还出版了数量更巨的市县一级组织史资料。此外，还有原中国人民解放军后勤学院王健英编写的《中国共产党组织史资料汇编》。[②]

中央（分）局文件有的已公开出版，有的为内部本，可供研究之用。诸如《中共中央北方局·综合卷》《中共中央北方局·北方区委时期卷》《中共中央北方局·土地革命战争时期卷》《中共中央北方局·抗日战争时期卷》《中共中央北方局·大事记（1924—1945）》《中共中央华北局重要文件汇编》《中共中央中南局文件辑存》《中共中央西北局文件汇集》《中共中央东南局》《中共中央华中局》《中共中央中原局（1938.11—1941.5）》《抗战初期中共中央长江局》《中共中央南京局》《解放战争时期的中共中央上海局》《南方局党史资料 -2- 党的建设》《南方局党史资料——大事记》《南方局党史资料——军事斗争》《南方局党史资料——群众工作》《南方局党史资料——统一战线》《南方局党史资料——文化斗争》《南方局与新四军的一组文件》《中共中央分局资料专辑（江西党史资料 - 第2辑）》《中共山东分局文件选编》《中共中央北满分局》，如此等等。其中，《中共中央西北局文件汇集》为内部本，共7册。此外，《党

① 中共中央组织部、中共中央党史研究室、中央档案馆：《中国共产党组织史资料》（前言），中共党史出版社2000年版。

② 王健英：《中国共产党组织史资料汇编——领导机构沿革和成员名录》，红旗出版社1983年版；《中国共产党组织史资料汇编：领导机构沿革和成员名录》，中共中央党校出版社1994年版；《中国共产党组织史资料汇编：领导机构沿革和成员名录：从一大到十四大》（增订本），中共中央党校出版社1995年版；《中共领导机构沿革纪实》，广东人民出版社2001年版；《中国共产党组织史大事纪实（1921.7—1937.7）》（第1~4册），广东人民出版社2003年版；《中共中央机关历史演变考实（1921—1949）》，中共党史出版社2005年版；《民主革命时期中共历届中央领导集体述评》（上下卷），中共党史出版社2007年版。

的文献》自1997年至2019年，已从中央档案馆馆藏文献中选出新中国初期各中央局的部分文件，予以公开发表，可供研究参考。其中，发表西北局和华东局文献各3篇、东北局2篇、华北局2篇、西南局1篇。发表西北局的3篇分别是：中共中央批转西北局关于长安县各界代表会议经验的指示（1949年11月2日），中共中央关于甘肃省农代会报告中应注意的两个问题给西北局的指示（1950年4月30日）。[①] 中央转发西北局关于旧人员处理指示的批语（1949年10月22日）。[②] 另外，通过中国知网检索发现，新中国初期，当时的《陕西政报》《甘肃政报》上刊登了十数篇有关西北局的未刊文献。[③]

在档案资料这一块，需要提及的是，1954年12月，全国档案工作会议在北京召开，时任中共中央办公厅秘书处处长、新中国第一任国家档案局局长曾三作了题为《关于目前党的档案工作的一般情况和今后任务的报告》。他在报告中说：这次中央局撤销，中央办公厅召集了各中央局办公厅的负责同志共同商定了集中各中央局档案的办法，从1954年六七月以来，各中央局办公厅都进行了很大的组织工作，把中央局各部委各党组的档案和管理人员，基本上集中完毕。他还说：中央办公厅决定把各中央局的档案和管理人员集中，组成党中央档案馆筹备处，这样一方面能保护已撤销机关的档案的完整，便于以后利用各中央局的档案，一方面也为党中央集中历史档案，建立党的中央档案馆打下了初步基础。历年来中央办公厅秘书处保存了一批档案（其中有许多是地下党保存下来的）；今年大区机构撤销，又完整地保存了各中央局的档案，这是一个良好的基础。[④] 由

① 《党的文献》2009年第4期。

② 《党的文献》2019年第4期。

③ 这些文献是：《西北局在增产节约运动中改善了秘书工作》，《新黄河》1954年3月15日。《中共中央西北局关于集中力量做好春耕工作的指示》，《陕西政报》1953年3月2日。《中共中央西北局关于号召西北全党动员春耕的指示》，《陕西政报》1951年1月31日。《中共中央西北局发出关于加强西北修建铁路工作指示》，《甘肃政报》1951年1月23日。《动员起来做好农村改革工作——中共西北局习仲勋书记在陕西省第一届农民代表大会开幕时的讲话》，《陕西政报》1950年4月1日。《向中共中央西北局彭、习、马书记致敬电》，《陕西政报》1950年3月17日。《关于传达西北局扩大会议决议的报告》，《甘肃政报》1950年2月25日。《中国共产党中央西北局关于整顿干部作风的指示》，《甘肃政报》1950年2月14日。《陕西省委关于贯彻西北局整顿干部作风的指示》，《陕西政报》1950年2月15日。《将新区农村工作提高一步（西北局习仲勋书记在关中地书会议上的总结报告）》，《甘肃政报》1950年1月12日。《克服麻痹思想——马明方主席关于国庆日在群众日报发表的特约撰稿》，《陕西政报》1950年4月16日。《贯彻财经政策与改进工作的方向——贾拓夫副主任在西北财经委员会第二次会议上的闭会词》，《甘肃政报》1950年2月14日。

④ 中央档案馆、中共中央文献研究室：《中共中央文件选集（1949年10月—1966年5月）》第18册，人民出版社2013年版，第69、第74页。

此可知，6 个中央局撤销后，档案保存了下来，这就为中央局历史研究提供了最重要的史料。

上述各种资料无疑对于研究中央（分）局的组织史、制度史和各方面工作等具有重要的参考价值。但是，有资料只是一个方面，更重要的是，要在占有和消化资料的基础上做好研究，形成有价值、有分量的研究成果。应当说，相较于对各个中央局和中央分局的人物、事件、工作等的研究而言，对其体制机制进行研究，资料方面的限制相对较小，重难点在于史论结合，做到以论带史，论从史出。就此而言，现有资料可以支撑对西北局的体制机制有一个基本的把握。

从研究情况来看，中共十一届三中全会以来，党史学界对中共中央局和中央分局、大行政区的研究取得了不少成果，著作如《中共中央南方局历史研究丛书》[①]《抗日战争初期中共中央长江局史》《中共中央东北局：1945—1954》《中共中央机关历史演变考实（1921—1949）》《民主革命时期中共历届中央领导集体述评》《中国大行政区：1949—1954 年》《中共中央机构沿革实录（1921.7—1997.9）》《中国共产党领导体制的历史考察（1921—2006）》《彭真主持东北局》《西南局第一书记》《延安秘密战——中共西北局隐蔽斗争纪实》等。特别是《中共中央南方局史》和《中共中央东北局：1945—1954》这两部著作开创了中央局历史研究的先河，是中共党史研究中关于中央局史研究的开创性著作，对我们进一步研究中央局和中央分局的历史具有重要的参考价值。文章方面，在众多中央局中，研究最多的是南方局，其次是西北局、北方局、中原局、西南局等。从题目和内容看，工作研究居多，诸如群众工作、统战工作、军事工作、文化工作、民族工作、青年工作、妇女工作、外事工作、信访工作等；其次是调查研究、党的建设、组织机构、领导方式、领导成员、历史沿革、会议研究等。这些文章，有的属于学术论文，有的属于纪实类文章，主要研究的是民主革命时期的中共中央（分）局，对于新中国成立后的中共中央（分）局的研究较少。总之，中共中央（分）局研究是中共党史、中共组织史和中共制度史研究的题中应有之义。学界对此虽有研究，但尚嫌不够，与中共中央（分）局在中共党史和共和国史中的地位和作用

① 这套丛书共 7 卷，以《中共中央南方局史》为主干，以《中共中央南方局的统一战线工作》《中共中央南方局的党建工作》《中共中央南方局的文化工作》《中共中央南方局的军事工作》《中共中央南方局的群众工作》《红岩精神研究》等一期专题类六部书为支干。此外，还有先此出版的《中共中央南方局大事记》《回忆南方局》《中共中央南方局历史图集》。

还不相称，还有很多值得深入挖掘和研究的问题。

在西北局研究方面，已出版两本书，一本是口述史著作《在西北局的日子里》（石杰、司志浩主编，陕西师范大学出版总社 2013 年版），另一本是纪实类著作《延安秘密——中共西北局隐蔽斗争纪实》（郝在今著，解放军出版社 2018 年版）。论文方面，已发表西北局及相关问题的硕博论文 20 余篇，期刊、会议、报纸文章百余篇（截至 2023 年 12 月）。这些论文和文章主要论及西北局的统一战线工作、调查研究工作、民族工作、民族区域自治、1942 年高干会、西北财经办事处、土地改革、经济工作、群众路线、接管西安、《边区群众报》、《解放日报》、《党内通讯》、党的一元化领导、组织系统、西北局与西北民盟、毛泽东与西北局、任弼时与西北局、习仲勋与西北局、西北局研究综述等。要言之，在西北局研究中，工作研究较多，制度研究较少；对 1941~1945 年的西北局研究较多，对 1946~1954 年的西北局研究较少。总的来看，学界对西北局虽有关注，但研究还很不够，还有进一步深化和扩展的空间。

另外，为纪念中共中央西北局成立 70 周年和 80 周年，学界曾举办过两次学术研讨会。第一次是 2011 年 9 月 24~25 日，由中国延安干部学院和陕西省社会科学院联合有关单位共同发起、中国延安干部学院主办的纪念中共中央西北局成立 70 周年学术研讨会在延安举行。① 第二次是 2021 年 9 月 29 日，由陕西省社会科学院主办的纪念中共中央西北局成立 80 周年学术研讨会在西安举行。这两次学术会议对西北局的历史贡献、组织、高干会、人物、统战工作、民族工作和党的建设等进行了研讨。

六、研究思路与方法

以马克思主义的历史唯物主义和辩证唯物主义为指导，首先梳理西北局的来龙去脉，厘清其从建立到撤销的历史，并对撤销的原因进行分析。然后重点论述西北局的性质与职责，及其与中共中央和其他中央（分）局的关系，西北局的组织序列、机构设置、领导体制、工作机制等。最后总结论述了西北局的体制机制在中共党史，特别是中共组织和制度史上的特色。

本书总的来说属于组织机构研究，研究中共中央西北局这一中共中央

① 《纪念中共中央西北局成立 70 周年学术研讨会》，《中国延安干部学院学报》2011 年第 6 期。

派出机构，这一个中央局。进一步来说，属于制度研究，具体研究西北局的体制机制。根据研究对象及其特点，采用以下几种研究方法。

组织学方法。西北局是中共中央的派出机构，它又有自己的领导机构和工作机构，及所属组织和党外组织。因此，本课题将按照组织机构研究的方法，重点研究西北局的领导体制和工作机制，并综合运用组织学、政治学、领导学和党的建设的原理和方法进行多学科研究。对西北局的立废、组织系统、领导体制、会议机制、党团（组）制度、纪检监察制度等，结合党章进行论述。

系统论方法。将西北局作为一个组织系统加以考量，既研究其领导机构和工作机构、领导体制与工作机制，又研究其组织序列，包括地方组织、同级组织、基层组织、党员干部，还研究其与中共中央、与其他中央（分）局之间的关系，以及其对同级政军群组织的领导方式及党政军民间的关系等。

一般与个别相结合及比较分析。西北局是为数众多的中央局之一。研究西北局，离不开中央局一般，对中央局的许多论述同样适用于西北局。因此，在研究中，将按照由一般到个别、由个别到一般的逻辑进行研究。与其他中央局与中央分局相比，西北局在体制机制方面又表现出其个性或特殊性，特别是延安时期的西北局。对此，将运用求同求异法进行比较分析。

史论结合，以论带史，论从史出。本书属于中共党史研究，但重点是对西北局的组织机构和体制机制进行研究，因此在研究中固然要重史料，尤其是挖掘新史料，但又不能唯史料，更不能堆砌史料，应在消化史料的基础上加强合乎历史和逻辑的理论分析和推演，夹叙夹议，做到顺理成章，论从史出。

考据法。在有关西北局资料和著述中，有的名称、时间、地点、会议、人物和职务等尚未厘清。例如，西北局机关驻地，在转战陕北和南迁西安时到过何地、何时出发、何时抵达；西北局高干会总共开了几次，确切名称叫什么，何时召开，何时结束，中央领导有谁出席发言了；1945年西北局历史座谈会，何时召集、何时结束、哪些人发言了；高岗何时赴东北，习仲勋何时担任西北局书记等。特别是研究中发现，有许多回忆录、传记和大事记等有不少疏漏和错误，与年谱不一。即使年谱在有些问题上也有错误。至于一些著作，不确当之处就更多了。诸如此类，均须加以考实，即使仍搞不清楚，也应加以说明或存疑以待进一步考实。

七、创新点与重难点

本书力求有所创新，主要有两点创新。

一是从制度的维度进行研究，而非专题研究或工作研究。也就是说，从制度层面研究西北局，研究其组织建制、领导体制和工作机制，及各方面关系，而不是具体研究政权工作、经济工作、军事工作、统战工作、民族工作、群众工作等。当然，围绕体制机制，必然要涉及工作，因此在研究过程中，又将制度与工作结合起来。

二是在资料上推陈出新。在研究中，除了利用1941~1945年的西北局文件、中共中央组织史资料等外，将《边区群众报》《群众日报》《党内通讯》《解放日报》《人民日报》等报纸以及散见于领导人年谱、文稿、文集、日记、传记、回忆录等文献中有关西北局的资料整理出来。通过研究和写作，整理形成西北局研究资料库。

本书重点对西北局体制机制进行归纳和论述，并总结其在中共组织和制度史上的特色和贡献，这是由制度本身的重要性决定的。难点是如何搜集、整理和消化纷繁复杂的史料，并在史料基础上增强理论分析和创新性研究。

八、写作说明

本书是在博士论文《中共中央西北局组织系统研究（1941—1954）》的基础上立项为国家后期资助项目的研究成果。在提交项目申报书时，对本课题与博士论文的不同之处作了说明，对题目作了修改，重新架构了内容，充实了史料。立项后，收到了匿名评审专家对本课题研究提出的宝贵意见和建议，在完成过程中予以充分吸收，并据此对内容结构作了进一步的调整和完善。

第一章　西北局的建立、撤销及机关驻地

西北局是抗日战争时期中共中央在西北地区建立的中央局。它是在西北地方党组织发展壮大的基础上建立起来的。1941 年 5 月在延安成立。1947 年 3 月，国民党胡宗南部进攻延安，西北局撤离延安，1948 年 5 月重返延安，一年后进驻西安。1954 年 12 月，西北局随整个中央局建制的撤销而撤销。其机关驻地先后为延安—转战陕北—重返延安—进驻西安。

一、中共党组织在西北的萌芽和建立

党的创建和大革命时期，中国共产党的组织系统由中共五大之前的支部、地执委、区执委、中央四级逐渐演变为中共五大以后的中央、省委、县（市）委、区委、支部五级。中共五大后，依据新党章，中共中央将各地原“区委”（即区执委）统一改称为省委。

在西北地区，党最早在陕西的关中、绥德以及甘肃等地建立起来。这些地区的中共党组织先后经历了支部或特别支部（简称特支）、地方执行委员会（简称地执委）和区执行委员会（简称区执委）①、省委、市委或县委等组织形态。

1925 年 10 月下旬，中共西安特支建立，这是中共组织“在西北上的萌芽”。12 月，三原特支和赤水特支建立。到 1926 年年初，西安城内已有党员 20 多名，在特支基础上建立了中共西安地执委，下属三原、赤水等地的支部或特支。12 月，临时性的陕西党团联席会议成立，下属西安、

① 中国共产党成立初期，党的地方组织建制包括地方执行委员会和区执行委员会。中共二大、三大和四大党章都把党的地方组织规定为地方、区两级，并分别设立执行委员会。四大党章首次把支部确定为党的基层组织，并规定地方执行委员会隶属区执行委员会，支部隶属地方执行委员会，如各支部所在地尚无地方执行委员会时，则由区执行委员会直辖。

渭南2个地执委和11个特支，有党员388名。中共绥德特支是在1926年5月之前建立起来的，受中共北方区执委领导。6月，在特支基础上组建了中共绥德地执委。1927年2月，绥德地执委改归中共陕甘区执委领导。1925年12月，甘肃特支建立，1927年2月停止活动。

为了统一领导陕西和甘肃两地党的组织与革命运动，中共北方区执委于1926年12月向中共中央建议尽早建立陕西境内的区委组织。1927年1月，中共中央决定成立中共陕甘区执行委员会。2月，陕甘区执行委员会建立，负责领导陕西、甘肃两省党的工作。3月，陕甘区第一次代表大会选举产生了区执委领导机构。到7月，陕甘区执委下属7个地执委、4个部委和直属的16个特支、4个支部。

1927年7月，中共陕甘区执委撤销，中共陕西省委随之建立。省委成立后，按照《中国共产党第三次修正章程决案》（1927年6月）规定的新的组织建制，即增设省委员会、市或县委员会，将西安地执委改为市委，将渭南、绥德等地执委改为县委。到1927年9月，陕西省委下属1个市委、7个县委、3个区委、20个直属特支和支部，共有党员1681名。①

党的建立和大革命时期西北地方党组织的建立和初步发展，特别是中共陕西省委的建立，标志着西北地区中共地方党组织由小到大、由少到多、由低到高建立并发展起来，为后来党在西北地区的发展壮大奠定了组织基础。

二、党在西北的发展

土地革命战争时期，西北地区中共地方党组织在两条战线上发展。第一条战线是革命根据地，第二条战线是国民党统治区。

（一）陕甘宁革命根据地中共党组织及其隶属关系

陕甘宁革命根据地中共地方党组织的发展先后经历了特委、工委、省委等几种组织形态。

第一，中共陕北特别委员会和陕甘特别委员会。中共陕北特委自

① 中共中央组织部、中共中央党史研究室、中央档案馆:《中国共产党组织史资料》第2卷（下），中共党史出版社2000年版，第1919页。

1928 年 4 月成立至 1933 年 3 月间，属于国民党统治区的党组织，曾先后受中共陕西省委、中共中央北方局和中共河北省委领导。自 1933 年 3 月起，陕北临时特委归中共中央驻北方代表孔原领导。7 月，陕北临时特委扩大会议根据中共中央驻北方代表的指示，决定建立陕北根据地，组建新的陕北特委。特委书记先后为马明方（代理）、崔田夫。在陕北特委的领导下，1934 年夏，陕北游击队总指挥部在红二十六军第三团的支援下，粉碎了国民党军队对陕北根据地的第一次"围剿"，创建了包括 10 余县在内的陕北根据地。到年底，陕北特委下属府谷、神木、佳县、横山、米东、吴堡、绥德、绥清、清涧、安定、赤源、延川 12 个县委。1935 年 1 月，陕北特委根据上级指示，在赤源县白庙岔（今属安塞县）成立中国工农红军第二十七军和陕北省苏维埃政府，主席马明方。①

陕甘边特委的建立较陕北特委要晚，但政权、军队和根据地的建立较陕北要早。1932 年 6 月，中共中央上海北方工作会议作出《关于开展游击运动与创造北方苏区的决议》。根据这个决议，中共陕西省委有组织地开始了建立工农武装、建设革命根据地的工作。12 月，红二十六军正式组建，开始创建陕甘边根据地。1933 年三四月间，党的组织——中共陕甘边区特委和政权组织——陕甘边区革命委员会在耀县照金镇相继成立。陕甘边区特委归中共陕西省委领导，下属旬邑、耀县两个县委。特委书记先后为金理科、秦武山，革命委员会主席周冬至。7 月，由于中共陕西省委被国民党破坏，陕甘边区特委与陕西省委的联系中断。10 月，以照金为中心的陕甘边革命根据地遭到国民党第十七路军及地方民团的"围剿"，机关驻地薛家寨失守，陕甘边特委率领党政军干部和部分武装转移至甘肃省华池县南梁堡一带。11 月初，特委与陕甘边红军临时指挥部在合水包家寨召开会议，决定恢复红二十六军，成立红四十二师，重建陕甘边根据地。1934 年 2 月，红四十二师重建陕甘边区革命委员会，主席习仲勋。5 月，红四十二师党委在南梁寨子湾会议上健全了陕甘边区特委，书记张秀山，同时成立了陕甘边革命军事委员会，主席刘志丹。同年夏，在特委和红四十二师党委的领导下，以南梁为中心的陕甘边革命根据地基本形成。特委书记张秀山、惠子俊，设秘书长、组织部、宣传部、布尔什维克生活编辑部等工作机构，下属陕甘边南区委员会、耀县委员会和赤淳工作委员

① 中共中央组织部、中共中央党史研究室、中央档案馆：《中国共产党组织史资料》第 2 卷（中），中共党史出版社 2000 年版，第 1006~1010 页。

会。11 月，陕甘边区在南梁荔园堡工农兵代表大会上选举产生了陕甘边区苏维埃政府，主席习仲勋。[①]

第二，中共西北工作委员会。1935 年 2 月，陕甘边区特委和陕北特委在赤源县周家硷举行联席会议，两个特委的主要领导人惠子俊、刘志丹、崔田夫、郭洪涛等 20 余人出席了会议。会议决定成立中共西北工作委员会和西北军事委员会，撤销陕北特委。陕甘边区特委继续存在，由西北工委领导。[②]陕北特委撤销后，其所属神府工委和其他县委由西北工委直接领导。西北工委书记先后为惠子俊、崔田夫（代理），委员惠子俊、崔田夫、刘志丹、谢子长、习仲勋、马明方、郭洪涛、张秀山、高岗 9 人，设组织部、宣传部、妇女部等工作机构，下辖陕甘边区特委、神府工委和陕北 14 个县委。[③]西北工委成立时隶属中共中央驻北方代表孔原领导。6 月，中共中央决定恢复北方局，西北工委改由北方局领导。西北军委主席刘志丹。在西北工委和西北军委的共同指挥下，红二十六军和红二十七军并肩战斗，粉碎了陕、甘、宁、晋 4 省军阀对陕北和陕甘边两块根据地的第二次"围剿"，于 1935 年夏相继解放延川、延长、安定、安塞、保安和靖边 6 座县城，使陕甘边和陕北两块根据地连成一片，史称西北革命根据地。

第三，中共陕甘晋省委。1935 年 7 月初，朱理治受中共中央驻北方代表孔原派遣来到陕北工作。15 日，朱理治在永坪镇主持召开中共西北工作委员会扩大会议，传达中共中央驻北方代表的 5 封指示信，提出要在陕甘党内"开展反对右倾取消主义的斗争"，并作出《特委扩大会议决议案》。[④]8 月，上海临时中央局派出的代表聂洪钧也随后到达陕北。9 月，中共鄂豫陕省委程子华、徐海东等率中国工农红军第二十五军从鄂豫陕边区北上到达西北根据地的延川县永坪镇，与西北工委及红二十六军、红二十七军会师。为了加强对西北根据地的统一领导，根据北方局指示，朱理治、聂洪钧和程子华 3 人组成北方局派驻西北代表团，朱理治任书记。

---

① 中共中央组织部、中共中央党史研究室、中央档案馆：《中国共产党组织史资料》第 2 卷（中），中共党史出版社 2000 年版，第 1025~1027 页。

② 关于中共西北工作委员会成立时陕甘边区特委是否继续存在，《中国共产党组织史资料》的说法前后自相矛盾。据该资料第 2 卷第 1025 页的说法，1935 年 2 月，陕甘边区特委撤销。又据第 1035 页的说法，陕甘边区特委继续存在。后者正确。

③ 中共中央组织部、中共中央党史研究室、中央档案馆：《中国共产党组织史资料》第 2 卷（中），中共党史出版社 2000 年版，第 1035~1036 页。

④ 《刘志丹文集》，人民出版社 2012 年版，第 113 页。

不久西北代表团在永坪镇主持召开了西北工委、鄂豫陕省委和军队主要领导干部会议。会议决定撤销中共西北工委和鄂豫陕省委，以原西北工委下属组织分布区域为辖区，成立中共陕甘晋省委员会，归北方局领导。[①] 省委书记朱理治，副书记郭洪涛，委员马明方、王达成、白茜、朱理治、刘志丹、高长久、聂洪钧、徐海东、郭述申、郭洪涛、程子华、慕生忠、慕纯农、戴季英 14 人，先后下设陕甘边区特委、神府工委、陕北第一分区委、陕甘边区南区委员会，并直接领导原属西北工委的 14 个县委和秀延、靖边、红泉等县委，以及瓦窑堡市委员会和华池战区委员会等。[②] 会议还改组了西北军事委员会，由聂洪钧取代刘志丹任军委主席。之后，西北革命根据地出现了错误的“肃反”事件。王明“左”倾冒险主义的执行者逮捕了刘志丹、高岗、习仲勋、张秀山、刘景范、马文瑞等一大批西北党政军主要领导干部，红二十六军营级以上、陕甘边地方县级以上干部全部被关押，并错杀了 200 多名陕甘边区的领导干部，根据地陷入严重危机。10 月，“中共中央经过长征到达陕北后，纠正了这个‘左’倾错误，将刘志丹等从监狱中释放出来，因而挽救了革命根据地的危险局面”[③]。

第四，中共陕北省委、陕甘省委和陕甘宁省委。1935 年 11 月初，中共中央政治局会议决定中央对外暂时使用“西北中央局”名义。西北中央局成立后，撤销了中共陕甘晋省委，重新调整了西北根据地的行政区划和党的组织机构：以甘泉县下寺湾为界，南部设陕甘省，北部设陕北省，同时设立了神府、关中两个特区，并按新的行政区划成立了中共陕北省委员会、陕甘省委员会和神府特区委员会、关中特区委员会。其中，除关中特区委归陕甘省委领导外，其余均归西北中央局领导。1936 年 3 月，神府特区委改由陕北省委领导。

中共陕北省委在瓦窑堡市成立。省委设书记、常务委员、执行委员等领导机构，书记先后为郭洪涛、马明方，设秘书长、组织部、宣传部、军事部、白区工作（统战）部、白军工作部和妇女部等工作机构。由于政治形势的变化和组织机构的调整，陕北省委的辖区因陕甘省委的两度撤销而前后有过伸缩，到 1937 年 7 月，先后下辖三边、神府、东地区和关中 4 个

---

① 中共中央北方局资料丛书编审委员会:《中共中央北方局》(综合卷)，中共党史出版社 2002 年版，第 44 页。

② 中共中央组织部、中共中央党史研究室、中央档案馆:《中国共产党组织史资料》第 2 卷（中），中共党史出版社 2000 年版，第 1035~1040 页。

③ 《毛泽东选集》第 3 卷，人民出版社 1991 年版，第 1000~1001 页。

特委，以及22个直属县委和瓦窑堡、延安两个直属市委。[①]同级政权组织为陕北省苏维埃政府，主席先后为马明方、马佩勋。同月，陕北省委撤销。

中共陕甘省委在甘泉县下寺湾成立。省委设书记、副书记、委员等领导机构，书记朱理治，副书记李富春，设秘书长、组织部、宣传部、军事部、白区工作（统战）部和妇女部等工作机构。到1936年5月，先后下辖关中和陕东两个特委，10个直属县委。同级政权组织为陕甘省苏维埃政府，主席先后为王生玉、李生华、朱开铨。1936年2月间，红一方面军主力东征，国民党东北军趁机侵占陕甘省的大部分区域，使之变成游击区。5月，中共中央电令撤销中共陕甘省委，将其所属的关中特委和甘洛、肤施、红泉、宜川、韩城、澄城、富县等县委划归陕北省委领导，华池县委划归拟成立的陕甘宁省委领导。[②]

为了配合红军西征，开辟新的根据地，1936年5月，中共中央电令成立中共陕甘宁省委，管辖保安、三边、庆北、华池各县，并向西发展，省委机关设在吴起镇。陕甘宁省委受中共西北中央局领导。省委设书记、常务委员、执行委员等领导机构，书记先后为李富春、刘景范，设秘书长、组织部、宣传部、军事部、白区工作部、统战部和妇女部等工作机构。随着红军西征的迅速推进，到1936年下半年，陕北和陕甘边根据地扩大到陕甘宁三省交界一带，形成“陕甘宁革命根据地”。10月，陕甘宁省委将辖区划分为13个县，先后建立健全了中共三边特委、定边中心县委，以及12个直属县委和固原工作委员会。同年冬，陕甘宁省委组建的由蔡畅等人组成的支前工作团又相继建立了合水、庆阳、定环、镇原和驿马关县委或工委。这样，加上原有的13个县（工）委，陕甘宁省委共领导18个直属县（工）委。同级政权组织为陕甘宁省苏维埃政府，主席马锡五，副主席朱开铨。[③]1937年9月，陕甘宁省委撤销。

西安事变发生后，为争取时机，向南发展，1936年12月，中共中央再次成立中共陕甘省委，将前陕甘省委撤销时划归陕北省委管辖的关中特委和其他县委，划给新成立的陕甘省委领导，并将陕甘工委领导的红宜（宜君）县委划归其领导。陕甘省委设书记、委员等领导机构，书记李维

① 中共中央组织部、中共中央党史研究室、中央档案馆:《中国共产党组织史资料》第2卷（中），中共党史出版社2000年版，第1059~1061页。

② 中共中央组织部、中共中央党史研究室、中央档案馆:《中国共产党组织史资料》第2卷（中），中共党史出版社2000年版，第1087~1091页。

③ 中共中央组织部、中共中央党史研究室、中央档案馆:《中国共产党组织史资料》第2卷（中），中共党史出版社2000年版，第1100~1106页。

汉，设秘书长、组织部、宣传部、统战部、军事部和妇女部等工作机构。下辖关中特委、少数民族工作委员会和 7 个直属县委。同级政权组织为陕甘省苏维埃政府，主席刘景范，副主席先后为霍维德、艾楚南。1937 年 4 月，中共中央决定放弃向南发展计划，再次撤销陕甘省委，将其所属的关中特委划归中共陕西省委指导，甘洛、红宜（宜川）、富县县委划归陕北省委领导。①

（二）国民党统治区的党组织

土地革命战争时期，西北国民党统治区中共省级地方组织是中共陕西省委。其活动范围包括陕西省全部和宁夏银川以南、甘肃兰州以东的广大国民党统治区。1933 年 7 月以后，中共陕西省委（以下简称陕西省委）一度被称为陕西党团共同恢复工作委员会、中共西安中心市委，代行省委职权。1935 年夏，陕西省委又重新建立起来。

陕西省委建立后，隶属关系几经变化，先后直属中共中央、中共中央长江局、中共中央北方局、中共河北省委等领导，1931 年 5 月起又复归中共中央直接领导。陕西省委先后遭受 8 次大破坏和 4 次小破坏，重建和改组 17 次，换过 14 任省委书记②，所幸省委组织一直没有中断。省委领导机构设委员、候补委员、常委；个别时间还曾设立过候补常委，这在中共党史上是不多见的。工作机构设秘书、组织、宣传、军事、农民（运）、职工、青年、妇女等部门。省委在全省各地先后建立和领导过 1 个市委即中共西安市（工作）委员会、13 个特委、3 个中心县委和 40 多个县委、县工委。③

大革命失败以后，中共各地党组织大部分遭到破坏，但陕西地区党组织并未受到多大影响，相反还在发展。在中共八七会议确立的“土地革命和武装反抗国民党”方针的指导下，陕西省委在全国较早地领导并发动了清涧起义，并领导建立了党的“特委”④和县委组织。1927 年 10 月和 1928 年 1 月，省委决定分别成立陕南特委和陕北特委，以加强这两个地

---

① 中共中央组织部、中共中央党史研究室、中央档案馆:《中国共产党组织史资料》第 2 卷（中），中共党史出版社 2000 年版，第 1117~1119 页。

② 中共陕西省委书记先后为耿炳光、潘自力、李子洲（代理）、曹趾仁、杜衡、高维翰、孟坚、袁岳栋、刘映胜、余海丰、韩学亚、魏光波、高克林、贾拓夫。

③ 中共陕西省委组织部、中共陕西省委党史研究室、陕西省档案馆:《中国共产党陕西省组织史资料（1925.8—1987.10）》，陕西人民出版社 1994 年版，第 80 页。

④ 中共六大党章在“党的组织系统”增添了“特别区”一级。特别区包括几县或省之一部分。特别区内党的组织是特别区代表会议——特别区委员会（简称“特委”），由省委决定成立，按照县委组织条例或省委组织条例而工作。

区党的领导。到1928年年初，全省44个县建立了党组织，县委增加到10个，党员发展到1820名。二三月间，省委又先后建立了东府特委和陕东特委。4月，陕北特委新建榆林、清涧两个县委，关中地区新建韩城、蒲城、富平、兴平、户县等县委，全省党员总数近3000名。[①]

在此后一年多时间里，陕西出现了第一次革命低潮。1928年四五月间，陕西省委又组织领导了渭华起义、旬邑起义和澄城、淳化等县的农民起义，但均告失败。此后，陕西地区白色恐怖日趋严重，到1929年2月，党、团省委均遭到严重破坏，省委委员大部分被捕，省委下属的党组织，除陕北特委及所属6个县委外，关中地区只剩下渭南中心县委和韩城、乾县、蒲城、富平等县委。全省党员从近3000名锐减到1300名，关中地区只剩下200多名党员，陕西地区革命形势从此转入低潮。到5月，陕西省有县委7个，支部91个，党员1050名。[②]

经历了一段革命低潮以后，从20世纪30年代开始，陕西地区的革命形势又开始好转起来，特别是在刘志丹、谢子长和阎红彦等人的领导下，陕甘游击队和陕北游击队建立起来。1931年10月，根据陕西省委指示，两支游击队合编为中国工农红军陕甘游击队，成为西北地区第一支正规的红军游击队。

随着陕西地区革命形势的好转，党的特委和县委组织在西北国民党统治区又恢复和发展起来。1930年11月，中断一年半活动的陕南特委重新组建起来。截至1931年3月，全省共有党员1400名。[③]1932年10月，陕西省委领导建立渭北特委和渭北革命委员会。12月，陕西省委派吴鸿宾、孙作宾、常黎夫等在兰州建立了甘宁青特委，统一领导甘肃、宁夏、青海三省党的工作。1932年到1933年上半年，关中各县的党组织也逐步得到恢复和发展。到1933年7月，陕西省委所属党组织有：西安市委、陕甘边区特委、陕南特别区委、甘宁青特别区委、西路临时特别区委和三原、韩城、澄城3个中心县委，以及蒲城、渭华、华阴、临潼、户县等直

① 中共中央组织部、中共中央党史研究室、中央档案馆:《中国共产党组织史资料》第2卷（下），中共党史出版社2000年版，第1919~1920页。

② 中共中央组织部、中共中央党史研究室、中央档案馆:《中国共产党组织史资料》第2卷（下），中共党史出版社2000年版，第1920~1921页。

③ 中共中央组织部、中共中央党史研究室、中央档案馆:《中国共产党组织史资料》第2卷（下），中共党史出版社2000年版，第1921页。

属县委。陕西地区（不含陕北）党员人数又恢复到1362人。[①]

但革命形势在好转不长时间后又出现了第二次低潮。1933年7月，因省委书记袁岳栋、常委杜衡被捕叛变，陕西省委机关和各地党、团组织遭到严重破坏，大批共产党员被捕杀害，仅渭北地区就有500多名共产党员和革命群众被捕或被杀，关中幸存的党组织只剩下韩城、临潼两个县委。陕西地区的革命形势又一次转入低潮。在此后两三年中，陕西省委曾5次成立临时省委或其他领导机构，继续开展革命工作。

1935年中共中央率中央红军长征到达西北根据地。在中共中央的直接领导下，陕西国民党统治区党的工作又出现新的转机，1936年12月重新恢复了中共陕西省委。在陕西省委的领导下，陕西国民党统治区党组织有了较快的恢复和发展。1937年4月，中共中央决定将陕甘省委所属的关中特委划归陕西省委领导。5月，陕西省已有26个县重建了党的组织。据不完全统计，到1937年5月，陕西地区共有党员35394名，其中陕甘宁特区34498名（不含中央、省级机关和部队中的党员），国民党统治区896名。[②]

陕西省委自建立以后，机关一直驻在西安，1937年1月，省委机关由西安迁到泾阳县云阳镇，在中国工农红军前敌总指挥部的保护下，领导全省国民党统治区党的工作。

西北国民党统治区中共党组织除了陕西省委及其所属组织外，在陕、甘、宁、晋、绥、蒙等地区还建立了一些特支、特委和工委等党的地下组织。这些组织是：直属中共驻共产国际代表团的西北特别委员会、直属中共河北省委的宁夏特别支部，以及直属中共中央的西北特别支部、蒙古工作委员会、宁夏工作委员会和定边工作委员会。这几个中共地下组织，虽然存在和工作时间短暂，但扩大了党在西北国民党统治区和少数民族地区的影响。抗日战争爆发后，为了发展西北地区的革命形势，加强蒙、回、藏、汉各民族的团结，共同抗击日本帝国主义，党在西北国民党统治区的地下组织和少数民族工作又开始发展起来。

综上所述，土地革命战争时期西北地区中共地方党组织的发展为后来西北局的建立奠定了最重要的组织基础。可以说，西北局的建立，在很大程度上是在这个时期奠基的。

---

① 支益民、刘揆楚：《中国共产党陕西省组织发展沿革概要》，陕西人民出版社1993年版，第51页。

② 支益民、刘揆楚：《中国共产党陕西省组织发展沿革概要》，陕西人民出版社1993年版，第56页。

三、西北局的前身

西北局的前身先后有 3 个，即中共陕甘宁边区党委[①]、陕甘宁边区中央局和中共中央西北工作委员会。

（一）陕甘宁边区党委

陕甘宁边区包括陕北、甘肃和宁夏东南，北起陕北府谷，东临黄河与山西相邻，南达关中淳化南村，西至甘肃镇原，人口约 150 万。自 1937 年春至 1940 年 9 月，陕甘宁边区的中共党组织是陕甘宁边区党委及其下属组织。

陕甘宁边区党委由前述的陕甘省委发展而来。1937 年 2 月，《中国共产党中央委员会给中国国民党三中全会电》中宣布：在全国范围内停止推翻国民政府之武装暴动方针，苏区改为特区，工农政府改名为中华民国特区政府。据此，中共西北中央局结束工作，中共陕甘宁边区委员会成立，郭洪涛任书记。7 月和 9 月，陕北省委和陕甘宁省委先后合并进来，从而形成统一的陕甘宁边区党委。

陕甘宁边区党委选举产生过两届委员会。第一届委员会是在 1937 年 5 月陕甘宁特区党的第一次代表大会上选举产生的，由执委 17 人、候补执委 6 人组成，书记郭洪涛，副书记王观澜。1938 年 4 月，中共中央调郭洪涛去山东领导创建敌后抗日根据地的工作，决定由高岗任陕甘宁边区党委书记。1939 年 11 月，中共陕甘宁边区第二次代表大会选举产生了第二届委员会，书记高岗，副书记王观澜，执行委员同第一届。

陕甘宁边区党委设秘书长、组织部、宣传部、统战部、边区审干委员会、边区党校、边区群众报社等工作机构。先后领导陕北东分区委、陕北西分区委、庆环分委、陇东分委（特委）、神府特委（分委）、关中特委（分委）、三边特委（分委）、洛川工委（特委）、绥德特委以及蒙古工委——绥蒙工委、伊克昭盟工委、后套特别委员会和少数民族工作委员

---

① 1937 年 5 月中共陕甘宁特区委员会建立，同年 9 月 6 日，陕甘宁边区政府成立，陕甘宁特区委员会随之改称为陕甘宁边区委员会。当时边区和特区两个名称通用，为统一起见，从 1937 年 11 月 10 日起统称特区政府，边区党委又改称为特区党委。1938 年 1 月再次改称为边区党委。本书以下统称陕甘宁边区党委。

会，以及直属的中共延安市委员会，延安、安定、延川、延长、固临、甘泉、富县、志丹、安塞和靖边10个直辖县委，并领导同级政、军、民组织。[①]

陕甘宁边区党委是抗战初期中共中央建立的相当于省一级的党委组织。[②]其重要领导成员由选举产生，领导机构和工作机构由本地干部和外来干部共同组成。书记先后由本地干部郭洪涛、高岗担任，外来干部林伯渠、李维汉、李富春、王若飞、陈正人、王观澜、吴亮平、周兴、李坚真（女）、刘长胜、罗梓铭、蔡畅（女）等被选举为边区党委执委和候补执委，并担任重要领导职务。例如，曾任中共豫陕区执委书记、中共中央秘书长和前面提及的直属中共驻共产国际代表团的西北特委书记的王若飞也被选为边区党委委员，担任宣传部部长兼统战部部长。

陕甘宁边区党委成立时机关驻地在延安市衙门西坡，后移至安塞县徐家沟，1939年6月迁回延安小砭沟。

（二）陕甘宁边区中央局

1940年秋，国民党数十万军队对陕甘宁边区实行封锁，边区出现了严重的财政经济困难。为克服时艰，坚持抗战，巩固和发展陕甘宁抗日根据地，使之成为坚强的抗战后方，中共中央决定统一陕甘宁边区党政军的领导，成立中共陕甘宁边区中央局。

陕甘宁边区中央局是由毛泽东提议、中共中央政治局常委会决定成立的。1940年9月，中共中央政治局会议根据毛泽东的提议，决定把中共陕甘宁边区委员会改为中共陕甘宁边区中央局，以统一陕甘宁边区党政军的领导。关于领导成员，决定先由洛甫与高岗、高自立、谢觉哉等酝酿。[③]同月，中共中央政治局会议讨论毛泽东提出的陕甘宁边区工作问题，决定边区中央局组成人员名单和由任弼时领导边区工作，中央局以高岗为书记，谢觉哉为副书记，常委还有林伯渠、萧劲光、高自立、张邦英、王世泰、刘景范。原边区党委名义仍然存在。[④]这里需要说明的是，边区的工

---

① 中共中央组织部、中共中央党史研究室、中央档案馆：《中国共产党组织史资料》第3卷（上），中共党史出版社2000年版，第264~271页。

② 王健英将陕甘宁边区党委列为中共中央驻地方代表。参见王健英：《中共中央机关历史演变考实（1921—1949）》，中共党史出版社2005年版，第397~398页。

③ 中共中央文献研究室：《任弼时年谱》，中央文献出版社2004年版，第384~385页。

④ 中共中央文献研究室：《毛泽东年谱（1893—1949）》（修订本）（中卷），中央文献出版社2013年版，第207、第209页。

作原来由王明分工主管，中央局成立后，经毛泽东提议，决定改由任弼时代表中央领导。①10月，中共中央政治局会议根据任弼时的提议，决定调陈正人任中共陕甘宁边区中央局组织部部长，任作民任陕甘宁边区中央局秘书长，延安地区党政军各部门工作均统一于边区中央局领导，但军事问题须经毛泽东批准。②

陕甘宁边区中央局的领导机构由书记、副书记、常务委员、委员和候补委员等组成。书记高岗，副书记谢觉哉。常务委员高岗、谢觉哉、林伯渠、萧劲光、高自立、张邦英、王世泰、刘景范8人，委员高岗等19人，候补委员李卓然、马文瑞2人，设秘书长、组织部、宣传部、统战部、社会部、陕甘宁边区党校、大众读物社等工作机构。下辖关中、三边、神府3个分委，绥德、洛川、陇东3个特（分）委以及伊克昭盟工委，统一领导陕甘宁边区同级政、军、民组织。③

（三）中共中央西北工作委员会

中共六届六中全会以后，中共中央决定成立几个中央工作委员会以分担党中央的部分工作，中央西北工作委员会就是其中之一。1938年11月底，中共中央书记处会议决定张闻天负责中央西北工作委员会（简称西北工委，也简称西工委，以下统一为西北工委）。西北工委的成员有萧劲光、高岗、高自立、谢觉哉、李维汉、贾拓夫、王若飞、李富春。1939年1月，中共中央西北工作委员会成立，张闻天兼任主任，委员有李维汉、贾拓夫等，李维汉任秘书长，贾拓夫任秘书。④西北工委管理陕甘宁边区以外的陕、甘、宁、青、绥（主要是内蒙古西部伊克昭盟地区）等省党的秘密工作，联系指导陕甘宁边区党委的工作，并把过去负责民族工作的机构合并进来。

关于西北工委的领导称谓、成员组成和人数，说法不一。从相关文献资料可见，大致有4种说法。第一种说法是，西北工委领导称主任，由张闻天担任，委员有萧劲光、高岗、王若飞、高自立、谢觉哉、李维汉、贾

---

① 中共中央文献研究室：《任弼时传》（下），中央文献出版社2004年版，第545~546页。

② 中共中央文献研究室：《任弼时年谱》，中央文献出版社2004年版，第385~386页。

③ 中共中央组织部、中共中央党史研究室、中央档案馆：《中国共产党组织史资料》第3卷（上），中共党史出版社2000年版，第91~93页。

④ 张培森主编：《张闻天年谱（1900—1941）》（上卷），中共党史出版社2000年版，第593、第598页。

拓夫、李富春、张闻天，共9人。[①]此说与《张闻天年谱》的记载一致。第二种说法是，西北工委领导称书记，由洛甫兼，秘书长李维汉，委员有洛甫、李富春、王若飞、邓发、高岗、贾拓夫、陈铁铮（孔原）、李维汉，共十几个人。[②]第三种说法是，西北工委书记由张闻天兼任，秘书长李维汉，委员有张闻天、邓发、萧劲光、高岗、李富春、李维汉、高自立、谢觉哉、贾拓夫、王若飞，共10人。[③]第四种说法是，西北工委书记张闻天（兼），委员有王若飞、李富春、邓发、高自立、贾拓夫、陈铁铮、高岗等。[④]上述4种说法中都提到的委员有张闻天、李维汉、李富春、王若飞、高岗、贾拓夫6人。从资料来源看，第一个来自年谱，中间两个来自回忆录，最后一个来自传记且又主要依据第二种说法。相比之下，《张闻天年谱》和《中国共产党组织史资料》的说法更为可靠。其他说法有可能回忆有误，也有可能中间人员有过变动。《张闻天年谱》前面说委员有8人，加上张闻天本人共9人，后面笼统地说委员有李维汉、贾拓夫等，其他人员与之前的一致还是有所变动，不得而知。

西北工委自身是工作机构，故不存在再设置工作机构，但有工作人员。工作人员有刘春、牙含章（玛尔撒）、张广天、刘庚、何承华、何长庆、周仁山、王铎、朱侠夫（塞农）、孔飞、谷敬、秦毅、陈洪、郑义、沈遐熙、谢华等。[⑤]西北工委撤销后，原有工作人员基本上并到了西北局。

西北工委当时主要指导甘、蒙等省工作，下属组织有甘肃省工委和伊盟工委。其中，甘肃省工委（亦称兰州工委）成立于1937年10月，开始直属中共中央领导，1939年春归新成立的西北工委领导。1940年6月，甘肃省工委机关遭受破坏，1941年11月，西北局将甘肃省工委负责人调往延安，至此，甘肃省工委领导机关结束工作。伊盟工委1938年11月成立，开始受陕甘宁边区党委领导，1939年年初由西北工委和边区党委双重领导，1940年10月又改属陕甘宁边区中央局领导。

中共中央西北工作委员会与前文述及的1935年2月由陕甘边特委和陕北特委合并组成的中共西北工作委员会，名称相似，仅二字之差，但机

① 中共中央组织部、中共中央党史研究室、中央档案馆：《中国共产党组织史资料》第3卷（上），中共党史出版社2000年版，第40~41页。

② 李维汉：《回忆与研究》（下），中共党史资料出版社1986年版，第452页。

③ 周维仁：《贾拓夫传》，中共党史出版社1993年版，第60页。

④ 西北五省区编纂领导小组、中央档案馆：《陕甘宁边区抗日民主根据地》（回忆录卷），中共党史资料出版社1990年版，第541页。

⑤ 李维汉：《回忆与研究》（下），中共党史资料出版社1986年版，第452页。

构性质不同。前者名称中含有“中央”二字，是中央工作机构。而后者则是西北地区中共地方党组织，先后隶属中共中央驻北方代表孔原和中共中央北方局领导。

四、西北局的建立

1941 年 4 月，中共中央政治局会议原则决定，将中央西北工作委员会与陕甘宁边区中央局合并，成立中共西北中央局。委员名单由任弼时与陈云商定。不久，中共中央政治局会议决定西北局正式委员为高岗、王世泰、张邦英、林伯渠、谢觉哉、萧劲光、陈正人，候补委员为李卓然、贾拓夫，高岗任书记。陕西省委改为陕甘省委，隶属西北中央局。[①]5 月 13 日，中共中央书记处发出《中共中央书记处关于成立西北中央局的通知》。[②]同日，西北局正式成立。

虽然西北局成立了，但当时仍被习惯地称为边区党委。后来也曾被西北局常委、边区政府主席林伯渠称为西北党。对于西北局的建立，可从党章和有关文献之规定，以及建立的基础、目的和形势等方面来把握。

首先，同其他中央局一样，西北局的建立依据中国共产党党章之规定，且受到中共驻共产国际代表团意见的影响。中共六大党章第一次明确规定：“为易于指导各党部起见，中央委员会，得按情形之需要，在数省范围内，成立中央执行局。”这里所说的中央执行局就是中央局。《中共扩大的六中全会关于中央委员会工作规则与纪律的决定》和中共七大党章重申了这一规定。值得注意的是，1935 年 12 月，林育英以中共驻共产国际代表团的名义在给张国焘的电文中指出：“因为中国土地之广大，交通之不便，政治经济的不统一与发展之不平衡，特别是中国革命在各地的爆发等原因，中共中央势难全部顾及，因此可以组织中共中央北方局、上海局、广州局、满洲局、西北局、西南局等，根据各种关系，有的直属中央，有的可由驻莫（即莫斯科——引者注）中共代表团代管。”[③]包括西北

① 中共中央文献研究室：《任弼时年谱》，中央文献出版社、人民出版社 1993 年版，第 401~402 页。

② 中央档案馆、陕西省档案馆：《中共中央西北局文件汇集》（1941 年）（内部本）甲 1，1994 年，第 1 页。

③ 《林育英致张国焘电：维护党内团结，一致反对敌人（1935 年 12 月 22 日）》，引自郝成铭、朱永光主编：《中国工农红军西路军 · 文献卷》（上），甘肃人民出版社 2004 年版，第 71~72 页。

局在内的中央局就是根据这些规定和意见建立起来的。而西北局则是在陕甘宁边区这样一个跨边越界的根据地基础上建立起来的中央局。

其次，西北局是在西北地区地方党组织建立和发展的基础上建立起来的。从党的建立和大革命时期的特支（或支部）、地执委、区执委，到土地革命战争时期的中共陕西省委、陕北特委、陕甘特委、西北工委、陕甘晋省委，以及中共中央初到陕北时以“西北中央局”名义直管的陕北省委、陕甘省委、陕甘宁省委，再到全面抗战初期的中共陕西省委、陕甘宁边区党委、中共中央西北工作委员会、陕甘宁边区中央局，最后在不到一年的时间里，陕甘宁边区党委连升二级，由边区党委升为边区中央局，又由边区中央局升为西北中央局。如图 1–1 所示。

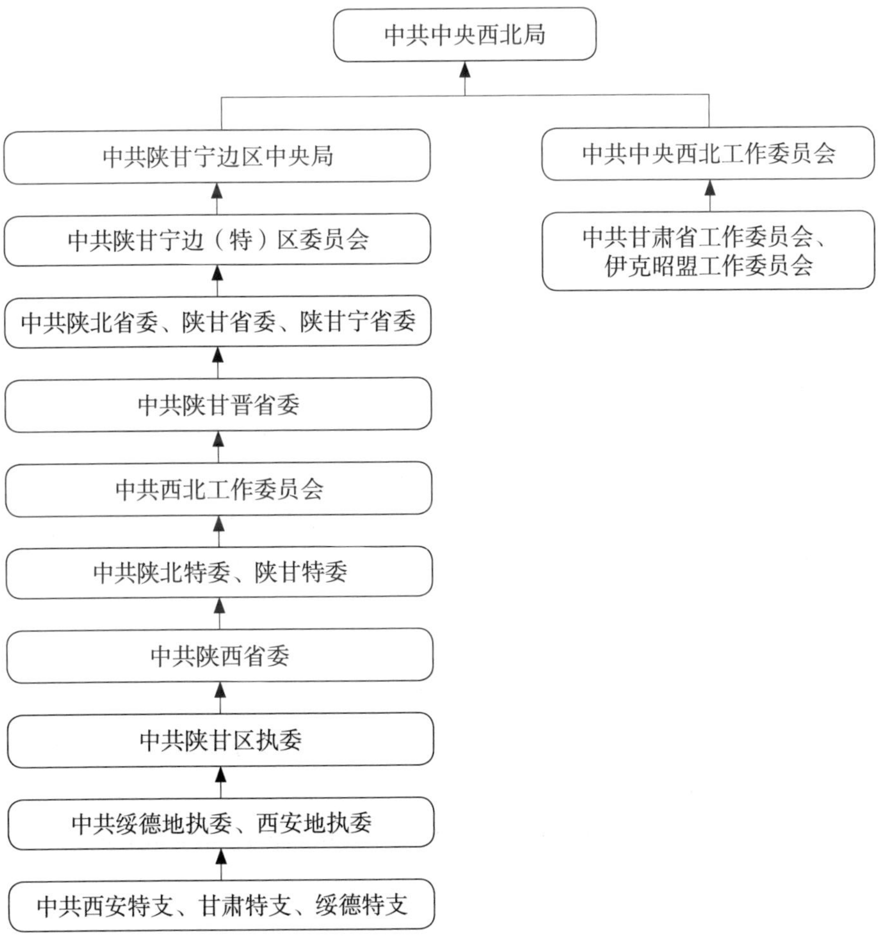

图 1–1　中共中央西北局的建立

再次，之所以要建立西北局，目的是为了统一领导整个西北的工作。因为西北局成立之前，西北地区党的组织和党的工作分作两块，一块是国民党统治区党的组织和党的工作，以及西北少数民族工作，由西北工委分管；另一块是根据地党的组织和党的工作，由陕甘宁边区中央局分管，所以机构不统一，工作也不统一。随着抗战形势的发展，根据地党的工作需要加强，国民党统治区党的秘密工作和少数民族工作也需要加强。为了加强和统一整个西北工作的领导，中共中央成立了西北局。

最后，西北局的成立与当时的国际国内形势也有一定的关系。1941年4月，《苏日中立条约》在莫斯科签订。同月，中共中央政治局会议讨论《苏日中立条约》。毛泽东发言指出：苏日条约订立之后，苏、日双方都得到自由，但对中国问题没有解决。蒋介石目前有三大困难，即财政、外交与中间派问题，中间派对投降与反共都不积极，财政困难更大。目前不会有新的反共高潮，蒋介石进攻陕甘宁边区似还不会立刻到来，但我们必须准备。会议决定由原指导陕、甘、宁、青等省工作的西北工作委员会与陕甘宁边区中央局合并成立西北中央局，统一领导西北工作。[①]

五、西北局的撤销

1954年，西北局撤销。其撤销并无特殊原因，而是随整个中共中央局建制的撤销而撤销的。关于中共中央局的撤销，早在中共七大党章中就有明确规定："此种中央代表机关，在情况不需要时，得撤销或合并之。"由于中央局是中共中央派出机构，具有过渡性或临时性，因此它的撤销是必然的，至于何时撤销，根据需要而定，不需要时即撤销。下面结合整个中央局建制的撤销来分析西北局撤销的过程和原因。

（一）撤销过程

关于中央局的撤销，有两个重要的时间节点需要了解和关注。一个是1952年，另一个是1954年。

1952年，中共中央准备撤销大区一级党政机构，以加强中央的集中

① 中共中央文献研究室：《毛泽东年谱（1883—1949）》（修订本）（中卷），中央文献出版社2013年版，第288~289页。

统一领导。[①] 7月，根据毛泽东的提议，刘少奇交代中共中央副秘书长兼中央办公厅主任杨尚昆、中共中央组织部常务副部长安子文起草《关于加强党中央办事机构的意见》。8月，毛泽东批示："此件我认为可行"。"即照少奇同志建议开始进行准备，从各地抽调一些人来建立一些机构"。"拟于明年初将各中央局的书记抽调回来，以加强中央的领导"。[②] 但事实上并没有等到第二年年初，就在当年，西南、东北、华东中央局的第一书记邓小平、高岗、饶漱石，中南、西北两个中央局的第二书记邓子恢、习仲勋5人，就相继被上调中央工作。11月上旬，周恩来就改变大行政区人民政府（军政委员会）机构与任务、调整省区建制和增设中央人民政府机构问题函报毛泽东。同月中旬，周恩来先后在政务院第158次政务会议和中央人民政府委员会第19次会议上作《关于改变大行政区人民政府（军政委员会）机构与任务，调整省、区建制和增设中央人民政府机构问题的报告》。他在报告中指出：为了适应即将开始的国家大规模经济建设的需要，必须加强中央的统一和集中领导，大行政区一级必须改为虚级，即一律改为行政委员会。我们的政权有七级之多，层次多了，手续一定多，既浪费人力，又浪费时间，效率还很低，因此今后需要逐步减少层次，改为"四实三虚"，即中央、省、县、乡四级实，大行政区、专区、区三级虚。会议通过了《关于改变大行政区人民政府（军政委员会）机构与任务的决定》《关于调整省、区建制的决议》《关于增设中央人民政府机构的决议》。[③] 但因各大行政区的区情不同，故对改变大行政区人民政府（军政委员会）机构与任务的反应也不一样。时任西北局第三书记的马明方根据西北区的具体情况认为"加强中央，加强省级，能归中央管的归中央管，能归省管的归省管，是完全正确的。但大区级仍不宜过于削弱，像如西北那样辽阔，许多具体事情还需要大区级就近处理"。[④] 尽管如此，撤销大区已势在必行。为贯彻中央政府的决定，西北局第二书记、西北军政委员会副主席习仲勋结合大区机构的改变，在西安主持召开了为期10

---

① 中共中央组织部、中共中央党史研究室、中央档案馆：《中国共产党组织史资料》第5卷，中共党史出版社2000年版，第12页。

② 中共中央文献研究室：《毛泽东年谱（1949—1976）》第1卷，中央文献出版社2013年版，第580页。

③ 中共中央文献研究室：《周恩来年谱（1949—1976）》（上卷），中央文献出版社1997年版，第268~269页。

④ 关于西北工作的汇报（1952年8月14日），引自中共陕西省委党史研究室：《马明方》下，陕西人民出版社2001年版，第244页。

天的中共中央西北局扩大会议。12 月上旬，又主持召开了西北军政委员会第 6 次会议，通过了“改变西北军政委员会机构与任务的实施方案”。[①]

1954 年，中共中央和中央人民政府相继作出决定，撤销大行政区党政机构。4 月，中共中央政治局扩大会议决定撤销各大行政区党政机构。6 月，中央人民政府第 32 次会议通过《关于撤销大区一级行政机构和合并若干省、市建制的决定》，决定撤销东北、华北、华东、中南、西南、西北行政委员会。中央的决定下达后，各大中央局积极传达和学习，制定方案并上报中央，获准后宣布撤销。据有关资料，5 月，西北局召开全体委员会议，马明方书记传达中央关于撤销大区一级党政机构的决定。6 月，西北局主要领导出席西北行政委员会第 41 次行政会议，学习中央关于撤销大区行政机构的决定。同月底，西北局主要领导出席西北行政委员会第二次委员会议，马明方书记作《关于撤销大区一级行政机构和合并宁夏省、西安市建制实施方案》。会议总结强调各单位在撤销前，要把应该办的事必须办好，应该解决的问题必须解决好，保证一切工作正常运行。7 月，西北局常委会拟定撤销整体方案并报中共中央。8 月，陕西省委常委会讨论批准并报西北局撤销后准备接收的整体方案，希望西北五省各地遵照执行。10 月，西北局停止与各省行文，除组织部、办公厅尚留少数干部处理遗留工作外，其他各部工作均已结束。11 月，西北局给中共中央上报整体方案。12 月 4 日，中共中央电文 A1544 号，通告批准西北局撤销，并决定由西北局组织部副部长李景膺同志负责主持善后工作。12 月 10 日，西北局正式对外宣布：中共中央西北局撤销。[②] 至此，存在了 13 年又 7 个月的西北局宣告结束。

关于西北局撤销的时间，有 4 月、6 月、7 月、11 月、12 月等几种不同说法。这几种说法把决定撤销时间和实际撤销时间、西北行政委员会撤销时间和西北局撤销时间、中央局建制撤销时间和西北局撤销时间、省市建制调整时间和西北局撤销时间等混淆了。正确的说法应该是：4 月中共中央决定撤销大区党政机构，6 月中央人民政府决定撤销行政机构，7 月中共中央成立地区工作部，11 月西北行政委员会撤销，12 月西北局撤销。

在中央作出决定到各中央局最后撤销期间，为了办理各中央局撤销

① 洪承华、郭秀芝等编：《中华人民共和国政治体制沿革大事记（1949—1978）》，春秋出版社 1987 年版，第 72 页。

② 郭刚主编：《中共中央西北局历史大事记》，中共中央党校出版社 2017 年版，第 211~214 页。

过程中的一些未了事宜和后续工作，1954 年 7 月，中共中央成立了华北、东北、西北、中南、西南 5 个地区工作部，只有华东局没有成立。[①]12 月，中共中央秘书长邓小平向中央提交了《关于撤销地区工作部和成立几个办公室的意见》，指出地区工作部的形式，不仅机构重复（因为中央几个主要的部都设有地区工作处），且不便工作，提议撤销。[②]同年底，地区工作部撤销。[③]这 5 个地区工作部部长均缺职，仅各设一名副部长，华北王从吾，东北高扬，西北张邦英，中南刘建勋，西南张子意。[④]

如何评价西北局的撤销工作，西北局在撤销总结报告里作了自我评价："这次撤销工作，各单位做得都较认真、细致，没有发生工作松懈、中断等混乱现象，达到了'业务交好、接好、当前工作安排好、人员安置好'的要求。各部门在撤销过程中，都没有放松对当前业务工作的领导，对于应办理的事情和应解决的问题仍都认真处理；大多数单位都会召集省市有关部门负责同志开会，并请中央有关部门负责干部参加，安排了今后的工作，接好了各省市与中央主管部门的关系，并总结了几年来工作的主要经验和汇编了基本统计资料。关于档案、物资的清理和移交，机关财务的清算以及家属、病员的安置等工作，也都已有领导有秩序地完成。总的来说，撤销工作是顺利的，健康的。"[⑤]

（二）撤销原因

西北局及其他中央局的撤销，是历史的必然。其撤销原因有现实的和历史的两个方面。

第一，消灭山头和中央加强集中统一领导的需要。前者是历史的原因，后者是现实的原因。山头是中国社会和中国革命的产物，中国共产党是由很多部分结合起来的。毛泽东指出："内战时期，党以及革命队伍被敌人割开了，分为一个白区、一个苏区。白区有这个省那个省，苏区有这

① 1954 年 9 月 13 日，中共中央华东局报告中共中央，称大区撤销后，为加强对上海、江苏、浙江工作的领导，建议成立上海中央局。10 月 28 日，中共中央电复同意。11 月，华东局撤销，上海局成立。参见《中国共产党组织史资料》第 5 卷，第 150 页。

② 中共中央文献研究室：《邓小平年谱（1904—1974）》（中），中央文献出版社 2004 年版，第 1208 页。

③ 中共中央组织部、中共中央党史研究室、中央档案馆：《中国共产党组织史资料》第 5 卷，中共党史出版社 2000 年版，第 59 页。

④ 中共中央组织部、中共中央党史研究室、中央档案馆：《中国共产党组织史资料》第 5 卷，中共党史出版社 2000 年版，第 67 页。

⑤ 郭刚主编：《中共中央西北局历史大事记》，中共中央党校出版社 2017 年版，第 216 页。

个苏区那个苏区，时间很长，达十年之久。抗战时期也是这样，时间很长，有八年之久，也是这个根据地那个根据地。”[①] 这里所说的白区、苏区和根据地就是山头。在解放战争进入战略决战之际，毛泽东指出：“由于我党我军在过去长时期内是处于被敌人分割的、游击战争的并且是农村的环境之下，我们曾经允许各地方党的和军事的领导机关保持着很大的自治权，这一种情况，曾经使得各地方的党组织和军队发挥了他们的自动性和积极性，渡过了长期的严重的困难局面，但在同时，也产生了某些无纪律状态和无政府状态，地方主义和游击主义，损害了革命事业。目前的形势，要求我党用最大的努力克服这些无纪律状态和无政府状态，克服地方主义和游击主义，将一切可能和必须集中的权力集中于中央和中央代表机关手里，使战争由游击战争的形式过渡到正规战争的形式。”[②] 其中所说的中央代表机关，就是指中央局和中央分局。

新中国成立初期，中共在全国范围内设立了 6 个大行政区。在当时，设立大行政区是必要的，而且也不会妨碍国家统一。毛泽东指出：“中国是一个大国，必须设立这样一级的有力量的地方机构，才能把事情办好。应该统一的，必须统一，决不许可各自为政；但是统一和因地制宜必须互相结合。在人民的政权下，产生像过去那样的封建割据的历史条件已经消灭了，中央和地方的适当的分工将有利而无害。”[③] 周恩来指出：“政权组织的划分，要既有利于国家统一，又有利于因地制宜，不能只强调一面。”[④] 但大行政区毕竟是一种过渡性体制，其撤销是必然的，只是时间迟早的问题。1954 年，为适应国家计划经济建设，加强中央集中统一领导，为使各省市直接由中央领导，使中央更能切实了解下面的情况，并有利于培养干部；同时为解决中央一级干部不足的困难，并适当加强省市的领导，中共中央政治局扩大会议决定撤销各大行政区党政机构。1961 年 1 月，中共八届九中全会关于成立中央局的决议指出：“一九五四年，当着我国开始执行发展国民经济第一个五年计划的时候，为了加强中央对经济建设的集中统一的领导和加强省、市、自治区的领导；同时，为了解决中央一级和大批新建厂矿的干部需要，中央决定撤销了各中央局和中央分局。事实

---

① 中共中央文献研究室：《毛泽东文集》第 3 卷，人民出版社 1996 年版，第 252 页。

② 《毛泽东选集》（第 4 卷），人民出版社 1991 年版，第 1346 页。

③ 《会议讨论通过二十六项任命，毛主席说明必须统一》，《人民日报》1949 年 12 月 14 日，转引自《毛泽东著作专题摘录》，人民出版社 1964 年版，第 1018 页。

④ 中共中央文献研究室：《周恩来年谱（1949—1976）》（上卷），中央文献出版社 1997 年版，第 17 页。

证明这一决定是正确的和完全必要的。”[①]

第二，张国焘、王明、项英在组织上的错误和高岗、饶漱石事件的影响。前者是历史的镜鉴，后者是现实的原因。在革命战争年代，中共建立的革命根据地、抗日根据地和解放区，尽管长期处于分散割据的状态，造成一些分散主义，但并不影响解放全国的大局。党内曾出现的张国焘、王明和项英在组织上所犯错误的教训，为中共中央正确处理与中央局的关系、防止其失控或坐大提供了历史的镜鉴。

新中国成立后，全国合并成 6 个大区，每个大区均设立中央局，任何一个不听指挥都会出问题。1952 年，国民经济恢复时期已基本结束，大规模经济建设的时机已经到来，这就要求反对分散主义，加强中央统一领导。1952 年秋，考虑到国家进入建设时期，刘少奇向毛泽东建议将各中央局书记抽调进京，调整、增设中央和国家机关的部分机构，毛泽东和中央采纳了他的建议，于是有了“五马进京”。后来，发生了高岗、饶漱石事件。毛泽东在《论十大关系》中指出：“我们建国初期实行的那种大区制度，当时有必要，但是也有缺点，后来的高饶反党联盟，就多少利用了这个缺点。以后决定取消大区，各省直属中央，这是正确的。”[②]因此，高岗、饶漱石事件加速了大区党政建制撤销的进程。吴冷西后来评价说：1954 年 4 月，中央决定撤销所有中央局，这是高岗、饶漱石事件后中央采取的重大组织措施。这样的措施，当时海外舆论类比如汉代的削诸侯和唐代的罢藩镇，其实质是加强中央集权。[③]他回忆说：田家英赞成 1954 年中央撤销六大中央局，不赞成后来又设六大协作区（后来又形成六大中央局的建制）。田家英认为，汉初罢诸侯是英明的，唐代建藩镇是自乱天下。[④]有学者认为，高岗、饶漱石以大区为基地要挟中央，也是取消大区制的一个直接原因。[⑤]“鉴于高、饶事件的教训，中共中央加快了本来就已准备撤销的中央局、大区行政委员会的步伐。”[⑥]

总之，中共中央之所以成立陕甘宁边区中央局，是为了加强和统一边

---

① 中央档案馆、中共中央文献研究室：《中共中央文件选集（1949 年 10 月—1966 年 5 月）》第 36 册，人民出版社 2013 年版，第 50 页。

② 中共中央文献研究室：《毛泽东文集》第 7 卷，人民出版社 1999 年版，第 32 页。

③ 吴冷西：《十年论战（1956—1966）——中苏关系回忆录》（上），中央文献出版社 1999 年版，第 2~3 页。

④ 吴冷西：《回忆主席与战友》，人民出版社 2016 年版，第 255 页。

⑤ 浦兴祖：《当代中国政治制度》（修订版），复旦大学出版社 1999 年版，第 41 页。

⑥ 辛向阳：《百年博弈》，山东人民出版社 2000 年版，第 171 页。

区党政军工作的领导，更好地把边区建设成为模范的抗日民主根据地。之所以又成立西北局，是为了统一整个西北工作的领导，不仅包括根据地和国民党统治区党的组织与党的工作，而且包括西北地区的少数民族工作。之所以撤销西北局，也主要是为了加强中央的集中统一领导，减少行政层次，加强西北地区省一级的领导。概言之，其立废皆与加强党的领导，特别是加强集中统一领导有关。

六、西北局机关驻地

机关驻地是中央局与中央分局组织史的一个重要组成部分。在中共党史上，各中央局与中央分局都有其机关驻地，有的还不止一个地方。西北局即是如此。下面叙述西北局机关驻地时，对有的时间和地点加以考证，时间尽可能地具体到日期。

西北局 1941 年成立时，机关驻在延安城北张崖村。1942 年 9 月，由张崖村迁到延安城南花石砭。

1947 年 3 月，国民党军重点进攻陕甘宁边区，中共中央机关撤离延安，转战陕北。与此同时，西北局机关也撤离延安，转战陕北和晋西北，机关驻地先后迁至安塞县白庙岔、子洲县马蹄沟、山西临县、绥德义合等地。西北局转战陕北的时间、路线和机关驻地简要勾勒如下。

2 月 20 日，根据中共中央和毛泽东的战略部署，西北局成立前敌委员会和后方工作委员会。前委由习仲勋、张宗逊、王世泰、阎揆要、徐立清组成，习仲勋任书记。后委由马明方、林伯渠、王维舟、贾拓夫、周兴组成，马明方任书记。3 月 13 日，林伯渠等率领西北局和边区政府机关撤离延安。3 月下旬，西北局和边区政府机关暂住安塞真武洞李家渠村，并在此成立了西北局后方委员会，成员有马明方、林伯渠、王子宜、贾拓夫和周兴，统一领导指挥后方工作。4 月 4 日，西北局后方委员会转移到白庙岔。鉴于战争形势，西北野战军总指挥部要求后方机关实行军事化，进行整编。后方党政机关在由平桥向乔家岔转移途中组建纵队司令部。5 月，先后转移到瓦窑堡、榆树峁、牡丹川等地。6 月 7 日，西北局和边区政府决定在子洲县马蹄沟一带驻扎，先头人员从安塞县白庙岔出发。10 日，转战陕北的西北局来到马蹄沟区水浇湾村，习仲勋书记、马明方副书记、组织部长马文瑞、宣传部长张仲实和西北局后委党组成员林伯渠、贾拓夫、王维舟、马锡五、常黎夫、惠中权、王子宜、周兴、范子文、江隆基、唐洪澄等均驻在马蹄沟一带。因习仲勋书记随西北野战兵团行动，西北局由马明方副书记主持工作。7月21~23日，彭德怀、贺龙、习仲勋、马明方和贾拓夫等参加了中共中央在陕北靖边县小河村召开的扩大会议。7月25日，贺龙、马明方和贾拓夫回到马蹄沟，7月27日，习仲勋回到马蹄沟。7月26日，毛泽东致电朱德、刘少奇、康生："中央已召集彭、贺、习、马、贾诸同志开会三天，检讨工作，决定河东、河西统一后方工作由贺负责，西北局回后方主持。"①8月3日，为配合西北野战军转入内线进攻，西北局、联防军和边区政府相继离开马蹄沟水浇湾，经双湖峪、苗家坪、绥德等地东渡黄河，前往山西碛口高家坪。②8月18日，渡过黄河。到达河东后，贺龙与习仲勋、林伯渠研究决定，西北局、联防军和边区政府机关暂住山西临县沙原村一带，立即组织力量支援前线。③后分别移住山西临县林家坪镇南圪垛村、沙垣村，碛口镇高家坪村一带。8月29日，周恩来曾致电杨尚昆转赵寿山：现西北局及边府在河东碛石附近，望兄即往会晤。④10月，胡宗南部进犯陕北失败，从绥德撤退后，西北局机关由山西离石西渡黄河回至绥德，22日入驻义合区薛家渠村，在此居住了7个多月。此间，西北局召开了贯彻《中国土地法大纲》的干部会议，即著名的义合会议。

1948年4月22日延安光复。此后，西北局回驻延安，机关驻在城北王家坪。

为了适应西北战场由陕北向关中南移的形势，支援大军向西北诸省胜利进军，1949年2月21日，中共中央决定西安解放后，将中央西北局、陕甘宁边区政府和西北军区迁至西安。⑤5月20日西安解放。22日，陕甘宁边区政府召开政务会议，决定即日南迁，由刘景范代主席、杨明轩副主席亲率边府机关和大多数工作人员尽快进驻西安。西北局和西北军区同日出发南下。两三天后，贾拓夫、甘泗淇、赵寿山、马明方、贺龙、刘景

① 中共中央文献研究室:《毛泽东年谱（1893—1949）》（修订本）（下卷），中央文献出版社2013年版，第210页。

② 董万寄:《中共中央西北局陕甘宁边区政府在马蹄沟》，三秦出版社2015年版，第196、第203页。

③ 李烈主编:《贺龙年谱》，人民出版社1996年版，第434页。

④ 中共中央文献研究室:《周恩来年谱（1898—1949）》（修订本），中央文献出版社1998年版，第765页。

⑤ 王金昌、张晓东:《陕甘宁边区经济典藏》，人民出版社2017年版，第121页。

范、习仲勋、杨明轩等相继进入西安城内，随即在止园杨虎城将军公馆等处办公。[①] 据《习仲勋传》：5月底，边区党政军领导乘吉普车向西安进发，在洛川住一宿，连夜开会，第二天又在咸阳住下，进一步了解西安的情况和研究进城事宜。进入西安城内，暂住原国民党陕西省政府的新城大院。后习仲勋、马明方等几位领导搬至建国路原国民党西安市市长王友直公馆住宿和办公。6月4日的《群众日报》（西安版）发布重要消息：西北人民领袖、党政军负责同志，中共中央西北局书记习仲勋，中国人民解放军西北军区司令员兼西安军事管制委员会主任贺龙和马明方、刘景范、赵寿山等均已抵达西安。[②] 据《贺龙年谱》：5月24日，贺龙到达西安，人民解放军西安市军事管制委员会正式成立，贺龙为主任。[③] 据马文瑞回忆：西安解放前，西北局就已考虑到将边区党政军机关南迁西安的问题。所以在这一年5月初，在延安成立了陕北区党委、陕北行署和陕北军区，以领导陕北各分区党、政、军工作。5月26日，中共中央西北局、陕甘宁边区政府、西北军区进驻西安。[④] 据《杨明轩年谱》：5月21日，习仲勋、刘景范、赵伯平、杨明轩等领导从延安出发南下西安，22日途经三原，慰问烈士史可轩遗属。[⑤] 据时任中共西安市委秘书长、市委宣传部副部长陈元方回忆：1949年年初，西安解放前夕，西北局根据革命形势的发展，对西安解放后的组织人事工作作了安排。西安解放后，5月25日，他和马明方从初解放的三原来到西安。[⑥] 另据时任西北局常委会议速记员的马松林回忆：西安解放后，习仲勋、贺龙、马明方等领导率领西北、西南两地区县以上干部，从延安王家坪出发向西安进发。途中曾到过三原县，当时三原地下党组织建议在三原留住一天，第二天赶到西安。进驻西安时，从东门进城，进城后当天住在新城树林下，第二天对几个地方清理（扫雷）后，分别入住新城和南、北院门等地，习仲勋、贺龙、马明方等领导及随员住在建国路原西安市市长王友直公馆（现陕西省政协办公地）。7月中旬，在延安的西北局和边区政府机关人员陆续在七八月间到了西安，西北

① 朱凯、郭林、吴璋主编：《陕甘宁边区史（解放战争时期）》，西安地图出版社1993年版，第293页。

② 《习仲勋传》编委会：《习仲勋传》（上卷），中央文献出版社2013年版，第600页。

③ 李烈主编：《贺龙年谱》，人民出版社1996年版，第472页。

④ 《马文瑞回忆录》，陕西人民出版社1998年版，第148页。

⑤ 参见中共陕西省委党史研究室、杨明轩事迹纪念馆、陕西省红色文化发展研究中心编：《杨明轩年谱》，中央文献出版社2016年版，第168、第170页。

⑥ 陈元方：《西安市解放初期的接管工作》。引自政协西安市委员会文史资料委员会、西安市档案馆编：《解放西安》，陕西人民出版社1989年版，第220页。

局机关驻建国路雍村，边区政府驻新城。[①]

综上所述，关于西北党政军主要领导和机关进驻西安的时间、驻地，可以大致确定的是，主要领导先行到达西安，出发时间当为 5 月 22 日，两三天后，即 5 月 24 日或 5 月 25 日相继抵达西安。途中曾在延安的洛川和咸阳的三原留宿，进城后，先暂住西安新城，后西北局领导移驻建国路雍村。而党政军机关及其工作人员则是后来才到西安的，时间在七八月间，西北局机关驻建国路雍村。

关于新中国成立后西北局和西北军政委员会驻地定于西安还是兰州，毛泽东一开始提议建在兰州，后来又提出由西北局重新确定。其大致情形是：8 月 20 日，彭德怀致电贺龙、习仲勋并报中央：22 日攻兰州。野指已到定西。请你们考虑先来定西，以便召开西北局常委会。[②]23 日，毛泽东致电彭张，并贺习：同意在定西或兰州开一次西北局常委会。西北局须准备移至兰州，将来西北人民政府须建立在兰州。[③]10 月 25 日，毛泽东为中共中央起草关于召开西北局会议致西北局并彭德怀的电报，“（二）贺（龙）在京事毕，明日或后日动身回西北。他到西安后，请彭（德怀）决定在 11 月上旬在兰州或酒泉或西安开一次西北局会议，讨论各项问题，包括贺（龙）及十八兵团离开西北进入四川问题，西北军政委员会名单及各省政府名单的最后确定问题等。”[④]11 月 14 日，毛泽东又写信给彭德怀、西北局，关切地询问“西北局诸同志是否已到兰州，你们的会议何日开始？此次会议议程甚多，恐须开会一星期左右。今后西北政治中心定于何处，西安还是兰州，亦须有所决定”[⑤]。11 月 17 日，西北局扩大会议在兰州举行。在西北局机关驻地何处这个问题上，据马文瑞回忆：“兰州会议期间，彭老总还提了一个建议，即把西北局机关由西安搬到兰州。议论中，大家都觉得西北局领导机关驻西安更有利于领导西北各省。彭老总接受了大家的意见，体现了他作为一个大区主要负责人的民主作风。”[⑥]会议决议在陕甘宁边区政府的基础上成立西北军政委员会，代行西北人民政府的职权。1950 年 1 月 19 日，西北军政委员会在西安成立，标志着西北政治中心最终定于西安。

① 马松林：《怀念习仲勋书记》，引自石杰、司志浩主编：《在西北局的日子里》，陕西师范大学出版总社 2013 年版，第 29~32 页。

② 王焰主编：《彭德怀年谱》，人民出版社 1998 年版，第 407 页。

③ 《毛泽东军事文集》第 5 卷，军事科学出版社、中央文献出版社 1993 年版，第 658 页。

④ 李烈主编：《贺龙年谱》，人民出版社 1996 年版，第 479 页。

⑤ 中共中央文献研究室：《毛泽东文集》第 6 卷，人民出版社 1999 年版，第 20 页。

⑥ 《马文瑞回忆录》，陕西人民出版社 1998 年版，第 153 页。

第二章　西北局的性质、职责及其与中共中央的关系

本章主要依据中共中央文件、西北局文件、中国共产党组织史资料、领导人年谱、选集，特别是《任弼时年谱》和《任弼时选集》，以及中共党史人物传记等，首先论述西北局的性质与职责，然后结合党章、党的文件论述西北局与中共中央的组织关系和工作关系。由于西北局是中共中央局之一，因此在讨论其与中共中央之间的关系时，还将论及它与其他中央局与中央分局之间的关系。

一、西北局的性质

关于西北局的性质，可概括为这样三点：它是中共中央派出机构，代表中共中央领导西北地区的党政军民工作，是中国共产党在西北地区的最高领导机关。下面分述之。

（一）中共中央派出机构

相对于中共中央领导机构和工作机构而言，中央局和中央分局属于中共中央派出机构序列。中共中央派出机构主要指涉中共中央局和中央分局，但在土地革命战争时期和抗日战争时期，除了中央局和中央分局外，还包括中共驻共产国际代表团。后者是1928年中共六大以后设置的，其主要任务是沟通中国共产党与共产国际以及各国共产党的联系，1940年3月，中国共产党驻共产国际的最后一位代表任弼时由莫斯科返回延安后，中共驻共产国际代表团结束。

从组织史的角度而言，作为中共中央派出机构的中央局始设于大革命

时期。但作为一种建制的中央局和中央分局建立并初步发展于土地革命战争时期，壮大于抗日战争时期和解放战争时期，特别是解放战争时期，中央局和中央分局设立得最多。在新中国成立后的过渡时期，中共中央在全国范围内按大区设立了6个中央局，并设立了4个中央分局，1954年中央局建制撤销，次年中央分局建制撤销。社会主义建设时期，中共中央恢复重建了6个中央局，“文化大革命”开始后，6个中央局的工作陷入极大的被动，此后一年多停止工作，或归于撤销，从此中央局建制最终退出历史舞台。①

西北局作为中共中央局之一，建立于抗日战争时期，中间经历解放战争时期，结束于新中国成立后的过渡时期，是这3个时期中共中央在西北地区的派出机构，代表中共中央指导西北地区党的工作。在中共中央组织部、中共中央党史研究室和中央档案馆合编的《中国共产党组织史资料》抗日战争时期卷和解放战争时期卷中，西北局排在各大中央局和中央分局之首；在过渡时期和社会主义建设时期卷中，西北局排在6个中央局的最后一个。虽然这只是一个次序问题，但也反映了西北局在这3个历史时期所处地位的不同。

（二）中共中央代表机关

西北局是中央局之一。关于中央局的性质，中共六大党章未作明确规定，只是说中央局由中央委员会指定，并只对中央委员会负责。苏维埃时期，《中央关于苏维埃区域党的组织决议案》指出：中央局或中央分局只是代表中央直接指导和帮助当地党部工作的进行，只能由中央派遣或指定。② 这个决议案第一次明确了中央局或中央分局的性质是代表中共中央指导各地方党的。抗日战争时期，中共六届六中全会重申了这一决定。中共中央总负责人张闻天在《关于抗日民族统一战线的与党的组织问题的报告提纲》中提出，在新的情况下，党的领导系统“在全国组织几个中央局，如北方局、中原局、东南局、南方局等，由中央直接指导，并代表中央直接指导各地方党”，“中央局直接领导几个区党委或省委”。③《中共扩

---

① 据《中国共产党组织史资料》，社会主义建设时期恢复重建的6个中央局结束的时间是1966年5月，但尚未看到6个中央局停止工作的正式文件，仅看到中共中央于1967年8月6日电告东北局停止对东北各省市的领导，自此东北局停止工作。

② 中央档案馆：《中共中央文件选集》第7册，中共中央党校出版社1991年版，第268~269页。

③ 中央档案馆：《中共中央文件选集》第11册，中共中央党校出版社1991年版，第713页。

大的六中全会关于中央委员会工作规则与纪律的决定》规定：各中央局与中央分局在中央决议方针及指令之下，代表中央指导各该地区党的一切工作。[①]1942 年 9 月 1 日，中共中央《关于统一抗日根据地党的领导及调整各组织间关系的决定》，即著名的“九一决定”重申：“中央局与中央分局为中央代表机关，由中央指定之。”[②]上述几个文件是了解中央局与中央分局性质的重要文献。中共七大党章第二章“党的组织机构”第二十七条进一步规定：“中央局与中央分局为中央代表机关，由中央指定，并对中央负责。”这就把中央局与中央分局作为中共中央代表机关的性质确定了下来，并新增了“对中央负责”的内容。

关于西北局的性质，一如上述中共中央文件之规定。这里还需要补充说明的是，当时分工主管西北局工作的任弼时在 1942 年西北局高干会上所作的《关于几个问题的意见》的长篇演讲中明确指出：“西北局是党中央的代表机关。”[③]1944 年 6 月，中外记者西北参观团到延安访问，有中国记者向西北局书记高岗提出书面问题，其中第一个问题就是：中共西北局与中共中央之关系如何？高岗回答说：“中共中央西北局，是中共中央的代表机关，在中央直接领导下处理西北工作。”[④]任弼时的讲话和高岗的答记者问分别从中共中央和西北局领导人的角度明确了西北局的性质是中共中央代表机关，代表中共中央处理西北工作。

（三）中国共产党在西北地区的最高领导机关

相对于所在地区来讲，中央局与中央分局是中共在各该地区的最高领导机关，而非地方最高党部。但在此问题上，党内曾存在过一种错误的做法，就是在组织了中央局或中央分局的情况下便将苏区当地的最高党部委员会代替或取消了。例如，因为鄂豫皖与湘鄂西设立了中央分局，便将鄂豫皖与湘鄂西的特委取消了。有鉴于此，《中央关于苏维埃区域党的组织决议案》中明确指出，中央局或中央分局“只能由中央派遣或指定，而当地最高党部委员会则在公开的领导政权的党中一般的都是由当地党的代表大会产生的，两种组织绝不容混淆与合并起来。过去的错误办法，现应

① 中央档案馆：《中共中央文件选集》第 11 册，中共中央党校出版社 1991 年版，第 762、第 765 页。

② 中央档案馆：《中共中央文件选集》第 13 册，中共中央党校出版社 1991 年版，第 428 页。

③ 《任弼时选集》，人民出版社 1987 年版，第 274 页。

④ 中央档案馆、陕西省档案馆：《中共中央西北局文件汇集》（1944 年）（内部本）甲 5，1994 年，第 79 页。

立即改正”。并强调，中央局或中央分局“在任务上在组织上必须与当地最高党委分别清楚”[①]。由此可知，中央局或中央分局不同于当地最高党部委员会，前者由中央派遣或指定，后者则由当地党的代表大会产生，前者直接指导和帮助后者。后来的“九一决定”规定：“中央代表机关（中央局、分局）及各级党委（区党委、地委）为各地区的最高领导机关，统一各地区党政军民工作的领导”。并规定：“中央代表机关及区党委地委的决议、决定或指示，下级党委或同级政府党团，军队军政委员会，军队政治部及民众团体党团及党员，均须无条件的执行。”还规定：“区党委书记人选，由中央局分局议定，经中央批准之。地委书记人选，由区党委议定，经分局中央局批准之。”[②]相较前面的决议案，“九一决定”将区党委、地委也规定为各地区的最高领导机关，这主要是从加强党的一元化领导的角度来讲的，也进一步明确了中央局与中央分局对区党委和地委的纵向领导关系。相较于后者，中央局与中央分局是更大区域范围内党的最高领导机关。

在西北地区，西北局为代表党中央指导西北党的工作之最高领导机关。[③]这一规定性，可从3个方面来说明。其一，从所领导的区域而言，西北局成立初期，其所领导的核心区域是陕甘宁边区，后来扩大到陕、甘、宁、晋、绥五省，新中国成立后领导西北五省一市，即陕、甘、宁、青、新五省和西安市。其二，从所领导的组织而言，西北局不仅领导陕甘宁边区党组织和国民党统治区党组织，而且领导同级政军群组织，新中国成立后，统一领导西北地区党政军民学或党政军统群组织，掌握党的组织以实现党的任务。其三，从所领导的领域而言，延安时期，西北局主要领导陕甘宁边区的政治、军事、经济、文化和社会建设，新中国成立后，西北局对陕、甘、宁、青、新五省和西安市的政治、军事、经济、文化等方面的工作实行全面领导。

① 中央档案馆：《中共中央文件选集》第7册，中共中央党校出版社1991年版，第268~269页。

② 中共中央文献研究室、中央档案馆：《建党以来重要文献选编》（1921—1949）第26册，中央文献出版社2011年版，第423~425页。

③ 《西北局常委会工作任务和工作细则（1941年9月）》，中央档案馆、陕西省档案馆：《中共中央西北局文件汇集》（1941年）（内部本）甲1，1994年，第178页。

二、西北局的职责

大革命时期和土地革命战争时期，中共中央文件对于中央局与中央分局的职责没有作统一的规定，而是视情形需要作单独的、具体的规定，其行文多用“职权”一词而不是“职责”一词，有时将“职权”与“任务”结合使用，或将“任务”等同于“职责”。如最早建立的“享有全权”的北方局的职权与任务是代表中共中央指导山东、河南、山西、直隶、内蒙古和满洲工作。[①]1927 年 8 月成立的南方局的职权是指导广东、广西及闽南地区的暴动及一切政治军事事宜，根据八七会议精神承担整顿广东、广西和福建三省党部组织之责。在苏维埃区域，鄂豫皖中央分局的“职权系代表中央政治局而高于各省委。中央分局之下视区域宽广与需要，可分设省委或特区委”[②]。在国民党统治区，上海中央局代表中共中央领导党在国民党统治区的工作，负责保持和疏通中共中央与共产国际驻中国代表之间的联系。概言之，这个时期的中央局与中央分局的职责是代表中共中央行使职权，并对中央负责。

抗日战争时期，中共中央对中央局与中央分局的职责作了统一规定，包括 3 个方面：第一，研究与了解该地区情况，贯彻中共中央政策的具体实行；第二，统一领导所属各部门（政府、军队、群众团体）各地区工作，掌握党的组织以实现党的任务；第三，掌握党的思想以达到统一意志，统一行动。[③]西北局的职责是中央局的职责在西北地区的具体化。根据中央规定，西北局将其职责表述为：1. 研究与了解西北情况，贯彻中共中央政策在西北之具体实行。2. 统一领导所属各部门（政府、军队、党、民众团体）、各地区工作，掌握党之组织，以实现党之任务。3. 掌握党之思想，以达到意志集中、力量集中。[④]与中央文件相较，西北局文件在文字表述上作了一些变通，主要表现在：第一条中“该地区”变为“西北”

---

① 中共中央组织部、中共中央党史研究室、中央档案馆：《中国共产党组织史资料》第 1 卷，中共党史出版社 2000 年版，第 85 页。

② 《关于鄂豫皖苏维埃区域成立中央分局决议案》（1931 年 3 月 10 日中央通过）。

③ 中共中央组织部、中共中央党史研究室、中央档案馆：《中国共产党组织史资料》第 3 卷（上），中共党史出版社 2000 年版，第 85 页。

④ 《西北局常委会工作任务和工作细则（1941 年 9 月）》，中央档案馆、陕西省档案馆：《中共中央西北局文件汇集》（1941 年）（内部本）甲 1，1994 年，第 178 页。

二字，“贯彻中共中央政策”后面又增加了“西北”二字；第二条“统一领导所属各部门”中，增加了党的部门；第三条中“统一意志，统一行动”改为“意志集中、力量集中”。延安时期，西北局对陕甘宁边区各种建设所提之号召，就是使中央的号召在西北具体化起来，如1943到1944年，就是在陕甘宁边区具体执行中央的十大政策[①]。

其实，关于西北局的职责，早在陕甘宁边区中央局成立时就提出来了。1940年10月，负责领导陕甘宁边区工作的任弼时在中共中央政治局常委会上，对陕甘宁边区中央局成立后的工作提出了初步方案。首先是明确中央局的体制和职权。他提出：原边区党委的组织、宣传、统战等部，工青妇团体，边区政府，保安部和留守兵团政治部的工作，均应集中由中央局讨论解决，需要请示中共中央的问题，经由中央局讨论后提请中共中央或中央有关部门讨论解决；中央和中央各部门下达的指示，经由中央局讨论执行。中央局讨论各部门工作时，请中央有关部门派人指导。有关边区军事上的大的行动，经中央局商议后，由书记高岗报毛泽东主席批准执行，一般的军事行动由高岗负责解决。[②]西北局成立以后，依据中央关于中央局与中央分局职责的规定，制定了常委会的职责。因常委会是西北局的领导核心，所以常委会的职责就是西北局的职责。

三、西北局与中共中央的关系

（一）遵循中央（分）局与中共中央关系的一般规定

关于中央（分）局与中共中央的关系，前文已有述及。在党的文献中，对二者关系作专门规定的是中共扩大的六届六中全会《关于中央委员会工作规则与纪律的决定》。该决定第四部分的标题是“各中央局及中央分局”，内容有6条：“三一，根据党章第十四条庚项，为易于指导各地党的工作起见，中央委员会得按情形之需要在数省范围内成立中央局与中央分局。三二，各中央局中央分局在中央决议方针及指令之下，代表中央指导各该地区党的一切工作，并得以自己的名义与各该地区其他党派的组织

① 《高岗答中外记者西北参观团中国记者问（1944年6月）》，中央档案馆、陕西省档案馆：《中共中央西北局文件汇集》（1944年）（内部本）甲5，1994年，第78~79页。

② 中共中央文献研究室：《任弼时传》（下），中央文献出版社2014年版，第547~548页。

机关发生关系。三三，各中央局中央分局对于全国性的时事问题在得到中央决议及指令之后，得以自己的名义发表宣言、决议、通电等，但对于仅关当地的地方问题各中央局中央分局得自行决定发表宣言文电。三四，各中央局中央分局须完全执行中央委员会、中央政治局、中央书记处的决议和指令，并不得有任何违反中央委员会、中央政治局、中央书记处的文字与行动。三五，各中央局中央分局的委员，须遵守中央委员会的工作规则与纪律。三六，各中央局中央分局的委员如有错误或不称职时，由中央政治局、中央书记处决议处理之。”[①] 该决定将中央局与中央分局置于中央委员会序列加以规定，对中央局、中央分局与中共中央间的关系作了最详尽的规定，是建党以来关于中央局、中央分局与中共中央关系最重要的文献。其中，第一条讲的是中央局与中央分局的建立。第二条交代了中央局与中央分局的性质与职责，涉及 3 对关系，一是中央局、中央分局与中共中央的关系，二是中央局、中央分局与其下属党组织的关系，三是中央局、中央分局与各该地区其他党派的组织机关的关系。第三条至第六条着重强调中央局与中央分局的工作规则与纪律，主要针对中央局与中央分局的委员，以及中央局、中央分局与中央委员会、中央政治局、中央书记处的关系。西北局作为中央局之一，其与中共中央间的关系完全适用于六届六中全会的这个决定。

（二）领导机关由中共中央指定

“指定”是中共党章和党的文件中的常用术语。根据党章规定，中央局与中央分局由中共中央决定成立，领导机关由中央指定，对中央负责。六大党章规定：中央执行局由中央委员会指定之，并只对中央委员会负责。七大党章重申：中央局与中央分局为中央代表机关，由中央指定，并对中央负责。在党的文献中，《中共扩大的六中全会关于中央委员会工作规则与纪律的决定》规定：凡各地中央局、中央分局之负责同志，须经过政治局的决定或批准。[②] 著名的“九一决定”规定：中央局与中央分局为中央代表机关，由中央指定之。

作为中共中央的代表机关，西北局及其前身陕甘宁边区中央局的建立及其组成首先由中共中央政治局会议决定或批准，然后由中央书记处通知

① 中央档案馆:《中共中央文件选集》第 11 册，中共中央党校出版社 1991 年版，第 764~765 页。
② 中央档案馆:《中共中央文件选集》第 11 册，中共中央党校出版社 1991 年版，第 762、第 765 页。

任命。1940 年 9 月 11 日，中共中央政治局会议根据毛泽东的提议，决定把中共陕甘宁边区委员会改为中共陕甘宁边区中央局，以统一陕甘宁边区党政军的领导。关于领导成员，决定先由洛甫与高岗、高自立、谢觉哉等酝酿。9 月 25 日，中共中央政治局会议决定边区中央局书记、副书记和常委名单。10 月 5 日，中共中央政治局会议对边区中央局有关人事调整作出决定，委托任弼时将决定起草成文件下达。1941 年 4 月 16 日，中共中央政治局会议决定成立西北局，委员名单由任弼时与陈云商定。4 月 27 日，中共中央政治局会议决定西北局正式委员、候补委员和书记名单。5 月 13 日，中共中央书记处发出《中共中央书记处关于成立西北中央局的通知》。西北局成立后，其领导机构的变动、领导成员的调整均由中共中央决定。

在书记任用方面，中共中央首先选用本地干部担任西北局书记。因为中央在陕北期间，在许多方面要依靠陕北当地的干部。刘志丹牺牲以后，毛泽东为选拔西北工作的负责人而征求陕北老干部的意见，最后因高岗资历最长，毛泽东把他从内蒙古调回，让他负责西北局的工作。[①] 胡乔木回忆说，自 1938 年 4 月以后，高岗相继担任边区党委书记、边区中央局书记、西北中央局书记。高岗是陕甘红军和革命根据地的创始人之一，熟悉边区情况。毛主席把高岗看作本地干部的代表，非常器重，常加表扬，在决定成立边区中央局时,明确讲:“高岗的意见应成为主要的意见。”[②] 抗战胜利后，高岗被派往东北工作。在这一重要时刻，习仲勋受命担任西北局书记。据《习仲勋传》记载，当时，中央对习仲勋的工作曾有过两种考虑：一是考虑让他同高岗一起去东北工作，二是随陈毅一起到华东根据地工作，但最后还是决定把西北局领导工作的重任交给了他。[③]1946 年 12 月，中央指定马明方担任西北局副书记。新中国成立前，中央局实行第一、第二、第三书记制，同时设副书记。1949 年 6 月，中共中央决定彭德怀、贺龙、习仲勋分任西北局第一、第二、第三书记，马明方为副书记。后因贺龙率军入川，中央对西北局最高领导层进行了改组，彭德怀、习仲勋、马明方分任第一、第二、第三书记，后来又任命马文瑞为副书

① 师哲口述，师秋朗整理:《毛泽东的翻译：师哲眼中的高层人物》，人民出版社 2005 年版，第 29 页。

② 《时局与边区问题》1940 年 9 月 23 日，转引自胡乔木:《胡乔木回忆毛泽东》（增订本），人民出版社 2014 年版，第 138~139 页。

③ 《习仲勋传》编委会:《习仲勋传》（上卷），中央文献出版社 2013 年版，第 401~402 页。

记。在历任西北局书记当中，除了彭德怀和贺龙外，高岗、习仲勋、马明方和马文瑞 4 人均为陕甘宁边区本地干部。而中共中央之所以任命彭德怀和贺龙担任西北局第一、第二书记，主要是因为彭德怀为保卫党中央、保卫毛主席、解放大西北作出了重大贡献。而贺龙长期担任西北局委员、常委、财经办事处负责人、陕甘宁晋绥联防军司令员，并为保卫和建设陕甘宁边区、解放大西北作出了重大贡献。

延安时期，中共中央还选派了一些有经验、有能力的干部充实西北局领导层。边区中央局成立时，中央任命德高望重的谢觉哉担任副书记，调陈正人为中央局组织部部长，任作民为秘书长；任命谢觉哉为边区政府党团书记；由中央组织部调 30 名干部充实中央局机关。① 胡乔木回忆说："边区党委的领导、政府的领导、西北局的领导，中央都是派了人的。除林老（林伯渠）、谢老（谢觉哉）管政府外，在边区党委、西北局，李卓然是中央派的，后来派李维汉做边区政府秘书长，再早还有张国焘。李维汉去当秘书长，这是毛主席下的很重要的决心。以后陈正人也是边区党委、西北局方面的负责人。这些事只能是毛主席决定。李维汉去边区，是很重要的一着棋，这在陕甘宁边区确实起了很大的作用，特别是在协调林老、谢老和高岗之间的关系上，起了很大的作用。"②1942 年 5 月 3 日，中共中央决定关向应、贺龙、徐向前为西北局委员，欧阳钦（杨清）、方强为西北局候补委员。10 月 9 日，中共中央书记处工作会议批准调李维汉到边区政府工作，并参加西北局为委员。特别是，1944 年 3 月 6 日中共中央政治局会议决定陈云为西北中央局委员，10 日中共中央书记处发出陈云任职的通知。此外，萧劲光、周兴、谭政等也先后任西北局委员。

（三）中共中央对西北局工作的指导

中共中央之于西北局，首先是一种领导关系，同时也是一种指导关系。领导包括政治、思想和组织领导。指导，主要表现在具体工作中。"指导"一词，多用于中共七大之前的党章和中共中央文件中。中共中央对西北局工作的指导，表现在许多方面，特别是在延安时期。下面从大的方面加以说明。

中共中央曾派王明和任弼时直接指导陕甘宁边区和西北局工作。陕甘

① 中共中央文献研究室：《任弼时传》（下），中央文献出版社 2014 年版，第 548 页。

② 胡乔木：《胡乔木回忆毛泽东》（增订本），人民出版社 2014 年版，第 34 页。

宁边区的工作原来由王明分工主管，边区中央局成立后，经毛泽东提议，改由任弼时代表中央领导。① 毛泽东的俄文翻译师哲回忆：西北局的工作原由王明负责指导。他的政策、思想脱离实际。西北局书记高岗等曾经向毛泽东讲了一句话："原来我们以为苏联飞机给我们带来了什么好东西，却不知道这是祸从天降。"王明于 1937 年 11 月乘飞机回到延安。毛泽东因此明白了高岗的意思。从 1941 年起，党中央和毛泽东就决定任弼时指导西北局的工作。② 据《任弼时年谱》，1940 年 9 月 25 日，中共中央政治局会议决定由任弼时负责领导边区工作。③ 此时，边区中央局已经成立。1941 年 7 月 30 日，中共中央政治局会议决定任弼时任中央秘书长，王明管理西北中央局和边区工作。④ 此时，西北局已经成立。这是王明第二次分管边区和西北局工作。一年后，1942 年 8 月 22 日中共中央政治局会议讨论加强陕甘宁边区工作和召开西北局高干会问题。毛泽东提议由任弼时代表中央指导中共西北中央局的党、政、军工作。⑤1943 年 3 月 20 日中共中央政治局会议通过的《中共中央关于中央机构调整及精简的决定》规定：为着分工而又统一各地区工作的领导，决定陕甘宁、晋西北党政军民工作统归任弼时负责管理。⑥1945 年 6 月 19 日，在中共七届一中全会第一次会议上，根据中央书记处书记分工，西北局工作继续由任弼时分管。⑦ 综上可知，自边区中央局成立至中共七届一中全会，边区和西北局的工作主要由任弼时分管，中间王明也分管过两次，这充分说明中共中央对西北局工作的高度重视。

著名的《陕甘宁边区施政纲领》是在中共中央和毛泽东的直接指导下起草、修改、颁布和宣传的。1941 年 5 月 1 日，中共中央机关报《新中华报》头版头条发表了《陕甘宁边区施政纲领》，同版刊登的《边区中央局发布施政纲领》将其概括为一个总方针和若干政策。"此纲领内容极为重要，不但表示团结抗战之总方针，并包举各方面的正确政策，例如军事政策，优抗政策，'三三制'政策，人权保障政策，司法政策，廉洁政策，

---

① 中共中央文献研究室：《任弼时传》（下），中央文献出版社 2014 年版，第 546 页。

② 师哲：《我敬仰的老师和学习的榜样》，转引自中共中央文献研究室：《回忆任弼时》，中央文献出版社 2014 年版，第 386 页。

③ 中共中央文献研究室：《任弼时年谱》，中央文献出版社 2004 年版，第 385 页。

④ 中共中央文献研究室：《任弼时年谱》，中央文献出版社 2004 年版，第 385、第 404 页。

⑤ 中共中央文献研究室：《任弼时年谱》，中央文献出版社 2004 年版，第 434 页。

⑥ 中共中央文献研究室：《毛泽东年谱（1893—1949）》（修订本）（中卷），中央文献出版社 2014 年版，第 430 页。

⑦ 中共中央文献研究室：《任弼时年谱》，中央文献出版社 2004 年版，第 486 页。

农业政策，土地政策，工商政策，劳动政策，税收政策，文化政策，妇女政策，民族政策，华侨政策，游民政策，俘虏政策及外国人政策等”。对于施政纲领的起草与修改，杨尚昆、胡乔木等人均有过专门的忆述。据杨尚昆回忆：“它由边区政府的同志提供初稿，再经弼时、博古、凯丰、王若飞和我修改补充，最后毛主席又作了大量修改，提交政治局通过后，先在5月1日的《新中华报》上公布，作为出席边区参议会的中共代表团向会议提出的提案。这个纲领把毛泽东同志《新民主主义论》的基本理论，同根据地的实际情况结合起来，加以具体化，成为可操作的政策条文，纠正了苏维埃运动后期‘左’的错误，调整了阶级关系，为推动抗日民族统一战线、实施新民主主义政治纲领起了示范作用。”①又据胡乔木回忆：“那个纲领最初不是毛主席写的，但他作了大量的修改，费的心血比较多，同他写的差不多。”②他认为：“这个《施政纲领》实际上是毛主席写的，全部由他修改定稿的。这是规定党中央对内的政策，即根据地内实行的政策……代表了抗战时期毛主席对根据地的政策思想。”③另据《毛泽东年谱》：毛泽东对陕甘宁边区施政纲领作过多次修改。纲领共二十一条，第七、第八、第十、第十二、第十三、第十四、第十九、第二十条是毛泽东起草的，对其他一些条他也作了重要修改。④中共中央和毛泽东高度重视施政纲领在外界的宣传。纲领发表前，4月27日，中共中央指示：除令边区党以此加重教育并且切实遵照实施外，在国民党区域、日本占领区域及海外侨胞中，须广泛散布此纲领，在重庆、香港、上海、菲律宾、新加坡、纽约等地须召集座谈会，征求各界意见与批评，在其他压迫严重地方则秘密散布。⑤次日，毛泽东就施政纲领的修改与发表问题致信任弼时并转边区中央局，又指示：“施政纲领的最后修正稿付上二份，请在边区刊物上发表，并印多张广为散布于边区境内及境外。”⑥

陕甘宁边区建设的大政方针都是在中共中央和毛泽东的指导下确定的。从边区党委到边区中央局再到西北局，中共中央政治局会议经常讨论

① 《杨尚昆回忆录》，中央文献出版社2007年版，第203~204页。

② 《胡乔木传》编写组编：《胡乔木谈中共党史》（修订本），人民出版社2015年版，第364页。

③ 胡乔木：《胡乔木回忆毛泽东》（增订本），人民出版社2014年版，第29页。

④ 中共中央文献研究室：《毛泽东年谱（1893—1949）》（修订本）（中卷），中央文献出版社2013年版，第292页。

⑤ 中共中央文献研究室、中央档案馆：《建党以来重要文献选编（1921—1949）》第18册，中共文献出版社2011年版，第231页。

⑥ 中共中央文献研究室：《毛泽东年谱（1893—1949）》（修订本）（中卷），中央文献出版社2013年版，第291~292页。

陕甘宁边区工作，将其作为会议的中心或重要内容，特别是在财政经济问题上，毛泽东提出了一系列重要的政策和思想。1940 年 1 月 24 日，中共中央政治局会议在讨论陕甘宁边区财政经济问题时，毛泽东在发言中阐述了财政经济工作中必要与可能、统一与独立、自力更生与争取外援、生产运动的政治意义与经济意义等问题。9 月 25 日，中共中央政治局会议在讨论陕甘宁边区财政经济问题时，毛泽东指出：各个根据地的中心问题，都是经济问题。边区要把经济建设当作党与民众团体整个工作的中心，边区党和政府工作的中心。1941 年 3 月 5 日，中共中央政治局会议在讨论陕甘宁边区财政经济问题时，毛泽东说，财政方针主要是发展的方针，手段是票子。要实行自由贸易政策。对边区资本主义发展不要害怕，过去提党内反对资本主义发展的口号，后来改用反对贪污腐化的口号。6 月 18 日，中共中央政治局会议决定：为着更能统一与集权地解决陕甘宁边区财政经济问题与批准党、政、军三方面的各种预算、决算，决定成立中央财政经济委员会，由林伯渠、朱德、任弼时、李富春、高岗组成，林伯渠为主席。8 月 6 日，中共中央政治局会议主要讨论陕甘宁边区财政经济工作的几个争论问题（关于增发纸币问题，关于盐的产、运、销问题）。会议决定委托毛泽东召集林伯渠、谢觉哉、高岗、陈正人、陈绍禹、任弼时、朱德商谈，统一思想，解决问题。8 月 13 日，毛泽东在中共中央政治局会议上就陕甘宁边区财政经济问题发言，指出边区财经问题有两个矛盾，即生产的人员与消费的人员的矛盾，其次是出入口不平衡，相差甚大。解决的方针是发展经济，使出入平衡。会议同意毛泽东的意见，通过了《中央政治局关于陕甘宁边区工作方针的决定》。11 月 12 日，中共中央政治局会议讨论陕甘宁边区财政经济问题。毛泽东发言说：提议组织计划起草委员会，由李富春负责，彭真为顾问，限 3 天写出边区 1942 年度财政经济计划，交政治局通过。11 月 14 日，中共中央政治局会议基本上同意李富春代表计划起草委员会提出的边区明年财政经济计划。11 月 17 日，中共中央政治局会议讨论陕甘宁边区财政经济计划草案。毛泽东发言指出：财政经济方针须实行两大原则：精兵简政，调整人员；扩大收支，发展事业。1942 年 10 月 9 日，中共中央书记处工作会议决定，为统一财政委员会实际工作的领导，向西北局提议组织财经办事处工作会议，以贺龙为主任，执行财经委员会所决定的方针与任务。

西北局高干会，特别是 1942 年西北局高干会是在中共中央、毛泽东和任弼时的直接指导下召开的。这次会议不仅是西北局史上最著名最重要的一次会议，也是中共党史上的一次重要会议。会前，中共中央于8月22日、8月29日、10月9日就召开西北局高干会专门开了两次政治局会议和一次书记处会议。毛泽东出席了西北局高干会开幕会和闭幕会，并作了重要讲话。会议期间，11月14日，他参加西北局高干会大会讨论，听取关于边区历史问题的发言。11月22、23日，他在高干会上作了《关于斯大林论布尔什维克化十二条》的讲解报告。12月，他收集和整理财经方面历史的和现状的材料，为会议写了题为《经济问题与财政问题》的长篇书面报告，提出“发展经济，保障供给”的财经工作总方针；在公私关系上，正确的口号是“公私兼顾”或“军民兼顾”。由贺龙在12月21日和29日向高干会议作了传达。任弼时代表中共中央驻会指导西北局高干会，主持了开幕式，并在1943年1月7日、8日、9日作以《关于几个问题的意见》为题的长篇演讲。刘少奇、朱德、陈云、彭真、彭德怀、叶剑英、吴玉章、徐特立等也到会作了报告或演讲。

西北局的调查研究工作得到中共中央的指导帮助。如1941年9月，毛泽东对中央妇委、西北局联合组成的妇女生活调查团发表《关于农村调查》的讲话。他从自己的亲身体会出发，详细讲述了调查研究的方法、态度等问题。[①]又如，为了发展陕甘宁边区的文教事业，1944年3月，毛泽东在中共中央宣传委员会召开的宣传工作会议上讲话，指出陕甘宁边区要把文化教育提上议事日程，学会文化工作，调查研究一下，开一个会进行讨论。会后，中共中央宣传部和西北局宣传部组织了6个调查组，分别到陕甘宁边区的6个分区，深入农村调查文化教育情况，总结经验，为1944年10月至11月召开的陕甘宁边区文教工作者会议作准备。[②]

最后，也是最重要的，从互动机制来看，中共中央通过转发或批转西北局的文件，通过指示、复电、批复、批示等指导西北局的工作。西北局在执行中央政策的过程中将好的经验和做法、发现的问题等以报告、电报或信函的形式上报中共中央，对其中关系重大、具有普遍意义的报告，中共中央批转给其他中央局和中央分局作为参考。

延安时期，中共中央就开始转发西北局的文件给其他中央局和中央分局。如1944年7月西北局指示各地委立即邀请党外人士召开座谈会，中共中央将《西北局对各地委工作的指示》转发李先念、饶漱石、罗荣桓、

① 张俊南、张宪臣、牛玉民编:《陕甘宁边区大事记》，三秦出版社1986年版，第91页。

② 中共中央文献研究室:《毛泽东年谱（1893—1949）》（修订版）（中卷），中央文献出版社2013年版，第502页。

黄敬、邓小平、程子华、林枫、尹林平等，供各敌后抗日根据地参考。又如，1948 年中共中央多次转发西北局文件给其他中央局与中央分局，供各地参考。1 月西北局书记习仲勋的《关于土改中一些问题的报告》经毛泽东批示转发各地；6 月中共中央转发《西北局关于执行中央土改与整党指示的初步意见》给各大中央局；9 月中共中央批转《西北局关于处分党员手续的暂行规定》给各中央局、分局、前委。1949 年 1 月，中共中央对西北局《关于争取、团结蒋管区广大知识分子的指示（草案）》文件作了批示。

新中国成立后，对于西北局的请示、报告、规定、指示、意见、电报等，中共中央以批复的形式予以回复。例如，1949 年 12 月 15 日，西北局关于杨虎城治丧事宜请示中央，17 日，中共中央关于杨虎城治丧事宜给西北局批复。对于西北局的信函，中共中央通过指示予以回复。例如，1949 年 12 月 28 日，西北局转呈四川藏民给毛泽东的信，1950 年 1 月 1 日，中共中央给西北局发出关于处理好藏民部落及寺院要求问题的指示。对于西北局的报告、电报，中共中央以复电的形式予以回复。例如，1950 年 1 月，西北军政委员会主席彭德怀关于目前西北地区工作任务的报告呈报中共中央，22 日，中央同意彭德怀关于目前西北地区的工作意见给西北局的复电。7 月 22 日，西北局向中共中央发出关于菩提学会呈请登记的电报，8 月 1 日，中共中央发出关于同意对菩提学会的处理意见给西北局的复电。

自新中国成立至西北局撤销，中共中央批转或转发西北局的文件，以及给西北局的批复、指示、复电、批示等很多。整理如下（见表 2-1）。

表 2-1 中共中央批转或转发西北局的文件，给西北局的批复、复电、指示、批示（1949.10 ~ 1954.8）

年份 / 册	文件名 / 月日
1949/1	中共中央转发西北局关于旧人员处理的指示 / 10.22 中共中央关于榆林天主教堂土地房产问题给西北局的复电 / 10.26 中共中央转发西北局关于长安县各界代表会议经验的通报 / 11.2 中共中央关于伊盟划归华北问题给西北局的复电 / 11.24 中共中央关于杨虎城治丧事宜给西北局的批复 / 12.17 中共中央关于晋西北地区移交晋、察两省管理给西北局的指示 / 12.24

续表

年份 / 册	文件名 / 月日
1950/2	中共中央关于处理好藏民部落及寺院要求问题的指示 / 1.1 中共中央关于同意新疆建党问题的规定给西北局并新疆分局的批复 / 1.2 中共中央转发西北局关于甘肃省临洮县人民代表会议的报告 / 1.3 中共中央同意彭德怀关于目前西北地区的工作意见给西北局的复电 / 1.22 中共中央关于同意西安市第四次各界人民代表会议代行人民代表大会职权给西北局的批复 / 2.17 中共中央关于甘肃省首届农代会情况给西北局的批示 / 4.30
1950/3	中共中央关于同意夏日仓等去西藏谈判及所提条件给西北局的批复 / 5.3 中共中央批转西北局关于甘肃工作的指示 / 5.16 中共中央关于同意计晋美来京给西北局并张仲良的批复 / 5.27 中共中央关于同意对菩提学会的处理意见给西北局的复电 / 8.1 中共中央转发西北局关于整风经验的报告 / 8.26
1950/4	中共中央关于改善文教工作者及其他专家待遇问题给西北局的指示 / 9.9 中共中央关于城市郊区土改有关问题给西北局的复电 / 9.18 中共中央关于处理班禅致敬团所提问题给西北局等的指示 / 9.23 中共中央转发西北局宣传部关于负责干部作讲演问题的指示 / 11.6 中共中央关于解放西藏准备工作有关问题给西北局、西南局的指示 / 11.9 中共中央关于组织藏族武装问题给西北局、西南局的指示 / 11.9 中共中央批转西北局关于工会工作会议情况的报告 / 12.30
1951/5	中共中央关于宣传朝鲜战争胜利应注意事项给西北局的指示 / 1.13 中共中央关于改进和加强保密工作办法给西北局的批复 / 2.15 中共中央批转西北局关于各级负责同志为报刊写稿情况的报告 / 3.15
1951/6	中共中央关于城市工作会议报告给西北局的批复 / 6.10 中共中央关于青海省委整党建党计划给西北局的批复 / 7.19 中共中央关于整党建党工作给西北局的批复 / 7.27 中共中央转发西北局关于售棉储棉的指示 / 8.1
1951/7	中共中央关于同意牧场和畜群处理办法给西北局的批复 / 9.7 中共中央转发西北局宣传部关于高级干部理论学习情况的报告 / 10.4 中共中央关于处理少数民族土地问题给西北局并西南局的批示 / 11.9 中共中央关于班禅入藏问题给西北局的电报 / 11.11 中共中央关于青海清真寺工作的意见给西北局的批复 / 11.26 中共中央转发西北局关于党校工作会议的报告 / 12.13 中共中央关于同意甘肃省委推迟上报工作计划给西北局的批复 / 12.18 中共中央关于开展“三反”整风运动指示给西北局的批复 / 12.24

续表

年份 / 册	文件名 / 月日
1952/8	中共中央关于在土地改革中没收地主牲畜问题给西北局转青海省委的批复 / 3.16 中共中央关于开展县级公安机关“三反”运动给西北局的批复 / 4.17 中共中央关于新疆平靖牧区匪患问题给西北局的批复 / 4.29 中共中央转发习仲勋关于西北局委员会全体会议情况给中央的报告 / 5.8 中共中央关于地主富农加入供销合作社问题给西北局的批复 / 5.25 中共中央关于县区乡未进行“三反”者一律推迟进行给西北局的批复 / 5.25 中共中央关于小城市是否进行“五反”和集中解决县区乡三级干部的“三反”问题给西北局的批复 / 5.30
1952/9	中共中央批转西北局关于发动禁毒运动的指示 / 6.10 中共中央关于同意陕西省委对农村社会政策若干问题的意见给西北局的批复 / 7.24 中共中央关于甘肃定西地委检查民族政策执行情况的报告给西北局等的指示 / 9.16
1952/10	中共中央批转西北局关于培养高等、中等学校马列主义师资的计划 / 10.28 中共中央转发西北局关于提高区级以上工农干部文化水平的指示 / 12.25
1953/11	中共中央摘要通报西北局关于加强党对高等学校领导的决定和关于加强各级党委对中、小学领导的决定 / 1.8 中共中央批转西北局对甘肃临夏地委检查民族政策执行情况的复示 / 3.15
1953/12	中共中央对青海省委关于民族区域自治工作有关问题的意见给西北局的批复 / 4.15 中共中央关于县、区、乡人民武装委员会人选问题给西北局的批复 / 4.22 中共中央关于同意西北军区甘青剿匪指挥部布告给西北局等的批复 / 5.8 中共中央批转西北局关于集中力量做好春耕工作的指示 / 5.11 中共中央关于半农半牧区不实行土地改革的意见给西北局、新疆分局的批复 / 5.17 中共中央关于新疆牧业税问题给西北局的复电 / 6.5 中共中央批转西北局关于解决区乡工作中“五多”问题的指示 / 6.20
1953/13	中共中央同意青海省委关于民族自治区内县、区负责人名称问题的意见给西北局的复电 / 7.4 中共中央批转西北局关于加强有关群众切身经济生活问题的宣传工作的指示 / 7.7 中共中央转发西北局关于少数民族地区选举工作中一些问题的意见 / 8.21

续表

年份 / 册	文件名 / 月日
1953/14	中共中央转发西北局关于西北区一级各部门做好检查工作的规定 / 10.5 中共中央关于新疆民族区域自治实施办法草案给西北局的批复 / 10.5
1954/15	中共中央关于西北区普选中处理老区、半老区地主、富农阶级成分问题给西北局的批复 / 2.13 中共中央批转西北局关于加强贫瘠山区工作的指示 / 3.12
1954/16	中共中央转发西北局关于大区撤销后对民主人士安排问题的报告 / 7.22
1954/17	中共中央批转西北局关于注意防止农村土地买卖问题的指示 / 8.27

由表 2–1 可见，1949~1954 年间，中共中央批转或转发西北局的指示、报告、通报、计划、意见、规定等，以及给西北局的批复、指示、复电、批示、电报、摘要通报等共 69 件。其中，1949 年 6 件，1950 年 18 件，1951 年 15 件，1952 年 12 件，1953 年 14 件，1954 年 4 件。1949 年的 6 个文件，仅仅是 10~12 月共 3 个月的文件，其他年份都是全年的文件。由于 1954 年中共中央局撤销，因此中共中央批转西北局的文件、给西北局发的文件较少。总而言之，中共中央就是通过转发或批转文件，以及给西北局发文件的形式来指导西北局的工作的。

当然，其他中央局、中央分局之于西北局亦然。特别是新中国成立后，中共中央批转其他 5 个中央局的电报、指示、报告等给包括西北局在内的其他中央局的，数量更多，仅 1950 年就有 8 次，如中南局关于减租总结电；中南局关于不要强调组织生产互助组的指示；华东局关于组织人民法庭的指示；东北局关于学校整风的指示；华北局关于改造绥远起义部队的报告；华北局及察哈尔省委关于调整城乡关系的报告；西南局宣传部关于清匪反霸报道问题的意见；中南局关于镇压反革命的第二次指示。藉此，中共中央对各中央局、中央分局进行工作指导，各中央局、中央分局也由此得到中共中央的指导，并实现相互间的互动。

（四）西北局在中央决策中起了很大作用，正确执行了中央的方针政策

延安时期，中共中央许多大的方针政策都是在西北产生的，或者是毛泽东参考了西北局的材料。比如，最有名的《抗日救国十大纲领》《论反对日本帝国主义的策略》《新民主主义论》《论联合政府》，对国民党斗争的“有理、有利、有节”的方针，还有军事上的《抗日游击战争的战略问题》，哲学上的《实践论》和《矛盾论》，这些都产自延安，产自西

北。对根据地有重大贡献的《一个极其重要的政策》《抗日时期的经济问题和财政问题》，也是在那个时候根据陕甘宁边区、西北局提供的材料，毛泽东花了一个多月的时间向西北局的有关同志调查研究写成的。毛泽东在写作有关文章的过程中，西北局的不少同志都参与了。[①]1942 年毛泽东在西北局高干会上所作的《抗日时期的经济问题与财政问题》的报告，其中许多资料是贾拓夫提供的。[②]习仲勋曾说，毛泽东的重要文章《论十大关系》，就吸收了贾拓夫的不少见解。[③]

西北局始终在政治上与中共中央保持一致，正确执行中央的路线、方针和政策。林伯渠在解放战争时期曾经谈道："西北党是整个党的一部分，它是整个党的立足点出发点，我们党在军事上、全国政治影响上、政权的建立上，有今天这样大的发展，西北党是起了很大的作用的……西北局是从没有离开中央路线的，不管在什么地方，都可以这样讲，八大上也可以这样讲。"[④]

在拥政爱民和拥军优属方面，中共中央多次强调加强党内团结、党政团结和军民团结。根据中央指示，陕甘宁边区 1943 年 1 月由留守兵团作出《拥护政府爱护人民的决定》，政府作出《拥护军队的决定》，具体规定措施 10 余条，并于春节前后开展了双拥运动。敌后各根据地也普遍开展了这一运动，使党政军民的团结进一步得到加强。

在土改工作中，西北局根据不同历史条件，因地制宜地开展土地改革，及时发现并纠正"左"的倾向，得到中共中央和毛泽东的肯定。特别是在解放战争时期的土改政策中，西北局在执行中央政策时也曾出现过"左"的错误，1947 年 12 月中共中央扩大会议以后，西北局书记习仲勋在调查研究的基础上，3 次写信或致电给中共中央，提出对"左"的错误的纠正意见，得到毛泽东的肯定并转发其他中央局。这是西北局正确执行中央政策的体现，也是西北局创造性地执行中央政策的典型事例。1948 年 6 月，《西北局执行中央一九四八年土改整党指示初步意见》发出，7 月，

---

① 何载：《西北局在中央决策过程中起了很大作用》，引自石杰、司志浩主编：《在西北局的日子里》，陕西师范大学出版总社 2013 年版，第 12 页。

② 周维仁：《贾拓夫传》，中共党史出版社 1993 年版，第 75 页。

③ 齐心、周维仁：《回忆贾拓夫在西北局的日子》，引自石杰、司志浩主编：《在西北局的日子里》，陕西师范大学出版总社 2013 年版，第 267 页。

④ 《林主席在地委书记联席会议上关于政权工作的报告（1948 年 3 月 29 日）》，陕西省档案馆手抄件，全宗 17；目录 2；案卷 319。

毛泽东复电同意西北局所采取的方针。[①] 全国解放后搞土改，西北局都是正确地贯彻了中共中央的路线方针政策。

大西北之所以能够解放，彭德怀指出："这是由于毛泽东和党中央领导的正确，西北局和一野前委坚决执行党中央的路线和政策，全体指战员、工作人员的英勇顽强，后方支前工作的努力，战区和解放区人民的拥护，以及各解放区部队的配合所获得的成果。尤其是党的英明领袖毛泽东同志的正确领导，是取得人民解放战争胜利的决定因素。"[②]1950 年 1 月，西北军政委员会成立，标志着西北人民民主政权的诞生，标志着新民主主义革命在西北地区的胜利。这个胜利，主要归功于彭德怀指挥的人民解放军第一野战军，和贺龙、习仲勋指挥的西北军区部队；同时还由于西北局坚决贯彻了中央的路线方针和政策，由于各省党政领导同志齐心协力，各级干部切实依靠群众，共同努力。[③]

在民族问题上，毛泽东指示，西北地区民族问题复杂，搞少数民族工作，要搞得稳些，不要性急，不要抢先，要遵循先把上层人士的统一战线搞好，然后才能接近群众的成功经验。"西北局常委会对毛主席的指示，都是进行认真的传达和讨论，并在实际工作中认真贯彻执行的。"[④] 1950 年西北刚刚解放，西北局就认真讨论了做好民族地区工作的方针政策，并提出要吸收各民族有代表性的人物参加政府，在一切工作中要照顾民族特点，要正确对待少数民族的宗教信仰，要大批地培养少数民族干部和适当发展党员等 5 项措施。这些方针政策受到了各族各界的普遍欢迎。[⑤]

在经营西藏问题上，1949 年 11 月，毛泽东致电要求西北局讨论并担负主要责任，西南局担负第二位责任，并要西北局作出计划。西北局迅即行动，进行调查研究。12 月，彭德怀复电毛泽东，报告进军西藏的路线及相关问题。毛泽东阅后，从莫斯科致电中央，根据西北局的调查情况作出决断，确定由西南局担负进军西藏和经营西藏的任务。1950 年 1 月，中共中央在《关于进军西藏的电报》中指出：关于班禅是否随军入藏，以及在以后如何

① 中央档案馆资料，转引自张俊南、张宪臣、牛玉民编：《陕甘宁边区大事记》，三秦出版社 1986 年版，第 281 页。

② 引自石杰、司志浩主编：《在西北局的日子里》，陕西师范大学出版总社 2013 年版，第 193 页。

③ 马文瑞：《记习仲勋在西北局工作》，引自石杰、司志浩主编：《在西北局的日子里》，陕西师范大学出版总社 2013 年版，第 185 页。

④ 张稼夫：《庚申忆逝（之二）》，转引自中共党史资料征集委员会：《中共党史资料》（第 8 辑），中共党史出版社 1983 年版，第 274 页。

⑤ 马文瑞：《记习仲勋在西北局工作》，引自石杰、司志浩主编：《在西北局的日子里》，陕西师范大学出版总社 2013 年版，第 169 页。

处理班禅问题，请西南局、西北局继续调查研究并提出你们的意见。[①]

在农村工作中，新中国成立以后，各地党政组织在农村工作中存在一些严重脱离农民群众、损害农民及其积极分子的利益的问题，即所谓“五多”问题。“五多”，就是任务多，会议集训多，公文报告表册多，组织多，积极分子兼职多。中共中央曾对其中有些问题作出指示，要求各级党委予以重视和解决，但非但没有解决，反而越来越严重。1952 年 12 月，西北局检查组检查了区、乡工作中的“五多”问题，并给中央写了报告。中央认为写得很好，请各中央局、分局、省市委仿照西北局的办法，派出一个专为了解“五多”问题的检查组，检查所属的一二个区、乡（在城市是检查一二个区、街）的情况，以为解决问题的参考材料。[②]

（五）西北局向中共中央报告工作

在中共党史上，中共中央局与中央分局向中共中央报告工作，自苏维埃时期就有了。其时，中共中央曾决定，各苏区及红军对中央也保证有关于各地情形的报告，否则，中央对各地党部的领导将非常困难。为此，中共中央曾发放了问题表，建议苏区中央局、鄂豫皖中央分局和湘鄂西中央分局根据问题表在每月初一及十五将苏区情况报告通过最近的交通站送交中共中央。[③]

但报告作为一项制度则是在解放战争后期形成的。这一制度是由毛泽东提出的。1948 年 1 月 7 日，毛泽东为党中央起草了《关于建立报告制度》的指示，要求从这一年起，“各中央局和中央分局，由书记负责（自己动手，不要秘书代劳），每两个月，向中央和中央主席作一次综合报告。报告内容包括该区军事、政治、土地改革、整党、经济、宣传和文化等各项活动的动态，活动中发生的问题和倾向，对于这些问题和倾向的解决方法”[④]。7 月 14 日，西北局书记习仲勋给毛泽东写了《关于新解放区的工作问题的报告》。中共中央同意这个报告中所采取的各项方针，并于 7 月 24 日将这个报告印发各中央局、分局和前委。[⑤]7 月 26 日，毛泽东在为中共中央起草致各中央局、分局、前委的指示中，重申要严格执行报告

① 中共中央文献研究室、中央档案馆：《建国以来刘少奇文稿》（第 1 册），中央文献出版社 2005 年版，第 411 页。

② 中共中央文献研究室：《毛泽东文集》第 6 卷，人民出版社 1999 年版，第 272 页。

③ 《中央为建立交通关系及报告制度给各苏区及红军的信》（1931 年 3 月）。

④ 胡乔木：《胡乔木回忆毛泽东》（增订本），人民出版社 2014 年版，第 516~517 页。

⑤ 《习仲勋文选》编委会：《习仲勋文选》，中央文献出版社 1995 年版，第 49 页。

制度，“希望你们严格督促所属厉行报告制度，你们则应以身作则严格遵守对中央的报告制度”，“彻底消灭事前不请示、事后不报告的不正确态度，彻底纠正存在着的某些严重的无纪律无政府状态。”[①]8月14日，中共中央发出《关于严格执行报告制度的指示》。23日，毛泽东再次为中共中央起草给各中央局、分局、军区及前委的指示，要求各地改进向中央做综合报告的工作。9月，中共中央政治局会议通过《关于各中央局、分局、军区、军委分会及前委会向中央请示报告制度的决议》，对各项工作中的决定权和请示备案等制度，均作出详细规定。

新中国成立后，为了及时了解全国各地社会政治经济情况和中央方针政策贯彻执行情况，毛泽东要求各大区、各部门领导每两个月至迟一个季度写一次综合报告。西北局习仲勋书记模范遵守这一制度，每次报告都十分认真，亲自动手，把西北局贯彻执行中央方针政策的情况，及时汇报给中央。3年间写了近20份工作报告。[②]例如，1951年4月10日，习仲勋向中共中央和毛泽东报告了3月份的工作情况，重点报告了土地改革的工作方针，其中对甘肃临夏地区的土改特别提出建议。中共中央肯定了这一做法，批复给习仲勋：“你四月十日送来三月份综合报告，很好。其中所提三个问题的方针，都是对的”，“均可照你所拟定的计划办理。”[③]又如，1952年4月9日，毛泽东为中共中央起草给各中央局、分局的指示电：“西北局定于四月下旬开西北局委员全体会议。各中央局、分局如果在最近期间未开会议者，最好在四月下旬召开一次全体委员会议。因为在五月上旬或中旬，中央可能召开有各中央局主要负责同志及某些分局的主要负责同志参加的政治局扩大会议。”[④]5月4日，习仲勋给中共中央写了关于西北局委员会全体会议情况的综合报告，毛泽东阅读了报告。中央认为这个报告写得很好，并于5月8日转发各中央局、分局参考。[⑤]报告总结了西北地区土地改革、统一战线和民族工作等问题，内容丰富，论述精辟，为中央了解西北情况、制定方针政策提供了重要依据。再如，7月15日，

① 中共中央文献研究室:《毛泽东年谱（1893—1949）》（修订版）（下卷），中央文献出版社2002年版，第328页。

② 《习仲勋传》编委会:《习仲勋传》（下卷），中央文献出版社2013年版，第198~199页。

③ 《习仲勋传》编委会:《习仲勋传》（下卷），中央文献出版社2013年版，第82~83页。

④ 中共中央文献研究室:《毛泽东年谱（1949—1976）》第1卷，中央文献出版社2013年版，第537~538页。

⑤ 中央档案馆、中共中央文献研究室:《中共中央文件选集（1949年10月—1966年5月）》第8册，人民出版社2013年版，第318页。

中共中央新疆分局第二届党代表会议开幕，习仲勋代表中共中央率西北局代表团出席会议，并向大会作了报告。第二天，习仲勋向中共中央汇报了中共中央新疆分局第二届党代表会议的具体议程和内容。7 月 20 日，中共中央收到习仲勋的报告后指示："你于七月十六日晚写的报告今天收到，阅悉。我们认为你对新疆情况的分析和解决问题的方针是正确的，望即照此去做。"毛泽东还将习仲勋的报告，批示送给已经回国、仍兼任中共中央西北局第一书记的彭德怀阅示。[①]

除综合报告外，西北局还曾就工作中的某些专题或专项工作向中共中央作专题汇报或专题报告。例如，1951 年 2 月，由北京大学、清华大学的朱光潜、吴景超、雷宗海等 13 位著名教授及民主人士组成的"北京教授土地改革参观团"来到陕西长安县五星区的几个村参加土改工作，为期一个月。3 月 13 日，就"北京教授土地改革参观团"的活动情况，习仲勋和西北局向中共中央作了专题汇报。18 日，毛泽东即把报告批给饶漱石、邓子恢、邓小平和习仲勋，并指示："民主人士及大学教授愿意去看土改的，应放手让他们去看"，"吴景超、朱光潜等去西安附近看土改，影响很好。要将这样的事例教育我们的干部，打破关门主义的思想。"[②] 按照毛泽东的要求，习仲勋在随后召开的西北军政委员会第三次会议上，就参观团这种形式作了系统说明，并提出了新的要求。按照西北局和习仲勋的要求，新疆、青海和甘肃等省都组织了这样的参观团，团结了各界人士特别是广大知识分子，教育、提高了他们的思想认识。又如，1953 年 7 月 7 日，西北局第三书记、西北行政委员会副主席马明方就西北粮食问题向中共中央主席毛泽东写出专题报告（毛泽东主席已圈阅）。7 月 11 日，马明方就西北小麦价格问题向中共中央写出专题报告。[③]

（六）西北局为中共中央保存了珍贵的档案

中共中央在延安时期形成大量的档案。1946 年 6 月，内战全面爆发。中央文件的清理从 11 月开始。中央规定：重要而机密的文件"指定专人妥善带"，事务性的应即销毁。秘书处将由高级干部交来的 1.6 万多份文

① 《中共中央同意习仲勋同志关于检查新疆工作的报告及批示》（1952 年 7 月 20 日），转引自《习仲勋传》编委会：《习仲勋传》（下卷），中央文献出版社 2013 年版，第 193 页。

② 中共中央文献研究室：《建国以来毛泽东文稿》（第 2 册），中央文献出版社 1988 年版，第 173 页。

③ 郭刚主编：《中共中央西北局大事记》，中共中央党校出版社 2017 年版，第 204 页。

件，经过分类，烧毁了十几箱。机要处烧毁电报 1.33 万多件。毛泽东特地关照："疏散档案，不要惊慌失措，确实不需要的文电可以销毁，重要文电一定要保护好，片纸只字也不要落入敌人之手。"此后，中央各部门向延安以外陆续疏散档案，中央秘书处先期将 16 箱档案疏散到保安县（今志丹县）的安篠（筱）岭农场，另外 13 箱送到清涧县十家塬子。1947 年 3 月，国民党飞机轰炸延安，中央机关开始撤离延安。为了保护好档案材料，中共中央机关特地组成统一的材料保管委员会，将秘书处、机要处、中组部和军委总政等单位的材料集中转移到瓦窑堡、晋绥兴县等地，中央秘书处处长曾三就是押送这批文件走的。在从延安到瓦窑堡、清涧、绥德至黄河渡口的转移途中，为了保护文件，曾三把秘书处携带的 15 箱中央文件委托西北局的曹力如同志存放在志丹县的安篠（筱）岭农场。[①]1947 年 4 月 5 日，朱德与刘少奇致电中共中央，报告中央档案资料转移情况：曾三所管之文件，除带来六箱外，其余均存在陕甘宁边区，由西北局曹力如保存，在安条岭者 15 箱（为《六大以来》《两条路线》等），交清涧县委书记保存，在清涧以东 40 里之某地 20 箱（《向导》《新青年》《红旗》及抗战初期各地报告等），已告曾三派人将清涧文件中一切带秘密性者取出外，望中央直接负责告西北局保管与处理两批文件。[②]

西北局不仅为中共中央保存了档案，而且保护了自己的文件，使之成为珍贵的档案。据张德生的女儿王效民回忆，1947 年胡宗南部进攻陕北，西北局家属队在撤出延安转战陕北时，曾带了不少西北局的文件箱，途中文件箱曾遭到敌机轰炸，但文件因得到保护而完好无损。[③]

四、西北局与其他中央局、中央分局的关系

（一）西北局支援了全国，全国支援了西北局

曾任西北局委员、常委、组织部部长的陈正人指出，与全国和其他地

① 《杨尚昆回忆录》，中央文献出版社 2007 年版，第 235 页。

② 中共中央文献研究室：《朱德年谱（1886—1976）》（新编本）（中），中央文献出版社 2006 年版，第 1255~1256 页。

③ 王效民：《我随父母跟西北局转战陕北》，引自石杰、司志浩主编：《在西北局的日子里》，陕西师范大学出版总社 2013 年版，第 147 页。

区党的组织相比，陕北党组织有自己的特点。其中之一就是：由于边区党经过了长期斗争，因而它培养和锻炼了不少政治军事经济文化等各方面忠实于党的干部，这些干部不仅会治党，而且会治军治国，这就保证边区党的组织有了强有力的骨干。[①] 这个特点是从干部方面而言的。

西北局支援了全国，全国支援了西北局，主要是从干部方面来说的。

在西北局史上，其领导成员有过两次大的输出，一次是抗战胜利后输出到东北局，另一次是新中国成立后输出到西南局。由西北局输出到东北局的重要领导成员有陈云、高岗、张秀山、陈正人、萧劲光、谭政、欧阳钦、贺晋年，1949 年 5 月李卓然也由西北局调任东北局常委兼宣传部部长。输出到西南局的有贺龙、李井泉、王维舟、周兴、张子意、周士第、张经武。这些从西北局输出的重要领导成员，有许多在土地革命战争时期就是各根据地党和军队中的重要干部，延安时期曾在西北局和陕甘宁边区担任重要职务。

1945 年中共七大前后，中共中央决定从延安中央党校、中央机关、陕甘宁边区机关抽调 1000 多名干部，组成中央干部团去东北开展工作，张秀山担任干部团政委。[②]6 月，中共中央从陕甘宁边区抽调大批部队和地方干部，开赴晋西北及华北地区，帮助开辟新解放区。抗战胜利后，中共中央制定了“向北发展，向南防御”的新战略。遵照中央指示，陕甘宁边区党政军机关及各分区万余名干部调赴全国其他解放区，其中一半人被派往东北地区工作。据统计，边区系统除完成中央规定抽调 300 名干部去东北，100 名干部去冀热辽的任务外，且超过近百人。[③] 抽调选拔的干部，上自西北局、边区政府，下至各分区、专署以至县、区，都是政治素质好、能力强、身体健康的干部。这批干部到达东北和冀热辽新区后，会同开赴那里的东北人民自治军并肩战斗，建立了稳固的东北根据地和冀热辽根据地。[④]

解放战争后期，随着南方解放区的迅速扩大，中共中央决定调集 5.3 万名干部随军南下，向西北局下达了抽调 3000 名干部的指标。其中包括中央级机关领导干部 8 名、区党委级领导干部 15 名。要求 2000 人在

① 陈正人:《陕北党的历史材料》(1942 年)。

② 张秀山:《我的八十五年——从西北到东北》，中共党史出版社 2007 年版，第 163 页。

③ 中央档案馆、陕西省档案馆:《中共中央西北局文件汇集》(1945 年)(内部本)甲 6，1994 年，第 116 页。

④ 《马文瑞传》编写组:《马文瑞传》，当代中国出版社 2005 年版，第 212 页。

1949 年上半年到位，其余 1000 名干部年底前配齐。此项任务下达后不久，中共中央又指令西北局再支援四川省 1000 名干部（其中县级以上领导干部 200 名）。而当时，陕甘宁边区仅有地方党政干部 8624 人，其中区、乡以下的基层干部占一半以上；晋绥（归西北局领导）的干部数量多一些，有 12618 人，但其中 1/3 以上是刚刚提拔的农民。如果把陕甘宁、晋绥年龄大、文化程度低、不合乎调出条件的干部去掉，够条件的干部也只有 1 万名左右。[①] 这样算下来，西北局有 40% 左右的干部被抽调外派。

据曾任西北局组织部干事、秘书、办公室主任的何载回忆：西北作为老根据地，曾经为全国支援了三批干部。第一批是为了抢占东北，从西北抽走了一大批人。第二批是南下。当时苏中战役七战七捷，解放了华中华东的一大片地区，陈赓大军过了黄河，湖南、湖北也解放了一大批土地，都需要大批干部到那里去。于是就又从西北抽了很多人，这批人很快进入新解放区工作，有的甚至被分配到海南岛。第三批人进了四川。贺龙率领部队进军西南解放了四川，当时陕西还没有全解放，于是西北局又有一批干部被抽走了。西北局抽出去的三批干部人数很多，而且也都成就不小，像东北、中原、西南三个地方不少市委书记都是那时从西北局支援去的，比如白如冰、王丕年、白栋才等同志。还有这些地方的很多组织部长、地委书记也都是从西北局调过去的。[②]

当然，西北局也曾得到过其他解放区的干部支持，特别是"西北干部大队"。随着西北地区的解放，为了配备新区所需的大量干部，从华北人民革命大学和保定党校抽调 1800 多名学生组成的"西北干部大队"，分期分批派往西北新区。这些支援西北的干部，勤奋工作，扎根西北，后来大部分成为西北地区各级党政机关的骨干，不少还担任了重要领导职务。曾担任过陕西省委书记的张勃兴就是当年"西北干部大队"的成员之一。[③]

关于"西北干部大队"，有不少珍贵的口述史资料。据何载回忆，西北局被抽调了 3 次干部后，留下的人也就不多了。正好这时西北兰州打下了，西府战役解放了宝鸡，这个时候西北局开始缺人、缺干部。这就请示中央，中央从 3 个地方给西北局调来了人，一个是华北大学，另一个是华北人民革命大学，还有一个是正定党校，共抽调了 2100 多名干部。培训

① 《马文瑞传》编写组:《马文瑞传》，当代中国出版社 2005 年版，第 258~260 页。

② 何载:《西北局在中央决策过程中起了很大作用》，引自石杰、司志浩主编:《在西北局的日子里》，陕西师范大学出版总社 2013 年版，第 13 页。

③ 《马文瑞传》编写组:《马文瑞传》，当代中国出版社 2005 年版，第 303 页。

了三四个月后，分配到西北五省各地了。由于西北局当时先支援了全国一些解放了的地方对干部的需求，西北解放后又缺人，只好向中央要人，这才有了大批学生到西安。因此，西北局支援了全国，全国也支援了西北局。华北大学、华北人民革命大学、正定党校去西北的这批人，在西北解放初期的经济、文化、社会建设的各行各业发挥了很大的作用，后来有的还当了省一级重要领导。例如，张勃兴是中央从华北大学调出的第二批支援西北的干部，这一批共有30多人，后来他在陕西省委组织部当干事，再后来先后当处长、组织部部长、副省长、省长、省委书记。这批同志对西北贡献很大。当时这些干部被分配到了西北局办公厅、政策研究室，还有组织部，后来在反霸、土改和“三反”“五反”运动过程中发挥了很大作用，对西北的贡献也很大。还有一批干部被分配到青海、宁夏、新疆、甘肃等地方工作，这些同志都在平凡的工作中作出了不平凡的贡献，对西北地区的建设起了很大作用。[①] 据曾在西北局政策研究室工作过的邵继尧回忆，1949年2月，西北局到北京华北大学动员学生去西北工作，最后从3个学校要了2100多人，命名为西北干部大队。这支队伍又分为3个大队，1949年夏天离开北京去西安。“西北干部大队”由中共中央组织部成立，派往西安参加西北五省区的民主改革及建设。[②] 又据曾在西北局党校工作的郝树华回忆，大概1949年7月31日，华北大学举行了5000人的毕业典礼，朱德总司令在典礼上叮嘱学生说，毕业后多数要分派到南方和西北去。最后，从华北大学选了1800名学生，组成西北干部大队。这些学生后来支援到陕、甘、宁、青的无数城镇。[③]

另据《群众日报》载，华北大学及华北人民革命大学毕业生，经组织分配西北工作之1800余人（即西北干部大队），8月10日由北平出发，9月4日到达西安。[④]9月18日，西北局第三书记习仲勋给西北干部大队作报告，希望大家团结群众，注重实际，克服困难，做好工作。[⑤] 他说欢迎西北干部大队到西部工作，并勉励大家扎根下去、团结群众、向祖国和人

---

① 何载:《西北局在中央决策过程中起了很大作用》，引自石杰、司志浩主编:《在西北局的日子里》，陕西师范大学出版总社2013年版，第12~14页。

② 马松林:《怀念习仲勋书记》，引自石杰、司志浩主编:《在西北局的日子里》，陕西师范大学出版总社2013年版，第71、第73页。

③ 马松林:《怀念习仲勋书记》，引自石杰、司志浩主编:《在西北局的日子里》，陕西师范大学出版总社2013年版，第123~124页。

④ 《群众日报》（西安版）1949年9月4日。

⑤ 《群众日报》（西安版）1949年9月20日。

民交一份合格答卷。[①]19日，西北局、陕甘宁边区政府、西北军区司令部、西安市军管会、市委、市政府等机关干部5000余人举行欢迎西北干部大会。西北局秘书长蔡子伟宣布开会，马文瑞、刘景范、张经武、贾拓夫、丛一平、市学联筹委会代表刘成霖先后讲话。[②]华北大学5000名毕业生，仅西北就去了1800名，占了近2/5，足见华北大学对西北地区干部和人才支持力度之大。

（二）西北局领导晋绥分局、新疆分局

同为中共中央的派出机构，中央局与中央分局之间存在一定的领导关系。这一体制是从抗战时期开始的。例如，北方局曾领导北方分局——晋察冀分局、山东分局、太行分局、平原分局等中央分局；晋绥分局曾受西北局领导。但也有的中央分局既受中央领导，又受中央局领导，从而形成双重领导。例如，东南分局受中共中央和长江局的双重领导；太行分局、冀鲁豫分局受中共中央、北方局双重领导；山东分局受中共中央和北方局双重领导。解放战争时期，中央局领导中央分局的数量更多。例如，冀热辽分局，开始受晋察冀中央局领导，不久归东北局领导，后来仍归晋察冀中央局领导，最后又改受东北局领导。华中分局受华东局领导；南满分局、北满分局、西满分局和东满分局归东北局领导；香港分局归南京局领导；华南分局归华中局领导；豫皖苏分局受中原局领导。新中国成立后，中央分局中，华南分局归中南局领导，新疆分局归西北局领导，内蒙古分局归华北局领导，只有山东分局比较特殊，受中共中央直接领导。

在晋绥分局与西北局之间，1943年4月22日，中央书记处就晋绥分局直接受西北局领导致晋绥分局电称：陕甘宁、晋西北在军事上已经统一，财政经济也须逐渐做到统一，因此，中央决定晋绥分局以后由西北局直接领导。[③]抗日战争时期和解放战争时期，晋绥分局与西北局在中共中央的领导下统一在一起。这种统一不仅表现在陕甘宁边区与晋绥边区在财政经济和军事上的统一，而且表现在组织上，晋绥分局直属西北局领导。关向应、贺龙、马明方、张邦英、李井泉、张稼夫、张子意、王震等同时是西北局和晋绥分局的委员，贺龙、李井泉在解放战争后期还同时是两个中央

---

① 郭刚主编：《中共中央西北局大事记》，中共中央党校出版社2017年版，第167页。

② 《群众日报》（西安版）1949年9月23日。

③ 中共中央组织部、中共中央党史研究室、中央档案馆：《中国共产党组织史资料》第3卷（上），中共党史出版社2000年版，第131页。

局的常委。贺龙后来就陕甘宁和晋绥两个区的统一领导及组织问题指出：西北局统一领导陕甘宁和晋绥边区党、政、军一切部门的工作。党与军队的组织在1942年已经统一了，政府的统一，也不过尚差个明文规定而已。陕甘宁边区政府，为陕甘宁和晋绥之最高权力机关，它领导晋绥行署。陕甘宁晋绥联防军区，领导两个边区的军队，领导边区的各分区及晋绥军区所属的分区；野战军除作战指挥上属于野司外，建制上归联司。联司为政府的武装部，又是西北局的军事部；分区司令部是地委的武装部。①

新疆分局是新中国成立后建立的。1949年10月中旬，根据中共中央决定，新疆分局建立。在行政上，设新疆省。新疆分局受西北局领导，分局书记王震及后来的第一书记王恩茂同时为西北局委员。1954年西北局撤销后，新疆分局受中共中央领导。但实际上，在西北局撤销之前，新疆分局同时受中共中央和西北局领导。如中共中央给西北局和新疆分局的电文抬头分为3种情况：西北局并新疆分局、新疆分局并西北局、新疆分局并告西北局。在工作中，新疆分局对西北局的提议或请示还要上报中共中央。如新疆分局成立后不久，曾向西北局提议分局委员中除中央已批准的9人外，再增加高锦纯（新疆省人民政府副主席）、张希钦（中国人民解放军新疆军区第一参谋长）2人，并请示西北局：包尔汉（原国民党新疆省政府主席、时任新疆省人民政府主席）、赛福鼎（新疆保卫和平民主同盟代理主席、中国人民解放军新疆军区第三副司令员）即将入党，是否也可参加分局。12月21日，西北局将此报告上报中共中央，27日，中共中央回电：同意高锦纯、张希钦参加新疆分局为委员。包尔汉、赛福鼎在正式入党后即可参加分局为委员，在正式入党前可吸收其参加分局的会议。②

新疆分局因受中共中央和西北局的领导，所以要向中共中央及西北局请示报告工作。但一段时期分局在这方面做得不是很好。1951年9月，中共中央致电新疆分局并西北局：新疆分局对新疆的许多工作，很少向中央及西北局请示及报告。没有正确执行中央的请示报告制度，中央认为是不对的，望加检讨电告。③ 这部分文字是毛泽东亲自加写的。在牧区改革问题上，新疆分局同西北局曾有过分歧，引起毛泽东与中共中央的高度重

① 《在联防军后勤会议上的总结报告》（1948年7月13日），《贺龙军事文选》，解放军出版社1989年版，第383~384页。

② 中共中央文献研究室、中央档案馆：《建国以来刘少奇文稿》（第1册），中央文献出版社2005年版，第239页。

③ 中共中央文献研究室、中央档案馆：《建国以来刘少奇文稿》（第3册），中央文献出版社2005年版，第703页。

视。[①]1952年6月，中共中央在北京主持召开新疆分局常务委员会议，主要讨论新疆牧区工作问题。7月，新疆分局第二届党代表会议正式开幕，习仲勋代表中共中央率西北局代表团出席会议，并向大会作了报告。

（三）西北局与晋绥分局、中原局、华北局所属组织序列的变动

中央局与中央分局，特别是地理上毗邻的中央局与中央分局，在不同时期，曾因工作需要或行政区划的变化，其所属组织序列也曾有所变化，主要表现为其下属组织归属关系的前后变化上，西北局即是如此。

在西北局与晋绥分局所属组织序列之间，陕甘宁边区的神府分区委本来归西北局领导，为了使神府地区发挥晋绥边区后方基地作用，经中共中央同意，1941年9月，该分区委归晋西北区党委代管。1942年8月，晋西北区党委撤销，神府分区委归中共中央晋绥分局代管。[②]1945年8月至1947年12月，神府分区委改为神府县委，归晋绥边区第一地委领导。1947年12月，该地委撤销后，神府县委由晋绥分局领导。1948年5月，晋绥边区第一地委恢复，神木、神府、府谷县委归其领导。12月，晋绥边区第一地委再次撤销，所属神木、神府、府谷划归陕甘宁边区，由榆林地委领导。同月，为了支援解放军进军大西北，中共中央决定撤销5月成立的临汾工委，建立晋南工委，直属西北局领导。太原解放后，1949年5月晋绥分局南迁临汾，撤销晋南工委，其所属地委直属晋绥分局领导。[③]9月，中共山西省委成立，晋绥解放区的晋西北和晋西南地区划归山西省。11月，晋绥分局撤销。12月，中共中央指示西北局，晋西北地区移交晋、察两省管理。[④]

在中原局与西北局所属组织序列之间，陕西陕南地区党政军组织曾一度受中原局辖制，后归西北局领导。1946年9月24日，中共豫鄂陕边区委员会在陕南丹凤成立，中原局所设豫鄂陕第一至第四地委改属其领导，豫鄂陕边区党委受中原局领导，1947年7月撤销，书记汪锋。1947年2月，中共陕南工委成立，10月，陈谢兵团抵达陕南商洛，将陕南工委组

---

① 《习仲勋传》编委会:《习仲勋传》(下卷)，中央文献出版社2013年版，第191页。

② 中共中央组织部、中共中央党史研究室、中央档案馆:《中国共产党组织史资料》第3卷(上)，中共党史出版社2000年版，第291页。

③ 中共中央组织部、中共中央党史研究室、中央档案馆:《中国共产党组织史资料》第4卷(上)，中共党史出版社2000年版，第152页。

④ 《中共中央关于晋西北地区移交晋、察两省管理给西北局的指示》(1949年12月24日)。中央档案馆、中共中央文献研究室:《中共中央文件选集》第1册，人民出版社2013年版，第224页。

建为豫陕鄂边区第二地委。[①]1948年6月，豫鄂陕区改设为豫西区、陕南区。中共陕南区委员会于6月7日成立，属中原局领导，下辖第一、第二、第四3个地委。1949年1月5日，中原局决定："今后地委一律以地名命名。"此后，陕南区党委遂将第二地委、第四地委改称商洛地委、两郧地委。5月，安康地委成立。6月，中共中央电令：陕南区党委改由西北局领导。7月，汉中地委成立。1949年4月，陕南区党委下属商洛、两郧、安康、汉中地委。书记先由汪锋担任，后改为第一书记张邦英，第二书记汪锋。[②]新中国成立后，根据中央人民政府的决定，原属西北解放区的陕南两郧地区划归湖北省管辖。与此相关联，1946年6月，蒋介石调集重兵，对中原军区部队发动大规模进攻。李先念等率领的右路突围部队于7月下旬进抵陕南商洛地区，9月建立豫鄂陕区党委。9月下旬，李先念奉命离开陕南赴延安。中原局代理书记郑位三亦于10月中旬由陕西商州赴延安。此后至1947年3月，中原局的领导机构设在延安。[③]这样，西北局与中原局在此期间就同城延安。11月2日，刘少奇主持中共中央书记处会议，决定中原局转移到延安，仍由原中原局负责同志负责，王维舟参加中原局兼管四川武装工作。[④]

在西北局与华北局所属组织序列之间，伊克昭盟自陕甘宁边区成立后，一直归边区党委、边区中央局和西北局领导。1949年5月，西北局决定伊东、伊西工委合并为中共伊克昭盟委员会。7月，伊克昭盟党委成立。9月，伊克昭盟党委划归中共绥远省委领导。[⑤]11月，中共中央致电西北局并华北局，同意伊盟划归华北局，处理相关关系。[⑥]

（四）西北局与西南局的合作：西藏工委的建立及其工作

西北局和西藏的和平解放也有关系，这就要谈及西北西藏工委及其工

① 中共中央组织部、中共中央党史研究室、中央档案馆：《中国共产党组织史资料》第4卷（下），中共党史出版社2000年版，第1418~1421页。

② 中共中央组织部、中共中央党史研究室、中央档案馆：《中国共产党组织史资料》第4卷（下），中共党史出版社2000年版，第1485~1486页。

③ 中共中央组织部、中共中央党史研究室、中央档案馆：《中国共产党组织史资料》第4卷（上），中共党史出版社2000年版，第348页。

④ 中共中央文献研究室：《刘少奇年谱（1898—1969）》（下卷），中央文献出版社1996年版，第54页。

⑤ 中共中央组织部、中共中央党史研究室、中央档案馆：《中国共产党组织史资料》第4卷（上），中共党史出版社2000年版，第406页。

⑥ 《中共中央关于伊盟划归华北问题给西北局的复电（1949年11月24日）》，中央档案馆、中共中央文献研究室：《中共中央文件选集》第1册，人民出版社2013年版，第133页。

作。为解放和经营西藏，中共中央提出建立党的西藏地方工作领导机关，并在进军西藏前先分别组建了中共西藏工作委员会（简称西藏工委）和中共西北西藏工作委员会（简称西北西藏工委），入藏后合并为统一的中共西藏工委。

本来，中共中央拟将解放和经营西藏的重任交给西北局。1949 年 11 月，毛泽东致电彭德怀并告贺龙、习仲勋、刘伯承、邓小平，指出："经营西藏问题请你提到西北局会议上讨论一下……就现在情况看来，应责成西北局担负主要的责任，西南局则担任第二位的责任。"①12 月，彭德怀致电毛泽东陈述西北入藏困难大，8 个月大雪封路，不能通行，由西南入藏为易。1950 年 1 月，毛泽东从莫斯科致电党中央确定由西南局担负进军和经营西藏的任务，据此，中共中央致电西南局、西北局，批准成立中共西藏工委，"并请西北局考虑是否还有其他人可以加入此委员会，望西北局即提出意见"②。九十月间，彭德怀根据中共中央指示，任命范明为（西北）西藏工委书记，责成他组建西北西藏工委。12 月，西北局会议吸收范明参加，讨论进藏问题，对组织西北西藏工委作出决定。1951 年 1 月，范明将起草好的西北进军西藏工作给中央的汇报提纲和请示问题交给西北局统战部部长汪锋，又由汪锋转给中央统战部部长李维汉。汇报提纲和请示稿均把成立西北西藏工委列为首要问题，足见西北局对建立西北西藏工委的高度重视。③1 月底，李维汉在听取汪锋、范明、牙含章等对于西北准备进藏情况的汇报后指出，成立西北西藏工委组织机构问题由西北局决定。1951 年 6 月，西北局决定成立西北西藏工委，由范明、慕生忠、牙含章、白云峰 4 名同志组成，范明任书记。④工委设秘书长、组织部、民运部、宣传部、青委、统战部、妇委、财委和公安、司法、文教、联络、交际等工作部门。同月底，下属机构也已建立起来。西北西藏工委对外称人民解放军第十八军独立支队。

西北局成立的西藏工委同西南局成立的西藏工委，在进藏之前是两套机构，进藏后合并为统一的西藏工委。1951 年 6 月，中共中央同意西藏

---

① 中共中央文献研究室：《毛泽东年谱（1949—1976）》第 1 卷，中央文献出版社 2013 年版，第 46 页。

② 中央档案馆、中共中央文献研究室：《中共中央文件选集（1949 年 10 月—1966 年 5 月）》第 2 册，人民出版社 2013 年版，第 86~87 页。

③ 宋月红：《中共西藏工委的创建与组织沿革考述》，《中共党史研究》2007 年第 6 期。

④ 中共西藏自治区委员会党史研究室：《中国共产党西藏历史大事记（1949—2004）》第 1 卷，中共党史出版社 2005 年版，第 44 页。

工委吸收西北西藏工委同志参加，并复电西南局并西北局：关于工委组织，同意西南局的第二种方案，即在原有 8 人外，再吸收西北西藏工委中之范明、慕生忠、牙含章 3 人参加，并增加范明为副书记。两个工委在会合前都不变。12 月初，由范明率领的西北西藏工委抵达拉萨，与西藏工委会合后即终止。统一的西藏工委将拟定的张国华、范明、慕生忠、牙含章、谭冠三、昌炳桂、王其梅、陈明义、李觉、刘振国、平措汪杰 11 人委员名单电报西南局、西北局。西南局又将此电报转报中央，中央批复同意西藏工委的组成。1952 年 3 月，中央电示西藏工委，决定张经武留藏并兼工委书记，西南局的张国华为第一副书记、谭冠三为第二副书记，西北局的范明为第三副书记。统一的西藏工委先后设秘书处、组织部、宣传部、统战部、社会部、民运部、政策研究室、青年工作委员会、妇女工作委员会、财政经济委员会、情报委员会、直属机关委员会等工作机构。西北局的范明任统战部部长和情报委员会书记，牙含章任秘书长和政策研究室主任，慕生忠任组织部部长和民运部部长，白云峰任青年工作委员会书记和直属机关委员会书记。①

西北西藏工委在进藏前即成立了政策研究室，组织力量调查研究西藏社情、民情，整理各种资料，组织干部学习党的民族、宗教和统战政策，勘察制定行军路线，做了各种进藏准备工作，并且在甘肃、青海两省吸收了一批藏族干部。在解放和经营西藏的过程中，班禅的工作属于西北局，后藏因与班禅集团历史关系最深，所以中共中央采纳西南局第二书记刘伯承的提议，把接管后藏和阿里地区的政治任务也交给西北局。1952 年 4 月，班禅到达西藏，6 月，返抵日喀则。10 月，中共阿里分工委成立，分工委书记安志明，分工委受西藏工委和新疆分局双重领导。②

客观地讲，西藏工委的党委制和集体领导不够健全，因而工委内部曾在对西藏基本情况的分析上，在统一西藏步骤、统一战线、改编藏军以及财经政策等问题上产生了原则性的意见分歧。这些意见分歧因长时间未得到解决，严重影响了工委内部的关系。为此，1954 年 2 月李维汉主持召开西藏工作讨论会，工委内部经过批评与自我批评，获得了基本上一致的意见。③

① 中共中央组织部、中共中央党史研究室、中央档案馆：《中国共产党组织史资料》第 5 卷，中共党史出版社 2000 年版，第 748~751 页。

② 中共西藏自治区委员会党史研究室：《中国共产党西藏历史大事记（1949—2004）》第 1 卷，中共党史出版社 2005 年版，第 62 页。

③ 中共西藏自治区委员会党史研究室：《中国共产党西藏历史大事记（1949—2004）》第 1 卷，中共党史出版社 2005 年版，第 73 页。

第三章　西北局党的组织系统

西北局作为中共中央局之一，有其自身的组织系统。根据中国共产党党章，党的组织系统是指从中央到地方再到基层的党的各级组织。作为党在西北地区的最高领导机关，西北局的组织系统是指包括从省委、区党委、地委、县委、市委、区委到支部等层级构成的党的组织结构，也包括设立在同级政军民系统的党组织，以及工委、特委等党的临时性质的组织。本章篇幅较大，主要内容包括：地方组织、党外组织、基层组织、党员和干部。其中，地方组织属于西北局的组织序列，在革命时期又包括根据地党组织和国民党统治区党组织（地下党组织）。为叙述方便，将基层组织和党员合在一起加以介绍。

一、地方组织

西北局成立后，其地方组织先分布在陕、甘、宁、晋、绥五省。新中国成立后，分布在西北五省一市，即陕、甘、宁、青、新五省及西安市。其地方组织逐级为省委、区党委[①]、地委、县委、市委、区委等，以及工委[②]、特委[③]等临时性质的地方组织。为叙述方便起见，下面分抗日战争时

① 关于区党委，1938年8月1日，中共中央发出《关于改变敌后党的领导机关的通知》，指出由于敌后情况的变动，党的领导机关必须按实际情况改变。特决定在敌后的省委改称区委。在区委下面设特委、县委、分区委。在必要时，可由区委决定设立中心县委和中心区分委。此后，省一级党委，在敌后抗日根据地称作区党委，在国民党统治区和敌占区称作省委。

② 关于工委，中共七大党章规定：为进行某项临时的特殊的工作，各级党委得设立临时的工作委员会或部门。

③ 关于特委，中共二大、三大、四大通过的党章均规定：大会或中央执行委员会议决之各种议案及各地临时发生之特别问题，区及地方执行委员会均得指定若干党员组织各种特别委员会处理之。中共六大党章则明确规定：特别区（包括几县或省之一部分）：特别区代表会议——特别区委员会。特别区的组织，如有必要时，得由省委决定成立之。

期、解放战争时期和新中国成立初期 3 个时期进行介绍。

（一）抗战时期陕甘宁边区中央局——西北局的地方组织

抗战时期陕甘宁边区中央局——西北局的地方组织包括省委、特委、分区委、地委、工委等，分布在陕甘宁边区和国民党统治区两个区域。在陕甘宁边区的地方组织包括分区（特）委—地委及其所属的直属县（市）委、县委、市委、区委等，在国民党统治区的地方组织包括省委、特委、工委等。

陕甘宁边区中央局成立后，仍领导关中、三边、神府 3 个分区委，绥德、洛川、陇东 3 个特（分）委以及伊克昭盟工委。西北局成立后，原陕甘宁边区中央局所属党组织及陕西省委归西北局领导，但组织形态发生了较大变化，有的更名，有的撤销，有的重建，有的代管，有的新建。

陕甘宁边区地方党组织的变化情况是，1941 年 1 月，绥德特委改称地委；9 月，神府分区委划归晋西北区党委代管，1942 年 8 月，晋西北区党委撤销后又划归晋绥分局领导；1943 年 1 月，西北局所属的 10 个直属县市委合并为延属地委，同月，陇东分区特委、三边分区委、关中分区委均统一改称为地委。

国民党统治区地方党组织的变化情况是，1941 年 4 月，伊盟工委撤销，伊盟党的工作由三边地委兼管，1945 年 2 月，西北局重建伊盟工委。1942 年 10 月，洛川特委更名为洛川工委，1943 年 3 月，洛川工委撤销，所属组织归延属地委领导。西北局成立后，陕西省委归西北局领导，1942 年年底，西北局决定将陕西省委与关中分委合并为关中地委，受西北局领导。1943 年 1 月，中共关中地委正式成立，统一领导关中分区根据地和国民党统治区党的工作。中共甘肃省工委 1937 年 10 月成立，1940 年 6 月工委领导机关遭到重大破坏，1941 年 11 月西北局将甘肃省工委负责人调往延安，工委结束。

经过一系列的变化，到抗战结束时，西北局领导的地方组织有陕甘宁边区抗日根据地的延属、绥德、三边、陇东、关中 5 个地委和国民党统治区的洛川和伊盟 2 个工委。

（二）全国解放战争时期西北局的地方组织

全国解放战争时期，西北地区中共地方组织的发展变化随着人民解放战争的胜利发展而发生变化。大体可分为以下 3 个阶段。

第一阶段，从抗战胜利到1947年3月国民党军队向陕甘宁边区发动重点进攻前夕。这个阶段西北局的地方组织分为陕甘宁解放区和国民党统治区两个区域。抗日战争时期，陕甘宁边区是抗日根据地，到解放战争时期改称为陕甘宁解放区。为了加强国民党统治区的中共秘密组织，1945年8月建立晋西工委，9月恢复甘肃省工委，11月建立汉中工委，同年冬将晋西工委划归吕梁区党委，1946年1月建立陕西省工委，7月将洛川工委改建为黄龙特委，1947年1月，将宁夏工委、伊克昭盟工委合并为宁绥工委。1946年10月，胡景铎率部在横山起义，西北局建立了榆横特委。这样，到1947年3月，西北局直接领导的党组织，在陕甘宁解放区有前述5个地委和榆横特委，在国民党统治区有甘肃省工委、陕西省工委、宁绥工委和黄龙特委。

第二阶段，从1947年3月国民党军队进攻陕甘宁边区到1948年人民解放军西北野战军发起宜川战役，转入战略进攻。此间，西北地区中共地方组织进行了相应的调整。1947年3月，西北局将陕西省工委合并于关中地委，在关中地委内设国民党统治区工作委员会，陕西省工委所属的党组织和游击队均由关中地委领导。这是继1942年年底关中地委与陕西省委第一次合并之后的第二次合并，第一次是陕甘宁抗日根据地党组织与国民党统治区党组织的合作，第二次是作为陕甘宁解放区党组织与国民党统治区党组织的合并。1947年8月，西北野战军北上围攻榆林，建立榆林地委，12月，原定任务完成，该地委撤销。同月，撤销榆横特委。1948年1月，黄龙地区多数县城解放，将黄龙特委改为黄龙地委。①

西北国民党统治区中共党组织的组织形式与领导方式，因形势的发展而变化，由分散走向集中化，由自然走向组织化。以陕西国民党统治区党组织为例，1940年执行中央制定的精干隐蔽政策，采取“自然联系、单线联系；插花组织、平行组织；多头领导、异地领导；停止转移关系、停止发展党员”等组织形式与领导方式，由此巩固与保存了国民党统治区党的组织和干部。随着革命形势的发展，特别是西北野战军由内线打到外线并开始反攻，原有的组织形式和领导方式已变得过时，与形势的发展和党的任务不相适应，改为在坚持自然联系基础上组织化，在组织化中尽可能照顾到自然联系；坚持分散、隐蔽，并开始向比较集中的编制与领导（如

① 需要指出的是，黄龙特委改为黄龙地委后，特委作为一种地方党组织形态在西北地区不复存在。

由军人制改为委员会制等）转变，以适应形势的发展和工作的需要。为此，西北局采取了进一步的措施：将相当于支部的“小摊摊”正式编为支部，将相当于区的“大摊摊”编为区委；加强本地领导；审慎转移党的组织关系；对上层党员、特殊党员采取越级领导、单线领导。①

第三阶段，从 1948 年春到中华人民共和国成立。1948 年 3 月，西北野战军转入战略进攻。4 月，战争引向国民党统治区，西北局在新区相继建立了许多地委、区委组织。到年底，陕甘宁三省及伊盟地下党的组织系统是：在陕西省，设关中地委国区工作委员会，管理 19 个县市工作，下设渭北、东路两工委及渭北各县委；西府工委，管理西府 14 个县的工作，并向陕南方向发展；黄龙地委，管理东府地区，下设东府及路东两工委；榆林工委，专对榆林进行工作。在甘肃省，设甘肃工委，管理整个甘肃工作，并向青海发展，下设相当于中心县委的 5 个工委：平东工委，海固工委，陇南工委，陇渭工委，皋榆工委。在宁夏省，设宁夏工委，向宁夏 13 个县市进行工作。在伊盟地区，设伊东和伊西两个工委。②

随着解放区的不断扩大，1948 年 4 月，西北局建立中共西府地委，7 月重建中共东府工委。8 月，在国民党统治区，撤销宁绥工委，建立中共宁夏工委。1949 年 2 月建立榆林地委、东府地委，3 月，建立渭南地委，将东府地委改为大荔地委，4 月，关中地委改称三原地委。上述地委均归西北局直接领导。5 月，建立中共陕北区委员会。绥德、榆林、黄龙、三边地委划归陕北区党委领导，延属地委撤销，所辖各县委由陕北区党委直接领导。西安解放后建立中共西安市委，还建立了西北局直属的宝鸡、彬县、咸阳地委。6 月，将原属中原解放区的中共陕南区委员会划归西北局领导。在人民解放军胜利进军下，7~9 月，西北局先后建立甘肃省委、伊克昭盟党委、青海省委。9 月，建立宁夏省委。10 月建立中共中央新疆分局。

总之，整个解放战争时期，在保卫陕甘宁边区与解放大西北的斗争中，西北局先后组建和领导晋绥分局、陕西省工委、西安市委、宁夏省委、甘肃省委、青海省委、陕北区党委、陕南区党委、甘肃省工委、宁绥工委、宁夏工委、伊盟工委、晋西工委、晋南工委等，并直接领导榆横、

---

① 《陕西国区党的组织形式与领导方式问题（1947 年 10 月 23 日）》，陕西省档案馆革命历史资料 A13-28-76。

② 《1948 年 12 月西北地下党统计报告——西北局》，陕西省档案馆馆藏革命历史资料，A13-29-15。

黄龙特委，绥德、三边、延属、关中、陇东、榆林、黄龙、西府、宝鸡、彬县、东府、大荔、渭南、三原、咸阳地委，洛川、东府、汉中工委等。

（三）新中国成立初期西北局的地方组织

新中国成立后，西北地区的行政区划包括五省一市，即陕、甘、宁、青、新五省和西安市。从党组织的建立情况来看，中共西安市委、甘肃省委、宁夏省委、青海省委在新中国成立前即已建立，中共中央新疆分局则于1949年10月建立，中共陕西省委建立得最晚，于1950年1月建立。至此，西北局所属地方党组织，包括1个中央分局，即中共中央新疆分局，4个省委，1个直属市委。省以下的地方党组织先后有区党委、地委、市委、县（旗）委、工委等组织形态。

陕西省委成立后，下属陕北区党委、陕南区党委和大荔、渭南、三原、咸阳、彬县、宝鸡6个地委。后来，地方组织进行了调整。1950年4月，撤销陕北区党委、黄龙地委、汉中地委，成立延安地委，并将大荔、渭南、三原、咸阳、彬县、宝鸡6个地委合并为渭南、咸阳、宝鸡3个地委。原咸阳地委所属长安县委改由省委直属。1951年2月，撤销陕南区党委，设南郑地委。1953年1月，陕西省委决定撤销咸阳地委，地委下属14个县（市）委中的4个县（市）委（咸阳县、户县、铜川县、咸阳市）由省委直属，其余各县委分别划归宝鸡和渭南地委领导。

甘肃省委成立后，下属11个地、市委。1950年，撤销岷县、张掖地委。1952年，成立甘南藏区工委。1953年，成立西海固回族自治区工委（后改为地委）；甘南藏区工委改为甘南工委。至此，甘肃省委下属庆阳、平凉、天水、武都、定西、临夏、武威、酒泉8个地委；甘南、西海固两个自治区工（地）委；兰州市委及皋兰县委。

宁夏省委成立后，领导银川、吴忠2个市委；平罗、惠农、陶乐、磴口、贺兰、永宁、宁朔、金积、灵武、中卫、中宁、盐池、同心13个县委；阿拉善、额济纳2个蒙古旗工委，共17个市、县、旗党委。1954年9月，宁夏省建制撤销，合并于甘肃省。

由于青海和新疆两省在新中国成立前没有中共地方组织，因此，这两个省成为建党工作的重点省份。1950年8月，中共青海省委根据青海是多民族地区，新中国成立前又无党组织的特点，报请中共中央和西北局同意，在青海省第一次代表会议上提出建党任务。10月，青海省委又发出《关于建党工作指示》，要求在城市吸收工人、苦力、店员、学徒中的积极分子入党。对兄弟民族干部，经过一个时期的工作考验和教育，可吸收入党。少数民族积极分子入党时，条件可适当放宽，允许未放弃宗教信仰者入党。根据指示精神，各地普遍开始发展党员，建立支部。1951 年 8 月，中共青海省第二次代表会议提出，农业区可在土改后慎重地个别吸收党员；牧业区条件尚未成熟，缓后进行。1952 年 7 月，全省组织工作会议，传达西北局关于积极慎重的建党方针和指示，要求农业区结合土改和生产运动普遍地进行建党工作。牧区因条件不成熟，只在机关中进行建党工作。

1949 年 11 月，中共中央发出《关于新疆建党的指示》。12 月，新疆分局为贯彻执行中共中央指示，发出《关于建党中几个问题的规定》，就发展党的步骤、对象、宗教团体分子入党、公开建党等问题作出规定。在建党工作中，新疆分局以军队党委或从军队抽调党员陆续组建各级地方党委。以第二军党委为基础建立中共喀什（南疆）区委会，领导喀什、和阗（今和田）、莎车、阿克苏 4 个行政区党的工作，并建立所属地委、县委组织；以第六军地委为基础建立中共迪化（今乌鲁木齐）区委员会，领导迪化、哈密、焉耆 3 个行政区党的工作，并建立所属地委、县委组织；由新疆军区抽调党员干部建立五军党委并兼中共伊犁区委员会，领导伊犁、塔城、阿山 3 个行政区党的工作，并建立所属地委、县委组织。1950 年 1 月，经中共中央批准，中共南疆（喀什）区委员会和迪化区委员会成立，7 月，中共伊犁区委员会成立。这 3 个区党委均为相当于省一级的党委，受新疆分局领导。到 1950 年 10 月，全疆成立 3 个区党委和 10 个地委、1 个市委。从 1950 年年初开始，新疆各区党委、地委、市委和派往各地工作的中共党员，又陆续发展本地各民族中的先进分子入党。至 1952 年年底，全疆 81 个县（市）都建立了中共县（市）委，大部分的县辖区也建立了区委，部分乡建立了支部。[①]

新疆和青海两省党组织从无到有的建立和发展，标志着西北局领导的中共地方组织第一次遍及西北五省，也标志着西北地区的建党工作已基本完成。

---

① 中共中央组织部、中共中央党史研究室、中央档案馆:《中国共产党组织史资料》（第 5 卷），中共党史出版社 2000 年版，第 207~208 页。

二、党外组织

西北局的党外组织，是指与西北局同级的政府和军队中的党组织。在政府中称作党团（组），在军队中称作党委。西北局成立以后，其党外组织先后有陕甘宁边区政府党团—陕甘宁边区政府党组、陕甘宁晋绥联防军委员会—陕甘宁晋绥联防军区委员会—西北军区委员会。这些党组织也是西北局党的组织系统的重要组成部分。

（一）陕甘宁边区政府党团——陕甘宁边区政府党组

在中共党章中，第三次修正章程决议案第一次设专章对“党团”作出规定。该决议案第十章为“党团”，共 7 条，自第七十一条至第七十七条。其中，第七十一条规定：在所有一切非党群众会议及执行的机关中，有党员 3 人以上，均须组织党团。党团的目的，是在各方面加紧党的影响，而实行党的政策于非党的群众中。第七十三条规定：为实行党团的日常工作，当指定党团干事会或党团书记处理党团的日常事务。第七十四条规定：各级党团均隶属各级党的委员会，党团对于党已有决议之各种问题，应严守与正确执行之。其后的中共六大党章第十四章也设专章介绍党团，共 5 条。主要内容是：将党团的目的表述为党团的任务，并增加了“监督党员在非党组织中之工作”的内容。关于党团干事及书记的产生办法，由指定改为选举，并规定党团在处决自身内部问题及日常工作时有自由权。党团选举党团干事会，此干事会应得其所隶属党部之批准。党团干事会在党团工作上，应对该级党部负责。

中共中央长征到达陕北后，曾先后建立了陕甘省、陕甘宁省、陕北省等几个省级苏维埃政府党团。陕甘宁边区政府建立后，未建立政府党团。

抗日战争时期，在中共中央局中，只有西北局在同级政权组织中建立了政府党团。1941 年 8 月，毛泽东致信谢觉哉：“边府党团不应与政府委员会混同，党团只须三、五人，任务是掌握政策，有事即谈，谈通了，或拟成了计划，商得西北局同意（或常委通过）就提在政府委员会上通过。党团会由你召集，也不必各厅都有人，以能考虑政策的人为限。”[①] 同月，

① 《致谢觉哉》,《毛泽东书信选集》，人民出版社 2003 年版，第 164 页。

陕甘宁边区政府党团成立，委员谢觉哉、林伯渠、刘景范、高自立、南汉宸，书记谢觉哉。

边府党团成立后，由于实际工作的需要，进行了 3 次改组。改组后，委员的数量有所扩大，并在委员的基础上增设了常委和秘书长，书记改由政府主席担任。11 月，边区政府党团增补萧劲光、贺龙、李维汉、周兴、霍维德、范子文、黄亚光、雷经天为委员。[①]1943 年 1 月，经西北局委员会第 46 次会议决定与中央书记处批准，西北局常委会决定以林伯渠为政府党团书记。[②]12 月，西北局委员会又决定以林伯渠、贺龙、罗迈、霍维德、周兴 5 人组成常委，林伯渠为书记，罗迈为秘书长。[③]1944 年 8 月，西北局委员会决定张耀宇任林伯渠秘书兼政府党团秘书。[④]

中共七大党章将党团改为党组，并规定在政府、工会、农会、合作社及其他群众组织的领导机关中，凡有担任负责工作的党员三人以上者，即成立党组。党组的任务，是在各该组织的领导机关中指导党员为加强党的影响，实现党的政策而工作。党组设书记一人，党员人数超过十人之党组，设党组干事会，担负经常工作。党组干事会及书记，由所属党委指定之。各级非党组织中之党组，服从各该级党的委员会之领导，并执行其决议。[⑤] 与六大党章对党团的规定相比，七大党章对党组的规定更加简单明确，但有两个重要变化，一个是在党团或党组的成立上，由“有党员三人以上”成立党团改为在“领导机关中，凡有担任负责工作的党员三人以上者，即成立党组”。另一个是将党团干事及书记的产生办法，由选举再次改为指定。1945 年 6~8 月，边区政府党组书记由林伯渠代理，常务委员为林伯渠、贺龙、周兴 3 人，委员除 3 名常委外，还有刘景范、高自立、南汉宸、萧劲光、李维汉、霍维德、范子文、黄亚光、雷经天，共 12 人。[⑥]12 月，西北局委员会决定林伯渠、谢觉哉、刘景范、贾拓夫、罗

---

① 中共中央组织部、中共中央党史研究室、中央档案馆:《中国共产党组织史资料》第 3 卷（上），中共党史出版社 2000 年版，第 101 页。

② 《西北局通知——设立西北局常委会等（1943 年 1 月 6 日）》。中央档案馆、陕西省档案馆：《中共中央西北局文件汇集》（1943 年）（内部本）甲 3，1994 年，第 1 页。

③ 《西北局常委办公厅通知——边府党团人员组成（1943 年 12 月 7 日）》。中央档案馆、陕西省档案馆:《中共中央西北局文件汇集》（1943 年）（内部本）甲 4，1994 年，第 48 页。

④ 《西北局常委办公厅关于王恩惠、张耀宇任职的通知（1944 年 8 月 7 日）》。《中共中央西北局文件汇集》（1944 年）（内部本）甲 5，1994 年，第 90 页。

⑤ 中央文献研究室、中央档案馆:《建党以来重要文献选编（1921—1949）》第 22 册，中央文献出版社 2011 年版，第 547 页。

⑥ 中共中央组织部、中共中央党史研究室、中央档案馆:《中国共产党组织史资料》第 3 卷（上），中共党史出版社 2000 年版，第 102 页。

迈、霍维德、惠中权、周兴、王子宜9人为边区政府党组委员，以前5名为常务干事。[①]这一由常务干事和委员所组成的党组结构延续到1946年5月。此后，边区政府党组又恢复常委称谓，改称委员为党组干事，并设秘书1名，但未设书记、副书记。常委林伯渠、谢觉哉、王世泰、刘景范、王子宜、贾拓夫6人，党组干事除常委6人外，还有唐洪澄、范子文、黄静波、惠中权、赵伯平、周兴、马锡五，秘书常黎夫。[②]7月，西北局常委会研究决定由林伯渠、杨明轩、王维舟、王子宜、周兴、马锡五、贾拓夫、范子文、白如冰9人组成新的边区政府党组，林伯渠任书记，以加强对政府工作的指导。[③]12月，林伯渠调到中央工作后，刘景范任书记，王维舟任副书记，委员先后有16名，秘书常黎夫。[④]

1950年1月，西北军政委员会建立，陕甘宁边区政府撤销，边区政府党组随之撤销。彭德怀在西北局常委会上指出：军政委员会成立后，党的工作方式应有变化，“党政军民，四位一体”的时代已过去。属于政府的工作完全交由军政委员会办理。党员在政府中必须遵守纪律，统一政见，团结党外人士做好工作。军政委员会不成立党组，由常委会直接领导，西北局常委即党组。[⑤]

新中国成立后，西北五省一市人民政府中均设立了党组，党组设书记、副书记。有的称省政府党组、党组干事会、总党组，并下设分党组，陕西省人民政府党组即如此。1950年2月，陕西省人民政府党组建立。1951年4月，省委决定按工作性质与范围将省政府党组分设为政法、财经、文教3个分党组，受省委直接领导。书记马明方，副书记张邦英。1952年8月，陕西省委重新决定省人民政府建立党组干事会；再以政法、财经、文教各委员会为单位，设立3个分党组，受省政府党组领导。书记马明方，副书记时逸之。1953年2月又改称省政府总党组，下设政法、

① 《西北局常委办公厅通知（1945年12月15日）》。中央档案馆、陕西省档案馆：《中共中央西北局文件汇集》（1945年）（内部本）甲6，1994年，第169页。

② 中共中央组织部、中共中央党史研究室、中央档案馆：《中国共产党组织史资料》第4卷（上），中共党史出版社2000年版，第128~129页。

③ 《习仲勋在陕甘宁边区》编委会：《习仲勋在陕甘宁边区》，中国文史出版社2009年版，第512页。

④ 中共中央组织部、中共中央党史研究室、中央档案馆：《中国共产党组织史资料》第4卷（上），中共党史出版社2000年版，第130页。

⑤ 王焰主编：《彭德怀年谱》，人民出版社1998年版，第427页。

财经、文教 3 个分党组。书记赵寿山，副书记时逸之、杨玉婷。[1]

（二）陕甘宁晋绥联防军委员会—陕甘宁晋绥联防军区委员会—西北军区委员会

据 1942 年中共中央“九一决定”，中央代表机关的决议、决定或指示，同级政府党团、军队军政委员会必须无条件执行。[2] 据此可知，其时中央局、中央分局的同级军队党组织的名称为军政委员会。于西北局而言，其同级军事组织为陕甘宁晋绥联防军，同级军队党组织为联防军军政委员会。1945 年 12 月西北局常委办公厅向边府党组、“联防军政委员会”发出组建卫戍委员会决定的通知。[3] 这里的“联防军政委员会”，即是陕甘宁晋绥联防军党组织的名称。同月，西北局委员会决定在陕甘宁晋绥联防军司令部成立党务委员会，以谭政、张仲良、王世泰、阎揆要、谭生斌 5 人为委员，书记张仲良。[4] 党务委员会不是党委，而是联防军司令部中建立的党的纪律检查部门，这说明联防军系统建有党的工作机构。

解放战争时期，西北局在陕甘宁晋绥联防军、陕甘宁晋绥联防军区、西北军区中建立了同级军队党组织，称作委员会。中共陕甘宁晋绥联防军委员会始建于 1947 年秋，由 8 名委员组成。1948 年 3 月，改称中共陕甘宁晋绥联防军区委员会，受中共中央、中央军委和西北局领导，书记贺龙、副书记习仲勋，由 8 名委员组成。1948 年 11 月 1 日，由周恩来拟定、经毛泽东审阅签发的《关于统一解放军全军组织及部队番号的规定》将全国分为西北、中原、华东、东北、华北五个大军区（一级军区），与中共中央局同级并受其领导。[5]1949 年 2 月，中共陕甘宁晋绥联防军区委员会改称中共西北军区委员会。9 月，经西北局决定，西北军区党委会委员增至 12 名，未设常务委员会，书记贺龙，第一副书记习仲勋，第二副书记张经武。

新中国成立后，中国人民解放军编有野战军和军区两种机构，取野战

---

① 中共中央组织部、中共中央党史研究室、中央档案馆：《中国共产党组织史资料》第 5 卷，中共党史出版社 2000 年版，第 777~778 页。

② 中央档案馆：《中共中央文件选集》第 13 册，中共中央党校出版社 1991 年版，第 428 页。

③ 《西北局常委办公厅关于组建卫戍委员会决定的通知（1945 年 12 月 20 日）》中央档案馆、陕西省档案馆：《中共中央西北局文件汇集》（1945 年）（内部本）甲 6，1994 年，第 179 页。

④ 《西北局常委办公厅关于成立联司党务委员会决定的通知（1945 年 12 月 15 日）》，中央档案馆、陕西省档案馆：《中共中央西北局文件汇集》（1945 年）（内部本）甲 6，1994 年，第 170 页。

⑤ 中共中央文献研究室：《毛泽东年谱（1893—1949）》（修订本）下卷，中央文献出版社 2002 年版，第 380 页。

军兼军区的结构，第一野战军兼西北军区。1950年4月，野战军机构撤销，均与所在军区合并。至六大中央局撤销前，西北局的同级军事组织是中国人民解放军第一野战军—中国人民解放军西北军区—中国人民解放军第一野战军暨西北军区—中国人民解放军西北军区。[①]军区党委的组成经中央军委、总政治部、中共中央批准，隶属中共中央和中央军委领导，但军区党委也要接受西北局领导。1949年4月17日，彭德怀在西北局常委会上说：军队一野前委取消，成立军区党委，直属中央军委，同时受西北局领导。[②]11月，西北军区与第一野战军合并，称第一野战军暨西北军区，军区党委由原第一野战军前委兼。1951年2月至3月，西北军区举行第一次党代会，选举产生了军区第一届党委，经中共中央批准，由7人组成军区党委常委会，彭德怀被党委会选为第一书记。彭德怀赴朝后，仍兼西北军区司令员和党委书记。1952年9月，经中共中央批准，西北军区党委成员进行了调整，党委常委会由12人组成，后来又扩大到14人。第一书记彭德怀，第二书记习仲勋，第三书记张宗逊，第四书记马明方，第五书记廖汉生。

（三）西北局在群众团体中未建立党团（组）

民主革命时期，中共中央局在同级群众团体系统中一直未建立党团，仅见华北局建立了华北总工会筹备委员会党组。陕甘宁边区的群众团体中也未建立党团或党组，只是在西北局的工作机构中设置了工、青、妇3个工作委员会或总的民众工作委员会，以此领导民众团体组织及其工作。新中国成立后，六大中央局未见在群众团体系统中建立党组，而四大中央分局则建立了工、青、妇、文等群众团体党组。在西北大行政区，从1953年开始，陕西省、甘肃省、青海省和新疆省的省一级工会和妇女组织中开始建立党组。

三、基层组织和党员

从中共一大纲领和第一个党章开始，党的基层组织和党员就被写进党

① 中共中央组织部、中共中央党史研究室、中央档案馆：《中国共产党组织史资料》附卷2，中共党史出版社2000年版，第28~40页。

② 王焰主编：《彭德怀年谱》，人民出版社1998年版，第430页。

章，成为党章的重要内容。中共第一个党章前 4 条讲的都是党员和党的基层组织。按照党章规定，支部是党的基础组织或基本组织[①]，党员是党的机体的细胞和党的活动的主体。研究党的组织系统，基层组织和党员无疑是重点。

（一）支部的组织与任务

在西北局党的系统中，支部组织主要包括两部分，一是边区一级党总支，一是农村党支部。下面着重介绍这两个部分。

边区一级党总支是陕甘宁边区党政军民各机关团结广大党员的核心组织，分布于党政军民学各方面领导机关系统中。其基本任务是：第一，巩固边区一级领导机关，帮助了解党员与非党员干部。第二，使党的组织在党政军民学领导机关中真正起到领导核心作用。第三，有计划有系统地提高党的各方面领导能力，使党的干部学习治党治军治政的各种艺术，以加强边区一级领导机关的领导作用。第四，密切与加强和居民的联系。但因为边区一级总支及其所属各支部处在不同的系统和多个部门中，因而党的支部各有其不同的具体任务。其中，行政机关的支部保证行政工作的完成；学校支部保障教育计划的完成；工厂支部保证提高技术与生产计划的完成；卫生部门的支部保证医务技术的提高与疗养计划的完成；保卫、警戒部队支部保证机关保卫任务与部队教育任务的完成；邮局、交通部门支部保证交通通信任务的完成。[②]

关于机关支部的组织形式与任务，西北局组织部曾对 4 个总支（政府、保安处、贸易公司、西北局）、5 个分总支（建设厅、民政厅、群众团体、保安处、法院）与 11 个支部进行了专门的调查研究。调查认为，机关支部的工作应该在行政的指导下进行，对一般干部进行思想上、工作上、学习上、日常生活上等方面的教育；积极地主动地去争取与吸收本机关工作人员的意见；发展和巩固组织；组织本机关工作人员的学习。以上 4 条，只指党政民机关支部的任务，而工厂与公营机关等可根据不同的情形执行，如本机关的行政负责同志必须注意对支部工作的领导，各机关总支负责人应以支部工作为主；必须将支部的会议制度、汇报制度与工作

---

① 《中国共产党第三次党章修正决案》和中共六大党章将支部称作党的基本组织。中共七大党章将支部称作党的基础组织。

② 《陕甘宁边区一级总支工作过去检讨与今后任务（1941 年）》，《中共中央西北局文件汇集》（1941 年）（内部本）甲 1，1994 年，第 334~335 页。

制度建立起来，各支部可根据具体情况进行，而总支向组织科 2 个月或 3 个月应汇报一次。[①]

在边区一级党的总支委中，西北局总支委由选举产生，并进行改选，委员分工负责。如 1942 年 11 月，西北局总支委进行了改选，产生正式委员 7 人，候补委员 2 人。新总支进行了分工：总支书记蔡子伟，组织干事冼依，宣传干事赵守一（候补委员秦川帮助工作），青年干事胡永连，保卫干事李万春，地方干事赵新民（宗群帮助工作），妇女干事黄植。[②]在此之前，为加强边区一级机关学校工厂兵营支部工作的领导，西北局成立了直属党委，由白耀明代理书记，王子谟任组织科长，姚昕任宣传科长，开始办公。直属党委成立后，即积极整顿组织，成立了一个工业局总支，领导边区各工厂支部，并拟成立一文协总支，管理边区各文化团体的支部工作。其时，直属党委管辖下的支部已有百余个，分总支 4 个，总支 12 个。[③]

为加强与统一党对公营商店及财经部门驻各地机关的领导，西北局规定，凡公营商店有党员 3 人以上，即须组织党的支部；有几个支部，即组织总支委，归当地党委管理。乡支部不管理公营商店之党员。凡有驻在乡支部附近的公营商店的党员，均由区委或县委直接管理。各地委或各该机关支部，对该机关之营业行政不得加以干涉。边区一级驻各地之银行、贸易局、公路工程局、水利建设局，及其他营业性质之公司等经济部门，其党员之组织生活，则按级归地方党委管理之，如分区银行之党员归地委管理，县贸易局之党员归县市委管理。各地工厂中党员之组织生活，如无特殊情况，则归党的地委管理。延安及各地党政军的所属驻各地之公营商店、客栈及经济部门中党员组织关系，分别交当地党委管理。[④]

在广大农村，支部是党的基本组织，是党最接近下层群众的一环，是群众的核心。支部设书记、支部委员和支部干事。支部书记一度是脱离生产的，但是 1941 年 10 月西北局高干会议的决议和 2 月乡村工作会议的讨论，以及各县征收公粮的经验，认为支部书记脱离生产，对支部工作是

① 《西北局组织部关于机关支部工作的初步意见（1945 年 4 月 7 日）》，《中共中央西北局文件汇集》（1945 年）（内部本）甲 6，1994 年，第 57~59 页。

② 《西北局总支委通知——关于总支改选结果和总支委员的分工（1942 年 11 月 28 日）》，《中共中央西北局文件汇集》（1942 年）（内部本）甲 2，1994 年，第 252 页。

③ 《西北局成立边区直属党委》，《解放日报》1942 年 4 月 19 日。

④ 《西北局关于公营商店及财经部门驻各地机关中党的工作管理的决定（1943 年 2 月 27 日）》，《中共中央西北局文件汇集》（1943 年）（内部本）甲 3，1994 年，第 27~29 页。

不利的。因为支部书记脱离生产后，在支部对乡政府的工作领导上，出现支部代替行政工作而不是领导行政的现象，形成党的工作的行政化和行政工作的党化。鉴于此，西北局于1942年1月作出《关于支部书记不脱离生产的决定》。决定指出："支部应在群众之中，而不应在群众之上；党员应在群众之内，而不应在群众之外。"支部书记不脱离生产，使党对群众的联系更加密切，有利于加强党的领导，有利于做好支部工作。执行"支部干事只任一个工作"的决定，在支部委员中除被选为政府委员和议会议员外，兼任其他工作者应一律不兼任，把支部干事的主要工作应放在支部工作上。健全支部与乡政府的经常工作，把党的工作与政府工作区别开来。对政府的动员工作，支部应从党内进行讨论，发扬党的模范作用，而使支部的决议经过党员去实行，支部的领导经过党团去领导；政府党团对支部应做定期报告，支部对政府应定期讨论工作，使支部工作与政府工作很好地联系起来。① 但实践证明，支部书记不脱离生产对工作有许多妨碍，于公于私都不好。1944年4月，西北局办公厅举行组织问题座谈会，其中就讨论支部书记要不要脱离生产的问题。座谈中，根据各分区反映，支部书记全年工作时间，平均误生产在半年以上，影响生产及家庭生活，为了提高工作效率并解决支书家庭生活问题，一致同意支书脱离生产，待遇与乡长同，但其一切费用全由各分区自行解决。一般的支部其干事会由3人组成之，即支书、党员乡长及乡连长或乡文书或锄奸会主任中择其一个最强者参加，人数较多之支部，得视工作之需要，再增设一个到二个干事。② 但直至1945年，这个问题仍在讨论之中。关于支书到底脱离不脱离生产，西北局组织部认为支书脱离生产好，可以加强党务工作，又好培养干部。至于支书脱离了生产以什么名义出现，支书只作党务工作，不作行政工作行不行呢？西北局组织部认为支书兼有行政工作的名义是可以的，但如果支书无行政名义，就那样公开地脱离生产做工作也是可以的。③

西北局在1944年讨论组织问题时，曾谈到过支部书记改选的问题，认为不能随便就换，要经过民主会议，支部书记就通过开支部会议来改

① 《西北局关于支部书记不脱离生产的决定（1942年1月19日）》，《中共中央西北局文件汇集》（1942年）（内部本）甲2，1994年，第11~13页。

② 《西北局办公厅关于组织问题座谈会材料（1944年4月14日）》，中央档案馆、陕西省档案馆：《中共中央西北局文件汇集》（1941年至1945年）（内部本）乙，1994年，第134页。

③ 《西北局组织部关于整顿农村支部工作问题材料（1945年4月13日）》，《中共中央西北局文件汇集》（1945年）（内部本）甲6，1994年，第229~232页。

选。[①] 在 1945 年选举的指示中，西北局提出农村支部改选的问题。一般在乡选时，不同时改选支部，但乡选即是改选支部的准备，因为在乡选检查工作中，即可以看出支部领导的好坏。在乡选中把材料搜集起来，以作乡选后随即改选支部的根据。[②] 为了充分发扬党内民主，使选举达到良好的效果，支部可以先提出适合当选支部委员的条件，然后由党员提出候选人。支部改选工作的最后阶段是支部党员大会，议决支部小组如何领导群众进行生产建设，如何教育党员、发展党员等主要工作的具体任务和办法，并产生新的支部人选。[③]

（二）基层组织和党员的发展

在西北局 13 年史上，基层组织和党员的发展可分为 3 个阶段。

第一阶段，自西北局成立至抗战胜利前。这个阶段可再分为陕甘宁边区和西北国民党统治区两部分来介绍。西北局成立前，陕甘宁边区各县都成立了县委，基层组织也已遍布边区广大乡镇和机关、企业、事业单位。西北局成立后，陕甘宁边区地方党及机关支部党员，加上边区一级工厂、学校、机关中的党员以及军队中的党员，共计 5.4 万余名。列表统计如下（见表 3-1）。

表 3-1　陕甘宁边区内党员数量统计表（1941 年 10 月 5 日）

边区地方党及机关支部党员	所属特委及直属县	直属县											陇东特委	绥德特委	关中分委	三边分委	神府分委	合计	党员总计
		延安	安塞	安定	延川	志丹	固临	鄜县	延长	靖边	甘泉	延安市							
	区委	100	7	11	8	8	10	6	9	4			34	48	20	14	6	200	
	支部	61	42	72	62	57	28	68	30	53	25	5	332	331	275	68	81	1589	
	党员	3541	2672	1837	4633	1686	1061	658	2294	2347	641	195	5844	7802	3976	1846	2594	43628	

① 《西北局办公厅关于组织问题座谈会材料（1944 年 4 月 14 日）》，《中共中央西北局文件汇集》（1941 年至 1945 年）（内部本）乙，1994 年，第 152 页。

② 《西北局关于选举问题的指示（1945 年 10 月 5 日）》，《中共中央西北局文件汇集》（1945 年）（内部本）甲 6，1994 年，第 110 页。

③ 《西北局关于改选农村支部的指示（1945 年 11 月 25 日）》，《中共中央西北局文件汇集》（1945 年）（内部本）甲 6，1994 年，第 149~151 页。

续表

<table>
<tr><td rowspan="3">边区一级</td><td>工厂中党员</td><td>151</td><td rowspan="3">合计</td><td rowspan="3">2559</td><td rowspan="4">54824</td></tr>
<tr><td>学校中党员</td><td>722</td></tr>
<tr><td>机关中党员</td><td>1726</td></tr>
<tr><td colspan="2">军队</td><td colspan="3">8597</td></tr>
</table>

资料来源：中央档案馆、陕西省档案馆：《中共中央西北局文件汇集》（内部本）（1941 年）甲 1，1994 年，第 183 页。

中共七大前，陕甘宁边区党员人数占人口总数的 2.79%，党员数量还不够多，因此还需要发展。发展的主要对象是劳动英雄、模范工作者，年龄上主要发展青年党员，成分上在老区主要发展新中农、贫农及新富农；在新区主要发展贫农和好的中农。其他应注意者如农民中好的分子、城市中的贫苦市民、妇纺中的积极分子以及“三三制”中的积极分子。在地区上应注意没有党员或党员少的地区，城市中也要注意发展。入党条件方面，初入党的人只要求其具备三个条件，即好劳动、能公道、能工作。对于老党员或者入党后要成为一个好党员，则应该合乎这样的标准：热心工作；主张公道；积极生产；努力学习（或者是：为革命斗争；遵守纪律；积极生产）。发展党员，一般采取以下方式和步骤：在工作中发现好的积极分子作为对象；从侧面与正面调查其历史有无问题；分配一定的工作，在工作中考查；找对象谈话，如从对象的本身生活谈起，把他在革命前后的生活加以对比，逐渐引导他感觉到现在比过去好，再慢慢地谈到入党问题；最后便吸收入党。在党员的候补期问题上有两种意见，一种意见认为候补期是形式，不必有候补期；另一种意见则认为不但要有候补期而且还要长一些，时间从半年到一年。西北局组织部认为第二种意见比较妥当。入党手续上，新党员入党，须有两个介绍人，这两个人必须是正式党员和好的农村干部。新党员入党要在小组会和支部干事会上讨论通过，经区委批准。①

据西北局组织部 1945 年 3 月统计，中共七大前，陕甘宁边区所属延属、陇东、绥德、关中、三边 5 个分区的地方党员数量分别为 16628 名、5051 名、10514 名、3131 名、4021 名，加上边区一级机关、学校的党员 2850 名，共有党员 42195 名，但不包括军队中的党员、神府地区的党

① 《西北局组织部关于整顿农村支部工作问题材料（1945 年 4 月 13 日）》，《中共中央西北局文件汇集》（1945 年）（内部本）甲 6，1994 年，第 227~228 页。

员和秘密党员在内。其中，男性党员 38794 名，女性党员 3401 名。[①]

从党员人数来看，与 1941 年相比，1945 年陕甘宁边区地方党组织的党员数量，除了绥德和三边两个地区有较大幅度的增加，边区机关学校也略有增加外，延属、陇东和关中三个地区的党员不增反减，整个陕甘宁边区地方党员总量并未增加，反而有所减少。

从党员结构来看，在 42195 名党员中，就成分而论，工人 952 名，雇农 2598 名，贫农 26632 名，中农 7563 名，富裕中农 77 名，富农 785 名，地主 466 名，商人 313 名，资产阶级 39 名，小资产阶级 373 名，其他 320 名，不清者 2077 名。就文化程度而论，留学外国 23 名，大学 331 名，高中 581 名，初中 1563 名，高小 1842 名，初小 2686 名，稍识字 6196 名，文盲 23781 名，不清者 5192 名。就年龄而论，25 岁以下 4209 名，25 岁至 45 岁 28026 名，46 岁以上 4747 名，不清者 5213 名。就党龄而论，1927 年以前 403 名，1928 年至 1936 年 14652 名，1937 年至 1945 年 19828 名，不清者 7302 名。[②]

上述西北局党员结构的特点可概括为“四多四少”，即农民党员多，地主富农、工人商人、资产阶级和小资产阶级党员少；文盲党员多，知识分子党员少；中青年党员多，非中青年党员少；新党员多，老党员少。

在国民党统治区，陕西省中共地下党员的数量越来越少。1938 年 8 月全省中共党员最多时 8000 名，1939 年夏减少到 7720 名，由于一些地方的党组织遭到破坏，再加上对党员的审查清洗，到 1940 年 11 月减少到 5593 名。1942 年，陕西省有联系的党员数量缩减到 3365 名。[③] 到 1944 年，陕西国民党统治区关中地区 33 个县加上军队党员和直属党员总数仅为 3079 名。[④]1937~1944 年，陕西省党员数量增减图如下。

第二阶段，解放战争时期。也分为陕甘宁边区和西北国民党统治区两部分来介绍。鉴于陕甘宁边区在 10 年和平建设时期党员的发展几乎陷于停顿状态，地方党员数量仅占边区人口总数的 3%，以及自卫战争的形势，

① 《陕甘宁边区党员统计表（1945 年 3 月 6 日至 10 日）》，中央档案馆、陕西省档案馆：《中共中央西北局文件汇集》（1945 年）（内部本）甲 6，1994 年，第 28~34 页。

② 西北五省区编纂领导小组、中央档案馆：《陕甘宁边区抗日民主根据地》（回忆录卷），中共党史出版社 1990 年版，第 107~108 页。

③ 中共中央组织部、中共中央党史研究室、中央档案馆：《中国共产党组织史资料》第 3 卷（上），中共党史出版社 2000 年版，第 304 页。

④ 《陕西国统区及边区边沿地区党员统计表（1945 年 2 月 23 日）》，中央档案馆、陕西省档案馆：《中共中央西北局文件汇集》（1945 年）（内部本）甲 6，1994 年，第 15 页。

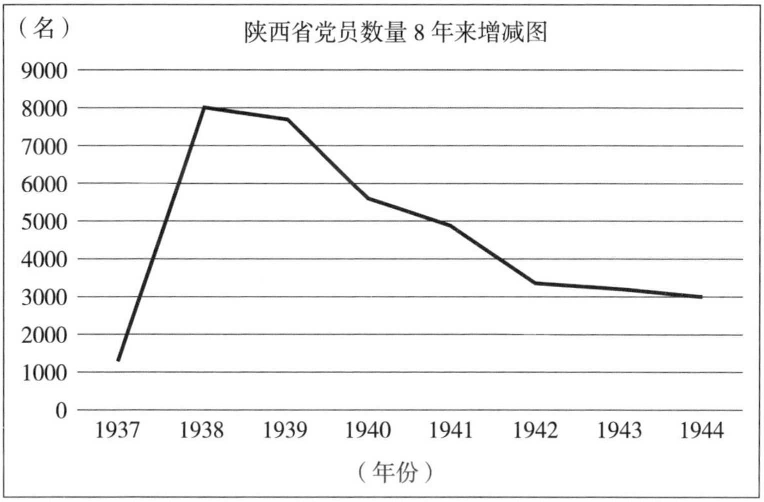

图 3-1　陕西省党员数量增减图

资源来源：中央档案馆、陕西省档案馆：《中共中央西北局文件汇集》（1945 年）（内部本）甲 6，1994 年，第 16 页。

1947 年 5 月 19 日，西北局提出在战争中“大量发展党员”的任务。5 月 21 日，西北局书记习仲勋和组织部部长马文瑞致电后方主持工作的西北局副书记马明方，提议在 6~9 月的 4 个月当中，发展一大批新党员，“发展数量大体等于原党员之一倍。而以各种对敌斗争中、游击战争中、扩兵中的积极青年为主要对象”[①]。当时,陕甘宁边区的党员数量是 45944 万名。[②]6 月 17 日，马明方作出《西北局关于发展党员的决定》，决定在年内发展党员 4.6 万人左右，争取党员人数占到全边区人口总数的 5%~6%。在 1948 年整党工作中，西北局又发出“注意发展党员”的指示，党员才增加一倍，占人口总数的 5% 左右。[③] 到 1949 年 2 月，党员数量达到 10.58 万人，增长了一倍多。从党员质量来看，好的约占 15%~30%，中等的约占 40%~60%，差的或坏的约占 16%~35%。[④]

在接收新党员时，西北局采取发动群众公开评议的办法，即首先由要求入党的积极分子自愿报名，并在有群众参加的党员大会上当众讲述自己的历史、对党的认识以及现实表现；然后由党员和群众按照党员标准（包

① 《马文瑞传》编写组:《马文瑞传》，当代中国出版社 2005 年版，第 219 页。
② 《西北局致中央电（1947 年 6 月 30 日）》，中央档案馆档案，第 246 卷；第 6 号。
③ 马文瑞:《对习仲勋同志和西北局工作的一些回忆》,《纵横》1997 年第 8 期。
④ 《马文瑞传》编写组:《马文瑞传》，当代中国出版社 2005 年版，第 249 页。

括成分好、历史清白、工作积极、劳动好、为人正派、对敌斗争坚决、服从党的决定、拥护群众等）对他进行公开评议。最后，党支部根据党员和群众的评议，将已具备条件的入党者，按照个别吸收的原则，由一名正式党员做介绍人，提交支部大会讨论通过后，报区委以上党的机关批准，候补期一般为3个月。对于特别优秀、经过考验的新党员，可不要候补期。[①]

在国民党统治区，中共甘肃省工委1941年11月撤销时，下属党组织仅剩10个支部和8个小组，还与上级党组织失去联系。[②]抗战胜利后，甘肃省工委成为当时西北地区最早恢复的中共党组织，负责领导甘肃、宁夏两省国民党统治区党的工作。解放战争初期，西北局要求各蒋管区党必须积极地放手发展党员，以充实党的力量，特别是蒋管游击区域，以及党员很少的重要地带，更应放手大量发展。[③]到1948年年初，甘肃省工委在天水、西和、秦安、成县、两当、甘谷、武山、礼县、清水等县建立了基层党支部132个，党员2000余人。[④]新建立的陇南工委，仅在半年时间里，就建立党支部528个，有党员4300余名。[⑤]1949年5月，人民解放军进军甘肃前夕，中共甘肃省工委建立了1300多个党支部，党员人数最多时发展到1.6万余人。[⑥]

根据西北局关于在国民党统治区“整顿恢复组织，注意发展党员”的指示，抗战胜利后，中共陕西省工委首先“唤醒”长期埋伏在国民党统治区内的地下党组织及党员投入工作，然后把关中划分为沿河、渭北、东路、西府、太白和西安6个工作区，陆续派遣干部分赴各地恢复、建立和整顿地下党组织。1946年10月，陕西省工委发出新的指示，要求国民党统治区建党“以发展为主，恢复为辅”，“放手而谨慎地进行发展工作”；发展的地区以山地、农村和交通要道为主，其次是矿山、工厂及城市附近；发展的对象以工人、贫苦农民为主，其次是知识分子，以及政权机构中经过考验真心亲我分子；党的基层组织形式也要根据实际情况适当

① 《马文瑞传》编写组：《马文瑞传》，当代中国出版社2005年版，第251页。

② 中共甘肃省委组织部、中共甘肃省委党史资料征集研究委员会、甘肃省档案局（馆）：《中国共产党甘肃省组织史资料（1925—1987）》，甘肃人民出版社1991年版，第123页。

③ 《西北局对于蒋管区工作的指示（初稿）（1947年7月6日）》，陕西省档案馆馆藏：《革命历史资料》A13-28-43。

④ 《习仲勋在陕甘宁边区》编委会：《习仲勋在陕甘宁边区》，中国文史出版社2009年版，第408页。

⑤ 秦生：《西北解放战争史》，中共党史出版社2007年版，第207页。

⑥ 《习仲勋在陕甘宁边区》编委会：《习仲勋在陕甘宁边区》，中国文史出版社2009年版，第412页。

地集中化和组织化，逐步改变过去的单线联系为按地区或生产单位成立支部；等等。[①]到 1946 年年底，陕西省工委已向关中和陕南派出 337 名干部，有 2225 名地下党员重新恢复组织联系，先后建立跨县区的地方工委 12 个和直属县委、县工委 11 个。

随着西北解放战争的胜利进军，以及国民党统治区中共党组织的组织形式与领导方式的改变，陕甘宁国民党统治区及伊盟地区的地下党组织有了新的发展，党员数量开始回升，其中以甘肃省的党员发展最快。

表 3–2　陕甘宁三省及伊盟党员统计表（1948 年 12 月）

地区	党员数量（名）	备考
陕西	4113	
甘肃	3249	
宁夏	500	大部分尚未恢复，仅 38 人接上关系
伊盟	439	
合计	8301	

资料来源：《1948 年 12 月西北地下党统计报告——西北局》，陕西省档案馆馆藏：《革命历史资料》A13–29–15。

第三阶段，新中国成立初期。刚刚解放的西北地区特别是新解放区，适应建党建政的需要，西北局的基层党组织、党员和干部增长很快，增幅很大。以陕西省为例，1949 年有基层党组织 2947 个，1953 年已达到 6797 个，增长 1.31 倍；1949 年有党员 64861 人，1953 年达到 114590 人，增长 76.67%；干部人数由 1949 年的 63479 人，增长到 121964 人，增长近 1 倍。1953 年西北各省基本实现了乡乡建有党支部，区、镇有党委。[②]

新中国成立后，西北局开始在工人中大量发展党员。当时，西北地区党员的基本状况是“三多三少”，即老区、半老区的党员比例大，占总人口的 2.4%，新解放区的党员比例只占总人口的 0.015%；东部地区党员多，西部地区党员少，陕西省（含西安市）的党员占西北地区党员总数的 70% 以上，而青海、宁夏两省的党员总数加起来，还占不到全西北地区党员的 4%；农民党员多，工人党员少，农民党员占全部党员的 90% 以上，

① 朱凯、郭林、吴璋编：《陕甘宁边区史（解放战争时期）》，西安地图出版社 1993 年版，第 50 页。

② 《习仲勋传》编委会：《习仲勋传》（下卷），中央文献出版社 2013 年版，第 97 页。

而 8.98 万产业工人中只有 312 名党员，还占不到 0.4%。[①] 截至 1951 年 6 月，青海省除机关外，在农村和工厂中只有百余名党员。[②]

为了加强党在工矿企业中的力量，西北局提出“必须在先进工人中大量发展党员”。到 1951 年 8 月，从优秀的产业工人中吸收了 536 名党员，工人党员增加到 848 人，非产业工人党员也增至 851 人，党员占工人总数的 1.23%。在 1952 年 7 月到 1954 年 6 月的两年时间里，工矿企业共吸收新党员 7823 人，约占职工总数的 5%。其中，西安市产业工人中党员的比例已达到 10.8%，新建立工矿企业党支部 350 个。此外，还在手工业和店员中发展党员 931 人，建立党支部 64 个。[③] 为了保证党员质量，西北局又提出党员的吸收对象是“工人阶级和劳动人民中最优秀的分子，即经过教育、考察，成分好、觉悟高、历史清楚、对党忠诚，在群众斗争及工作、生产、学习中表现积极，懂得党的事业并愿终身为党的事业奋斗，能够遵守懂得纪律的人入党。凡是不完全具备这些条件的人，都不能接受入党。”[④]

从党员数量在全国所占的比重来看，新中国成立初期，“党员绝大部分分布在长江以北的老区半老区以及人民解放军中，少数分布在江南和西北的新区”[⑤]。由于西北地广人稀，加之新中国成立前，青海和新疆又无党组织，因此与其他中央局相比，西北局的党员发展水平远低于其他大区。据统计，自 1952 年 7 月至 10 月底，全国共接收新党员 22 万人，占各地发展新党员计划总数的 11%。其中，发展最少的是宁夏省，只完成计划的 1.6%。[⑥] 到 12 月底，全国共接收新党员 43.2 万人，其分布情况是：东北 4.5 万人、华北 5 万人、华东 4 万人、中南 18 万人、西南 10 万人、西北 1.7 万人。[⑦] 从党员总量来看，到 1953 年，全国有党员 626 万名，支

---

① 《西北地区党的发展情况和整顿巩固意见（1950 年）》，中央档案馆档案，目录号 2；卷号 6。转引自《马文瑞传》编写组:《马文瑞传》，当代中国出版社 2005 年版，第 288 页。

② 中共中央文献研究室、中央档案馆:《建国以来刘少奇文稿》（第 3 册），中央文献出版社 2005 年版，第 549 页。

③ 《马文瑞传》编写组:《马文瑞传》，当代中国出版社 2005 年版，第 290~291 页。

④ 《西北局组织部 1952 年建党总结》，中央档案馆档案，目录号 1；卷号 365。转引自《马文瑞传》编写组:《马文瑞传》，当代中国出版社 2005 年版，第 291 页。

⑤ 吕澄、张竹梧等:《党的建设七十年纪事（1919—1991）》，中共党史出版社 1992 年版，第 263 页。

⑥ 中共中央文献研究室:《建国以来重要文献选编》（第 3 册），中央文献出版社 1992 年版，第 442 页。

⑦ 吕澄、张竹梧等:《党的建设七十年纪事（1919—1991）》，中共党史出版社 1992 年版，第 296~297 页。

部 31.4 万多个，而西北地区党的发展最好的陕西省有党员 114590 名，支部 6797 个，分别占全国总量的 1.83% 和 2.16%。

在发展新党员方面，西北地区着重在土改复查后的新区农村中发展新党员，建立党的组织。从完成情况来看，西北完成原定计划的 70.8%。各地区都没有完成原定计划的原因，有客观原因，也有主观原因。在客观上是由于各种工作繁重，领导上还抽不出更多的时间和力量；在主观上是由于中组部代中央起草的“在三反运动基础上进行整党建党工作的指示”有不够切合实际的毛病，因而各地所制订的计划一般也都偏高。①

另外，新中国成立初期，西北局下属党组织仍然存在少部分地下党员。如关中地区因解放以前有六七千地下党党员的活动，有长时期的地下工作影响。② 宁夏刚解放时，尚有原中共宁夏工委单线联系的 80 余名秘密的农民党员。③ 再如，兰州解放的第二天，中共甘肃省委副书记孙作宾就召集地下党员会议，充分肯定了地下党组织和党员为甘肃人民的解放事业前赴后继立下了不朽功勋，并鼓励全体党员在建设甘肃的岗位上再立新功。④

（三）少数民族入党问题

由于西北地区少数民族人民都有宗教信仰，有的甚至全民族信仰宗教，因而少数民族入党的问题成为新中国成立后西北局建党工作的一个新课题。

新中国成立后，在西北各省少数民族中发展党员开始提上西北局的议事日程。1949 年 10 月，赛福鼎·艾则孜向中央递交入党申请书，毛泽东 10 月 23 日在赛福鼎入党申请书上作了专门的批语：“同意赛福鼎同志入党。此信由赛本人带交彭德怀同志即存彭处。待新疆分局成立后，由赛同志向分局履行填写入党表手续。”⑤11 月，中央关于在新疆少数民族中建立共产党组织的若干问题给彭德怀并告王震、西北局的电报中指出，新疆代

① 《中共中央批转中央组织部关于整顿党的基层组织及发展新党员工作的执行情况的报告》（1954 年 1 月 16 日）。

② 《习仲勋文选》编委会：《习仲勋文选》，中央文献出版社 1995 年版，第 108 页。

③ 中共中央组织部、中共中央党史研究室、中央档案馆：《中国共产党组织史资料》第 5 卷，中共党史出版社 2000 年版，第 823 页。

④ 孙晓北：《孙作宾西北任职期的一些事》，引自石杰、司志浩主编：《在西北局的日子里》，陕西师范大学出版总社 2013 年版，第 302 页。

⑤ 中共中央文献研究室：《建国以来毛泽东文稿》（第 1 册），中央文献出版社 1987 年版，第 86 页。

表团赛福鼎等和中央负责同志谈话时，曾讨论到在新疆少数民族中建立中国共产党组织的问题。中央指示："先选择数十个新疆本地的先进分子，包括汉人在内但多数应该是维吾尔族及其他民族中的先进分子，由你们介绍加入中共党，不要候补期，以后再分批介绍若干人，即任命他们和你们外来的党员一起分到各个地方去建立那里的党的组织。即由他们介绍那里的先进分子入党成立支部以及县委区委等。"①12月，新疆分局直接从新疆各少数民族中吸收了第一批中共党员，共15名。这批少数民族党员就没有候补期。

在有宗教信仰者入党问题上，1949年12月，新疆分局给西北局和中共中央电报《关于建党中几个问题的规定》中曾提出："其他各族信仰宗教者亦须放弃其宗教信仰后，方准其入党。"中共中央在给西北局并新疆分局的批复中将此句改为"其他各族只要其承认信仰共产主义愿为实现党的纲领而奋斗，即准其入党"。因为在少数民族中真正放弃宗教信仰，须经过思想改造过程，这种改造，主要的应在入党以后来进行，而不能在入党以前要求其放弃宗教信仰作为入党的一个条件。②对于有宗教信仰者入党这一问题，少数汉族干部持反对意见，认为少数民族几乎都有宗教信仰，是落后的表现，不能加入共产党。对此，西北局书记彭德怀指出：吸收少数民族中的先进分子入党，要从具体情况出发，要尊重他们的历史，看一个人是不是符合中共党员的标准，主要是看他的觉悟，看他在过去的革命斗争中和在今天的工作中的表现，不能对他们提出苛刻的要求，不能看他们是不是信教。③

根据中央指示精神，西北局允许吸收有宗教信仰的少数民族积极分子入党。在新疆，到1950年7月，全区已发展少数民族党员520多人，建立了一些基层党组织。到1951年4月，全省共发展1087名党员，其中包括维吾尔、哈萨克、汉、回等11个民族，维吾尔族占45%，汉族占19.5%，其他少数民族占35.5%。④1954年12月，中共新疆分局组织部公布：1950~1954年全疆共发展党员7086人。其中汉族党员1878人，

① 中共中央文献研究室、中央档案馆：《建国以来刘少奇文稿》（第1册），中央文献出版社2005年版，第172~173页。

② 《中央同意新疆建党中几个问题的规定给西北局的电报（1950年1月2日）》，中共中央文献研究室、中央档案馆：《建国以来刘少奇文稿》（第1册），中央文献出版社2005年版，第279页。

③ 当代中国人物传记丛书编辑部：《彭德怀传》，当代中国出版社1993年版，第394页。

④ 中共中央组织部、中共中央党史研究室、中央档案馆：《中国共产党组织史资料》（第5卷），中共党史出版社2000年版，第208页。

本地民族党员 5208 人。[①] 截至 1955 年年底，新疆已有中共党员 54559 名，其中少数民族党员 21648 名，占党员总数的 39.67%；干部 85709 名，其中少数民族干部 46756 名，占干部总数的 54.55%，还建立了 3431 个基层组织。在青海，中共青海省委在 1950 年 10 月发出的《关于建党工作指示》中明确提出，对兄弟民族干部，经过一个时期的工作考验和教育，可吸收入党。少数民族积极分子入党时，条件可适当放宽，允许未放弃宗教信仰着入党。[②] 此后，在西北局提出的"积极慎重"建党方针的指导下，各地开始发展党员、建立支部。到 1953 年年底，青海省在农业区乡村和一部分农牧业交错地区以及厂矿、机关、学校企事业单位共发展新党员 2970 名，其中少数民族党员 715 名，新建支部 413 个。加上原来发展的，全省党员总数达 5269 名，其中少数民族党员 732 名，支部总数达到 505 个。

（四）党员入党宣誓

中国共产党成立伊始，党员入党并不进行宣誓。1925 年 8 月，中共中央在《中央通告第五十三号——介绍新党员之变通办法，各团体中党团的组织与任务》中规定："新生入学时必须经过入学仪式，并立即编入某一支部。"[③] 从此以后，中国共产党才开始实行党员入党宣誓。

1939 年 1 月，由中共中央组织部部长陈云起草的《发展党员问题》讲话提纲第五条规定："新党员入党一定要有上级批准，经过候补期，举行入党转正仪式，宣读誓词。"[④] 延安时期，陈云部长和李富春副部长经常给陕北公学的学员上党课及参加新党员的宣誓仪式。陕北公学第一期新党员入党宣誓仪式，就是在中央组织部举行的。[⑤]

关于入党仪式及誓词，中共中央党校、中共中央组织部、西北局组织部、西北局宣传部的材料均有介绍。中央党校延川实习团杨英杰等人通过调研和分析，发表了《延川县禹居区三乡支部的特点、党员和干部》的工作通讯。其中写道："新党员入党，应该给以仪式，入党的仪式，对于很

① 富文、田中圩主编：《中国共产党新疆历史大事记》，新疆人民出版社 1993 年版，第 109 页。

② 中共中央组织部、中共中央党史研究室、中央档案馆：《中国共产党组织史资料》（第 5 卷），中共党史出版社 2000 年版，第 803 页。

③ 中共中央组织部、中共中央党史研究室、中央档案馆：《中国共产党组织史资料》（第 8 卷）（上），中共党史出版社 2000 年版，第 65 页。

④ 中共中央文献研究室：《陈云年谱》（上卷），中央文献出版社 2000 年版，第 239 页。

⑤ 李维汉：《回忆陕北公学》，《中共党史资料》1985 年第 8 期。

多党员是起了不小的作用；应该宣誓，誓词如下‘我宣誓：一、终身为共产主义事业奋斗；二、党的利益高于一切；三、遵守党的纪律；四、不怕困难，永远为党工作；五、要作群众的模范；六、保守党的秘密；七、对党有信心；八、百折不挠，永不叛党。（中共中央组织部规定）谨誓。’”[①]

1945年4月，由西北局组织部整理编印的《关于整顿农村党支部工作问题材料》写道：入党仪式虽然是一种形式，但它会给新党员留下深刻的印象，教育意义很大，因此需要举行入党仪式，但不要一个一个地举行，而是介绍了几个新党员之后，半年或一年共同举行，届时区委派人参加讲话，主持会议，会场可挂马、恩、列、斯、毛等领袖像，誓词为："从今天起，誓为党的工作奋斗，要做到：第一，热心工作；第二，积极生产；第三，主持公道；第四，努力学习（或第一，为革命斗争；第二，遵守纪律；第三，积极生产）。宣誓人 ××× ××年×月×日。"[②]

1948年，西北局宣传部编印的《党员课本》收录的入党誓词如下："誓为共产主义，坚决奋斗到底。密切联系群众，不断努力学习。实行党的政策，服从党的决议。遵守党的纪律，保守党的秘密。倘有违反行为，愿受党的处分。"[③]

在以上3个材料中，前两个从"应该"和"需要"的意义上简要强调了新党员入党仪式的必要性和重要性，西北局组织部的材料并对入党仪式简单地提了要求。誓词方面，并不统一，有8条的，有4条或3条的，且字数多少不一；有中组部规定的，也有西北局组织部根据具体情况拟定的，但内容上都强调遵守党的纪律、为革命奋斗、为党工作、努力学习等。

在实践上，西北局新党员入党要举行宣誓仪式。据1948年调入西北局秘书处速记组工作的张玉英回忆：延安光复后，西北局机关回到延安。之后不久，就着手筹办起了"速记人员训练班"和"机要人员训练大队"，调来一大批青年。因为工作的特殊性，机关对党团组织的发展工作抓得很紧。速记人员训练班新来的十几位同志中有4位团员具备了入党条件，但因年龄不到18岁，所以直到1949年1~3月才先后办理了入党手续。当时由于出身不同，预备期也不同，贫雇农出身预备期为半年，其他为一

① 《共产党人》1940年第2期。

② 《西北局组织部关于整顿农村支部工作问题材料（1945年4月30日）》，中央档案馆、陕西省档案馆：《中共中央西北局文件汇集》（1945年）（内部本）甲6，1994年，第227~228页。

③ 中共中央西北局宣传部编《党员课本》，1948年印，第30页。转引自王建华：《中国共产党各时期入党誓词考证》，《中共党史研究》2010年第8期。

年。3月9日晚，组织为6位新党员举行了庄严的入党宣誓仪式。蔡子伟处长主持会议，组织部也来人参加。会议室坐满了人，有的还蹲在地上。除新党员面对党旗宣读誓词外，还有领导讲话、老党员代表讲话，对新入党的同志给予鼓励，并指出继续努力的方向和要求。在宣誓仪式上新党员推荐张玉英代表大家表了态。入党宣誓对新党员和其他与会同志而言都是一次生动的党课教育。[①]

对于入党宣誓，当时有人曾提出须经上级批准这一程序。如前所述，陈云在《发展党员问题》中提到“新党员入党一定要有上级批准”。对于这个问题，时任西北局行政处处长的史唯然在日记中这样写道：1948年12月6日晚开支部大会通过新党员，讨论李善忠同志通过，最后举行入党宣誓，后即讲话，但有人提出未经上级批准是否应当宣誓。这是手续问题，恐为不妥。我的看法，即上级不批准，亦不能拒止某人宣誓要为共产主义事业及人民事业奋斗牺牲。[②]这说明当时在新党员入党宣誓是否须经上级批准才能进行问题上有不同的看法。经上级批准是一个程序问题或手续问题，但最重要的是首先要思想上入党。

（五）党费的收缴与保管

中共二大章程首提党费，并列专章“经费”加以规定：“党员月薪在五十元以内者，月缴党费一元；在五十元以外者，月缴党费按月薪十分之一计算；无月薪者及月薪不满二十元之工人，每月缴费二角；失业工人及在狱党员均免缴党费。”此后的中共第一、第二、第三次修正章程均作了部分修改，总的来说数额和比例有所下降。第三次修正章程首次规定军队中党员党费，由所在地军部征收，转交党部会计科。中共六大党章将党费置于“党的财政”之下，规定：党部用费由党费，特别捐，党的印刷机关及上级党部之津贴等充之。入党费和党费的多少，由中央委员会规定。失业和极贫苦的党员，可完全不缴党费。无充分理由连续三月不缴党费者，以自愿脱党论，并将此宣布于党员大会。中共七大党章在“经费”一章中规定：党的经费，由党员缴纳的党费、党所经营的各种生产和企业的收入与党外捐助等方法筹集之。各地党员及候补党员应缴党费数额，由各省委、边区党委或其他相当的党委规定实行之。

---

① 张玉英：《永远的怀念》，引自石杰、司志浩主编：《在西北局的日子里》，陕西师范大学出版总社2013年版，第106页。

② 魏建国、张建儒主编：《史唯然》，陕西人民出版社2021年版，第281页。

在西北局文件中，有关党费的缴纳，资料很少，但还是有一些。从对 1941 年陕西农民支部的考察情况来看，农村支部能缴党费的占极少数，而绝大多数是不缴党费的。如根据 6 个支部的报告，其中第一个支部是“永不缴党费”，第二个支部是“常不缴党费”，第三个支部是“半年不缴党费”，第四个支部是“一个不缴党费”，第五个支部是“支干缴党费，党员不缴党费”，第六个支部是“文书代替党员出党费”。出现这种情形的主要原因，一方面是党员不懂得党费的意义，如有同志说“党应帮助党员，为什么党员还要帮助党呢？”又有同志认为：“支部收党费恐怕自己用了吧！”甚至还有同志说：“共产党怎么还有剥削呢？”等。另一方面是支部干事也没有经常去收，没有把收党费看成支部的一个工作。做好党费收缴工作就要经常向农民党员讲解缴党费的意义，进行教育工作；按期征收党费；真正贫苦的党员可以减少或经上级批准免交党费。但对经常无故不缴党费的党员应加以批评与应有的处分。[①]1945 年 4 月，西北局组织部调查认为，机关支部党费 3 个月交纳一次适合，由党员自愿决定本人应交的党费数目字。[②]农村支部规定 3 个月交收一次，每次 100 元。对于农村党员来说，教育他们按时交党费，懂得为党尽此义务的意义，以加深其组织观念是必要的。[③]

对党费的保管，西北局组织部 1945 年 4 月调查资料显示：“据各总、分支的同志说，党费现存到百万元左右，大多数在箱子内保存着。我们的意见，除本支机关支部订会议册子等开支外，其余一律交组织部干部科原三百万元内经营，这笔钱的开支应和原三百万元性质类似即可开支。”[④]据曾任西北局行政处生产科科长的张克回忆，西北局党费由生产科提供与代管，主要是黄金等。因边区的货币对外不能使用，这些特殊费主要用于统战费（后改为城市工作费），属于机密。其使用时凭习仲勋书记的亲笔签字条支付。生产科组建于延安大生产运动中，先后在秘书长和行政处领导下单独生活，单独活动，主要从事商贸业务，为机关提供生活和事业经

① 《〈共产党在陕西〉（1941 年）》，中央档案馆、陕西省档案馆：《陕西革命历史文件汇集》（1941 年至 1942 年）（内部本）甲 18，1993 年，第 354~355 页。

② 《西北局组织部关于机关支部工作调查整理材料（1945 年 4 月 5 日）》，中央档案馆、陕西省档案馆：《中共中央西北局文件汇集》（1945 年）（内部本）甲 6，1994 年，第 204 页。

③ 《西北局组织部关于整顿农村支部工作问题材料（1945 年 4 月 13 日）》，中央档案馆、陕西省档案馆：《中共中央西北局文件汇集》（1945 年）（内部本）甲 6，1994 年，第 228~229 页。

④ 《西北局组织部关于机关支部工作调查整理材料（1945 年 4 月 5 日）》，中央档案馆、陕西省档案馆：《中共中央西北局文件汇集》（1945 年）（内部本）甲 6，1994 年，第 204 页。

费，内设会计、出纳、保管、营业等岗位。[①]

（六）党员的管理与基层组织的整顿

为了纯洁和巩固党的组织，西北局在抗日战争时期和解放战争时期出台了两个有关处分党员和开除党员党籍的暂行规定，从制度上规范党员的出口关。

1942 年 1 月，西北局出台了《关于暂时处理开除党员党籍手续的规定（草案）》。该规定草案把对普通党员和党员干部的处分分为警告、严重警告、最后严重警告、开除党籍 4 种。在处分手续方面，警告、严重警告和最后严重警告 3 种处分由各级党委直接处理，呈报上级党部登记备查，但不必经上级党部批准。而开除党籍则根据党员的不同级别规定了不同的程序：普通党员由所在支部大会或支部开除，由上级党委批准；党员干部按照级别由上级党委开除，实行"超级批准制"。例如，"区委委员以下直到支干会的干部由区委开除，经县委批准；县委委员以下到区委委员的干部由县委开除，经特委批准；特委委员以下到县委委员的干部由特委开除，经西北局批准；特委委员由西北局直接处理。"[②]

1948 年 8 月，西北局出台了第二个《关于处分党员手续的暂行规定》。该暂行规定在 1942 年草案的基础上将"最后严重警告"改为"留党察看"，新增了对军队党员干部的处分规定。批准手续因处分轻重和党员级别而有所区别：凡给党员以劝告或警告的处分时，须经过党的支部大会的讨论通过与决定，并经其直接上级党委批准，若被处分者系各级委员，则须经各级党委之全体会议决定，并经其直接上级党委批准。但是，在各级党委给党员以撤销工作、一定时期的留党察看和开除党籍等处分时，则须实行"超级批准制"。例如，"凡被处分者系县级、团级之主要负责干部，及军区级、边区级科长以上之干部时，其批准与决定之权属于晋绥分局、西北局及军区党委；凡被处分者系军区级、边区级科长一级以下之干部时，其批准与决定之权属于总支以上党委及政权机关"[③]。9 月，中共中央将西北局的这个规定批转给其他中央局参考执行。

---

① 张克：《我走过的路》，引自石杰、司志浩主编：《在西北局的日子里》，陕西师范大学出版总社 2013 年版，第 100~101 页。

② 《西北局关于暂时处理开除党员党籍手续的规定（草案）（1942 年 1 月 13 日）》，中央档案馆、陕西省档案馆：《中共中央西北局文件汇集》（1942 年）（内部本）甲 2，1994 年，第 5 页。

③ 中共中央组织部、中共中央党史研究室、中央档案馆：《中国共产党组织史资料》第 8 卷（上），中共党史出版社 2000 年版，第 667~668 页。

除上述两个规定外，解放战争后期，西北局组织部对历史上曾做过特务的党员的党籍问题也提出处理意见并上报中央。1949 年 2 月，中共中央组织部批复西北局组织部："历史上确曾做过特务，在整风审干时并未停止其党籍者，在原则上应一律开除其党籍。如其中个别人并无重大罪行，在其入党前即和特务组织在政治上组织上均已断绝关系，当时即向党坦白以后一直表现好的，则可承认其党籍。又如个别人并无重大罪行，在其入党前虽和特务组织在政治上组织上断绝关系，但当时并未向党坦白即被吸收入党，直至整风审干时才向党坦白者，即使其工作表现尚好，其党籍应从其向党坦白之时起算。"[①] 12 月 15 日，中共中央电报西北局：关于曹稷农、汪叔度两个党员不守纪律，不顾政策，不执行党组决定，联合党外士绅反抗党的决定的行为，应给以处分并在党内公布以教育全党。如曹、汪二人不服从党的处分，不接受教育，即应开除党籍。[②]

整党就是对党的基层组织和党员进行教育和整顿。西北局的整党工作是在中共中央的领导和指导下，结合整风运动、土改运动和"三反"运动进行的。概言之，就是在运动中整党。

在整风中整党。延安时期，西北局在党政军民学各系统进行整风。在整风期间召开的高干会上，西北局提出整党任务。组织部长陈正人在《关于整党整风问题的报告》中分析认为，"在边区党 3 万党员中，完全符合条件的有 12000 人，占 40%，这是党的基本力量。基本符合条件的有 15000 人，占 50%。不好的占 10%"。对此，西北局提出的"党员政策"是，对好的党员鼓励更加进步，对中等水平的党员通过加强教育达到党员标准，对不好的党员以教育为主促其进步，对极坏的要坚决清洗他们出党；"支部建设"的任务是巩固政权、拥护军队、团结群众、执行政策、教育党员、加强学习等 6 项任务。[③] 新中国初期，针对党内和干部队伍中出现的问题，1950 年 5 月 1 日，中共中央发出《关于在全党全军中开展整风运动的指示》，要求严格整顿全党作风和干部作风。之后，按照中央的统一部署，西北局、西北军政委员会机关和各省市按照计划，先后于 6 月中

---

① 《中央组织部对历史上曾做过特务的党员的处理意见给西北局组织部的批示（1949 年 2 月 8 日）》，引自中共中央组织部、中共中央党史研究室、中央档案馆：《中国共产党组织史资料》第 8 卷（上），中共党史出版社 2000 年版，第 718~719 页。

② 《中央关于应予曹稷农、汪叔度以党纪处分问题给西北局的电报（1949 年 12 月 15 日）》，中共中央文献研究室、中央档案馆：《建国以来刘少奇文稿》（第 1 册），中央文献出版社 2005 年版，第 215 页。

③ 中共江西省委党史研究室：《陈正人传》，中共党史出版社 2007 年版，第 77~78 页。

旬和7月上旬普遍开始了整风运动，8月份集中解决暴露出来的较为重大的问题。在整风运动中，实行“由上而下整顿领导，然后结合由下而上检查工作。”[①] 1951年三四月间，中国共产党第一次全国组织工作会议召开并通过《关于整顿党的基层组织的决议》。决议指出：为了领导与团结全国人民完成新的历史任务，必须在对全体党员进行共产党员标准八项条件教育的基础上，对党的基层组织进行一次普遍的整理，克服党在某种程度上的组织不纯与思想不纯的现象。根据这个决定，自1951年至1954年，在全国范围内进行了整党运动。西北局贯彻执行中央决议，在整风运动中开展整党运动。1951年7月，中共中央批复西北局：“同意你们关于贯彻执行党的第一次全国组织工作会议的决议的指示。根据西北地区党的情况，有三分之一的支部与三分之一以上的党员是分布在机关中，因此如何在清理中层、内层的工作中了解党员的历史，进一步结合冬季整风进行整党是各级党委应加强注意的问题。”[②] 西北局的整风工作得到中央的肯定，在此基础上，西北局抓住时机，结合土改和“三反”运动开展整党工作。

在土改中整党。自卫战争开始后，边区农村党组织和党员出现了严重的组织不纯和思想不纯的问题。据不完全统计，全边区在自卫战争中向敌人自首的党员即有三千多人。为了纯洁党的组织和思想，西北局在1947年5月提出整党任务，11月又在陕甘宁边区干部会议（即义合会议）上提出“结合土改进行整党”。同年冬，西北局组织部选择吴旗县三区四乡党支部进行整党试点。这次整党试点较中共中央提出的“初步整党”指示提早了半年。采取的方法是在群众中整党，即邀请超过党员人数2至3倍的非党群众、积极分子和党员一起开会，按党章和党员标准的要求，开展批评与自我批评。最后，综合党员和群众的评议，对每个党员及党支部做出“好”、“中等”或“比较坏”的评论。[③] 到1949年5月，已有923个党支部、2.48万名党员经过了“初步整党”的教育。1950年冬，西北局在整风工作的基础上，结合土改运动，对陕西关中、榆林地区和甘肃庆阳分区的农村党组织进行了一次整顿试点，历时3个多月。经过整党，甘肃庆阳分区把约占党员总数3%的不合条件党员清除出去；陕西关中地区41个县清理出

① 《西北局关于整风情况的报告》，1950年8月15日。转引自《习仲勋传》编委会：《习仲勋传》（下卷），中央文献出版社2013年版，第106页。

② 《中共中央关于整党建党工作给西北局的批复(1951年7月27日)》，中共中央文献研究室、中央档案馆：《建国以来刘少奇文稿》第3册，中央文献出版社2005年版，第368页。

③ 《马文瑞传》编写组：《马文瑞传》，当代中国出版社2005年版，第250页。

的不合格党员约占党员总数的7%，基层党组织初步得到纯洁和巩固。[①]

在此次结合土改整党中，青海省的整党工作推迟进行，原因是“青海除机关外，在农村和工厂中现只有百余名党员；又加干部缺少，须首先集中力量做好土改和镇反及发动与组织群众的工作”。所以，1951年6月30日，西北局同意青海省“将整党的干部训练与典型试办及其他具体实施工作，推迟至明年三月土改告一段落后再进行”。同时强调“但在训练土改干部时，应对其中党员干部进行有关整党与建党知识的训练，以便能配合土改对农村现有党的基层组织进行初步整理。即进一步了解党内情况，对党员进行初步教育，处理混入党内的坏分子，更重要的是结合土改，积极地发现、教育与培养积极分子，为土改完成后，进行发展新党员的工作做好准备”[②]。西北局将这一意见电报中共中央。中央批示同意并指出：“青海全省一千七百党员，几乎全部分布在机关中（农村只一百多）。因此，可在冬季整风中，对所有党员进行一次共产主义与共产党的教育后，即着手组织整理，不宜拖得太长。对于参加土改工作的党员干部，亦可在训练土改干部的同时，来一次整党，这不仅可使他们本身提高，而且能使他们学会如何在群众中进行共产主义与共产党的宣传教育。”[③]后来，青海省的整党工作就是按照中央和西北局的上述意见进行和完成的。

结合“三反”运动整党。1951年年底至1952年上半年，全国开展了轰轰烈烈的“三反”运动。1952年2月3日，中共中央发出“三反”运动应和整党结合的指示。按照中央的指示精神，西北局要求凡已经开始整党的单位均应毫无例外地转入“三反”运动，运动后期再进行党员登记、审查及处理工作。此次整党历时半年多。从9、10月份农村整党典型试验的结果来看，西北老区出党人数占党员总数的10%左右。其中，被开除党籍者、自愿退党者、被劝告出党者各占1/3左右。在整党中，受处分、警告、留党察看处分者在5%左右。总计在党员中受纪律处分者约占党员总数的15%到20%。[④]

① 《马文瑞传》编写组：《马文瑞传》，当代中国出版社2005年版，第296页。

② 《中央同意西北局关于青海在土改告一段落后再整党的意见（1951年7月5日）》，引自中共中央文献研究室、中央档案馆：《建国以来刘少奇文稿》第3册，中央文献出版社2005年版，第549页。

③ 《中共中央关于青海省委整党建党计划给西北局的批复（1951年7月19日）》，引自中央档案馆、中共中央文献研究室：《中共中央文件选集（1949年10月—1966年5月）》第6册，人民出版社2013年版，第338页。

④ 中共中央文献研究室编：《建国以来重要文献选编》第3册，中央文献出版社1992年版，第440-441页。

在历次整党中，西北局不仅清除了一部分不合格党员，而且处分和开除了部分党员干部。在 1942 年西北局高干会上，西北局奖励了王震等 22 位好干部，同时对贪污腐化干部王华亭等 8 人之犯法违纪行为当场宣布，均将依法处罚，党内并将审查其党籍，分别给予开除及严重警告的处分。① 自卫战争期间，西北局处分了 9 名高级干部。1947 年 9 月，西北局向各级党组织发布了《关于开除冯治国党籍的决定》，建议边区政府撤销冯的行政职务，并交法庭进行审判。② 冯治国当时是陕甘宁边区银行副行长兼绥德分行行长，在边区党政机关东渡黄河、向晋绥解放区转移时，因惊惶将价值 5 亿元的 300 两黄金、钞票及文件印章等投入黄河。同日，还发布了《关于霍维德同志的错误的决定》，③ 免去霍维德边区财政厅厅长职务。1948 年西北局又发出《关于处分唐洪澄等七位同志的决定》，免去唐洪澄建设厅副厅长职务。④ 在 1952 年整党中，西北局处分了李仲英、王德彪、代行伍、姚鹏飞、白锋明等 5 个县、处级以上领导干部。其中，李仲英是西北军政委员会公安部管教处处长，是 1930 年入党的老干部，土地革命时期曾任红军军长，新中国成立初期曾任军分区司令员。王德彪、代行伍、姚鹏飞、白锋明 4 人也都是土地革命时期的老党员、老干部。经西北局研究决定，给予了这 5 个人开除党籍、撤职查办的处分。⑤4 月 13 日，西北局召开三级机关党员干部大会宣布：“开除五个蜕化分子党籍。”马文瑞、张稼夫号召汲取教训，加强思想建设工作，纯洁组织，严肃纪律，提高党的战斗力。⑥

四、干部

党的各级领导机关由干部组成。党的干部，就是党的领导骨干，革命和建设事业的领导骨干。没有干部，党的纲领与政策，就不可能通过群众去执行，就不能完成党的事业。西北局的干部分布在领导机构和工作机构中。下面结合相关文献资料，主要从本地干部与外来干部、干部任用和干部教育等方面进行介绍。

---

① 《西北局奖励二十二位生产英雄，溺职人员分别惩处》，《解放日报》1943 年 2 月 3 日。

② 《马文瑞传》编写组：《马文瑞传》，当代中国出版社 2005 年版，第 230 页。

③ 《斗争》（第 6 期），上海市档案馆，D2-0-2903-21。

④ 西北局机关刊物——《党内通讯》1948 年第 7 期。

⑤ 《马文瑞传》编写组：《马文瑞传》，当代中国出版社 2005 年版，第 300~301 页。

⑥ 郭刚主编：《中共中央西北局大事记》，中共中央党校出版社 2017 年版，第 192 页。

（一）本地干部与外来干部

陕甘宁边区中央局成立前，董必武曾在中央政治局会议上向中共中央建议加强边区政权建设。他说：过去中央苏区政府中有许多党的负责人工作，成为真正的政权。但现在边区政权人才不健全，须有大员去做。边区政府须派大员到庆阳、延安、绥德去工作，并可派外地干部去担任副职，真正使边区成为民主模范区域。毛泽东听后当即表示：同意董老的意见，要派大员去当县长，边区一级要加强。[①] 1940 年 9 月 25 日，边区中央局成立，19 名委员中有本地干部 11 人，外来干部 8 人，8 名常委中本地干部和外来干部各占一半。任弼时代表中央分管领导边区工作。为了保障陕甘宁边区的统一领导，协调好工作关系，促进干部团结和落实工作，9 月底毛泽东出面召集边区中央局常委会议，张闻天和任弼时参加。关于边区工作，张闻天认为过去边区的工作分散而不集中，没有树立党统一领导的观念，中央对边区政权工作注意不够。任弼时指出：外来干部要理解当地的历史，尊重地方干部，向他们学习；地方干部也须向外来干部学习。[②]

西北局成立时，有 7 名正式委员和 2 名候补委员。其中，本地干部 4 人，外来干部 5 人，较之前的边区中央局，外来干部多于本地干部，占到多一半。西北局成立后，机关干部共 51 人，其中来自边区 22 人，来自陕西、河北、湖南等 13 个省的外来干部 29 人。[③] 外来干部居多数，约占 57%。除此以外，中共中央还给各分区、县、区也配备了数量不等的外来干部用以充实地方领导（见表 3-3）。

表 3-3　西北中央局各级党委在职干部籍贯统计表（1941 年 10 月）

籍贯 级别	边区	陕西	四川	山西	河北	河南	山东	江苏	辽宁	宁夏	江西	湖南	甘肃	广东	浙江	贵州	福建	安徽	湖北	察哈尔	黑龙江	合计
西北局边校	65	28	11	9	9	6	4	4	3	2	2	2	2	2	1	1	1	1	1	1	1	156
分区党委	45	14	2	1	1			2			2	1		2	1		1					72

① 《董必武年谱》编纂组:《董必武年谱》，中央文献出版社 2007 年版，第 156 页。

② 中共中央文献研究室:《任弼时传》（下），中央文献出版社 2014 年版，第 546~547 页。

③ 《西北局组织部关于边区一级的干部统计表（1941 年 10 月）》，中央档案馆、陕西省档案馆:《中共中央西北局文件汇集》（1941 年）（内部本）甲 1，1994 年，第 214 页。

续表

籍贯 级别	边区	陕西	四川	山西	河北	河南	山东	江苏	辽宁	宁夏	江西	湖南	甘肃	广东	浙江	贵州	福建	安徽	湖北	察哈尔	黑龙江	合计
县委	125	18	1	5	3	1		1			1		1		1				1		1	159
区委	416	14	1	3	1	2	1		1								1	1				441
总计	651	74	15	18	14	9	5	7	4	2	5	3	3	4	3	1	3	2	2	1	2	828

资料来源:《西北局组织部关于边区一级干部统计表(1941年10月)》。中央档案馆、陕西省档案馆:《中共中央西北局文件汇集》(1941年)(内部本)甲1，1994年，第214页。

由表3-3可见，总的来看，在西北局所有各级党委干部中，本地干部多，占到78.62%，外来干部少，仅占21.38%。从外来干部和本地干部在各级党委的分配情况来看，越是上级，外来干部所占的比例越高，反之则越小。例如，在西北局和边区党校156名干部中，本地干部65名，占2/5，强，外来干部91名，占3/5，弱；在分区党委72名干部中，本地干部45名，占62.5%，外来干部27名，占37.5%。这是因为，自边区中央局成立时起，中共中央决定派外来干部充实边区党政机关，主要是在边区一级和分区一级。

1944年，西北局对边区一级的党政军民干部又进行了统计，见表3-4。

表3-4　边区一级在职干部统计表(1944年)

项目 \ 数目		边区一级				合计
		西北局	边区政府	保安处	边抗联	
性别	男	128	1137	216	92	1573
	女	11	172	17	14	214
	合计	139	1309	233	106	1787
文化程度	大学	13	87	9	10	119
	高中	3	131	24	23	181
	初中	41	303	30	41	415
	高小	37	433	44	18	533
	初小	16	—	—	9	25
	识字	26	292	53	2	373
	文盲	3	62	—	3	68
	合计	139	1309	160	106	1714

续表

项目＼数目		边区一级				合计
		西北局	边区政府	保安处	边抗联	
籍贯	边区内	69	329	139	19	556
	陕西	14	80	4	18	116
	甘肃	—	—	—	—	12
	宁夏	—	—	—	—	—
	绥远	1	5	—	—	6
	山西	7	202	15	16	240
	河南	3	97	11	5	116
	山东	3	46	5	4	58
	河北	13	81	7	9	110
	安徽	—	32	4	1	37
	湖南	5	27	3	2	37
	湖北	2	38	2	4	46
	江西	4	44	5	1	54
	江苏	—	41	3	5	49
	浙江	—	39	2	1	42
	广东	1	52	5	4	60
	广西	1	3	2	1	7
	四川	7	129	18	7	161
	云南	—	1	2	4	7
	贵州	1	5	1	—	7
	西康	1（西康）	5（西康）	1（西康）	—	7
	吉林		11	2		13
	西藏	1（西康）	12（辽宁）	—	4（辽宁）	17
	黑龙江	—	2	1	1	4
籍贯		1（察省）	2(察哈尔）	1(察哈尔）	—	4
	福建	2	13	2	—	17
	台湾	3（东北）	1	—	—	4
备考		一、西北局、边区政府系统生产干部统计在内。二、保安处缺73个干部文化程度统计。三、外来干部共1231人（内陕西、甘肃、绥远这三省籍干部134人）				

资料来源：《陕甘宁边区干部统计表（1944年12月）》，中央档案馆、陕西省档案馆：《中共中央西北局文件汇集》（1944年）（内部本）甲5，1994年，第144~146页。

由表 3-4 可知，西北局成立后，女干部总量虽不多，但比之前是越来越多了。干部的文化程度较原来也提高了，虽然还有文盲，识字的人数量仍然不少，但高小以上的干部数量占了绝大多数，具有大学文化程度的干部也为数不少。特别是外来干部的数量大幅增加，来自河南、山西、河北、四川和陕西的干部加起来超过了边区的干部总数，许多南方的干部来到了西北。

有外来干部与本地干部，由此就有一个两者的关系问题。在这个问题上，毛泽东有过许多重要论述。他在中共七大的结论中指出："我们三番五次地讲这个问题，远的不说，就讲一九四二年开始的整风提出的宗派主义倾向，就包括了外来干部与本地干部、军队干部与地方干部这些问题在内。这两个问题是带历史性质、普遍性质的问题，是历史的、普遍的问题，不是暂时的、个别的问题。"[①] 针对山头主义问题，毛泽东指出，西北局领导下的"延属地委除王震同志外，主要是本地干部，西北局及华北、华中各地区，主要也是北方干部多，因此外来干部要了解这一点，要重视这个问题……外来干部同本地干部要多交谈，要了解当地历史，要与本地干部合作，在这方面要有自觉性。现在基础是本地同志，老干部要自觉地认识这一点。"[②] 胡乔木回忆说，在本地干部与外来干部的关系问题上，毛泽东做了大量工作。[③]

新中国成立后，外来干部与本地干部的关系问题依然存在。以新疆分局为例，中共中央认为，新疆在新中国成立后的两年时间里，在培养与提拔了本地区民族干部，外来干部与本地干部日益亲密团结等等方面，取得了很大的成绩。这是正确执行中央和西北局的方针和政策指示的结果。[④] 1952 年 7~8 月，新疆分局第二届党代表会议讨论了关于加强外来干部与本地民族干部团结的问题。分局第一书记王恩茂后来指出："自从新疆第二届党代表会议后，各地方都本着党代表会议的精神，认真检查了外来干部同本地民族干部的关系问题，严肃地批判了大民族主义思想倾向，因而各地的干部关系有了很大的改进。外来干部同本地民族干部的团结增强了，外来干部中缺乏民主、包办代替的作风减少了，本地干部的责任心、积极性提高

① 中共中央文献研究室：《毛泽东文集》第 3 卷，人民出版社 1996 年版，第 401 页。

② 中共中央文献研究室：《毛泽东文集》第 3 卷，人民出版社 1996 年版，第 95~96 页。

③ 胡乔木：《胡乔木回忆毛泽东》（增订本），人民出版社 2014 年版，第 31 页。

④ 《中共中央对新疆开展减租反霸运动的指示（1951 年 10 月 20 日）》，中央档案馆、中共中央文献研究室：《中共中央文件选集（1949 年 10 月—1966 年 5 月）》第 7 册，人民出版社 2013 年版，第 70 页。

了。这次土改试办所以能够做好，这同干部关系的改进也是分不开的。”“但是在干部关系上，仍然存在着一些问题。”[①] 其实，不仅西北局有外来干部与本地干部的关系问题，其他中央局与中央分局也有，不仅延安时期有，新中国成立后也有，不仅过去有，现在也有。总之，这个问题是一个十分重要而且值得研究的问题，需要在中共党史研究中予以关注。

（二）干部任用

西北局的领导层，即委员、常委和书记由中共中央决定和任用，一般由中共中央书记处发通知。有时西北局办公厅也发通知，如 1945 年 9 月，西北局办公厅发出关于中央书记处批准西北局组成人员的通知。[②] 至于西北局的工作部门及其下设科室、下属党组织以至政府和军事系统的干部的任用、调动，则由西北局委员会和常委会决定，然后由西北局办公厅发通知。下面分别加以论述。

从西北局文件来看，西北局的工作部门，如秘书长、秘书处、部、委、局、校的正副职及下设科室干部由西北局决定和任命。例如，1942 年 5 月，西北局决定欧阳钦（杨清）同志为秘书长，范子文同志为秘书处处长，袁福清同志为副处长。[③] 但组织部只能任用副部长，因为部长陈正人是西北局委员、常委，由中共中央任命。1943 年 1 月，西北局委员会决定李景波同志为西北局组织部副部长，张秀山同志调中央党校学习。[④]1944 年决定马文瑞同志为西北局组织部副部长。[⑤]1945 年 10 月，西北局委员会决定以崔田夫、刘景范、张仲良、刘秉温、马定邦 5 人组成西北局监察委员会，以崔田夫为书记，闫泽民任秘书，后由西北局常委办公厅发出关于成立监察委员会的通知。[⑥]1941 年 12 月，西北局发出关于贾拓夫、欧阳钦等人任职的通知：决定设立中央调查研究局第四分局，以

① 《王恩茂文集》上册，中央文献出版社 1997 年版，第 163 页。

② 《西北局办公厅关于中央书记处批准西北局组成人员的通知（1945 年 9 月 28 日）》，中央档案馆、陕西省档案馆:《中共中央西北局文件汇集》（1945 年）（内部本）甲 6，1994 年，第 93 页。

③ 《西北局关于欧阳钦等人任职的通知（1942 年 5 月 26 日）》，中央档案馆、陕西省档案馆:《中共中央西北局文件汇集》（1942 年）（内部本）甲 2，1994 年，第 138 页。

④ 《西北局办公厅通知——李景波任职，张秀山调动（1943 年 1 月 27 日）》，中央档案馆、陕西省档案馆:《中共中央西北局文件汇集》（1943 年）（内部本）甲 3，1994 年，第 5 页。

⑤ 《西北局办公厅关于马文瑞任职的通知（1944 年 7 月 19 日）》，中央档案馆、陕西省档案馆:《中共中央西北局文件汇集》（1944 年）（内部本）甲 5，1994 年，第 89 页。

⑥ 《西北局常委办公厅关于成立监察委员会的通知（1945 年 10 月 5 日）》，中央档案馆、陕西省档案馆:《中共中央西北局文件汇集》（1945 年）（内部本）甲 6，1994 年，第 107 页。

贾拓夫同志为局长，欧阳钦（杨清）同志为副局长。下设调查处，以谢葆华同志为处长，布鲁同志为副处长；边区研究室以贾拓夫同志兼主任，李铁轮同志为副主任；友区研究室以欧阳钦同志兼主任；少数民族研究室以刘春同志为主任，乌兰夫同志为副主任；军事研究室以刘培哲同志为主任，李士廉同志为副主任。①1944 年 4 月，西北局常委会决定刘承永任延大教务处副处长（周扬兼处长），钟仰高任延大干部处副处长（王子宜兼处长），刘兰亭任整风班主任，柳湜兼延大教育系主任，郭青廷为副主任，雷经天兼延大司法系主任。②

西北局下属的工委、地委、县委的组成，甚至边区政府和群众团体的领导等也由西北局常委会或委员会决定，西北局常委办公厅发出通知。例如，1942 年 4 月，西北局会议决定组织甘宁工委，管理甘肃、宁夏工作并决定孙作宾、陈诚义、李仰南 3 位同志为委员，以孙作宾为书记，6 日西北局办公室发出通知。③1945 年 2 月，西北局常委会决定成立伊盟工委，以赵通儒、高峰、刘昌汗、曹动之、曹布诚 5 位同志为委员，并以赵通儒同志为书记。④ 特别是，1943 年 10 月，西北局委员会作出一系列人事任命决定，然后由常委办公厅发出通知，范围包括绥德地委、陇东地委、关中地委、延属地委、定边靖边县委，边区青救会，吴堡、甘泉、曲子、西川、延川、靖边、定边、淳耀、新宁等县的县长，以及边区粮食局副局长、边区政府秘书处处长、边区政府总务处长、民政厅一科科长、民政厅政务秘书、绥德专署二科长、三边专署一科长、关中专署一科长、关中税局长、三边银行行长、边府盐务局长、保安处一局一科副科长、保安处一局三科副科长、葭县保安科长副科长等，以及其他人员调整。⑤

军事系统的干部调动也由西北局委员会决定，办公厅通知。例如，1944 年 11 月，西北局委员会决定 359 旅副政委王恩茂调去前方，遗职

① 《西北局关于贾拓夫、欧阳钦等人任职的通知（1941 年 12 月 4 日）》，中央档案馆、陕西省档案馆:《中共中央西北局文件汇集》（1941 年）（内部本）甲 1，1994 年，第 232 页。

② 《西北局常委办公厅关于贺秉章等人的任职通知（1944 年 4 月 25 日）》，中央档案馆、陕西省档案馆:《中共中央西北局文件汇集》（1944 年）（内部本）甲 5，1994 年，第 68 页。

③ 《西北局关于组成甘宁工委及干部任命的通知（1942 年 4 月 6 日）》，中央档案馆、陕西省档案馆:《中共中央西北局文件汇集》（1942 年）（内部本）甲 2，1994 年，第 112 页。

④ 《西北局常委关于成立伊盟工委的决定（1945 年 2 月 21 日）》，中央档案馆、陕西省档案馆:《中共中央西北局文件汇集》（1945 年）（内部本）甲 6，1994 年，第 13 页。

⑤ 《西北局常委办公厅通知——绥德地委、陇东地委人员的组成》,《西北局常委办公厅通知——张鹏图、惠庆祺、吴志渊、王治舟、刘秉温等人任职》,《西北局党委办公厅通知——政府系统干部配备（1943 年 10 月 25 日）》，中央档案馆、陕西省档案馆:《中共中央西北局文件汇集》（1943 年）（内部本）甲 4，1994 年，第 22~29 页。

调警一旅副政委晏福生担任，警一旅副政委以该旅政治部主任杜平升任，政治部主任职以副主任牛书申升任，副主任职以一团政委王赤军升任，在牛学习期间并代理主任，一团政委以该团政治主任谢镗忠升任，该团主任调旅政锄奸科长谢家祥充任。385 旅政治部副主任由该旅四团政委曹广化升任，另调 770 团政委宋金华任四团政委，升该团政治主任曹传赞为该团政委。358 旅政治部主任伍晋南调去中央党校学习，遗职调余秋里担任，杨秀山调任该旅副政委。[①] 调动时间及先后次序由西北局组织部决定。

甚至西北财经办事处下面一些公司和属于企业性质的银行的领导成员也由西北局决定和任用。例如，1944 年 3 月 16 日，西北局决定贾拓夫同志兼任贸易公司（即现在之物资局）及边区银行政治委员。5 月 5 日西北局常委会决定何德全任运输公司经理，马义任副经理，杨一木任贸易公司政治处主任。[②]

1954 年 6 月，在中央局建制撤销之前，为了使各中央局集中力量做好大区一级机构撤销和干部的分配处理工作，中共中央向西北局并各中央局发出关于干部任免审批工作的通知。通知要求“各中央局从现在起，即可将原由中央局管理的干部的任免审批工作，分别交中央与分局、省（市）委办理”[③]。

（三）干部教育

干部教育包括在职干部教育和干部学校教育两部分。而干部学校教育又分为高等干部学校教育和中等教育。

中共六届六中全会后，在职干部教育提上干部教育日程，成为陕甘宁边区各类教育中最具特色者之一。延安时期，在职干部教育在中共中央干部教育部的直接领导下进行，自 1939 年 5 月干部党员学习大会开始至 1945 年 2 月毛泽东号召全党普遍开展整风运动止。1942 年 2 月，中共中央《关于在职干部教育的决定》开宗明义地指出：“在目前条件下，干部教育工作，在全部教育工作中的比重，应该是第一位的。而在职干部教育

① 《西北局办公厅关于干部调动的通知（1944 年 11 月 15 日）》，中央档案馆、陕西省档案馆：《中共中央西北局文件汇集》（1944 年）（内部本）甲 5，1994 年，第 132 页。

② 《西北局办公厅关于贾拓夫任职的通知（1944 年 3 月 16 日）》，《西北局常委办公厅关于何德全等人的任职通知（1944 年 5 月 6 日）》，中央档案馆、陕西省档案馆：《中共中央西北局文件汇集》（1944 年）（内部本）甲 5，1994 年，第 54、第 70 页。

③ 中央档案馆、中共中央文献研究室：《中共中央文件选集（1949 年 10 月—1966 年 5 月）》第 16 册，人民出版社 2013 年版，第 310 页。

工作，在全部干部教育工作中的比重，又应该是第一位的。”[①]在组织领导方面，在职干部教育在中共中央宣传部总的领导之下，又按系统分为三大块：中央直属系统由中宣部教育科具体负责，军事系统由八路军总政治部负责，边区系统由边区党委宣传部负责。中共中央离开延安以后，延安的在职干部教育统归中共中央西北局宣传部领导。为了加强在职干部的学习，西北局还成立了业余学校，由宣传部长李卓然亲任校长，习仲勋、马文瑞、张德生、曹力如等亲自讲课、解答党章学习中的疑难问题，传达中共中央和西北局的指示、决定，作时事报告并指导学好文化课。[②]1948年8月，西北局常委会研究在职干部教育问题，决定分别成立军事系统、政府系统、党民系统、财经系统的学习委员会，负责各自系统的在职干部教育事宜。[③]

为了加强在职干部学习，西北局发出了一系列指示和通知。1942年2月，中共中央《关于在职干部教育的决定》发出后，西北局对边区在职干部的组织领导、编制、课程、教材、教员、制度、学年、学期、经费、考试及检查、奖惩等作出明确具体的规定。[④]1948年7月初，西北局发出《关于在职干部学习的指示》。该指示依据文化程度、理解能力和需要把在职干部分为甲、乙、丙三类，并规定了各类的学习范围和内容。该指示指出：“在战争、土改及生产救灾等实际工作，暴露了我们有相当数量的干部甚至某些领导干部理论水平很低，政策观点很差，对新鲜事物缺乏感觉，对实际运动缺乏分析研究，简单孤立地执行政策，存在着严重的盲目性，因而造成工作中的不少损失。”“现在仍有不少领导同志，对领导与组织在职干部极不重视，未能经常地注意领导干部研究政策，总结工作，解决其所属干部中的思想和工作问题。而是重其所轻，轻其所重。把最重要的学习领导，即思想领导，摆在次要的附带地位，推给支部或一般干部去做，陷自己于事务主义的泥坑，不能自拔。”谢觉哉评论说：“这一指示很好，别的领导机关少能这样深刻指出。”[⑤]1949年2月，西北局发出《关于今年在职干部学习的指示》，指定了学习文件和内容。[⑥]为了贯彻西北局

① 中共中央文献研究室、中央档案馆：《建党以来重要文献选编（1921—1949）》第19册，中央文献出版社2011年版，第146页。

② 刘宪曾、刘瑞棻：《陕甘宁边区教育史》，陕西人民出版社1994年版，第134页。

③ 刘宪曾、刘瑞棻：《陕甘宁边区教育史》，陕西人民出版社1994年版，第137页

④ 刘宪曾、刘瑞棻：《陕甘宁边区教育史》，陕西人民出版社1994年版，第120页。

⑤ 谢觉哉：《谢觉哉日记》下卷，人民出版社1984年版，第1228~1229页。

⑥ 《群众日报》1949年2月19日。

的这一指示，3月，边区政府成立了学习委员会和在职干部学校，利用业余时间对在职干部进行教育。4月，西北局宣传部发出《关于在职干部学习城市政策文件的通知》。《通知》规定：在6月底以前，以七届二中全会文件为中心，联系接管城市和发展工业问题，学习劳动政策和税收政策，为接管城市做好思想准备。[①] 总之，在职干部教育是陕甘宁边区各类教育中开展得最有声有色的教育之一。整个边区变成了一所大学校。这所大学校是物质上人力上花费最少的一所学校，直接培养出成千上万的干部，为抗日战争的胜利，为建设边区，为解放大西北准备了干部条件。

新中国成立初期，刚刚解放的西北地区特别是新解放区，如关中新区，干部情况是，新干部占90%，由于缺乏革命锻炼，又没有受到系统的马列主义教育，因此难以适应革命工作的要求。老干部占10%，一般表现很好，但也因没有抓紧学习，不少人没有起到骨干作用，个别人发生了腐化堕落问题。不仅如此，新老干部之间，根据地来的党员和当地地下党员之间，各根据地来的党员之间，还存在不团结的现象，有的发展到了严重的程度。习仲勋指出："解决的办法就是团结起来，努力学习。"[②] 为此，他要求1950年要开展一个大规模的学习运动，提高老干部，培养新干部。按照习仲勋的指示，西北局建立了一套行之有效的干部学习制度，把干部分别编为高级干部理论学习组、机关在职干部理论学习组和文化知识理论学习组，有针对性地提出不同要求，具体实施学习培训。首先，西北局把地委以上高级干部理论学习组作为重点，按干部的具体情况制订学习计划，强调自学为主，分段实施，创办《自学通报》，刊登干部读书笔记。1951年10月，中共中央向全国批转了西北局《关于西北区高级干部理论学习的报告》，"并望其他各中央局研究这些经验，提出自己解决高级干部理论学习问题的意见。"[③] 其次，机关在职干部的学习，主要是通过业余政治学校进行的，配备专职学习辅导员，坚持每星期学习并讨论一次，许多干部"开始体会到学习是工作的灵魂这一深刻的启示，因而有了比较浓厚的学习空气"。[④] 最后，对于区级以上初小文化程度的广大工农干部，则以提高文化水平为主组织学习，收到了明显效果。因此，《西北局关于提高区级以上工农干

① 刘宪曾、刘瑞棻：《陕甘宁边区教育史》，陕西人民出版社1994年版，第134~135页。
② 《习仲勋文选》编委会：《习仲勋文选》，中央文献出版社1995年版，第107~108页。
③ 《中共中央批转西北局宣传部关于西北区高级干部理论学习的报告》，1951年10月4日。
④ 高仰云、杨文海等：《关于中共中央西北局党校在职干部学习的报告》，1953年1月21日。

部文化水平的指示》得到中共中央的肯定并向全国批转。①

干部学校教育方面，高等干部学校教育占有十分突出的地位，且颇有特色。抗日战争时期，边区高等干部学校先后有中央党校、抗日军政大学、陕北公学、安吴青训班、鲁迅艺术学院、马列学院、自然科学院、中国女子大学、延安工人学校、华北联合大学（后去敌后办学）、泽东青年干部学校、行政学院、八路军军政学院、八路军医科大学、民族学院、新文字干部学校、军事大学和延安大学等十余所高等干部学校，分为政治、军事、经济、科技、文学、艺术、教育、党务、民运等多种专门学校和专业，形成了一个较完整的高等干部学校教育体系。其中，大部分是中央直属学校。直属边区的有党校、行政学院（1944 年并入延安大学）、延安大学、西北医药专科学校、民族学院和新文字干部学校等。除此之外，边区还办了一些其他干部学校，如 1942 年 4 月，西北局在职干部补习学校成立，李卓然任校长，学校设高、中、初级三班，学制为二年。②解放战争时期，在陕甘宁边区继续办学的高等干部学校仅有延安大学、西北党校、西北医药专科学校。这个时期的边区高等干部学校面向边区实际，为解放战争服务，为边区建设服务，以培养边区干部为主。其实，还应该包括一个军政干部学校。贺龙说，现在我们办了两个党校：文党校由西北局领导，主要培养党政干部，同时培养一部分军事干部。武党校是军政干部学校，主要是培养军事干部。③这些高等干部学校教育为新民主主义革命的胜利，同时为社会主义革命和建设准备了数以万计的领导骨干。在边区以下，也成立了干部学校，以加强干部教育。1949 年 7 月，西北局发出《关于加强各分区干部学校工作的指示》，对这些分区干部学校的教学目的、教学方法、时间安排及领导机构等问题作了具体规定。④

中等教育包括师范学校教育、普通中学教育和中等职业学校教育。中等教育由边府教育厅领导，或由各分区专署代表教育厅具体领导。总的来讲，中等教育属于国民教育的范畴，但是由于边区所处的历史环境不同，那时的中等教育既不同于我们现在所说的中等教育，也不同于当时的干部学校教育，而是承担着培养现任干部和未来干部的双重任务。因此，从实

① 《习仲勋传》编委会：《习仲勋传》下卷，中央文献出版社 2013 年版，第 100~101 页。

② 《西北局在职干部学校成立》，《解放日报》1942 年 4 月 4 日。

③ 《在西北军区党委会上的总结发言（要点）（1949 年 7 月 19 日）》，《贺龙军事文选》，解放军出版社 1989 年版，第 435 页。

④ 中央档案馆资料，转引自张俊南、张宪臣、牛玉民编：《陕甘宁边区大事记》，三秦出版社 1986 年版，第 326 页。

质上讲，属于干部教育的范畴。这是边区中等教育的一个显著特点。随着解放战争的节节胜利，中等学校又转变成党校[①]，迅速为新解放区培养各方面的建设人才，这也是当时边区中等教育的一个重要特点。

在新中国成立后的两年时间里，西北地区共有党校、干校（包括专业干校）共40所。党校只有西北局党校、陕西省委党校和延安、绥德、渭南3所地委党校，其余均系干校。[②]

① 这些学校如关中师范学校、绥德师范学校、陇东中学、米脂中学、行知中学。

② 中央档案馆、中共中央文献研究室:《中共中央文件选集（1949年10月—1966年5月）》第7册，人民出版社2013年版，第391~394页。

第四章　西北局的领导体制

对于一个政党而言，领导体制是指该政党的领导机构设置、隶属关系和权限划分的规范和程序，是党的组织系统的核心。一个政党的领导体制有广义和狭义之分。一般而言，狭义的党的领导体制是指党组织自身的领导制度和组织制度，广义的党的领导体制是指党对国家权力机关的统领关系体制。西北局的领导体制这两个方面的含义兼有，主要指西北局自身的领导制度和组织制度，及其对政军民组织的统领关系体制。

本章是研究重点，主要依据中国共产党组织史资料、西北局文件，领导人年谱、选集、文集、传记、回忆录及相关著述进行论述。西北局的领导体制可归纳为 3 个方面，一是三级领导体制，二是集体领导和委员分工负责制，三是党的一元化领导体制。下面分论之。

一、三级领导体制

民主革命时期，中共中央实行四级领导体制，即党的全国代表大会、中央委员会、中央政治局及中央书记处（或政治局常委会）。[①] 西北局作为中共中央局之一，实行三级领导体制，即委员会—常委会—书记。这一领导体制符合中央局的性质，从组织制度上保证了西北局对所属部委、下属党组织及同级政军群组织的集中统一领导，对西北地区政治、军事、经济和文化等方面工作的全面领导。本章依据相关文献，首先将西北局委员、常委和书记名录一览表整理如下。

① 王健英:《中共中央机关历史演变考实（1921—1949）》，中共党史出版社 2005 年版，第 590 页。

表 4–1 西北局委员、常委和书记名录

时间	委员 / 候补	常委	书记	副书记
1941.5.13	高岗、王世泰、张邦英、林伯渠、谢觉哉、萧劲光、陈正人（7 人）/ 候补：贾拓夫、李卓然（2 人）	高岗、王世泰、张邦英、林伯渠、谢觉哉、萧劲光、陈正人（7 人）	高岗	—
1942.5.3	关向应、贺龙、徐向前（3 人）/ 候补：欧阳钦（杨清）、方强（2 人）		高岗	—
1942.8.22	贾拓夫		高岗	—
1943.1.4		高岗、林伯渠、贺龙、陈正人、贾拓夫（5 人）	高岗	—
1943.3.10	陈云			—
1945.9.28	高岗、林伯渠、贺龙、谭政、马文瑞、贾拓夫、王世泰、罗迈（李维汉）、李卓然、谢觉哉、张邦英、刘景范、贺晋年、张德生、周兴（15 人）	高岗、林伯渠、贺龙、谭政、马文瑞、贾拓夫、王世泰（7 人）	高岗	—
1945.10.21			习仲勋	—
1946.11.2			习仲勋	马明方
1948.6.26	贺龙、林伯渠、习仲勋、马明方、王维舟、贾拓夫、马文瑞、李井泉、王世泰、刘景范、李卓然、张德生、周兴、张邦英（14 人）	贺龙、林伯渠、习仲勋、马明方、王维舟、贾拓夫、马文瑞、李井泉（8 人）	习仲勋	马明方
1949.6.16	彭德怀、贺龙、习仲勋、马明方、王维舟、王震、张宗逊、刘景范、贾拓夫、马文瑞、张邦英、张德生、王世泰、李井泉、张稼夫、周士第、陈养山、张子意、张经武、甘泗淇（20 人）	彭德怀、贺龙、习仲勋、马明方、王维舟、李井泉、马文瑞、刘景范、贾拓夫（9 人）	第一书记 彭德怀 第二书记 贺龙 第三书记 习仲勋	马明方

续表

时间	委员 / 候补	常委	书记	副书记
1950.2.14	彭德怀、习仲勋、马明方、王震、张宗逊、贾拓夫、马文瑞、张邦英、张德生、王世泰、张稼夫、甘泗淇、杨得志、李志民、许光达、徐立清、张仲良、潘自力、汪锋（19人）	彭德怀、习仲勋、马明方、马文瑞、贾拓夫（5人）	第一书记彭德怀 第二书记习仲勋 第三书记马明方	—
1952.5	同上	彭德怀、习仲勋、马明方、马文瑞、贾拓夫、张稼夫（6人）	同上	—
1952.10	彭德怀、习仲勋、马明方、王震、张宗逊、贾拓夫、马文瑞、张邦英、张德生、王世泰、张稼夫、甘泗淇、杨得志、李志民、徐立清、张仲良、潘自力、汪锋、王恩茂、廖汉生、赵伯平（21人）	同上	第一书记彭德怀 第二书记习仲勋 第三书记马明方	—
1953.1	同上	彭德怀、习仲勋、马明方、马文瑞、贾拓夫、张稼夫、汪锋、赵伯平（8人）	同上	马文瑞

（一）委员会

中共一大纲领规定，中国共产党以组织党的委员会的形式实行集体领导。中共一大以后的历届党章均规定，各级党的最高领导机关是党的代表大会或代表会议，在党代会闭会期间，委员会是党的各级组织的最高领导机关。

对于中共中央局而言，由于不召开代表大会、代表会议，因此委员会就成为它的最高领导机关。

西北局的最高领导机关是西北局委员会。一切重要问题均须交委员会讨论，由到会委员充分发表意见，然后作出决议。委员会的决议具有最高的权威和效力，任何组织和个人不得违反，包括书记在内。委员会有权决定西北局重大事项和人事任免，甚至有权决定边区政府以下各厅局长、专员副专员、县长副县长、学校校长、工厂厂长、公司主任等项人事任免。[①]委员由中共中央指定和调整，不是选举产生的，因而没有任期。通常所说的西北局，从一定意义上就是指西北局委员会。

关于党的各级委员会的成分、党委制的建立等，刘少奇在新中国成立后党的第一次全国组织工作会议上的报告中作了重要论述。他指出：党的各级委员会的成分，应根据可能适当地予以扩大，也就是说，在当地政府、财经、文教、地方武装、人民团体中负责的又具有适当条件的党员，应吸收他们参加党委的领导工作。除开日常工作由党委的常委处理外，当地一切重要工作的方针、政策和计划，均应在党委的全体会议上讨论和通过。上级的指示，当地的各种重要情况的报告，均应经常地通知党委所有的委员……党委制必须根据中央的指示是实际地而不只是形式地建立起来。[②]

西北局委员会由委员和候补委员组成。委员人数根据工作需要调整和增补，职数不固定。西北局成立时，正式委员有 7 人，他们是高岗、王世泰、张邦英、林伯渠、谢觉哉、萧劲光、陈正人，候补委员 2 人，李卓然和贾拓夫。后来，根据工作需要，增补了若干委员。如 1942 年、1943 年，先后增补关向应、贺龙、徐向前、贾拓夫、陈云等为西北局委员，欧阳钦（杨清）、方强为候补委员。至抗战胜利时，李卓然、马文瑞、贺晋年、周兴、刘景范、张德生等也成为西北局委员，委员先后多达 21 人。[③]这些委员由来自党政军各方面的人员组成。如在西北局成立时的 7 个委员中，高岗、张邦英、陈正人属于党务系统，林伯渠、谢觉哉属于政府系统，王世泰、萧劲光属于军队系统。候补委员贾拓夫、李卓然、欧阳钦属于党务系统，方强属于军队系统。中间增补的委员中，关向应、贺龙、徐向前、贺晋年属于军队系统，陈云、李卓然、马文瑞、张德生属于党务系统，李维汉、周兴、刘景范属于政府系统。

---

① 《西北局常委办公厅关于杨和亭等人任职决定的通知（1945 年 8 月 4 日）》，中央档案馆、陕西省档案馆：《中共中央西北局文件汇集》（1945 年）（内部本）甲 6，1994 年，第 76 页。

② 中共中央文献研究室、中央档案馆编：《建国以来刘少奇文稿》第 3 册，中央文献出版社 2005 年版，第 200~201 页。

③ 高岗、王世泰、张邦英、林伯渠、谢觉哉、陈正人、萧劲光、关向应、贺龙、徐向前、欧阳钦、方强、贾拓夫、罗迈（李维汉）、陈云、李卓然、马文瑞、贺晋年、周兴、刘景范、张德生。参见中共中央组织部、中共中央党史研究室、中央档案馆：《中国共产党组织史资料》第 3 卷（上），中共党史出版社 2000 年版，第 92~93 页。

在中共组织史上，委员的重大调整或变动也叫改组。抗战胜利后至1952年，中共中央先后对西北局委员进行了5次调整，调整后的委员会不再设候补委员。第一次是1945年9月28日，中共中央书记处批准高岗、林伯渠、贺龙、谭政、马文瑞、贾拓夫、王世泰、罗迈（李维汉）、李卓然、谢觉哉、张邦英、刘景范、贺晋年、张德生、周兴15人为西北局委员。[①]第二次是1948年6月26日，中共中央电示由贺龙、林伯渠、习仲勋、马明方、王维舟、贾拓夫、马文瑞、李井泉、王世泰、刘景范、李卓然、张德生、周兴、张邦英14人组成新的西北局委员会。[②]第三次是1949年6月16日，西北局通知各地委、工委、陕北陕南区党委、晋绥分局：根据中央决定，西北局委员会由彭德怀、贺龙、习仲勋、马明方、王维舟、王震、张宗逊、刘景范、贾拓夫、马文瑞、张邦英、张德生、王世泰、李井泉、张稼夫、周士第、陈养山、张子意、张经武、甘泗淇20人组成。[③]第四次是1950年2月14日，中共中央发出关于同意西北局组成及分工的电报：西北局委员会以彭德怀、习仲勋、马明方、马文瑞、贾拓夫、张稼夫、张宗逊、张邦英、张德生、甘泗淇、王世泰、王震、杨得志、李志民、许光达、徐立清、张仲良、潘自力、汪锋19人组成。[④]第五次是1952年2月，因贺龙、李卓然、王维舟、刘景范、李井泉、张经武、周士第、陈养山、张子意9名委员调离西北局，中共中央决定杨得志、李志民、许光达、徐立清、张仲良、潘自力、汪锋7人加入西北局委员。[⑤]连同已有委员，总共19名。1952年10月，许光达调离西北局，王恩茂、廖汉生、赵伯平3人被中共中央批准为西北局委员。此时，西北局委员达21人。总的来讲，1945年、1948年、1949年、1950年、1952年的这5次调整，以及之前领导成员的调整，都是中共中央决定和批准的，都是根据形势的变化和工作的需要而改组的。

---

① 《西北局办公厅关于中央书记处批准西北局组成人员的通知（1945年9月28日）》，中央档案馆、陕西省档案馆:《中共中央西北局文件汇集》（1945年）（内部本）甲6，1994年，第93页。

② 《习仲勋在陕甘宁边区》编委会:《习仲勋在陕甘宁边区》，中国文史出版社2009年版，第512页。

③ 西北局委员名单，1949年6月16日。陕西省档案馆，全宗号17；案卷号229。

④ 中共中央文献研究室、中央档案馆:《建国以来刘少奇文稿》（第1册），中央文献出版社2005年版，第508页。

⑤ 中共中央组织部、中共中央党史研究室、中央档案馆:《中国共产党组织史资料》第5卷，中共党史出版社2000年版，第180~181页。

（二）常委会

常委会是西北局委员会的常设机关。西北局成立后，就有“常委会”这一名称，也召开常委会会议，但未见常委名单。实际上，常委委员就是组成西北局的7名委员，而且西北局于1941年9月制定了《常委会工作任务和工作细则》。[①]那么，西北局何时正式设立常委？据《中国共产党组织史资料》，1943年1月4日，西北局第四十六次常委会决定建立西北局的领导核心，以高岗等5人为西北局常务委员。[②]1月6日，西北局发出设立常委会的通知：经西北局委员会第四十六次会议决定与中央书记处批准，西北局设立常委，以高岗、林伯渠、贺龙、陈正人、贾拓夫5位同志为委员，负责：（甲）准备与召集西北局委员会会议；（乙）在西北局决议之基础上，处理其日常工作；（丙）领导西北局各部委会及政府与民众团体党团日常工作。[③]上面两个讲法，实际并不矛盾，1月4日决定设立，1月6日发出通知。只不过前者说的是西北局第四十六次常委会，后者说的是西北局委员会第四十六次会议，两者所指代的是同一次会议，即西北局委员会第四十六次会议。由《中国共产党组织史资料》可知，1943年1月之前西北局召开的常委会会议已有好多次。

关于常委会的业务或职责，西北局文件有过两次规定。第一次是1941年9月《西北局常委会工作任务和工作细则》中规定为3项：一是研究与了解西北情况，贯彻中共中央政策在西北之具体实行。二是统一领导所属各部门（政府、军队、党、民众团体）、各地区工作，掌握党之组织，以实现党之任务。三是掌握党之思想，以达到意志集中、力量集中。[④]这3项业务源自中共中央对于中央局和分局主要职责的规定，略有变通，第二章已述及，这里不再赘述。第二次是1943年1月《西北局常委会的业务与组织（草案）》中规定为5项：一是依据西北局委员会所规定的政策与方针，处理其日常的组织性质、执行性质和临时性质的工作。二是负

① 《西北局常委会工作任务和工作细则（1941年9月）》，中央档案馆、陕西省档案馆：《中共中央西北局文件汇集》（1941年）（内部本）甲1，1994年，第178页。

② 中共中央组织部、中共中央党史研究室、中央档案馆：《中国共产党组织史资料》第5卷，中共党史出版社2000年版，第180~181页。

③ 《西北局通知——设立西北局常委会等（1943年1月6日）》。中央档案馆、陕西省档案馆：《中共中央西北局文件汇集》（1943年）（内部本）甲3，1994年，第1页。

④ 《西北局常委会工作任务和工作细则（1941年9月）》，中央档案馆、陕西省档案馆：《中共中央西北局文件汇集》（1941年）（内部本）甲1，1994年，第178页。

责领导西北局各部、委、会、局、政府党团及民众团体的日常工作。三是负责召集西北局委员会会议，准备其议事日程，并向其作工作报告。四是负责将西北局委员会及常委会的一切决定分别性质通知有关部门或下级党部去执行，并定期检查其执行的结果。五是管理西北局的财政。上述各项经常委会决议后，交办公厅执行。① 相较之前的 3 项业务，后来的 5 项业务规定得更具体，主要是从日常工作的角度以及常委会与委员会关系的角度而言的，强调领导执行与管理。而原来的规定主要是从与中共中央的关系角度而言的，强调执行、组织与思想（或宣传）。

西北局常委会有权决定各部、委、厅、局和工委的建立、人事任免及相关事宜。1941 年 5 月 13 日中央书记处发出成立西北局的通知后，西北局常委会于 6 月 7 日决定设立组织部、宣传部、统战部、民运部、职工运动委员会、青年运动委员会、妇女运动委员会、审计委员会、党务委员会、社会部（对外称保安处）。此后，除上述机构略有变更外，又相继成立以下机构：少数民族工作委员会、文化工作委员会、民族学院、第四分局、民运部、保健委员会、教育委员会、直属县市工作管理委员会、边区土地政策研究委员会、党务研究委员会、群众工作研究委员会、民兵工作委员会、绥宁工委、友军工作委员会、精兵简政分委员会、财政经济办事处、精兵简政委员会、伊盟工委等。② 上述机构中，绥宁工委和伊盟工委属于党的地方组织，其余的均为西北局的工作机构。

西北局的编制由常委会批准通过。西北局成立后，于当年 12 月 15 日制作了所属系统新编制表，包括西北局机关编制表、陕甘宁边区党新编制表（直属县市）、工青妇三团新编制表、西北党各级人员编制表和陕甘宁边区分区县区党委编制表等。新编制表由西北局秘书长任作民签发，自 1942 年 1 月 1 日起实行。其中，机关编制如表 4–2 所示。

表 4–2 1941 年西北局机关编制表

部门	分工	人数	备考
书记	书记 1、秘书 1	2	

① 《西北局常委会的业务与组织（1943 年 1 月）》，中央档案馆、陕西省档案馆：《中共中央西北局文件汇集》（1943 年）（内部本）甲 3，1994 年，第 7 页。

② 中共中央组织部、中共中央党史研究室、中央档案馆：《中国共产党组织史资料》第 3 卷（上），中共党史出版社 2000 年版，第 89~90 页。

续表

部门	分工	人数	备考
党务委员会	书记 1、秘书 1	3	
秘书处	工作干部 34： 秘书长 1、处长 2 文书科 4、材料室 2、机要室 1、供给科 6、管理科 5、收发科 3、生产科 2、医务 20、电话室 1、招待所 1、托儿所 2、杂务人员 78	112	杂务人员 78： 通信 7、勤务 23、保姆 7、特务 1、生产 6、运输 3、伙夫 11、理发 1、马夫 10
组织部	部长 2、秘书室 4、组织科 4、干部科 7	17	
宣传部	部长 1、秘书 1、宣传科 3、党内教 3、社会规教 3、文委 1、图室 1	13	
民运部	部长 1、秘书 1、统战科 3、民族 3、国党区 3	12	
第四局	局长 1（另一兼）、调查处 3、材料室 4、1 室 6、2 室 6、办公室 4、机要 4	29	
直属县管委	书记 1、秘书 1、组干 1、宣干 1	4	
合计	共计工作干部 114、杂务人员 78	192	家属、小孩、临时来延干部未列入此数
附注	本局有马匹 26 匹（高岗 2、各部长 8、公用 6、运输 6、水 2、送书 1、驮菜 1、碾米 1）		

资料来源：《西北局的新编制表（1941 年 12 月）》，中央档案馆、陕西省档案馆：《中共中央西北局文件汇集》（1941 年）（内部本）甲 1，1994 年，第 242 页。

由表 4-2 可知，西北局成立后，机关包括书记、党务委员会、秘书处、组织部、宣传部、民运部、第四局和直属县管委等，共计工作干部 114 人，加上杂务人员，共计 192 人。另有马匹 26 匹，供书记、部长使用及公用。

4 年以后，西北局机关编制有了新的变化，各机关行政组织系统表如下。

表 4–3　1945 年西北局组织系统表

- 西北局常委会
  - 书记
    - 秘书长（1）
      - 办公厅（秘书 2）
        - 秘书处（正副处长各 1）
          - 文书科：科长 1（处长兼），科员 5。
          - 材料科：科长 1，科员 1，下设图书室。
          - 机要科：正副科长各 1，科员 13，通讯员 3，临时训练班 11（非党）。
          - 电台：队长 1，报务房主任 1，报务员 5，机器房主任 1（队长兼），摇手班 7（非党）。
          - 速记组：正副组长各 1，速记员 14。
          - 收发室：科员 2，电话 1，通讯员 4。
        - 行政处（处长 1）
          - 秘书 1。
          - 总务科：正副科长 3，下设伙房（大、中、小水灶）、马号、农场（志丹、枣园、背沟、瓦村等农场及南七里铺、西北局山下两菜园）、保管室、青年队（正副队长 2，勤务保姆）、会计室、作坊（豆腐房、磨房、杀房）。
          - 生产科：科长 1，下设工厂（清涧工厂）。会计、运输队（高脚队、大车队、骆驼队）、炭窑、对外投资（土产公司、南昌公司、大众合作社、商店）、流动生意。
          - 卫生所：司药、看护。
          - 川口休养所。
          - 警卫排。
          - 汽车司机。
    - 组织部
      - 干部科：正副科长各 1，科员 5，附属招待所（主任 1、管理员 1、会计 1）。
      - 组织科：正副科长各 1，科员 3。
      - 秘书 1。
    - 宣传部
      - 干部教育科：科长 1，科员 2。
      - 宣传科：科长 1，科员 1。
      - 秘书 1。
      - 附属书店 13。
    - 统战部 2。

人数：总人数 352 名，干部数 178 名，党员数 188 名。
说明：警卫排 30 多人、小孩子 70 多个，招待所来住临时客人三宗均未算在总人数内。

资料来源：《西北局组织部编各机关行政组织系统表（1945 年 12 月 27 日）》，中央档案馆、陕西省档案馆：《中共中央西北局文件汇集》（1945 年）（内部本）甲 6，1994 年，第 182~183 页。

由表 4–3 可见，1945 年西北局机关编制由组织部负责编制，机关主要包括常委会、书记、秘书长、办公厅及其下的秘书处、行政处，以及三大部，即组织部、宣传部和统战部，总人数 352 名，干部数 178 名，党员数 188 名。经过精兵简政，与 1941 年西北局机关编制相比，1945 年西北局机关编制中没有将党务委员会、中央调查研究局第四分局和直属县管委会算在机关内，增加了办公厅和行政处，行政处设于 1944 年，1942 年 8 月民运部改名为统战部，没有统计党员人数。秘书处中增加了电台和速记组，而这两个岗位需要人员又多，所以增编 31 人。宣传部 1941 年增加了附属书店，增编 13 人。统战部编制变化很大，由原来民运部 12 人编制缩减到 2 人，缩编 10 人。机关总人数由 192 人增加到 352 人，干部由 114 人增加到 178 人。党员人数多于干部人数，是因为非机关干部中也有党员。另外一个新的变化是，同 1941 年相比，1945 年有了汽车，还办起了干部休养所。

新中国成立后，西北局第一书记、西北军政委员会主席彭德怀提出，政府机关的机构设置和人员编制必须以精简和效能为原则；反对滥设机构、增加编制，大区党政系统原计划编制 4000 多人要砍掉一半。[①] 随着大行政区功能的日渐式微，西北大区党政机关编制自然趋于缩减。西北局撤销后，机关人员分流到西北五省一市党政部门中。

常委与各部、局、处、委在工作中有紧密联系。表现在五个方面：一是各部、局、处、委订定其工作业务，交常委通过。二是各部、局、处、委按工作需要须有一定的编制，其人员增减须经常委会通过。三是各部、局、处、委应每三月按期拟定其主要工作计划，交常委通过。四是各部、局、处、委的会议记录整理交秘书长一份，放置机要室或于常委汇报时报告重要决定或选读原文。五是常委发各部、局、处、委对下级的决议、指示、通知等必须分发给各部、局、处、委一份，以便取得工作上的联系与配合。[②]

委员会调整的同时，常委会也要作相应的调整，两者是同步的。抗战胜利后至 1952 年，中共中央对西北局常委进行了 5 次调整。第一次是 1945 年 9 月 28 日，中央书记处批准高岗、林伯渠、贺龙、谭政、马文

① 常黎夫、姬也力：《在西北军政委员会一年 ——纪念彭德怀同志 90 诞辰》，《人民日报》1988 年 10 月 27 日。

② 《西北局常委会工作任务和工作细则（1941 年 9 月）》，中央档案馆、陕西省档案馆：《中共中央西北局文件汇集》（1941 年）（内部本）甲 1，1994 年，第 181~182 页。

瑞、贾拓夫、王世泰 7 人为常委。[①] 第二次是 1948 年 6 月 26 日，中共中央批准西北局以贺龙、林伯渠、习仲勋、马明方、王维舟、贾拓夫、马文瑞、李井泉 8 人为常委，并以习仲勋为书记，马明方为副书记。[②] 第三次是 1949 年 6 月 16 日，根据中央决定，西北局以彭德怀、贺龙、习仲勋、马明方、王维舟、李井泉、马文瑞、刘景范、贾拓夫 9 人为常委。[③] 第四次是 1950 年 2 月 14 日，中共中央批准同意彭德怀、习仲勋、马明方、马文瑞、贾拓夫 5 人为常委。[④]1950 年 2 月，贺龙、李井泉、王维舟、刘景范 4 名常委调离西北局。1952 年 5 月，经中共中央批准，张稼夫加入西北局常委，1953 年 1 月，又增补汪锋、赵伯平为西北局常委。5 次调整后，西北局常委由最初的 5 名增至 8 名。

（三）书记

中共中央局和中央分局的书记一职是一个总称，因为书记有正副之分，有排名之分，且职数不固定。从始建中央局与中央分局至解放战争时期，各中央局与中央分局一般设书记、副书记各一名，解放战争后期和新中国成立初期，书记、副书记的职数开始增加，书记设第一书记、第二书记、第三书记乃至第四书记，副书记也有第一、第二、第三、第四之分。但各中央局与中央分局的具体设置有所区别。例如，新中国成立初期的六大中央局均实行第一书记制度，但正副职的职数各不相同。其中，华北局设第一、第二、第三书记和四名副书记；东北局始设书记和副书记，后设第一书记，并设第一、第二、第三副书记。华东局设第一、第二、第三、第四书记，但未设副书记。中南局与西南局相同，均设第一、第二、第三书记，并设第一、第二、第三副书记。西北局则设第一、第二、第三书记和一名副书记。

西北局书记一职的设置和职数，先后经历了书记、副书记—书记—书记、副书记—第一书记、第二书记、第三书记和副书记 4 个阶段。西北局的前身——陕甘宁边区中央局，设书记、副书记各 1 人，书记高岗，

---

① 《西北局办公厅关于中央书记处批准西北局组成人员的通知（1945 年 9 月 28 日）》，中央档案馆、陕西省档案馆：《中共中央西北局文件汇集》（1945 年）（内部本）甲 6，1994 年，第 93 页。

② 中共中央文献研究室：《周恩来年谱（1898—1949）》（修订本），中央文献出版社 1998 年版，第 796 页。

③ 《西北局委员名单（1949 年 6 月 16 日）》，陕西省档案馆，全宗号 17；案卷号 229。

④ 中共中央文献研究室、中央档案馆：《建国以来刘少奇文稿》第 1 册，中央文献出版社 2005 年版，第 508 页。

副书记谢觉哉。西北局成立后，改为只设书记，不设副书记，书记高岗。抗战胜利后，高岗去东北工作，中共中央任命习仲勋为西北局书记。第二年西北局又增设副书记。1946 年 11 月 2 日，刘少奇主持中共中央书记处会议，决定马明方任西北局副书记。①1948 年 6 月 26 日，周恩来为中共中央起草致西北局电：以习仲勋为书记，马明方为副书记。② 随着大西北的解放，西北局的领导和管辖范围由陕甘宁边区扩大到西北五省区，书记由一正一副增至三正一副。1949 年 6 月，西北局改组，中共中央任命彭德怀、贺龙、习仲勋分任西北局第一、第二、第三书记，马明方任副书记。③ 后因贺龙改任西南局第三书记，1950 年 2 月 14 日，中共中央再次调整西北局书记，以彭德怀为第一书记，习仲勋为第二书记。4 月 9 日，中共中央决定马明方为西北局第三书记。④1952 年年底，中共中央任命马文瑞为西北局副书记。

西北局第一任书记高岗和第二任书记习仲勋交接工作的时间是 1945 年 10 月 21 日。据西北局文件，1945 年 10 月 19 日高岗在去东北之前曾致电时任西北局委员、陕甘宁晋绥联防军警三旅旅长兼三边警备司令员贺晋年，电文说："我定于明日乘机去东北，望严守秘密。你和罗成德愿来时，可随后即来，以求得在各方面更好的锻炼。此意我已面陈毛主席并已得他的同意。你们走后，我提议高峰任书记，吴志渊任专员，你们商酌后，电告仲勋同志。" ⑤ 这则电文表明，接替高岗担任西北局书记的是习仲勋，这在高岗去东北之前已定下来了。但实际上 10 月 20 日高岗并未启程，因为这一天他和边区政府主席林伯渠就外来延安学习或工作的人员暂行处理办法致电关中地委书记、专员。⑥10 月 21 日，习仲勋和马明方就

① 中共中央文献研究室：《刘少奇年谱（1898—1969）》（下卷），中央文献出版社 1996 年版，第 54 页。

② 中共中央文献研究室：《周恩来年谱（1898—1949）》（修订本），中央文献出版社 1998 年版，第 796 页。

③ 中共中央组织部、中共中央党史研究室、中央档案馆：《中国共产党组织史资料》第 4 卷（上），中共党史出版社 2000 年版，第 124~126 页。

④ 中共中央文献研究室、中央档案馆：《建国以来刘少奇文稿》（第 1 册），中央文献出版社 2005 年版，第 20 页。

⑤ 《高岗关于去东北事致贺晋年电（1945 年 10 月 19 日）》，中央档案馆、陕西省档案馆：《中共中央西北局文件汇集》（1945 年）（内部本）甲 6，1994 年，第 118 页。

⑥ 《高岗、林伯渠致关中地委书记、专员电——对外来延安学习或工作的人员暂行处理办法（1945 年 10 月 20 日）》，中央档案馆、陕西省档案馆：《中共中央西北局文件汇集》（1945 年）（内部本）甲 6，1994 年，第 119 页。

国民党第一军开往蒲城等情致高锦纯、汪锋电。[①]这则电报实际上就是习仲勋和马明方以西北局书记和副书记的身份发给时任关中地委书记高锦纯、副书记汪锋的电报。以上这三则电报，日期相接，19日、20日、21日，前两则是高岗致电，第三则是习仲勋致电。西北局书记的变更虽然没有正式通知，但这三则电报证明了习仲勋何时正式接任西北局书记。另据时任西北局行政处处长史唯然的日记：10月20日星期六晴，高司令、陈部长今天清晨乘机赴前方。10月21日星期日晴，习书记今天搬来，马部长搬到陈部长院。23日晚，习书记召集各部各科长谈话。[②]综上可见，1945年10月21日，习仲勋接任西北局书记，并搬到西北局机关驻地办公。而高岗离开延安去东北的时间是10月22日。[③]

西北局书记的职权，未见专门的规定。边区中央局成立时，设书记和副书记各一名，但权力主要掌握在书记手中。西北局成立后，不再设副书记，所以书记的权责更大了。主要表现在书记是委员和常委的班长，主持西北局工作，权力比委员和常委要大。书记主持委员会会议和常委会会议，代表西北局执行委员会和常委会的决定，监督各部门各地方执行西北局的决定和指示。处理紧急事务，调处日常工作中的重大问题。例如，在常委汇报会上，由书记传达中央书记处的某些指示及对时事的意见。部、委、处、局直接对书记负责。书记直接领导秘书长工作，凡机要文电的发出或回答要经过书记阅正后发出。各部委日常重要问题由部长提出后，还要和书记商讨处理；部委之间的重大工作联系须经书记调处。但书记没有特权，凡事不是书记一人说了算；西北局的决议是根据大多数委员的意见作出的，而不是根据书记个人的意见；书记必须在常委或委员集体讨论的基础上行使职权。当然，书记作为党委的首要负责者，对全部工作要负更多的责任。新中国成立初期，西北局第一书记彭德怀是负全面工作的，但侧重西北军政委员会的工作，西北局的主要工作由第二书记习仲勋负责。彭德怀赴朝后，习仲勋代理西北军政委员会主席一职，实际上主持全面工作。

在实际工作中，书记、副书记和委员会、常委会的关系，是在民主集中制原则下少数服从多数的关系，而不是上下级关系。对此，毛泽东指

---

① 中央档案馆、陕西省档案馆:《中共中央西北局文件汇集》(1945年)(内部本)甲6，1994年，第121页。

② 魏建国、张建儒主编:《史唯然》，陕西人民出版社2021年版，第255、第256页。

③ 戴茂林、赵晓光:《高岗传》，陕西人民出版社2011年版，第436页。中共江西省委党史研究室:《陈正人传》，中共党史出版社2007年版，第85页。

出：党委书记要善于当“班长”。党的委员会有一二十个人，像军队的一个班，书记好比是“班长”。党委要完成自己的领导任务，就必须依靠党委这“一班人”，充分发挥他们的作用。书记要当好“班长”，就应该很好地学习和研究。书记、副书记如果不注意向自己的“一班人”作宣传工作和组织工作，不善于处理自己和委员之间的关系，不去研究怎样把会议开好，就很难把这“一班人”指挥好。如果这“一班人”动作不整齐，就休想带领千百万人去作战，去建设。当然，书记和委员之间的关系是少数服从多数，这同班长和战士之间的关系是不一样的。①

边区中央局、西北局成立后，书记在中央领导机构和工作机构中也担任一定的职务，如高岗在中共六届中央委员会后曾任中共中央西北工作委员会委员、财政经济委员会委员、生产运动委员会委员、后方工作委员会委员、干部审查委员会委员、反内奸斗争委员会委员等，在中共七届一中全会上当选为中共中央政治局委员。习仲勋在中共七届一中全会上当选为中央委员会候补委员，后任中共中央组织部副部长。新中国成立后，习仲勋为中共七届中央委员会候补委员，西北局第二书记，在军政系统任中央人民政府委员、中国人民革命军事委员会委员，1952 年 9 月调任中共中央宣传部部长兼政务院文化教育委员会副主任、党组书记，一年后又担任政务院秘书长。彭德怀为中共七届中央委员会政治局委员，1949 年 6 月担任西北局第一书记，后任中央人民政府委员、人民革命军事委员会副主席。

延安时期，西北局领导成员曾接受新闻媒体采访，或答记者问，或举行记者招待会。如 1944 年 6 月，西北局书记高岗曾出席朱德在延安举行游园会欢迎中外记者西北参观团的活动，当时有中国记者曾两次向高岗提出书面问题。在第一次提问中，问到两个与西北局直接有关的问题，一是中共西北局与军政机构及中共中央之关系如何？二是中共西北局对于边区各种建设所提之口号为何？②1946 年 2 月，西北局举行记者招待会，解放日报、新华社暨群众报社内外勤记者、编辑 30 多人参加，西北局习仲勋、马文瑞、李卓然、张德生等出席并主持会议。记者们就农村中所了解的人民生活情况，如何给区乡干部以具体帮助，改进县级领导机关的作风，开展大生产运动，增进报纸的指导作用等问题发表了意见。最后习仲勋强

① 《毛泽东选集》（第 4 卷），人民出版社 1991 年版，第 1440 页。

② 《高岗答中外记者西北参观团中国记者问（1944 年 6 月）》，中央档案馆、陕西省档案馆：《中共中央西北局文件汇集》（1944 年）（内部本）甲 5，1994 年，第 78~79 页。

调，各级领导机关要经常给记者在工作中以各种便利和帮助，并号召外来记者要加倍努力培养本地记者。[①]

综上所述，西北局实行三级领导体制，即委员会—常委会—书记。这一领导体制是一种集中领导，也是一种集体领导，前者强调的是集权，后者强调的是民主，两者的结合就是民主集中制。这一体制从组织上保证了西北局在民主集中制的原则下对西北地区党的各项工作实行集中统一而又坚强有力的领导。

二、集体领导和委员分工负责制

在集体领导之下，中国共产党各级党委实行个人分工负责，即集体领导和委员分工负责制。这是党的民主集中制原则在领导工作中的体现和运用。坚持民主集中制，就要实行集体领导和委员分工负责制。下面首先梳理这一体制的演进历史，然后在此基础上论述西北局的集体领导和委员分工负责制。

在中共党史上，集体领导开始叫集体指导。中国共产党第三次修正章程决案规定，党部的指导原则为民主集中制。1928 年 1 月，中共中央给各级党部发出关于组织工作的通告。关于集体指导，通告指出：集体指导为党的建设一个最严重的问题。集体的指导仍须有相当的分工，这一分工或者不是长时的或者轮流的，但必须有相当的专门性质，然后才便利于工作之发展与执行；一切权力与指导集中于各级党部的常委与执委；书记应为该常委与执委之中心，总揽各方面的工作，中央绝对反对取消书记和轮流主席的做法。[②] 中共六大在“组织问题决议案提纲”中提出：“加强党的集体指导，实行分工的集体，形成无产阶级指导中坚的工作”；并在党章中规定：“中央委员会指定各部及各委员会主任，这些主任应尽可能的由中央委员会中委员充任之。”[③] 在这里，集体指导即集体领导，而这个集体又是实行分工的集体，其具体表现，在中央一级就是尽可能地由中央委员担任各部委主任。1931 年 2 月 6 日，中共中央政治局会议在讨论加

① 西北局记者招待会上，习仲勋同志提出改进县级领导作风，分区及边区一级的领导机关也应先自检讨，转变作风。《解放日报》1946 年 2 月 13 日。

② 《中央通告第三十二号——关于组织工作》（1928 年 1 月 30 日）。

③ 中央档案馆:《中共中央文件选集》第 4 册，中共中央党校出版社 1989 年版，第 455~456 页。

强苏区中央局问题时初步议定，苏区中央局组织常委会实行集体领导。[①]8月30日，《中央关于中央苏区组织问题的决议》指出："中央局应有它经常的分工，中央局各同志，应实际参加苏区一部分指导工作，如政府中红军中和当地党部的工作。"[②]1937年5月中共苏区代表会议通过的《苏区党代表会议组织问题报告提要》规定：苏区党的组织应该在民主集中制的基础上实行党内生活的民主化，方法之一是"党的委员会必须按期开会，一切重要的问题必须经过全会之讨论和决定；常委会应该是集体的工作。在严密的分工的和个人负责制的基础上，一切工作应经常委会之集体的讨论和决定"。[③]集体领导和个人分工负责相结合的领导体制在苏维埃时期得以巩固并延续下来。

中共七大上，刘少奇在《论党》中指出：各级党的委员会，应较过去扩大，应将各方面负责的与人民群众有很好联系的干部包括在内。党章规定：在委员会中再组织常委，进行日常工作。在常委委员中，亦须包括各方面负责的干部，成为当地各种工作的经常的总的领导核心。在各级委员会中，除有一个正书记外，可以按工作需要再设一个至两个副书记，以便没有缺陷地照顾全般工作。各级党的委员会，决不是仅仅进行党内的组织工作，而是应该成为当地各种工作的领导集团，党内的组织工作只是党委工作的一部分，而且应由党委的组织部门去作专门的管理。因此，凡是各级委员会比较带普遍性的工作决定和工作计划，应召集全体会议来集体讨论和决定。集体决定之后，就应分途去执行。[④]为了领导新民主主义革命取得最后的胜利，毛泽东在为中共中央起草的《关于健全党委制》中强调："党委制是保证集体领导、防止个人包办的党的重要制度。""集体领导和个人负责，二者不可偏废。"[⑤]

同中共中央一样，中央局与中央分局也坚持民主集中制，实行集体领导下的个人分工负责制。中央局与中央分局的委员会和常委会实行集体领导，在党委会内部实行民主集中制，书记是实行民主集中制的"班长"。

① 中共中央组织部、中共中央党史研究室、中央档案馆：《中国共产党组织史资料》第2卷（上），中共党史出版社2000年版，第208~209页。

② 中共中央组织部、中共中央党史研究室、中央档案馆：《中国共产党组织史资料》第8卷（上），中共党史出版社2000年版，第414页。

③ 《苏区党代表会议组织问题报告提要》。中央档案馆：《中共中央文件选集》第11册，中共中央党校出版社1991年版，第220页。

④ 《刘少奇选集》上卷，人民出版社1981年版，第363页。

⑤ 《毛泽东选集》（第4卷），人民出版社1991年版，第1340~1341页。

实行集体领导，还要有相当的分工，每位委员，特别是常委，均要担任主要部委，或军队、政府、团体的主要领导职务。各委员各负其责又团结协助，对中央局、分局负责，又对部门、地方和本系统群众负责。

边区中央局成立时，集体领导和委员分工负责相结合的制度就已确定下来。1940 年 9 月，毛泽东、张闻天和任弼时出席边区中央局常委会。任弼时在会上指出，边区中央局成立后，“要集体领导，分工负责，在总的工作方针下发挥创造性”①。1941 年 5 月西北局成立时，7 个委员和 2 个候补委员共同组成西北局委员会，作为最高领导机关，对重大工作实行集体领导。6 月 7 日，西北局进行了工作分工，决定：书记高岗；组织部部长陈正人、张邦英；宣传部部长李卓然；统战部部长高岗（兼）、张曙时；民运部部长贾拓夫（国民党区及少数民族工作）；秘书长任作民；工委高长久；青委高朗山；妇委白茜；党务委员会崔田夫。②林伯渠在 1942 年西北局高干会闭幕词中指出：“现在就整个西北党来说，我们已经有了以西北局为核心的领导，有了民主集中制的领导机关。”③

在发挥集体领导作用方面，西北局坚持会议制度和党内民主。曾任西北局常委、宣传部部长的张稼夫回忆自己当年在西北局工作情况时说：整个西北局的领导工作很放手，善于发挥干部的积极性、创造性。下面的干部也不是个个都很强，但是工作得很好。彭老总、习仲勋同志善于把中央的精神和本地区的实际情况相结合，实事求是地制定方针政策，使干部人人心中有数。党内生活非常健全、民主。那时，西北局常委定期开会，我是常委之一，每次会议都提前将会议讨论的内容印发给常委每人一份，以便早做准备。大自贯彻执行中央的指示，小到人事任免名单，都是集体讨论决定。不搞一言堂，不搞突然袭击；而是做到认真、稳妥，人人心情愉快。④

在委员分工负责制方面，西北局领导成员带头执行委员会和常委会作出的决议、决定和指令，在自己领导的部门、组织和地区贯彻落实。领导

① 中共中央文献研究室：《任弼时传》（下册），中央文献出版社 2014 年版，第 547 页。

② 中共西北中央局 1941 年 6 月 7 日常委会议记录第七、第八节全文。转引自西北五省区编纂领导小组、中央档案馆：《陕甘宁边区抗日民主根据地》（文献卷・下），中共党史资料出版社 1990 年版，第 528~529 页。

③ 中共中央文献研究室、中央档案馆：《建党以来重要文献选编（1921—1949）》第 20 册，中央文献研究室 2011 年版，第 58 页。

④ 张稼夫：《庚申忆逝（之二）》。中共党史资料征集委员会：《中共党史资料》（第 8 辑），中共党史资料出版社 1983 年版，第 273~274 页。

成员实行明确分工，每个人都担任实职，并兼任各部、委负责人，从而密切了领导机关与工作机关之间的关系，加强了集中统一领导。特别是在抗战时期，西北局工作机构逐步扩大，成为各大中央局中部门数量最多的，西北局书记和常委分兼组织、宣传、统战、社会等部门和军队的主要负责人，使集体决策得以迅速通过各部门贯彻到党政军民学工作中。分工负责不仅体现在组织上，而且体现在具体工作上。例如，1944 年 1 月 12 日西北局委员会决定，各项工作的分工为：生产和民兵训练由高岗负责；防奸、审查干部由陈正人、李景波、周兴负责；财政经济、军队训练由贺龙负责；军队政治工作改造由谭政负责；西北党校、延安大学由贾拓夫负责；行政学院由林伯渠负责；中等学校教育由宣传部及罗迈负责；统一战线工作由贾拓夫负责；群众团体工作由杨清负责。西北局委员会要求以上各项分工必须切实负责到底。①

当然，西北局在实行集体领导分工负责制方面也存在经验主义的问题，因此，贺龙在 1949 年 8 月西北军区会议上的讲话中强调，必须实行集体领导分工负责制。“比如这次召开地委书记会议，西北局发了电报，叫各分区准备材料，然而他们并没有很好地研究电报精神，也没有召集地委委员及县长开会研究，到西北局后才准备发言提纲，以自己的意见代表地委……现在我们对下面很多请示没有答复，这是因为各部门的职责不明确，制度不健全。今后要实行分工负责制，对下面的请示报告，属于哪个部门的工作范围，就由该部门答复，这样既做好了本职工作，又避免了同级单位之间的矛盾，保障各项工作顺利完成。”②

新中国成立后，各大中央局的委员和常委的人数越来越多，书记一职也由书记、副书记改为第一、第二、第三书记，副书记，加强了集体领导。西北局委员会、常委会会议，对重要的政治、统战、军事、组织、财经、宣教等问题，均采取集体议事决策，防止个人专断；书记、委员、常委均有明确分工，并兼任部门和地方主要负责人，有利于加强西北局对各条战线工作的集中统一领导，使决策与执行紧密结合，并减少工作机构的领导干部。据当时专为西北局常委作记录的马松林回忆：大西北解放后，西北局的工作重心转入对西北五省的城市接管，建立新的社会秩序，医治

① 《西北局办公厅通知——关于各项工作的分工（1944 年 1 月 23 日）》，中央档案馆、陕西省档案馆：《中共中央西北局文件汇集》（1944 年）（内部本）甲 5，1994 年，第 7 页。

② 《在西北军区会议上的讲话（1949 年 8 月 26 日）》，《贺龙军事文选》，解放军出版社 1989 年版，第 456~457 页。

战争创伤，展开剿匪反霸、镇反和“三反”、“五反”、土改等方面的工作。在工作中，西北局第二书记、西北军政委员会副主席习仲勋始终坚持集体领导，主要问题和决定都经过西北局常委会和西北军政委员会讨论、决定。①

三、党的一元化领导体制

党的一元化领导是在延安时期提出和确立起来的。当时，这一领导体制的确立与陕甘宁边区的党政军民关系不无关联。

1941 年 9 月 1 日，中共中央政治局在《关于统一抗日根据地党的领导及调整各组织关系的决定》（即著名的“九一决定”）中首次提出党的领导一元化，即“确定中央代表机关（中央局、中央分局）及各级党委（区党委、地委）为各地区的最高领导机关，统一各地区的党政军民工作的领导”。② 那么，中共中央为何发布“九一决定”，确立党的一元化领导？这是因为在各个抗日根据地，以党为中心的一元化领导还没有普遍建立起来，党政军民之间还存在着一种不正常的关系，如某种部门工作向党闹独立性，下级向上级闹独立性，个别同志对于带全国性的问题随便发言等。任弼时代表中央在 1942 年西北局高干会上指出：这些情形，如果让它继续发展下去，对于我们坚持抗战以及进行根据地建设，都会有很大的妨碍的。③

陕甘宁边区的情形如何呢？任弼时作了重要而又精辟的论述。他郑重指出：这种不正常的现象是相当严重的，特别在边区一级的党政军民学中，都曾经发生过或者还存在着对边区党的领导中心——西北局不尊重，和闹独立性的现象。比如，在军队方面，对于党的尊重是不够的，自以为与党是平列的，甚至觉得比党还要高一些、大一些，认为自己是中央的军队，就不把自己的工作时常提到西北局去讨论，对边区党的决议也没有认真去执行。在政府工作方面，前一个时期，有某些政府里面工作的同志对西北局的决定不很尊重，没有认真按照决定办事，如发票子、运盐等问题，到了后一个时期，又发生了政府工作中的党员干部对于党团也不大尊

① 马松林：《怀念习仲勋书记》，引自石杰、司志浩主编：《在西北局的日子里》，陕西师范大学出版总社 2013 年版，第 33 页。

② 中央档案馆：《中共中央文件选集》第 13 册，中共中央党校出版社 1991 年版，第 427 页。

③ 《任弼时选集》，人民出版社 1987 年版，第 256 页。

重的情况。在群众团体方面，曾经有一个时期，青年团体向西北局闹独立性，走到“青年主义”“第二党”的倾向。这次大会中有个同志指出，除了政府以外，青年都单独有一套，如青年农场、青年运输站、青年商店、青年食堂和青年武装等等。而究其实际，边区青联又何尝不是青年政府呢！政府管不到，党也管不到，公开向党要求尊重青年运动的独立性（并不仅是青年团体组织上的独立性），甚至在青年的会议上对党表示反抗，闹得多么严重！西北局向这种青年运动中闹独立性的倾向曾经作了斗争，严正地指出了它的错误，以后的情形是改善了许多。此外，在党部方面，也有这样的一个党部，它知道成立了西北局，就不仅是领导边区内党的工作，还要领导整个西北范围内党的工作，而它觉得西北局的成分，似乎没有能力来领导友区内党的工作。这些不尊重西北局领导，向西北局闹独立性的事实，就不能不给边区工作以很大的损害。①

据萧劲光回忆，当时，留守兵团属于中央军委直接领导，与西北局没有直接隶属关系，所以就没有经常向西北局报告工作，双方产生了矛盾。毛泽东对萧劲光说：“要尊重西北局的领导，连我们中央决定的事都要通过一下西北局，你留守兵团决定的事怎么能不通过一下西北局呢？部队在哪里住，也就应当尊重哪里的地方政府。”②任弼时和林伯渠找兵团司令萧劲光谈话，说明“中央管不了那么多，只能归西北局管，西北局是党中央的代表机关，要尊重西北局的领导，搞好团结等等”③。萧劲光自己也承认：在军政关系上，留守兵团有不尊重地方政府的现象，对西北局的领导，没有经常向他们汇报、请示工作，部队中也存在一些不尊重地方政府，和地方政府闹纠纷的事情。下面有些部队政策观念不强，在生产上有的与民争利，有的做违反政府法令的事，影响了军民关系。高干会议上批评留守兵团不尊重西北局和地方政府，有闹独立性、本位主义、个人主义、违反群众纪律的缺点错误，这些批评是中肯的。④

之所以出现上述情形，其根本原因，“是由于某些同志在对于一些问题的认识上，以及对党的认识上，有着原则上的差别。这就是说，边区党内在思想上还没有达到完全一致，在某些同志当中还存在着一些不正确的

① 《任弼时选集》，人民出版社1987年版，第256~257页。

② 《肖劲光回忆录》，解放军出版社1987年版，第317~318页。

③ 师哲口述，师秋朗整理：《毛泽东的翻译——师哲眼中的高层人物》，人民出版社2005年版，第267~268页。

④ 《肖劲光回忆录》，解放军出版社1987年版，第316页。

思想和倾向。”[①]任弼时深刻指出，对于民主集中制这一党的最高原则，某些干部甚至是高级干部，并没有真正了解它，他们还没有在实际行动中承认党是阶级组织的最高形式，西北局是边区的领导核心。相反的，他们把自己所领导的某一部门工作，看成与党是并立的，平行的，甚至是高于党的，似乎没有“责任”一定要接受西北局的领导，似乎没有“责任”一定要按照西北局所决定的一切政策去办事，而是按照自己的想法“独立地”去进行他们所领导的某一部门工作。[②]

如何加强西北局的领导工作，任弼时指出：“首要的任务就是掌握思想上的领导，继续这次高干会着重检讨思想问题的精神，更加努力于达到西北党在思想上的完全一致，克服存在着的和可能生长的一切不正确的思想和倾向，这是第一个业务。”在西北局以下，各级党政军民关系也要建立健全以党为中心的一元化领导。任弼时最后强调：“今后各级党委的任务是更加重大了。边区党各级的干部，必须忠诚地服从西北局的领导，为坚决执行西北局的每一个决定而奋斗。对于某些仍然继续闹独立性的同志，须严申党的纪律。西北局是党中央的代表机关，西北的每一个党员，每一个党的组织，只有爱戴西北局，坚决执行西北局的决定，才能表示他们真正是拥护党中央的正确路线，真正是爱戴党的中央和党的领袖——毛泽东同志。”[③]

陈云、林伯渠和贺龙在1942年西北局高干会上也发表了重要讲话，分别代表中共中央组织部、边区政府和陕甘宁晋绥联防军，从整党、整政、整军等方面强调要建立和坚持党的一元化领导，反对向西北局闹独立性的错误倾向。

中组部部长陈云主要强调地方党委也要实行党的一元化领导。他在西北局高干会上所作的关于整党问题的讲话中指出：这次会议讨论了党的领导一元化问题。要做到党的领导一元化，首先必须反对闹独立性的倾向。与此同时，地方党委工作也要照顾全局。如果地委、县委的工作不照顾全局，在客观上就会帮助闹独立性倾向的发展。所以，要实现党的领导一元化，就必须把反对闹独立性倾向和地方党委工作要照顾全局这两者结合起来。过去地方党委领导不了军队，也不敢领导。现在中央已给了这个权柄，西北局也给了这个权柄，地方党委就要实行对军队的领导。今后如果

① 《任弼时选集》，人民出版社1987年版，第257~258页。

② 《任弼时选集》，人民出版社1987年版，第258~259页。

③ 《任弼时选集》，人民出版社1987年版，第274页。

地方党委和军队的关系再搞不好，一方面要责备闹独立性倾向的单位和个人，另一方面也要责备地方党委没有尽到责任。[①] 他强调：以前地委、县委只管党务，今后除管党务外，还要管政府、军队、民众团体的工作。也就是说，实行党的一元化领导以后，地方党委要管党政军民四方面工作，责任大大加重了。地方党委只有照顾好全局，党的领导才能稳固。[②]

边区政府主席、党团书记林伯渠在高干会上主要讲了边区政权工作如何贯彻党的一元化领导的问题。他在《政权工作中两个根本思想问题》的发言中指出：中央和西北局对这些问题都已有了正确的解决，问题在于我们有些同志弄错了，或者因为有意无意地抵抗中央与西北局的领导，坚持自己的错误；或者因为忽视中央与西北局的领导，对党的政策不注意研究不执行。这就是政府工作中闹独立性与自由主义的主要根源。政权战线上的全体党员，必须一致地团结在西北局的领导之下……反对闹独立性和自由主义，清算自己和旁人在思想上政治上的错误倾向，贯彻党在政权工作中的思想上政治上和组织上的领导。在高干会之后，我们必须上上下下一致这样去做。[③]

西北局委员、陕甘宁晋绥联防军司令员贺龙在高干会上先后作了关于整党问题的发言和关于整军问题的报告，强调通过整党整军保持党的统一和一元化领导。他在整党问题的发言中指出：今天陕甘宁边区是党中央直接领导的，西北局是党中央在西北的代表机关，轻视西北局，就是轻视党中央；对西北局的决议、指示随便不执行，闹独立性，这样陕甘宁边区的工作就没办法做好。今天中央要求实现党的一元化，不是光口头上讲一元化，讲容易得很，而是要我们实际去做。中央和西北局领导军队、政权、群众团体。警备区的党领导警备区的军队、政权、民众团体。今天我们要拥护党中央，拥护西北局。西北局是直接领导我们的，西北局的决定就是为贯彻中央的决定，西北局的指示是执行中央路线的，就是中央指示的精神。[④]

---

① 《在西北局高干会上的讲话（1942 年 11 月 16 日）》，《陈云文选》第 1 卷，人民出版社 1995 年版，第 263 页。

② 《在西北局高干会上的讲话（1942 年 11 月 16 日）》，《陈云文选》第 1 卷，人民出版社 1995 年版，第 264 页。

③ 中共中央文献研究室、中央档案馆：《建党以来重要文献选编（1921—1949）》第 19 册，中央文献出版社 2011 年版，第 638~639 页。

④ 《在陕甘宁边区高干会议上的发言（1942 年 11 月 2 日）》，《贺龙军事文选》，解放军出版社 1989 年版，第 137 页。

在整军报告中，贺龙进一步指出：边区过去领导的不统一，正如中央指出的，应由军队负主要责任。不号召全体指战员拥护边区党及政府，保卫边区人民，以及不知道去协调军队与党政关系、军民关系等错误观念，都会妨碍党的领导统一，妨碍党的团结。过去在部队某些干部中，对西北中央局的领导不够尊重，有个别的只说拥护党中央，不说拥护边区政府，认为 1939 年以前的政府是好的，1939 年以后的政府是不好的，以及军队某些干部对地方工作人员的蛮横态度。所有这些错误言行，正是军队与党政脱离，甚至与党政对立的具体表现。这种“军权高于一切”或者“三权鼎立”的思想，就是闹独立性的思想，都是反统一、反一元化的思想，必须加以克服，才能使军队干部增强党性，像一个共产党员的样子，达到党的领导统一，实现一元化。①

新中国成立后，中国共产党对国家的领导体制，基本上延续了战争年代的一元化领导，在大行政区一级，各中央局书记一般也同时担任军政委员会主席或人民政府委员会主席，从而基本上形成了中国共产党在国家生活中的一元化领导格局。其基本点是，党的中央局及地方党委为各该地区的最高领导机关，统一各地方党政军民工作的领导；中央局及各级党委的决定、指示，同级政府的党组、军队的军政委员会以及民众团体的党组及党员，均须无条件地执行。由于当时巩固政权、恢复经济和改造社会的任务十分繁重，需要在各方面加强党的领导，所以在一元化领导方式下党政不分、以党代政的问题并未得到很好的解决。但是在这方面所作的努力，成为党对领导制度和执政方式进行探索的开端。

---

① 《关于整军问题（1942 年 11 月 4 日）》，《贺龙军事文选》，解放军出版社 1989 年版，第 141~142 页。

第五章　西北局的领导方式

与领导体制概念相比较而言，领导方式是次一级的概念，从属于前者，是前者的具体实现形式。本章所论述的西北局的领导方式主要是指西北局领导机关通过何种具体的方式领导下属党组织以及同级政权、军队和群众团体系统及其工作。这里所说的领导，主要指的是政治领导、组织领导和工作指导。

一、对下属党组织及其工作的领导

决定和指示是西北局对各级地方党委最主要的一种领导方式。此种领导方式在西北局文件中非常多见。有时单独发给某个下属党组织，有时分发给多个下属党组织。例如，西北局成立后不久，分别作出关于警备区（即后来的绥德分区）、关中、三边、陇东、神府、陕西等地方工作的决定，分发给各该地区党委。西北局文件中，给下属党组织的决定和指示最多，内容涉及党的各项工作，大的方面就是陕甘宁边区和西北地区的经济、政治、军事、文化和社会建设，具体来说，重要者如土地改革、党的建设、春耕生产等。又如，新中国成立后，西北局曾先后指示各级党委加强领导工会工作；加强西北修建铁路工作，保证如期完成宝天、天兰两路工程，争取早日修通西北干线；加强对工农干部文化教育工作；各地在夏季生产中，克服农村“五多”，加强互助组领导；积极领导春季农业生产和互助合作；如此等等。

发通知与批转文件。发通知也是西北局领导地方工作的一种重要方式。一般是西北局就某项具体工作发给地方党委，要求其开展和完成此项工作。如新中国成立后，西北局通知各级党委保障完成生产救灾、速开各界代表会议；全力实现军政委员会决定，加强税收和粮食工作，配备得力干部，共产党员违法者应受国法党纪惩罚；关于夏收工作给各级党委的紧急通知；向各级党委发出补充通知，如关于进一步学习过渡时期总路线。通过批转地方党委文件指导地方党委的工作。如1950年8月中共陕西省委发出《关于土改后继续培养乡村积极分子的决定》，10月西北局批转了这个决定，要求各地方党委认真、有计划地培养积极分子，发挥其带头、骨干、桥梁作用。

西北局委员会或常委会听取地方党委工作汇报。西北局成立后不久，为了加强和下级党的联系，以便能更好检查督促与具体领导下级党的工作，规定自7月1日起，分委、直属县、市委各部、各直属党团、各种委员会凡与西北局有直接关系的机关，各种会议的记录应详细记载所决议事项，经过整理和负责人校核后，寄交西北局一份；凡与西北局有直接领导关系的机关，应经常向西北局做有系统的某些专门工作报告（如春耕、选举、运盐、征粮等）和每月的每半年的总结性工作报告，按期寄送西北局。省委所属的分委、分委所属的县委同样要对西北局作记录和工作报告。[①]1948年9月，西北局发出《关于建立报告制度的指示》。[②]新中国成立后，西北局听取地方党委工作汇报较多。如1950年7月，西北局常委会听取青海工作的汇报；10月听取西安市方仲如、陈元方关于西安市进行民主改革和召开工商业代表会议的汇报。1951年3月，陕西省委书记、省人民政府主席马明方向西北局常委会汇报陕西省行政区划问题。4月，马明方代表陕西省向西北局写第一次综合报告，题目是《关于陕西省春季生产与救灾工作》。1952年2月，西北局常委会听取西安市委、市政府赵伯平、方仲如关于西安市开展“五反”运动的情况汇报。1954年1月，西北局常委会听取陕西省委书记潘自力关于渭华问题的汇报。

西北局决定地委、省委人员组成，派能力强、威望高的同志担任地方领导。如1943年1月，西北局决定绥德地委常委由习仲勋、李井泉、袁任远、朱辉照、白治民组成；执委由何长工、王尚荣、杨和亭、李华生、刘文蔚组成。[③]新中国成立后，担任西北五省一市党委书记的分别为：陕西马明方、张邦英，西安市赵伯平、方仲如，新疆王震、王恩茂，甘肃张

① 《西北局通知（第十号）——关于加强领导的几项规定（1941年6月23日）》，中央档案馆、陕西省档案馆:《中共中央西北局文件汇集》（1941年）（内部本）甲1，1994年，第91页。

② 《群众日报》1948年9月23日。

③ 《西北局关于绥德地委人员组成的决定（1943年1月）》，中央档案馆、陕西省档案馆:《中共中央西北局文件汇集》（1943年）（内部本）甲3，1994年，第11页。

德生、孙作宾，青海张仲良、赵寿山，宁夏潘自力、朱敏。这些人不但有威信、有经验、有组织能力，履历丰富，而且多在军队中担任重要职务。

二、对政权系统及其工作的领导

西北局领导的政权系统先后包括陕甘宁边区参议会、边区政府、边区高等法院，以及新中国成立初期的西北军政委员会——西北行政委员会。在党如何领导政权、政权在党的领导下如何工作的问题上，陕甘宁边区的经验是：党对政权系统的领导，应该是原则的、政策的、大政方针的领导，而不是事事干涉，包办代替。党对参议会（今后是人民代表大会）及政府工作的领导，只能经过自己的党员和党团，党委及党的机关无权直接命令参议会及政府机关。党团必须服从同级党委，但党团的工作作风必须刷新，不是强制党外人士服从，而是经过自己的说服与政治工作。党团意见未被参议会及政府通过时，必须少数服从多数，不得违反民主集中制原则。在政权系统中工作的党员和干部，必须服从党委与党团的决议、决定与纪律，不得利用自己的地位自由行动。党委在调动政权系统中的党员时要慎重，还必须经过党员实行向政权机关辞职的手续。① 新中国成立后，1950 年 1 月 30 日，彭德怀在西北局常委会上说："军政委员会成立之后，党的工作方式应有变化，'党政军民，四位一体'的时代已过去。属于政府的工作完全交由军政委员会办理。" ②

下面分别讨论西北局对政权机关及其工作的领导。

（一）对边区参议会及其工作的领导

西北局的前身边区中央局提出《陕甘宁边区施政纲领》，经参议会大会通过，然后交由边区政府执行。1941 年 5 月 1 日，边区中央局提出并公布《陕甘宁边区施政纲领》，即著名的"五一施政纲领"，但该施政纲领在当时还不是边区政府的施政纲领，直至边区第二届参议会通过并接受了这个纲领，作出了《通过施政纲领决议案》，才成为边区政府的施政纲领。该决议案指出，对边区中央局的施政纲领"本会全部接受，作为今后政府

① 《林主席在地委书记联席会议上关于政权工作的报告》，转引自《林伯渠传》编写组：《林伯渠传》，红旗出版社 1986 年版，第 349 页。

② 王焰主编：《彭德怀年谱》，人民出版社 1998 年版，第 427 页。

的施政纲领，并责成政府督导全边区人民切实执行之”。[①] 但施政纲领仅在边区一级颁发，边区以下则不颁发。西北局成立后不久，即发出第七号通知：各分区、县、乡级不必颁发施政纲领。

西北局书记担任参议会议长。自边区参议会成立至撤销，参议会议长一直由边区党委书记、边区中央局书记和西北局书记担任。延安时期，像此种中央局书记同时担任参议会议长的体制，陕甘宁边区是第一个，也是唯一的一个。西北局书记高岗任陕甘宁边区历届参议会议长，他离开西北局以后，议长的职位仍然保留。1949 年 2 月，陕甘宁边区参议会常驻议员、政府委员及晋绥代表联席会议推定常驻议员习仲勋代理议长，习仲勋当时任西北局书记。

西北局决定边区参议会召开时间、议程、参议员名单，以及会议工作总结等。1944 年 11 月西北局委员会决定：边区参议会决定于 12 月 1 日召开，主要议程是：“安副议长致开幕词；报告政府工作及大会总结由林老负责，罗迈同志帮助；民主及‘三三制’问题由高岗同志讲，贾拓夫同志帮助；教育工作由李副主席讲；军事工作由贺老总讲，谭政同志帮助；财经贸易问题由陈云同志讲；参议会及选举条例问题由谢老讲；卫生问题由刘景范同志讲；参议会秘书长南汉宸同志、副秘书长刘景范同志。”[②] 由西北局文件可知，陕甘宁边区各地所提出的边区参议员名单，需经西北局常委会讨论批准。[③]1941 年 11 月，陕甘宁边区召开第二届参议会第一次大会，会议闭幕后，西北局对此次大会进行了工作总结。[④]1942 年边区第二届参议会常驻会决定双十节召开议员代表会议。为使会议开得更好，西北局给各级党委发出通知，要求各地党必须保证此次会议在各地做充分的准备。[⑤]

西北局领导参议会的选举。如 1941 年陕甘宁边区进行第二次选举之

---

① 中国科学院历史研究所第三所：《陕甘宁边区参议会文献汇辑》，科学出版社 1958 年版，第 101 页。

② 《西北局关于召开边区参议会及英模代表大会的决定（1944 年 11 月 4 日）》，中央档案馆、陕西省档案馆：《中共中央西北局文件汇集》（1944 年）（内部本）甲 5，1994 年，第 130 页。

③ 《西北局关于确定边区参议会候选名单有关事项的通知（1941 年 7 月 24 日）》，中央档案馆、陕西省档案馆：《中共中央西北局文件汇集》（1941 年）（内部本）甲 1，1994 年，第 239 页。

④ 《西北局对陕甘宁边区第二届参议会工作总结（1941 年 12 月 4 日）》，中央档案馆、陕西省档案馆：《中共中央西北局文件汇集》（1941 年）（内部本）甲 1，1994 年，第 221 页。

⑤ 《西北局关于边区参议会双十节召开议员代表会议给各级党的通知（1942 年 8 月 2 日）》，《陕甘宁边区政权建设》编辑组：《陕甘宁边区参议会》（资料选辑）内部发行，中共中央党校科研办公室 1985 年版，第 388 页。

前，边区中央局就发出给各级党委的指示，指出“今年的选举运动是否能全部实现边局的指示，首先就看各地党是否充分进行党内外选举运动的宣传教育”[①]。1945 年陕甘宁边区进行第三次选举,西北局又发出关于选举问题的指示，指出“边区参议员由地委及西北局组织部研究提出，经西北局批准，然后提出进行选举”，并强调“今年选举的结果如何，党的领导有决定的作用”[②]。

西北局领导并指导陕甘宁边区宪法的制定。1945 年 11 月，根据中央决定，陕甘宁边区政府成立了宪法研究会，谢觉哉为负责人。此后，谢觉哉即组织宪法研究会成员着手进行新民主主义宪法的起草工作。毛泽东指示：宪法必须请边区同志多研究，多提意见，成为边区自己的东西，要冒出泉水才有用，泼的水是无用的。外来同志尽泼水之力是需要，但必待它自己冒出泉水。为了贯彻这些精神，习仲勋主持西北局会议，由谢觉哉报告宪法草案有关的问题，进行了多次讨论，并根据讨论意见，由谢觉哉主持，对宪法草案大纲进行了 6 次大的修改[③]，最终送交西北局，由西北局对宪法作最后修正。[④]

边区参议会大会表达对西北局领导的崇高敬意。如边区参议会副议长谢觉哉在陕甘宁边区第三次参议会第一次会议上的讲话中指出：“我们检讨抗战时期陕甘宁边区的成绩，参议会同人应该代表陕甘宁边区全体人民向中共中央及其领袖毛泽东先生致崇高的敬意，向中共中央西北局及其领导者高岗先生、习仲勋先生致崇高的敬意……”[⑤]谢觉哉在讲话的最后一段代表参议会表达对党的领袖毛泽东和西北局书记的崇高敬意，在一定意义上也是西北局对边区参议会领导方式的一种表达。

（二）对边区政府——西北军（行）政委员会及其工作的领导

西北局成立后，为了从政治上组织上保证党对陕甘宁边区政府的领导，1941 年 8 月，边区政府党团建立。谢觉哉在日记中曾这样写道：党

---

① 《陕甘宁边区中央局关于彻底实行“三三制”的选举运动给各级党委的指示（1941 年 1 月 30 日）》，中央档案馆、陕西省档案馆:《中共陕甘宁边区党委文件汇集》（1940 年至 1941 年）（内部本）甲 2，1994 年，第 307 页。

② 《西北局关于选举问题的指示（1945 年 10 月 5 日）》，中央档案馆、陕西省档案馆:《中共中央西北局文件汇集》（1945 年）（内部本）甲 5，1994 年，第 110 页。

③ 《谢觉哉传》编写组:《谢觉哉传》，人民出版社 1984 年版，第 169 页。

④ 谢觉哉:《谢觉哉日记》下卷，人民出版社 1984 年版，第 999、第 1022 页。

⑤ 《在陕甘宁边区第三届参议会第一次会议上的讲话（1946 年 4 月 2 日）》,《谢觉哉文集》，人民出版社 1989 年版，第 628 页。

团绝对服从同级党委的领导。党领导政的原则同样适用于党团，不过党团应比党领导较实际些。党团书记应时常把政府事件及党团讨论，报告党委负责人，请其指示决定，党委负责人应时时注意检查。党团“要真成一个团。要和西北局更密切，最好西北局有人出席党团会”[①]。一年后，中共中央政治局作出《关于陕甘宁边区工作方针的决定》，指出边区政府党团应完全执行西北局的决定。[②]

西北局对边区政府的领导，用一个式子来表示就是：西北局—党团—边区政府。而党团对边区政府的领导，中间又要经过党员，用一个式子来表示就是：党团—党员—边区政府。将此两者合二为一，则西北局对边区政府的领导方式，用一个完整的式子来表示就是：西北局—党团—党员—边区政府。中共七大党章将党团改为党组。此后，边区政府党团就改为政府党组。西北局对边区政府的领导方式就变为：西北局—党组—党员—边区政府。

选拔、调整、配备和批准干部（党与非党的）到政府系统工作。1945年后半年，陕甘宁边区的一大批干部被调往东北、冀热辽等地区工作，在此种情况下，西北局频繁地对边区政府各厅、处和各分区正副专员、各县正副县长、科长等进行人事调整，将调整决定发给边区政府党组，然后由边区政府会议通过并予以任命。例如，为加强政府工作及经过改选后各县县长不作轻易变动，西北局委员会于12月14日对边区各县县长人选变动作出决定，次日西北局常委办公厅发出通知。[③]1949年7月28日，经西北局批准，陕甘宁边区政府发布命令成立甘肃行政公署，由王世泰兼任主任。新中国成立后，西北军政委员会、行政委员会和西北各省市政府的干部配备均首先由西北局委员会拟定，然后报中央人民政府委员会批准和任命。[④]

边区政府、西北军（行）政委员会的委员和常委进入西北局委员和常委名单，或西北局领导兼任边区政府、西北军（行）政委员会及所属部门的领导职务。中共局部执政时期，政府的主要领导，凡是党员的，一般要

① 谢觉哉：《谢觉哉日记》上卷，人民出版社1984年版，第353~354页。

② 西北五省区编纂领导小组、中央档案馆：《陕甘宁边区抗日民主根据地》（回忆录卷），中共党史资料出版社1990年版，第562页。

③ 《西北局常委办公厅关于各县、市长人选更动的通知（1945年12月15日）》，中央档案馆、陕西省档案馆：《中共中央西北局文件汇集》（1945年）（内部本）甲6，1994年，第161页。

④ 中共中央文献研究室、中央档案馆：《建国以来周恩来文稿》（第1册），中央文献出版社2008年版，第525~577页。

进入同级党委领导机关，这有利于加强党的领导和党委同政府的联系。例如，边区政府主席林伯渠、秘书长李维汉、副主席刘景范、保安处长周兴等均先后为西北局委员。林伯渠、刘景范还先后为西北局常委。又如，霍维德、南汉宸、高自立、唐洪澄等是边区政府财经部门的主要领导干部，同时又是西北局财经委员会的重要成员。新中国成立后，西北局书记、常委、委员大多数在政府系统兼职。此外，边区政府机关党的委员会、西北军政委员会机关委员会等均由西北局委员会决定成立，常委办公厅通知。一些政府机构的设置也由西北局决定，1946 年 9 月，西北局决定成立边府审计委员会，由谢觉哉主持。①

通过党政联席会议实现党对政权的领导。党政联席会议中，最常见的是县长和县委书记联席会议。而县长和县委书记联席会议中，最著名的是 1940 年 3 月召开的"陕甘宁边区党政联席大会"。其时，西北局还没有成立，领导边区政府的是边区党委。这次会议规模大时间长，从 3 月 2 日开到 17 日。出席这次联席会议的有陕甘宁边区党委和政府的负责同志，各分区专员，各县县长和县委书记，以及各县保安科科长等人。西北局成立后，党政联席会议继续举行，如 1948 年 5 月，延属分区召开县书、县长联席会议。②

通过报告制度实现党对政权的领导。陕甘宁边区政府在解放战争之前就有自己的报告制度，但大多流于形式，而且边区政府自己在执行报告制度方面就存在问题。例如，边区政府党组过去曾认为给中央写报告由西北局统一去做，党组和西北局住在一地，有事当面去谈，把党组每次会议的记录送西北局一份就行了。后在中共中央关于报告制度的指令启示下，边区政府检讨了自己在执行报告制度上存在的问题，并重新规定以后每两个月向西北局、向中共中央作一次综合性书面工作报告，以达到中共中央所要求的内容。

政府系统的干部出席西北局会议或干部会议。例如，林伯渠在陕甘宁边区政府工作期间，模范地遵守民主集中制这一党的根本原则。当时，负责西北局工作的都是当地的一些年轻干部，从革命经历、政治水平、工作能力各方面说，林伯渠都是久经考验的老前辈，在党内德高望重，但他对西北局的领导非常尊重。西北局每次开会，他都拄着手杖按时到会，西北

① 谢觉哉：《谢觉哉日记》下卷，人民出版社 1984 年版，第 985 页。
② 《群众日报》1948 年 6 月 6 日。

局作出的决定，他都坚决执行，模范地贯彻。政府工作中的重大问题，哪些事先经过西北局讨论后再提交政府讨论通过，哪些文件经过西北局审阅后发布，他都掌握得十分认真、严肃。[①] 又如，1942 年 10 月西北局召开高干会，出席者不仅包括党委系统的县委书记及分委特委省委书记，军事系统的团长团政委及旅长旅政委，而且包括政府系统的党员县长及专员副专员。再如，1947 年 11 月，西北局在绥德义合召开陕甘宁边区干部会议，参会者多达 922 人。会议的一个突出优点是打破了过去高干会的圈子，对重大问题不只交由少数高干去讨论决定，而是除各分区的负责同志和绥德分区及其所属各县干部参加外，还吸收了边区级各机关绝大部分党员干部共同讨论决定，这就有利于党的政策在政府工作中更好地贯彻执行。

基层党组织对基层政权（组织）的领导。这主要是指乡村党支部对乡村政权的领导。西北局成立之前，陕甘宁边区党委和边区政府曾联名发出《关于乡村级党和政府及民众团体组织问题的决定（草案）》，规定“政府委员（乡长）”为边区地方支部委员会 7 个委员之一，并规定边区的地方支部是乡村政权的领导者，“支部的决定，应经过政府党团及民运委员会去讨论执行，不可包办或代替一切”[②] 这种领导体制的特点之一是把乡长作为一个支部委员，置于支部书记的领导之下。

毋庸讳言，在边区的党政关系中，也存在着党政不分以党代政的现象。诸如：党委直接管事，县区乡的书记直接解决问题，而县区乡长则像旁观者；党政分管，即遇到某件事时，党政各派人出去，党委的人则以党的身份出现；党的会议决定了的事项，不经过政府会议就去执行；党政会议不分，政府会议完全是党的会议的“翻版”，甚至表达上都没有什么区别；党政干部分配不均匀，通常党的干部配备要强于政府；政府委员几乎都是党员，政府党团也不起什么作用，有时党团会、政府会都是同样的人参加，结果，“民知有党，不知有政”，政府的信用建立不起来，政府内的共产党员依赖党，工作能动力削弱；党既包办过细，不免考虑不周，且至忽视某些重要方面。[③] 党政不分的现象在基层表现为：支部书记脱离了生

① 王首道、习仲勋：《革命一生无愧怍》。转引自杨尚昆：《追忆领袖战友同志》，中央文献出版社 2001 年版，第 150~151 页。

② 《陕甘宁边区党委、边区政府关于乡村级党和政府及民众团体组织问题的决定（草案）（1939 年 8 月 15 日）》，中央档案馆、陕西省档案馆：《中共陕甘宁边区党委文件汇集（1937—1939 年）》（内部本）甲 1，1994 年，第 29 页。

③ 谢觉哉：《谢觉哉日记》上卷，人民出版社 1984 年版，第 349 页。

产以后，支部对乡政府的领导在许多地方表现为支部代替了行政工作，而不是领导行政。乡上一切负担动员工作，都是由支部书记召集会议决定后命令群众执行，支书以指导员地位包办乡政府工作。群众对此种秘密会议决定和包办的做法非常不满。①

（三）对司法机关及司法工作的领导

在西北局领导下，陕甘宁边区出台了两个重要的宪法性文件，一个是宪法原则，一个是宪法草案。自 1946 年 4 月至 11 月间，西北局高干会讨论宪法，并对宪法作最后修正。《陕甘宁边区宪法原则》共 5 个部分 26 条，其中司法部分共 4 条。②《陕甘宁边区自治宪法草案（修正稿）》共 9 章 72 条，其中第二章第三节边区司法机关共 6 条。③ 此外，由于边区政府是地方性的政府，法制上很不完备，因此，中共中央和西北局的有关决议和指示，同样是边区司法工作的准绳，特别是 1941 年 5 月 1 日边区中央局发布的《陕甘宁边区施政纲领》被称为宪法性文件，其中第七条讲的就是改进司法制度。

西北局及其所属地方党委召开司法会议讨论司法工作及司法改革。1944 年 11 月，绥德分区召开司法会议，地委书记习仲勋在讲话中提出了司法工作的正确方向：司法工作是人民政权中的一项重要建设，和其他行政工作一样，是替老百姓服务的。司法工作要走出衙门，深入乡村，普及民间调解运动。④ 抗战胜利后，1945 年 12 月，西北局开会讨论司法工作。这次会议很重要，肯定了边区的司法体制和马锡五审判方式。边区司法体制有两个特点，一是由高等法院全面负责审判、检察和司法行政 3 种职能，二是高等法院对边区参议会负责，日常工作则由边区政府直接领导，实质就是置司法于行政领导之下。陇东分区专员、边区高等法院院长马锡五在司法工作中深入实际，调查研究，调解纠纷，教育群众，受到群众普遍欢迎。边区政府秘书长李维汉将其概括为“调解为主，审判为辅”的审判方针，经过党中央和西北局同意，也经边区政府委员会讨论同意，

① 《陕甘宁边区第二届参议会后政权工作的新任务（1941 年）》，中央档案馆、陕西省档案馆：《中共中央西北局文件汇集》（1941 年）（内部本）甲 1，1994 年，第 339~340 页。

② 陕西省档案馆、陕西省社会科学院：《陕甘宁边区政府文件选编》第 10 辑，档案出版社 1991 年版，第 43 页。

③ 陕西省档案局：《陕甘宁边区法律法规汇编》，三秦出版社 2010 年版，第 23 页。

④ 习仲勋：《贯彻司法工作正确方向——在绥德分区司法会议上的讲话》，《解放日报》1944 年 11 月 5 日。

推广施行。实践证明，这一方针十分成功。各个地区在 1945 年 12 月司法会议上汇报，民间纠纷处理办法有 3 种：民间调解、区乡处理、法庭审判。多数是区乡处理。最后，司法会议作出结论，今后民间纠纷应实行民主审判，改善区乡处理，提倡民间调解。这是当时环境中边区司法工作的一个创造。[①]1948 年 9 月，西北局、边区政府发出《关于人民法庭工作的指示》，规定县级人民法庭应由县长、书记、农会主任、保安科长、司法裁判员 5 人组成审判委员会。[②]新中国成立后，1950 年 5 月，西北大区召开司法会议，习仲勋在讲话中强调："我们的司法部门对于违法的行为要依法进行严肃处理，我们要给人民当个青天，绝不要当个昏天，不能因为犯法者是干部、是共产党员，就可以逍遥法外，只要有人控告和检举，又有确凿的证据，我们就要依法处理。"[③]

西北局委员会或常委会会议讨论司法工作。如 1950 年 10 月，西北局会议讨论司法工作，强调集中一批干部清理积案，工作既不能急，也不能粗。[④]1952 年 8 月，西北军政委员会第 81 次行政会议讨论批准了西北军政委员会司法部《关于改造与整顿西北各级人民法院》的报告。习仲勋在讨论中肯定了 3 年来的司法工作。会后，西北区司法改革工作有步骤地深入开展。9 月 1 日，西北局向中共中央汇报了西北的司法改革工作，中共中央将《西北局关于司法改革工作的报告》转发全国。[⑤]

西北局在所属高等学校中设立司法系，开设司法课程。1944 年 4 月，西北局决定将延安大学与边区行政学院合并组建成新的延安大学，在其行政学院下设司法系，系主任先后由何思敬、雷经天、王子宜等专业法律人士及司法实务工作者担任。延安大学政法系的课程设置包括边区法令、判例研究、司法业务、民间调解、法学概论、现行法律研究。教材有 6 种：《马恩列斯法律语录》《司法业务研究讲义》《比较宪法》《边区法令提纲》《判例研究提纲》《监狱材料》。[⑥]司法系的设立，专业化法学课程的开设，充分表明西北局、边区政府和边区高等法院十分重视对法律专业人才的培养，使之在边区新民主主义法律文化建设中起到先进性的引领作用。

① 李维汉：《回忆与研究》（下），中共党史资料出版社 1986 年版，第 534~536 页。

② 中央档案馆资料，转引自张俊南、张宪臣、牛玉民编：《陕甘宁边区大事记》，三秦出版社 1986 年版，第 287 页。

③ 《习仲勋文选》编委会：《习仲勋文选》，中央文献出版社 1995 年版，第 136 页。

④ 郭刚主编：《中共中央西北局大事记》，中共中央党校出版社 2017 年版，第 180 页。

⑤ 《习仲勋传》编委会：《习仲勋传》（下卷），中央文献出版社 2013 年版，第 201 页。

⑥ 郑辉：《延安时期中国共产党法律文化建设研究》，人民出版社 2018 年版，第 168 页。

三、对军事组织及其工作的领导

西北军区及军区党委受西北局领导，分区部队、军队旅级受地委领导。这是最主要的领导方式。为统一党与军队的领导，西北局和各地委书记，兼任边区部队和旅政委，另设副书记，管理党务工作。军事政策与军事行动的大政方针，须交党委会讨论，具体军事行动由司令员、政委（即党委书记）决定。[①]贺龙在1942年西北局高干会议上所作的整军报告中指出：分区政委由地委书记兼任。军队中军政委员会及政治部成为同级党委的一个部，但仍保持其上下级直接领导和隶属关系。军事政策（如扩兵及建军原则、政治工作）与军事行动、大政方针，须交党委会讨论，但具体军事行动，由司令员、政委决定之，这样统一在地委领导下，参加根据地建设，及担负军事防务，执行上级决定。[②]解放战争时期，陕甘宁晋绥联防军区（以下简称联司）领导两个边区的军队，领导边区的各分区及晋绥军区所属的分区；野战军除作战指挥上属于野司外，建制上归联司。联司为政府的武装部，又是西北局的军事部；分区司令部是地委的武装部。[③]1948年11月，中央军委《关于统一解放军全军组织及部队番号的规定》将全国分为西北、中原、华东、东北、华北5个大军区（一级军区），与中共中央局同级并受其领导。[④]中共七大作出在军队中恢复党委制的决定。1949年9月，西北局决定西北军区党委会委员增至12名，书记贺龙，第一副书记习仲勋，第二副书记张经武。新中国成立后，彭德怀在西北局常委会上说，军队一野前委取消，成立军区党委，直属中央军委，同时受西北局领导。[⑤]1952年9月，经中共中央批准，西北局三大书记彭德怀、习仲勋、马明方分任西北军区党委第一、第二、第四书记；西北局委员张宗逊、廖汉生分任西北军区党委第三、第五书记。这种军队

① 雷云峰总编：《陕甘宁边区史》中篇，西安地图出版社1994年版，第358~359页。

② 《关于整军问题（1942年11月4日）》，《贺龙军事文选》，解放军出版社1989年版，第144页。

③ 《在联防军后勤会议上的总结报告（1948年7月13日）》，《贺龙军事文选》，解放军出版社1989年版，第383~384页。

④ 中共中央文献研究室：《毛泽东年谱（1893—1949）》（修订本）下卷，中央文献出版社2002年版，第380~381页。

⑤ 王焰主编：《彭德怀年谱》，人民出版社1998年版，第430页。

党委制较首长制更有利于加强党对军队的领导作用，使各种工作能更好地进行。

西北局主要领导在军队中担任政委、副政委和政治部主任。1929 年三湾改编确立了党对军队的绝对领导原则，并在军队中建立了政治委员制度。为了坚决保证中国共产党对八路军的绝对领导，中国共产党于 1938 年春恢复了政治委员和政治部制度。[①] 中共扩大的六届六中全会提出，中央局书记兼政委，或政委兼中央局书记，求得党与军队的统一领导。[②] 解放战争时期，各中央局和分局书记兼任军区政委，新中国成立后亦然。西北局成立之后，三任书记均担任同级军事系统的政委。高岗先后任陕甘宁晋绥联防军副政委、代理政治委员，陕甘宁晋绥联防军区副政委、代理政治委员、政治委员。习仲勋先后任陕甘宁晋绥联防军代理政治委员，陕甘宁野战集团军政治委员，西北野战兵团副政委，西北野战军副政委，陕甘宁晋绥联防军区代理政治委员，西北军区政治委员。彭德怀先后担任西北野战兵团司令员兼政委，西北野战军司令员兼政治委员及前委书记，西北军区司令员兼政委。此外，西北局委员谭政曾任陕甘宁晋绥联防军区副政委、政治部主任；西北局委员、宣传部部长李卓然曾任陕甘宁晋绥联防军区和西北军区政治部主任。

军队首长进入西北局委员和常委名单。在西北局的同级军事组织中，萧劲光、王世泰、贺龙、徐向前、谭政、贺晋年、李井泉、王维舟、王震、张宗逊、周士第、张经武、甘泗淇、杨得志、李志民、许光达、徐立清、张仲良、王恩茂、廖汉生等 20 人均先后为西北局委员。1945 年 9 月，中央书记处批准高岗、林伯渠、贺龙、谭政、马文瑞、贾拓夫、王世泰 7 人为西北局常委。其中，贺龙、谭政、王世泰来自军事系统。

西北局有权决定军队副司令员、政治部副主任、参谋长等。在程序上，首先由西北局委员会通过，然后由西北局常委办公厅通知。如 1945 年 10 月，西北局委员会通过：王世泰任联防司令部副司令员；张仲良任联防政治部副主任；阎揆要任联防司令部参谋长；王吉隆任警备区司令员，白治民任政治委员；郭步岳任联防政治部锄奸部副部长。同月，西北局委员会决定联防军下属一、三、五旅及下辖各团的旅团长、政委、参

① 《彭德怀自述》，人民出版社 1981 年版，第 227 页。

② 中央档案馆：《中共中央文件选集》第 11 册，中共中央党校出版社 1991 年版，第 688 页。

谋长、政治部主任等的人选。[①]这两个通知发给陕甘宁晋绥联防军司令部、政治部。又如，为了加强延安市的卫戍工作，1945年12月，西北局常委办公厅通知边区政府党组、联防军政委员会：西北局委员会决定组织卫戍委员会领导延安市卫戍司令部工作，以杨尚昆、李克农、马文瑞、阎揆要、周兴、刘海滨、谢怀德7名同志为委员，周兴为主任，并决定以阎揆要为延安市卫戍司令，周兴、刘海滨为副司令。[②]此外，军事机关的工作一度置于西北局工作部门领导之下，如1943年1月陕甘宁晋绥联防司令部工作统一在社会部领导下。[③]

西北局对同级军事组织实行政策上思想上的领导。1942年10月，中央军委发出训令，在西北局直接领导下，边区部队开始精兵简政，实行一元化领导方针。但在这方面边区军队做得不好，对此，贺龙在西北局高干会整军报告中指出：在我们边区党内存在很多危害党的团结、危害党的利益的不正确的东西。不讲别的，就拿对贯彻西北局的决议、中央的政策来说，如中央精兵简政的政策，在全国都轰轰烈烈地做了，而边区的军队既没有进行讨论，也没有实行，精兵没有精兵，简政也没有简政，精兵简政今天才着手去做；对西北局的决议，党团组织可以不执行，甚至公开反对。这既是一个思想问题，也是一种对党闹独立性的表现。[④]有鉴于此，所以在1944年西北局高干会议上，谭政在《关于军队政治工作问题报告》中指出："我们不但建立了在边区范围内以西北局为中心，在各分区范围内以地委为中心，同时又保持各自的上下级关系的统一领导，而且更重要的，是在政策思想上，行动步骤上，也趋于一致了。"[⑤]

军队首长向同级党委报告工作。解放战争时期，中共中央强调军队要向同级党委报告工作。对此，贺龙在一些重要会议上作了重要论述。他在1948年7月联防军后勤会议上指出：陕甘宁晋绥联防军的人员、马匹、武器、弹药报告制度，领发制度，预决算制度，缴获归公制度，审计制度，

---

① 《西北局常委办公厅关于牛书申等人任职决定的通知（1945年10月27日）》，中央档案馆、陕西省档案馆：《中共中央西北局文件汇集》（1945年）（内部本）甲6，1994年，第106、第127页。

② 《西北局常委办公厅关于组建卫戍委员会决定的通知（1945年12月20日）》，中央档案馆、陕西省档案馆：《中共中央西北局文件汇集》（1944年）（内部本）甲6，1994年，第179页。

③ 中共中央组织部、中共中央党史研究室、中央档案馆：《中国共产党组织史资料》第3卷（上），中共党史出版社2000年版，第90页。

④ 《在陕甘宁边区高干会议上的发言（1942年11月2日）》，《贺龙军事文选》，解放军出版社1989年版，第136~137页。

⑤ 中共中央文献研究室、中央档案馆：《建党以来重要文献选编（1921—1949）》第21册，中央文献出版社2011年版，第204页。

客饭制度以及兵站、卫生部门的各种制度，都应制定出来，报西北局讨论后，由联司公布执行。[①]8月，西北局召开地委书记会议，贺龙在讲话中又指出："司令员要定期向党委会作工作报告，分区党委会有权利检查司令员的工作。我们的军队是无产阶级先锋队共产党领导的，要有党的味道。"[②]对于今后的建军方向和任务，贺龙强调，严格实行一元化领导，明确联司为西北局的军事部，分区为地委的军事部，定期向党请示报告。[③]

特别是在解放大西北的进程中，西北局曾一分为二，分为前委和后委，前委直接参与指挥军事，后委领导支前工作。中共中央转战陕北前夕，中央军委发布命令：西北野战兵团及一切部队自1948年3月17日起，统归彭德怀、习仲勋指挥。此后，彭德怀、习仲勋一起指挥了陕北自卫战争初期著名的青化砭、羊马河、蟠龙战役，取得了三战三捷。中央军委还曾任命陕甘宁边区政府副主席刘景范兼野战军后勤司令。对此，彭德怀回忆说："为了夺取战争的胜利，党中央派西北局书记习仲勋、边区政府刘景范副主席到野战军指挥机关兼职，对我们今后的作战和各项工作将会有大帮助。"[④]在解放大西北的战场上，西北局帮助西北野战军做了大量的军队政治工作、后方的支前工作，提供了作战需要掌握的地理、地形和敌人动态等。

上述领导方式从政治上组织上保证了西北局对同级军事系统的领导，加强了党对军队的绝对领导，使党的政策在军队和军事行动中得以贯彻执行。

四、对群众团体及其工作的领导

群众团体，亦称为民众团体，主要指工、青、妇3个组织。新中国成立后，陕甘宁边区政府颁布了《人民团体登记办法》。此后，民众团体或群众团体名称统一为人民团体。[⑤]群众团体是群众自愿组成的团体，是党

① 《在联防军后勤会议上的总结报告（1948年7月13日）》，《贺龙军事文选》，解放军出版社1989年版，第390页。

② 李烈主编：《贺龙年谱》，人民出版社1996年版，第461页。

③ 《关于晋绥陕甘宁土改整党和联防军区工作问题的报告（1948年9月24日）》，《贺龙军事文选》，解放军出版社1989年版，第403页。

④ 彭德怀传记组：《彭德怀全传》（二），中国大百科全书出版社2009年版，第598页。

⑤ 《群众日报》（西安版）1949年11月8日。

联系广大群众的桥梁。党通过领导群众团体来组织和动员群众。西北局成立后，在不同时期对群众团体的领导方式主要有以下几种。

经过党员与党团领导群众团体。早在边区党委时期，陈云就指出："支部动员民众的工作，在党内必须首先在党员中详细讨论，经过党员在政权中进行各种解释，经过政权机关的号召，经过民众民主的讨论，使各个民众团体了解党与政权机关所提出的号召是他们自己的事情，动员他们自己的团体，响应和完成这个号召，共产党员应该在群众响应这个号召中起模范作用，并且要善于团结各个团体中男女老幼的积极分子，采取竞赛鼓励的办法完成这个动员。"[①] 西北局成立后，指示"民众团体应该接受党的领导，但不是党、民工作不分开与包办代替，而是党经过自己的党员与党团去起领导作用"。[②] 虽然文件中经常提到党团，但实际上并未真正建立起来。因为群众团体"对外是一个群众团体的组织形式，对内是党的民运委员会"；"群众团体所作的工作就是党和政府所领导的工作……群众团体同党和政府是一体的，不能分开的。"[③] 所以，通过党团领导民众团体的方式就变为在党的组织系统中设立民众工作委员会的方式。西北局成立以后，在工作机构中设立了工、青、妇运动委员会。"各级民众团体的领导责任，主要是由各级党委担负。地委县委须组织民运工作委员会，专门研究民运工作政策及领导民运工作。民运工作好不好，就是测量党的工作好不好。特别是党的支部是群众的核心，必须以群众工作为其基本工作，切实领导，定期检查。支部要指令党员带领民众去参加各项群众的组织与工作。"[④]

西北局委员、常委兼任民众工作委员会书记。西北局成立后，设立职工运动委员会、青年运动委员会和妇女运动委员会，书记是专职的，并非由西北局领导兼职。1946 年 10 月，西北局撤销职工、青年、妇女 3 个运动委员会，设边区民众工作委员会，统管工、青、妇等群众团体工作，领导称主任，由西北局常委、组织部部长马文瑞兼任。为了加强群众运动的

---

① 《〈关于乡村级党和政府及民众团体组织问题的决定（草案）〉（1939 年 8 月 15 日）》，中央档案馆、陕西省档案馆:《中共陕甘宁边区党委文件汇集（1937—1939 年）》（内部本）甲 1，1994 年，第 298 页。

② 《西北局对边区群众工作的指示（草稿）（1943 年 5 月 5 日）》，中央档案馆、陕西省档案馆:《中共中央西北局文件汇集》（1943 年）（内部本）甲 3，1994 年，第 221 页。

③ 《西北局办公厅关于组织问题座谈会材料（1944 年 4 月 14 日）》，中央档案馆、陕西省档案馆:《中共中央西北局文件汇集》（1941 年至 1945 年）乙，1994 年，第 153、第 164 页。

④ 《西北局对边区群众工作的指示（草稿）（1943 年 5 月 5 日）》，中央档案馆、陕西省档案馆:《中共中央西北局文件汇集》（1943 年）（内部本）甲 3，1994 年，第 223 页。

领导，适应职工、青年、妇女工作发展的需要，1948 年 12 月，中共中央决定在县委以上各级党委下应分别成立职工、青年、妇女运动委员会，民运部的组织取消。各级党委应在常委中指定专人分别领导职工、青年、妇女运动委员会及其工作。[①]1949 年 3 月，西北局民众工作委员会又一分为三，分为职工、青年、妇女 3 个工作委员会，领导又改称为书记，分别由贾拓夫、张稼夫、马文瑞兼任。其中，贾拓夫、马文瑞是西北局常委，张稼夫是西北局委员、宣传部部长。此外，群众团体领导的调整也由西北局委员会决定，如 1943 年 10 月西北局委员会决定李瑞山调中央党校学习，王治舟代理边区青救会主任。[②]

通过作出决定或发出指示来领导群众团体。如 1943 年 5 月，西北局民委草拟边区群众工作指示初稿，西北局办公厅将初稿送领导审阅，修改后提交西北局常委会讨论。1948 年 11 月，西北局作出《关于群众团体几个问题的决定》。1949 年 4 月，西北局《关于贯彻执行中央关于解放区农村妇女工作决定的指示》规定：县委以上党委，应成立妇女工作委员会，在同级党委领导下，管理妇女工作的政策和工作问题。[③]10 月，西北局在 5 天内先后发出《关于加强党对青年工作领导的指示》《西北局关于各级党委对工会工作领导的指示》，作出《关于西安市党和群众团体的组织形式与领导关系的若干决定》。通过这些决定或指示，西北局对工会、青年、妇女等群众团体工作进行领导，并由此规范党群关系。

把领导与组织统一起来。在对边区群众工作的指示中，西北局民委指出：民众组织的任务，就是“把党的任务在民众中去具体化，去执行起来，变成广大群众自己的任务，使他们从执行党的任务中自然而然地一步步地组织起来，提高起来”。在组织上，“边区工青妇各民众团体的领导机关应自上而下的合并，把领导与组织统一起来，工作在一个机关办，干部尽可能的打入各经济、文化机关，不脱离生产，从自己职务中去建立与群众的联系……工会、妇联、青救的名义还可以存在，但要克服那种有名无实的形式主义的组织。一切组织重内容，不重形式，有什么就组织什

① 《中央关于在县级以上党委设立职工、青年、妇女运动委员会的指示》（1948 年 12 月 25 日），中共中央文献研究室、中央档案馆编：《建党以来重要文献选编（1921—1949）》第 25 册，中央文献出版社 2011 年版，第 746 页。

② 《西北局常委办公厅通知（1943 年 10 月 25 日）》，中央档案馆、陕西省档案馆：《中共中央西北局文件汇集》（1943 年）（内部本）甲 4，1994 年，第 26 页。

③ 《群众日报》1949 年 4 月 5 日。

么；那一名义妥善，那一方法好，就用那一名义、那一方法去组织之。”[①]

上述西北局对同级政军民系统的领导方式，从本质上反映的是党政军民关系，并从党政军民关系中体现出来。而党政军民关系实质上是党政军民系统中党员干部的关系。“党政军民基本任务是一致的，党政军民关系从领导上讲都是党内关系。”[②]“不论检讨财经工作也好，保卫工作也好，政府工作也好，实际上就是检讨西北局的工作，检讨西北局的领导。”[③]延安时期，西北局、边区参议会、边区政府、联防军司令部经常联合召集会议，联合发布告和指示，合力开展各项工作，党政军民关系密切。据胡乔木回忆，党中央和毛泽东在1947年撤出延安后为什么坚持留在陕北，而且在同胡宗南军队作战中胜利了？党、政府、军队同人民的关系很深，是根本的原因。[④]为了争取野战军前方作战的胜利，西北局，陕甘宁晋绥联防军和陕甘宁边区政府虽然职责不同，但是他们“虽分不见分，比合还要亲”，[⑤]指挥地方部队、民兵开展游击战争，配合作战；整顿财政，发展生产，解决军需民食；动员群众坚壁清野；抬担架，搞运输，担负各种战勤。习仲勋说：“在整个西北解放战争期间，有时候我追随彭总在前方打仗，有时候和贺龙元帅一道组织晋绥、陕甘宁边区的人力、物力支援部队，一直到大西北全部解放，西北军政委员会成立。”[⑥]

---

① 《西北局对边区群众工作的指示（草稿）（1943年5月5日）》，中央档案馆、陕西省档案馆：《中共中央西北局文件汇集》（1943年）（内部本）甲3，1994年，第221~222页。

② 《高岗在陕甘宁边区高级干部会议上的总结（1941年）》，中央档案馆、陕西省档案馆：《中共中央西北局文件汇集》（1941年）（内部本）甲1，1994年，第332页。

③ 习仲勋：《关于土地会议总结报告提纲（草稿）》，陕西省档案馆，全宗17；案卷号314。

④ 胡乔木：《胡乔木回忆毛泽东》（增订本），人民出版社2014年版，第35页。

⑤ 《习仲勋传》编委会：《习仲勋传》（上卷），中央文献出版社2013年版，第557页。

⑥ 《习仲勋文选》编委会：《习仲勋文选》，中央文献出版社1995年版，第331页。

第六章　西北局的工作机构

中国共产党的各级党组织不仅设有领导机构，而且设有工作机构。前文介绍了西北局的领导机构，本章介绍西北局的工作机构。西北局的工作机构包括部、委、厅、局、处、校等，可概括为部委制，部实行部长负责制，委员会则实行集体领导制度。主要工作机构有秘书长、办公厅、组织部、宣传部、统战部、西北党校、西北财经委员会——西北财经办事处等。本章主要结合西北局文件和其他文献资料重点介绍这些工作机构。

一、部委制工作机构及其特点

中国共产党最早提出设“部”，如组织、宣传和工农等部，是在1924年5月中共三届中央执行委员会扩大会议上。五大党章规定：为党的各种专门工作各级党部得设立各部进行管理，如组织部、宣传部、妇女部等，但未提及“委员会”。六大党章第十五条第一次将“党部机关”规定为部和委员会。“为处决党的各种特殊任务起见，各级党部委员会之下，得成立各部或各委员会，如组织部、宣传部、职工运动委员会、妇女运动委员会等等。各部或各委员会隶属于党部委员会，受其指导而工作，并经过党委员会实行自己的决议。党部委员会下各部之组织，由中央委员决定之。”①

西北局的工作机构包括部、委、厅、局、处、校等。其中，最重要的是办公厅、组织部、宣传部、统战部、纪律检查委员会、职工工作委员会、青年工作委员会、妇女工作委员会、西北党校等。西北局工作机构的体制可称为部委制，部实行部长负责制，委员会实行集体领导制

① 《中国共产党党章》（1928年7月10日通过）。

度。各部委均设正副职，部为正、副部长，委员会为正、副书记或正、副主任。

西北局及其前身陕甘宁边区中央局的工作机构近40个。西北局成立后不久，西北局常委会于1941年6月7日决定设立组织部、宣传部、统战部、民运部、职工运动委员会、青年运动委员会、妇女运动委员会、审计委员会、党务委员会、社会部（对外称保安处）。此后，除上述机构略有变更外，又相继成立了以下机构：大众读物社、少数民族工作委员会、文化工作委员会、保健委员会、调查研究局第四分局、教育委员会、直属县市工作管理委员会、边区土地政策研究委员会、财经委员会、财经办事处、党务研究委员会、群众工作研究委员会、民兵工作委员会、友军工作委员会、西北党校、中共中央党校第五部、精兵简政分委员会、精兵简政编余人员处理安置研究委员会、整理学校研究委员会、财政经济办事处、精兵简政委员会、研究各地财经机关统一领导委员会、党民系统学委会、友军工作核心组、西北财经办事处、群众报社。

解放战争时期，各中央局和中央分局的工作机构相对比较固定，大致有20个。西北局的工作机构，先后设有组织部、宣传部、统战部、社会部、城工部（1948年5月由统战部改称）、职工运动委员会、青年运动委员会、妇女运动委员会、党务委员会、监察委员会（1945年10月取消党务委员会后设）、边区民众工作委员会（1946年10月撤销职工、青年、妇女3个运动委员会后设，统管工、青、妇等群众团体工作）、前敌委员会、后方工作委员会、敌军工作委员会、西北财经委员会。1949年3月，撤销民众工作委员会，分设职工、青年、妇女工作委员会。同时，设接收西安准备委员会。此外，还设有西北党校、边区群众报社——群众日报社。

新中国成立初期，6个中央局的工作机构在20个左右。西北局的工作机构先后有：秘书长、副秘书长、第二副秘书长、办公厅、组织部、宣传部、统战部、政策研究室、农村工作部、纪律检查委员会、宗教工作委员会、职工工作委员会、青年工作委员会、妇女工作委员会、工商委员会、人民武装委员会、国际活动指导委员会、党校、西北国营企业委员会、西北石油工业委员会、西北军政委员会机关委员会、西北大区机关总委员会。各个时期西北局工作机构设立情况列表如下。

表 6–1 西北局工作机构设置情况表

成立年份	工作机构
1941	秘书长、组织部、宣传部、统战部、民运部、职工运动委员会、青年运动委员会、妇女运动委员会、审计委员会、党务委员会、社会部、少数民族工作委员会、文化工作委员会、保健委员会、调查研究第四分局、教育委员会、直属县市工作管理委员会
1942	西北党校、边区土地政策研究委员会、财政委员会、财经办事处、党务研究委员会、群众工作研究委员会、民兵工作委员会、友军工作委员会、精兵简政分委员会、精兵简政编余人员处理安置研究委员会、整理学校研究委员会
1943	副秘书长、办公厅（秘书处）、精兵简政委员会、研究各地财经机关统一领导委员会、党民系统学委会、友军工作核心组、边区级各机关学校甄别委员会
1945	监察委员会
1946	边区民众工作委员会
1947	前敌委员会、后方工作委员会
1948	保卫委员会、敌军工作委员会、城工部、西北财经委员会
1949	接收西安准备委员会、政策研究室；职工工作委员会、青年工作委员会、妇女工作委员会
1950	纪律检查委员会、宗教工作委员会
1951	工商委员会、西北国营企业委员会
1952	西北石油工业委员会、西北军政委员会机关委员会、西北大区机关总委员会、人民武装委员会
1953	农村工作部、国际活动指导委员会

资料来源：根据《中国共产党组织史资料》整理而成。

陕甘宁边区中央局——西北局的工作机构有以下主要特征。

1941~1944 年间非常设机构较多。边区中央局和西北局的常设机构主要有秘书长、副秘书长、组织部、宣传部、统战部、党校、报社，以及工、青、妇工作委员会等。西北局成立以后，根据工作需要，又设置了二三十个非常设的委员会，仅延安整风期间设立的就有精兵简政分委员会、精兵简政编余人员处理安置研究委员会、精兵简政委员会、党民系统学委会、边区级各机关学校甄别委员会等。非常设的各种委员会设置灵活，便于开展某项临时的具体性的工作。

机构越来越精简。延安时期，边区的精兵简政是一场包括党政军民学各系统的机构改革。西北局机关带头开始精简，并成立了 3 个精兵简政的专门工作机构。通过机构改革，裁并了重叠机构。例如，1941 年 10 月 16 日西北局常委会决定将民运部和统战部合并，取消统战部。因为统战部和有关各部的工作有许多重复之处。又如，由于党委和政府系统均设少数民族工作机构，因此 1942 年 12 月撤销了西北局的少数民族工作委员会，保留了边区政府的民族事务委员会。再如，陕甘宁边区的锄奸保卫领导机关，在党的组织上是西北局的社会部，在政权形式上是边区政府的保安处，后来把社会部撤销了。解放战争时期和新中国成立初期，西北局的工作机构同其他中央局基本一样，减少到 20 个左右。

一人多职，领导兼职。兼职，一般是大兼小，主兼次，即职务大的兼职务小的，主要职务兼次要职务，表现为西北局委员、常委兼部门的部长或在政府和军队里兼职。例如，西北局委员、常委陈正人、马文瑞、张邦英先后担任组织部部长；李卓然、贾拓夫、张稼夫、赵伯平先后担任宣传部部长；贾拓夫、高岗、张德生、习仲勋、汪锋先后担任统战部部长；张邦英、习仲勋、张秀山、高岗、马文瑞先后担任西北党校校长；西北财经委员会，其“职权相当于西北局的一个部”[①]，主任林伯渠，副主任贺龙、陈云，解放战争时期改称书记，书记贺龙，副书记贾拓夫。若具体到某一个人，如贾拓夫，先后任西北局候补委员、委员、常委，先后兼任西北局民运部部长、少数民族工作委员会主任、调查局第四分局局长、秘书长、统战部部长、宣传部部长、西北财经办事处主任等多个职务。新中国成立后，西北局委员、常委马文瑞同时兼任组织部部长、纪委书记、妇委书记、西北党校校长。此外，西北局委员张邦英兼任农村工作部部长，西北局委员张稼夫、常委赵伯平先后兼任宗教工作委员会主任，西北局常委贾拓夫兼任工商委员会主任，西北局常委马明方兼任人民武装委员会主任，西北局常委赵伯平兼任国际活动指导委员会主任。

有的工作机构分分合合，或撤销，或易名，或改设。如西北局成立后不久，民众工作机构分设职工运动委员会、青年运动委员会、妇女运动委员会，1946 年 10 月至 1949 年 3 月，这 3 个工作机构合并为边区民众工作委员会，名称上由之前的运动委员会改称为工作委员会，统管边区工、青、妇等群众团体工作。1949 年 3 月，撤销民众工作委员会，分设职工、

① 《西北局关于贯彻统一领导及保证党对财经部门领导一元化的决定（初稿）（1943 年 11 月 20 日）》，中央档案馆、陕西省档案馆：《中共中央西北局文件汇集》（1943 年）（内部本）甲 4，1994 年，第 35 页。

青年、妇女工作委员会，一分为三。又如，1945 年 10 月取消党务委员会，改设监察委员会。1948 年 1 月 10 日，《边区群众报》改为《群众日报》。统战工作机构经历了统战部—民运部—城工部—统一战线部的嬗变。

抗战时期，在各大中央局、中央分局中，西北局工作机构的设置受中共中央的影响最大，对中央的复制性最大，数量也最多。据《中国共产党组织史资料》，抗战时期，中共中央的工作机构多达 54 个，西北局的工作机构为 40 个，数量上与中共中央最为接近，尤其是延安整风期间西北局设立的几个委员会就是直接参照中共中央而设立的。同期其他中央局、中央分局的工作机构则要少得多。中央局中，北方局 16 个，长江局 13 个，东南局 7 个，中原局 5 个，华中局 16 个，南方局 13 个。中央分局中，晋绥分局 13 个，北方分局——晋察冀分局 28 个，太行分局 4 个，冀鲁豫分局 9 个，山东分局 17 个，东南分局 6 个。

关于民众工作机构，抗战时期，各中央局和中央分局基本均设立了青年和妇女工作机构，但名称有所不同，有运动委员会、工作委员会、部、组等几种不同叫法。如西北局叫青年运动委员会、妇女运动委员会；北方局、北方分局、长江局叫青年工作委员会、妇女工作委员会；南方局则一个叫青年工作委员会，一个叫妇女运动委员会，前者兼统战工作委员会的青年组，后者兼统战工作委员会的妇女组；东南分局设青年部、妇女部，成为东南局后，改部为委员会；华中局起先决定建立妇委和青委，后来又决定不设立，改为妇女工作组和青年工作组。

西北局的民众工作机构，新中国成立前后有所不同。总的来说，先分后总再分。具体来说，西北局成立后，常委会于 6 月 7 日决定设立职工运动委员会、青年运动委员会、妇女运动委员会，此为分设。各委员会均设书记，职工运动委员会书记高长久，青年运动委员会书记高朗亭，妇女运动委员会书记白茜。1946 年 10 月，西北局撤销职工、青年、妇女 3 个运动委员会，设边区民众工作委员会，等于合三为一。不仅如此，名称上也不再称为运动委员会，而改称为工作委员会，统管工、青、妇等群众团体工作，领导也不再称书记，而改称主任，主任马文瑞。1949 年 3 月，又一分为三，分设职工、青年、妇女 3 个工作委员会，又改设书记、副书记。职工工作委员会书记贾拓夫，青年工作委员会书记张稼夫，妇女工作委员会书记马文瑞。新中国成立后，西北局仍设这 3 个工作机构，直至西北局撤销，书记、副书记人事略有变动，这里不再叙述。

有的工作，由几个工作机构同时承担。例如，干部保健首先是而且主要是西北局保健委员会的工作业务，但同时也是组织部和行政处的工作业务。1941 年 10 月，西北局作出干部保健决定，规定：边区及分区均成立 5~7 人的保健委员会担负干部保健事宜，县委不设保健委员会，由组织部负责。[①] 同月，西北局常委会决定成立西北保健委员会，主任崔田夫，委员崔田夫、刘景范等 7 人。[②]12 月，西北局组织部在工作业务中规定，干部科的工作任务之一是“关于边区党内干部之爱护保健事项之管理与研究”[③]。西北局组织部并将“研究爱护干部问题（包括研究保健工作经验）”作为干部科的具体工作计划之一。[④] 西北局行政处秘书工作的重要内容之一是在正副处长领导下帮助处理日常事务及保健委员会事务，必要时保委会得另设秘书一人，整理保委会进而各分区保委分会报告及往来信件、分发保健费、管理保委会账目、召集会议、分配牛奶等工作。[⑤]

二、主要工作机构及其业务

在西北局的工作机构中，主要是三大部，即组织部、宣传部、统战部，以及秘书长、副秘书长、办公厅，党校，西北财经委员会与西北财经办事处等。下面分述之。

（一）秘书长、副秘书长、办公厅

秘书长自边区中央局成立时就设立，其人选由中共中央政治局会议决定，首任秘书长为任作民，未设副秘书长。西北局成立后，制定了《西北局秘书长的业务》《西北局秘书处各科（室）工作业务》。根据这两个制度，秘书长在西北局与书记领导下负责有关政治性质问题的处理，领导秘书处的工作。秘书处为西北局与秘书长直接领导下的工作部门之一。秘书

---

① 《西北局对干部保健的决定（1941 年 10 月 15 日）》，中央档案馆、陕西省档案馆：《中共中央西北局文件汇集》（1941 年）（内部本）甲 1，1994 年，第 193 页。

② 中共中央组织部、中共中央党史研究室、中央档案馆：《中国共产党组织史资料》第 3 卷（上），中共党史出版社 2000 年版，第 89、第 95 页。

③ 《西北局组织部工作业务及组织条例（1941 年 12 月 8 日）》，中央档案馆、陕西省档案馆：《中共中央西北局文件汇集》（1941 年）（内部本）甲 1，1994 年，第 234 页。

④ 《西北局组织部工作计划（1942 年 3 月 4 日）》，中央档案馆、陕西省档案馆：《中共中央西北局文件汇集》（1942 年）（内部本）甲 2，1994 年，第 61 页。

⑤ 《西北局行政处组织机构与业务工作制度（1944 年）》，中央档案馆、陕西省档案馆：《中共中央西北局文件汇集》（1944 年）（内部本）甲 5，1994 年，第 177 页。

处设正副处长，负责有关财政经济、机关生活、干部招待、医药卫生、儿童保育、通讯警卫事宜、事务人员的管理教育与增加编制等问题的处理。① 秘书处下设文书科、机要室、材料室、收发科、会计科、供给科、管理科、生产科、招待所和电话室等科室。② 各科室又各有其分工和业务。

1942 年 3 月，西北局秘书长任作民病故。5 月，西北局决定欧阳钦（杨清）任秘书长，范子文为秘书处处长，袁福清为副处长。1943 年 1 月，西北局设立常委会，并设立副秘书长、办公厅。欧阳钦改任副秘书长，秘书长由常委贾拓夫兼任，办公厅相当于秘书处，处长刘瑞生。

常委会决议由办公厅执行。办公厅主要负责人为秘书长、副秘书长、秘书处处长、行政处处长和边区研究室主任。其中，秘书长的职责是：（1）领导研究室工作，研究有关一般政策的材料，并负责召集常委及西北局委员会会议（拟定议事日程，经书记同意后提出讨论）。（2）批阅重要电信，并分配处理（电报函件由秘书处长先行校阅，并处理例行事务电报。重要电报，则由秘书处处长请示秘书长处理）。（3）管理对外事项（如报纸、宣传及与政府党外人士联络等）。副秘书长的职责是：（1）协助秘书长研究政策，负责将西北局的决定通知各有关部门及下级党部，并检查与研究其执行的结果。（2）领导秘书处与行政处的工作。（3）管理西北局的财政。秘书处处长的职责是：（1）管理机要：电台机要；会议记录；整理决议经正副秘书长审阅后发给有关同志，并按期收回（特别机密的决定口头传达）。（2）管理材料及文书事项，整理电信及材料，并分送各种材料给有关的部门研究；保管材料及文件的印发和收回。行政处处长的职责是：（1）管理西北局人事和总务（财政、生产、供给、卫生、保健、警卫及事务人员的管理及教育）。（2）与西北局组织部及政府交际处联系，招待外来党内同志与重要非党人士。（3）管理由西北局召集的各种会议的行政工作（生活、招待、会场布置等）。边区教研室主任负责收集资料，研究一般政策。③ 西北局办公厅组织机构如图 6-1 所示。

---

① 《西北局秘书长的业务（1941 年）》，中央档案馆、陕西省档案馆：《中共中央西北局文件汇集》（1941 年）（内部本）甲 1，1994 年，第 301~302 页。

② 《西北局秘书处各科（室）工作业务（1941 年）》，中央档案馆、陕西省档案馆：《中共中央西北局文件汇集》（1941 年）（内部本）甲 1，1994 年，第 303~310 页。

③ 《西北局常委会的业务与组织（草案）（1943 年 1 月）》，中央档案馆、陕西省档案馆：《中共中央西北局文件汇集》（1943 年）（内部本）甲 3，1994 年，第 8~9 页。

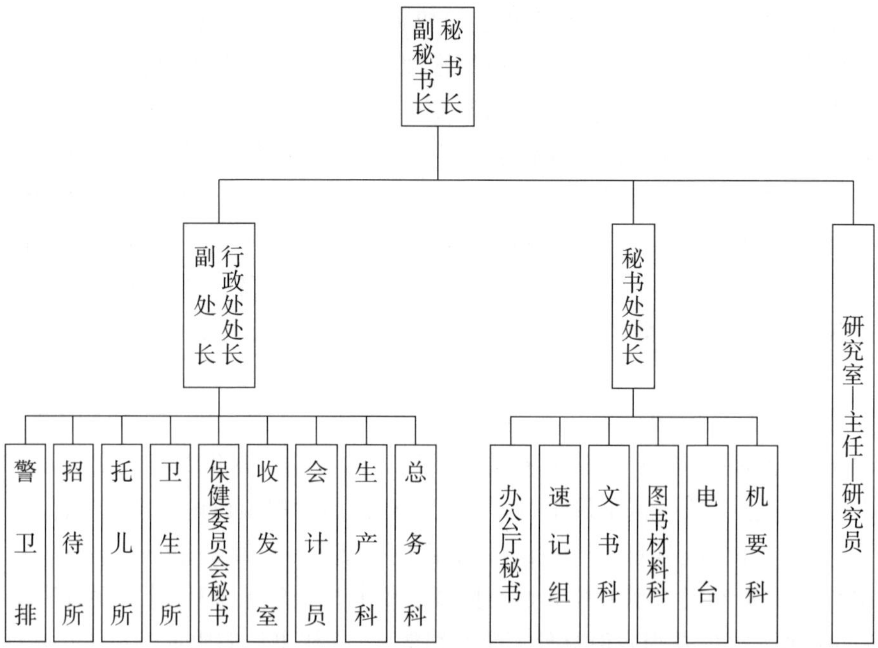

图 6-1　西北局办公厅组织机构图

由图 6-1 可知，与 1941 年相比，1943 年西北局秘书处科室设置调整为机要科、电台、图书材料科、文书科、速记组和办公厅秘书，数量上较前减少了。西北局办公厅新设行政处，与秘书处平行，下设总务科、生产科、会计员、收发室、保健委员会秘书、卫生所、托儿所、招待所、警卫排 9 个科室。原秘书处的一些科室划归新设的行政处，如收发科、会计科、供给科、管理科、生产科和招待所等。

这里特别提一下速记组。1945 年西北局制定了新编制表，速记员 15 名。据原西北局速记处速记员马淑芳回忆：西北局在 20 世纪 40 年代和 50 年代初曾设有速记室，有十几名速记员专门为领导讲话作记录。当时领导讲话没有成文的稿子，只是简单的提纲，要成文全靠速记员记录整理。速记员的工作性质就是白天记录，晚上整理，这样才不影响次日的工作。至西北局撤销，西北局共培养了四代速记员。[①] 又据曾在西北局秘书处速记组工作过的张玉英回忆：延安光复后，西北局机关回到延安不久，就着手筹办起了"速记人员训练班"和"机要人员训练大队"。由于当时

① 马淑芳：《忆习仲勋书记》，引自石杰、司志浩主编：《在西北局的日子里》，陕西师范大学出版总社 2013 年版，第 83、第 86 页。

没有录音工具，因此所有重要会议，首长的讲话、指示，都要靠速记员记录来完成。那时会议的讲话都没有成文的讲稿，有的列个提纲，更多的人连提纲也没有，要求一字不落地记原话，以保持历史的真实性。因此，速记工作十分重要也十分辛苦。那时，西北局从事速记工作的只有 10 多人。速记工作的特点是白天开会记录，当晚翻译整理，有些内容第二天就可能作为重要文件或重要指示下发。[①]

1944 年西北局专门制定了《行政处组织机构与业务工作制度》。行政处的任务是在常委及秘书长领导下管理全局人员生活，保证办公文具及必需品之供给；统一和掌握全局的财政收入，适当调剂经费之支配和审查；领导机关生产建设及党系统（群众团体、西北党校在内）的干部保健工作；管理全局卫生、警戒、招待事宜。行政处设正副处长各一人，秘书一人，下设总务科、生产科、会计科、卫生所、招待所、托儿所（或家属职业社）、收发室 7 个单位。各科所社各设社、所、科长一人。科以下得按其工作之繁简设副科长一人或科员若干人，以增强工作效率。[②] 与前述 1943 年行政处科室设置相比，精简了 2 个，即保健委员会秘书和警卫排。

在边区之下，地委也设秘书处，县委叫秘书科。对于这两者的业务与分工，西北局也制定了相应的条例。地委秘书处为地委工作部门之一，在地委及书记领导下进行工作。秘书处总的业务是：办理地委所决定之一般问题；所属地区内一般情况的调查研究工作；管理机关日常生活及编审预决算；处理文书机要工作。秘书处设秘书长一人，总揽秘书处全部工作，下设文书机要科、总务科和调查研究科。秘书长的业务是在地委领导下，协助书记负责一般性质问题的处理及领导秘书处工作。阅读每日信件、文电，直接处理或分配各有关部门处理，或提交书记或常委处理。草拟地委指定的某些信件、决议、指示、文电等。草拟地委及所属机关的预决算及审核预决算。密切与部委的联系，并传达地委的决定于各部委。召集地委常委会议及会［汇］报，主持秘书处的处务会议。[③] 县委秘书科是县委工作部门之一，在县委书记领导之下工作。县委秘书科的业务是：办理县委所决定的一般问题；本县内外一般情况的调查；

① 张玉英：《永远的怀念》，引自石杰、司志浩主编：《在西北局的日子里》，陕西师范大学出版总社 2013 年版，第 106、第 111 页。

② 《西北局行政处组织机构与业务工作制度（1944 年）》，中央档案馆、陕西省档案馆：《中共中央西北局文件汇集》（1944 年）（内部本）甲 5，1994 年，第 176 页。

③ 《西北局关于地委秘书处及县委秘书科业务与分工草案（1942 年 9 月 22 日）》，中央档案馆、陕西省档案馆：《中共中央西北局文件汇集》（1942 年）（内部本）甲 2，1994 年，第 235~236 页。

处理文书信件及机关日常生活问题。秘书科设科长一人，领导全科工作，并在县委会做记录及整理记录。①

解放战争时期，西北局秘书长先后为张德生、张邦英、张稼夫，副秘书长先后为曹力如、赵伯平、武开章。新中国成立后，西北局秘书长潘自力，副秘书长武开章，第二副秘书长黄植。而西北局领导下的西北五省一市在党的工作机构中均设秘书长、办公厅，不设副秘书长。

（二）组织部

中国共产党的各级组织部是党管党的一个主要业务部门，在各该党委领导下工作。其经常性工作可概括为“三管两检查”，即管干部，管党员，管党的生活，检查民主集中制的执行情况，检查党的组织工作决议的执行情况，由此加强党的组织建设，保证党的政治任务的实现。

1941 年 12 月和 1942 年 2 月，西北局在两个月的时间里先后制定了两个组织工作条例，即《西北局组织部工作业务及组织条例》《西北局组织部组织条例》。根据第二个条例的规定，西北局组织部为西北局工作部门之一，在西北局直接领导下工作。其工作任务及工作范围是：（1）组织和检查西北局各种决定及政策之执行事宜。（2）管理陕甘宁边区内党的组织和党员事宜（为加强西北各省国民党区党的工作，目前特设国民党区工作部，管理边区以外西北各省党的组织）。（3）管理边区内及西北各省党与非党干部之使用和培养及有关干部方面事宜。（4）管理边区内党对于群众组织之领导事宜。

组织部设部长一人，副部长一人襄助部长，共同主持组织部的全盘工作。设干部科、组织科、秘书处三个部门，均在部长、副部长直接领导下进行工作。干部科负责干部的了解审查、使用配备、培养提拔、爱护保健、非党干部之管理与研究，以及西北各省国民党区党与非党干部之管理与研究。组织科负责党的各级指导机关组织状况及工作状况之研究与检查；党的支部工作之管理与研究；边区党员之管理与研究；各级党在党的政策执行上之研究；在根据地中党的工作方式与领导方式之研究；党对群众工作之领导及群众组织与斗争方式之研究；党的组织结构、领导关系方面之研究；党政军民关系方面之研究。秘书处协助部长、副部长处理

---

① 《西北局关于地委秘书处及县委秘书科业务与分工草案（1942 年 9 月 22 日）》，中央档案馆、陕西省档案馆：《中共中央西北局文件汇集》（1942 年）（内部本）甲 2，1994 年，第 237~238 页。

本部日常工作；负责本部会议之召集与记录事项之管理；本部有关各方决定之通知督促事项之管理；本部日常外来信件之拟复与日常文件之起草；本部文件之收发与管理；本部内外日常工作联系之研究与管理；本部工作人员日常工作生活及工作秩序之调整与管理；本部机要事项，指定专任秘书，由部长、副部长直接管理。

西北局组织部要定期向西北局委员会、常委会和书记报告工作，日常重要问题由部长、副部长提出，同西北局书记协商处理。组织部与其他部委，如宣传部、民运部、民委、秘书处等相互联系、相互协作。例如，关于干部培养提高、工作计划之确定与进行，应与宣传部取得一定工作联系；关于国民党区党与非党干部之管理与研究，应与民运部取得工作联系；关于党对于群众工作领导之研究与管理，应与民委取得一定工作联系；关于本部日常生活工作秩序之管理，应与秘书处取得一定工作联系。这些工作联系，一般由部长和副部长出面与其他部委领导商讨处理，如果是重大问题，还要经西北局书记协调处理。组织部对边区内各级党的组织的日常工作检查督促，对西北局负责，承担一定的指导责任。一般的不关乎党的政策、方针性质问题之指示，以组织部名义实行。①

6 个中央局撤销之前，中共中央对中组部的机构和业务作出暂行规定。依据这个暂行规定，中央组织部，是中央在党的组织工作方面的办事机关，是中央在组织工作方面的助手和参谋部。其任务是：根据党的政治路线和组织路线，秉承中央的意旨，挑选与提拔党的干部；发展与巩固党的队伍；研究与改进党的组织形式与领导方法；检查有关党的组织工作的决议的执行情况；总结和传播有关党的组织工作的经验。②这一暂行规定，同样适用于新中国成立初期西北局和其他中央局组织部的机构和业务。

边区中央局成立时，中共中央政治局会议决定陈正人任边区中央局组织部部长。西北局成立后，组织部设部长和副部长，部长先后为陈正人、马文瑞，副部长先后为张邦英、张秀山、李景波、马文瑞。解放战争时期，部长马文瑞，未设副部长。新中国成立后，组织部部长先后为马文瑞、张邦英，副部长李景膺，第二副部长高仰云。西北局领导下的西北五

---

① 《西北局组织部组织条例（1942 年 2 月）》，中央档案馆、陕西省档案馆：《中共中央西北局文件汇集》（1942 年）（内部本）甲 2，1994 年，第 56~59 页。

② 《关于中央组织部的机构和业务的暂行规定》（1954 年 5 月经中央会议批准）。转引自中共中央组织部、中共中央党史研究室、中央档案馆：《中国共产党组织史资料》第 9 卷（下），中共党史出版社 2000 年版，第 245 页。

省一市党的工作机构中设组织部长一人，不设副部长。

（三）宣传部

宣传部是西北局的重要工作部门之一，在西北局直接领导下工作。西北局宣传部的前身是陕甘宁边区党委宣传部和陕甘宁边区中央局宣传部。由于西北局的工作范围逐渐扩大，除领导陕甘宁抗日民主根据地党的工作外，还领导西北各省国民党统治区党的工作，因此，西北局宣传部的任务与职责较之边区中央局宣传部有所增加。其业务有7个方面：一般的宣传指导工作，包括了解与指导边区各地党的宣传动员工作，研究西北政治动向，指导西北各地区党的宣传工作，组织与指导边区的文化活动，检查宣传政策的执行情形，研究宣传动员工作的方法和技术；研究与计划如何提高党员干部的政治文化理论水平及策略教育，如规定边区各级在职干部的学习计划，供给材料，考察与指导各干部学校及训练班教育等；研究与指导边区的国民教育；研究与指导进行非党干部的教育工作；指导与组织编审工作；研究与指导党内外的出版发行工作；配置宣教干部，调查、登记、研究宣传教育干部。上述业务以研究与指导为主。有的指导工作还要经过政府系统的相应组织来实现，如组织与指导边区的文化活动要协同西北局文委来做；指导边区的国民教育要经过边区政府党团来实现。①

西北局宣传部的各科室根据中宣部的决定设置。1940年10月，中共中央宣传部决定，各根据地之中央局、分局、区党委或省委的宣传部须设下列各科：宣传科——管理对外的宣传、鼓动工作及研究敌、友的宣传政策等。教育科——管理党内教育工作及干部教育。国民教育科——管理国民教育工作。出版发行科——管理出版发行工作。此外应设编审委员会及文化委员会，分别管理编审工作及文化活动。党报委员会在一般情况下亦可归宣传部管理。②

西北局宣传部在部长直接领导下开展业务。下设秘书一人，以及宣传科、党内教育科、国民教育科和出版发行科等科室。各科室的工作业务分别是：宣传科负责管理和指导进行一般的宣传鼓动工作，如起草宣传大

---

① 《西北局宣传部的业务与分工（1941年）》，中央档案馆、陕西省档案馆：《中共中央西北局文件汇集》（1941年）（内部本）甲1，1994年，第293页。

② 《中央宣传部关于充实和健全各级宣传部门的组织及工作的决定》（1940年10月14日），中央档案馆编：《中共中央文件选集·1939—1940》第十二册，中共中央党校出版社1991年版，第508页。

纲，提出动员口号，起草对党内的指示文件等；供给《解放日报》边区栏的材料，提供编辑意见及指导边区《群众报》的编辑工作等。党内教育科负责管理并指导进行党内及非党干部教育工作，如调查登记与研究边区各级宣教干部；了解延安各边区机关内非党干部及各县各分区非党干部的学习情形，并随时提出改进意见等。国民教育科负责研究与帮助边区国民教育的进行，如研究与检查党中央关于国民教育的方针、指示在边区的实施情形；研究边区国民教育的各种课本教材等。出版发行科负责管理与指导边区的出版发行工作，如计划筹办西北局各种刊物所需之一切资料；了解与指导各分区各县的出版发行工作。秘书一人，负责保管本部的一切文件与工作报告等，本部的工作计划、会议记录、各种宣传品及一切通知、批示、文件等，西北局编印的书报杂志、党内刊物，各分区各县出版的教材、报纸杂志的保存等。[①]

西北局宣传部成立时，人员编制如图 6-2 所示。

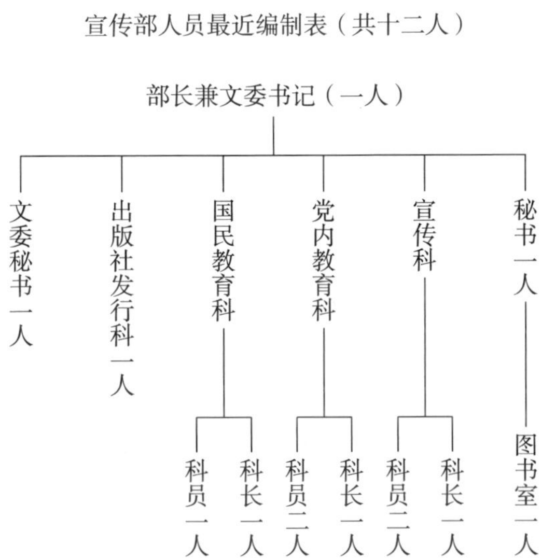

图 6-2　西北局宣传部成立时人员编制

资料来源：《西北局宣传部的业务与分工（1941 年）》，中央档案馆、陕西省档案馆：《中共中央西北局文件汇集》（1941 年）（内部本）甲 1，1994 年，第 297 页。

① 《西北局宣传部的业务与分工（1941 年）》，中央档案馆、陕西省档案馆：《中共中央西北局文件汇集》（1941 年）（内部本）甲 1，1994 年，第 294~297 页。

据《解放日报》，1942 年 3 月，西北局宣传委员会对该报边区栏及《边区群众报》作了深刻的检讨。[①] 这里所说的西北局宣传委员会当为西北局宣传部。在中共党史上，只有六届中央委员会和七届中央委员会在工作机构中设立了宣传委员会。第一次是 1938 年 11 月，中共中央成立宣传委员会，由张闻天等 7 人组成。第二次是 1943 年 3 月，中共中央设立宣传委员会，作为政治局和书记处的助理机关，书记毛泽东，副书记王稼祥，委员毛泽东、王稼祥、博古、凯丰。该宣传委员会于 1945 年 8 月结束。[②] 而中央局与中央分局在工作机构中未设立宣传委员会。所以，西北局宣传委员会当为西北局宣传部。

西北局宣传部的工作方式之一是召开宣传会议。西北局曾召开过几次重要的宣传会议。如 1942 年 3 月，西北局召开宣传会议，检查《解放日报》边区栏和《边区群众报》问题。李卓然部长在讲话中论述了报纸的作用与任务问题。5 月，西北局召开了第二次边区宣传会议。各分区党委、县委宣传部部长以及党报编辑委员会主任参加了会议。会议根据中共中央关于整顿三风的精神，总结了过去的宣传工作，具体讨论了贯彻中央宣传教育工作会议精神的任务问题。1943 年 12 月，西北局宣传部召开边区一级宣传会议，确定宣传教育工作应在“自卫备荒”与“组织起来”的方针下，与创建模范乡、模范合作社、模范工厂及模范连队运动，与拥政爱民运动结合起来。1947 年 3 月，转战陕北的西北局分为前委和后委，前委随军行动，后委主持后方工作。4 月，后委首次召开宣传工作会议，贾拓夫在讲话中指出，战时宣传工作的基本方针是动员全边区 160 万军民一齐起来，参加战争，支援战争，争取胜利，保卫边区，解放西北。会议决定《边区群众报》改出日刊。

西北局成立后，宣传部只设部长，未设副部长，部长先后为李卓然、贾拓夫。解放战争时期，宣传部部长先后为李卓然、张稼夫。新中国成立后，宣传部部长先后为张稼夫、赵伯平。1953 年 1 月始设副部长，副部长为赵守义，7 月又增加张仲实为副部长，副部长两人。西北局领导下的西北五省一市党的工作机构中设宣传部长一人，不设副部长。

---

① 《西北局宣传委员会检讨本栏和群众报》,《解放日报》1942 年 3 月 20 日。

② 中共中央组织部、中共中央党史研究室、中央档案馆:《中国共产党组织史资料》第 3 卷（上），中共党史出版社 2000 年版，第 40、第 57、第 63 页。

（四）统战部

中国共产党统战部门的成立较晚，抗日民族统一战线形成后才开始组建。1939 年 1 月中央书记处会议决定组织“中央统一战线部”。1943 年 3 月中央机构改革，由中央组织委员会统管中央统战部和其他几个部门的工作。中共六届七中全会决定成立中央城市工作部，主要任务是领导敌占区的抗日民族统一战线工作。抗战胜利后，各级城工部停止工作。1946 年年底，中共中央决定恢复城市工作部，其任务是在中央规定方针下，研讨与经营蒋管区的一切工作（包括农、工、青、妇），并培训担任这一工作的干部，部内分党务、统战、农村、文教、顽军 5 组，部长周恩来，副部长李维汉。1948 年 9 月，中共中央决定将中央城市工作部改名为中央统一战线工作部，管理国民党统治区工作、国内少数民族工作、政权统战工作、华侨工作及东方兄弟党的联络工作，并具体负责筹备召开新政协的工作，部长李维汉。为了加强和规范地方统战部门机构的设置，1951 年 3 月，《中央统战部关于各级统一战线工作部门的业务与组织机构的建议》对各级统战部门的业务范围和组织机构设置提出了要求。

在中共中央领导下，西北局统战部于 1941 年 6 月设立。10 月，西北局常委会决定将民运部和统战部合并，取消统战部，原因是统战部和有关各部的工作有许多重复之处。1942 年 8 月，西北局办公室通知：决定将民运部改名统战部，原有民运部取消。[①]1948 年 5 月，统战部又改称为城工部。

民运部（国民党区工作部）为西北局工作部门之一，其性质与业务是在西北局直接指导下研究与管理边区以外西北各省区党的工作、边区内外少数民族工作和边区统战工作。为了完成这些工作，民运部下设三组一室：第一组（陕甘组），研究管理陕甘两省党的工作；第二组研究管理边区统战工作，并兼管邻区党的工作；第三组研究管理少数民族工作，并兼管宁夏绥西党的工作；秘书室管理民运部内外全部日常行政事务、技术诸工作。民运部的主要工作方式是召开部务会议。部务会议由部长、秘书、各组组长及主要组员组成，讨论与处理本部日常工作。每次会议记录整理一份交给西北局。[②]民运部设部长一人，负责部内全盘工作，另设秘书一

① 《西北局关于民运部改名统战部的通知（1942 年 8 月 9 日）》，中央档案馆、陕西省档案馆：《中共中央西北局文件汇集》（1942 年）（内部本）甲 2，1994 年，第 176 页。

② 《西北局民运部业务及组织条例（1941 年）》，中央档案馆、陕西省档案馆：《中共中央西北局文件汇集》（1941 年）（内部本）甲 1，1994 年，第 298~300 页。

人，协助部长处理一切日常事务。[①]

为了加强边区统战工作，1941 年 12 月西北局曾决定在接近友区的分委、县委均应设立统战部，其工作重心在友区。各分委、县委统战部的具体业务包括 3 个方面：一是了解情况，即调查和研究各个统战工作之具体对象；二是掌握政策，即经常总结党政军民各方面所进行的统战工作之具体状况，研究其经验教训，作为以后工作之方针；三是组织领导，即与有关各方建立各种纵横关系，并指示帮助督促与检查其工作。各分委、县委统战部在常委直接领导下工作，定期向常委做报告；常委则经常检查与帮助统战工作，并及时给予指示。凡有少数民族工作的地区，应在统战部内设立少数民族部（或干事），以管理少数民族工作。各分委、县委统战部的工作在西北局均由民运部管理之。[②]后来，分委改称为地委，西北局统战部再次制定了各地委及县委统战部业务。根据该制度，地委统战部为地委组成部门之一，总的业务是管理所属国区党的工作；管理所属国区各种调查研究工作；管理边区内外统战工作；管理少数民族工作。为了执行上述业务，地委统战部设部长一人，主持全部工作。在部长领导之下，分设地方科、统战科、少数民族科、调查研究科，各设科长一人，科员一至二人，分别执行各自的业务。在边界各县均设统战部，设部长、干事各一人，执行具体的统战业务。[③]

此外，在陕甘宁边区的个别地方还曾设立过统战委员会。如三边分委统战部根据三边党政军委员会之意见，经西北局批准，于 1942 年 2 月组织成立了三边统战委员会，分委统战部长梁明德为统战委员会负责人。[④]

西北局统战部设部长和副部长，部长由西北局委员兼任，有时由西北局书记直接兼任。抗日战争时期，部长先后为高岗、贾拓夫、张德生，副部长张曙时。解放战争时期，部长先后为张德生、习仲勋，副部长曹力如。统战部改为城工部后，部长为习仲勋，副部长曹力如、赵伯平。新中国成立后，部长为习仲勋、汪锋、张德生，副部长先后为汪锋、孙作宾、

① 《西北局民运部组织及工作条例（1941 年 6 月）》，中央档案馆、陕西省档案馆：《中共中央西北局文件汇集》（1941 年）（内部本）甲 1，1994 年，第 114 页。

② 《西北局关于各分委、县委统战部工作的决定（1941 年 12 月 10 日）》，中央档案馆、陕西省档案馆：《中共中央西北局文件汇集》（1941 年）（内部本）甲 1，1994 年，第 237~239 页。

③ 《西北局统战部关于地委及县委统战部业务（草稿）（1942 年 9 月 22 日）》。中央档案馆、陕西省档案馆：《中共中央西北局文件汇集》（1942 年）（内部本）甲 2，1994 年，第 232~234 页。

④ 《民运材料简报（第一号）（1942 年 4 月 4 日）》，三边成立统战委员会。中央档案馆、陕西省档案馆：《中共中央西北局文件汇集》（1942 年）（内部本）甲 2，1994 年，第 262 页。

刘文蔚。西北局领导下的西北五省一市党的工作机构中设统战部部长一人，不设副部长。

（五）西北党校

西北党校在边区党委和边区中央局时称边区党校，1937 年 7 月开办，校址在安塞，1940 年边区党校迁到延安。1942 年 1 月，中共中央书记处工作会议决定：由中央组织部与西北局会商扩大和加强陕甘宁边区党校问题，以吸收在延安的县团级以下党员干部学习。[①]2 月，边区党校改名为西北党校。自开办至 1943 年 5 月，边区党校曾七迁校址，六易校长，培养了 1000 多名基层干部，把开办之初小规模的、训练班式的，被时任中组部部长陈云称之为像个“叫花子学校”发展成为大局面的正规学校。

从组织与领导上看，1939 年之前，党校的总支由边区党委组织部领导，教务处由边区党委宣传部领导，总务处由边区党委秘书处领导。1940 年，党校系统由校长及其下面的总支委、教务处和校务处组成。1941 年春，因审查干部，同时也为了更好地管理干部，党校又设立了干部科。西北局成立后，西北党校是一种“双重的领导关系，即以西北局为主,同时在教务工作上受中央党校的指导”[②]。1942 年,西北党校的组织机构及其业务如图 6-3 所示。

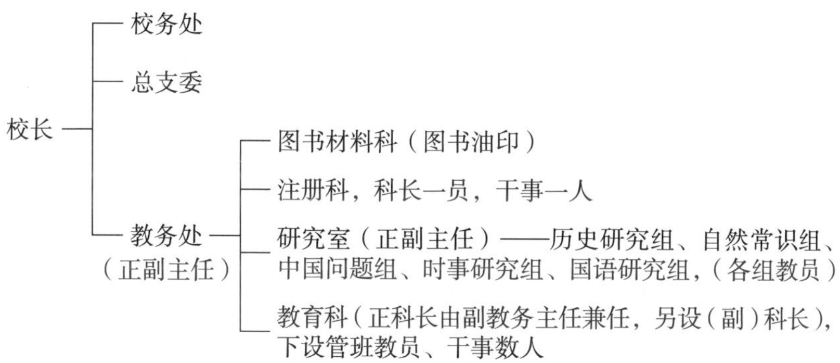

图 6-3　西北党校组织机构及其业务（1942 年）

资料来源：中央档案馆、陕西省档案馆:《中共中央西北局文件汇集》(1943 年)(内部本）甲 3，1994 年，第 199 页。

① 中共中央文献研究室:《陈云年谱》(上卷)，中央文献出版社 2000 年版，第 341 页。

② 《关于边区党校过去教育工作的简要总结及今后改进之意见（西北党校）(1943 年 5 月 1 日)》，中央档案馆、陕西省档案馆:《中共中央西北局文件汇集》(1943 年)(内部本）甲 3，1994 年，第 217 页。

在这个组织机构中，教育科主持起草教育计划，管理支部工作、干部问题，组织领导学习、成绩考核与鉴定工作，收生、编班、排课与组织大报告，管理请假。研究室管理编审各课提纲教材，研究教学方法，检查教学质量，组织领导教员对课程与理论的研究。图书材料科供给全校图书材料，经常修正图书讲义、报纸杂志，定购书报，经常研究本科工作技术与制度，与校外各图书馆、书店发生联系。注册科保管、转递干部材料，介绍组织关系，管理证明信、收生注册，管理党费。① 教务处的任务是：根据既定之方针制定教育计划；组织教育计划之具体实施；研究教材及教学法；收生编班及成绩考核；秉承校长管理党的工作；图书材料及文书油印工作之管理；俱乐部工作之管理。改革之后，教务处设正副主任，下设教育科、研究室、图书材料科、一个俱乐部主任，并兼管教务处的一些行政事务工作。②

西北党校以培养地方党具有相当实际工作能力的区、县两级干部为办学目的，因此学员成分应有一定的标准。根据 1943 年西北局组织部的规定，学员须具备以下条件：政治上纯洁，并经介绍机关审查清楚确系无政治问题者。稍有文化程度（能看《群众报》），年龄在 20 岁以上 40 岁以下，有进取心的现有县区干部，担任过一年以上工作的边区青年知识分子，个别最优秀的支部书记和乡长，军队中的连长、连指导员及团营级干部。凡有病以及其他带有安置性等不合规定者概不接收。③

1944 年 2 月，西北局常委会作出决定，西北党校改为中央党校第五部。据《彭真年谱》：中共中央根据西北局提议，决定将西北党校合并到中央党校，合并后组建为中央党校第五部。第五部学员包括：陕甘宁边区的区、乡、营、连级干部；长征的老同志；少数县、团级干部；华北、华东抗日民主根据地来的中、下层干部；国民党统治区来的青年知识分子。10 月以后，原西北党校二区学员划出，成立中央党校第六部。④ 第六

① 《关于边区党校过去教育工作的简要总结及今后改进之意见（西北党校）（1943 年 5 月 1 日）》，中央档案馆、陕西省档案馆：《中共中央西北局文件汇集》（1943 年）（内部本）甲 3，1994 年，第 199~200 页。

② 《关于边区党校过去教育工作的简要总结及今后改进之意见（西北党校）（1943 年 5 月 1 日）》，中央档案馆、陕西省档案馆：《中共中央西北局文件汇集》（1943 年）（内部本）甲 3，1994 年，第 216 页。

③ 《西北局组织部关于选送党校学习干部标准的通知（1943 年 3 月 18 日）》，中央档案馆、陕西省档案馆：《中共中央西北局文件汇集》（1943 年）（内部本）甲 3，1994 年，第 130~131 页。

④ 《彭真传》编写组：《彭真年谱（1902~1948）》第 1 卷，中央文献出版社 2012 年版，第 251 页。

部学员是从敌后和国民党统治区来的区县级干部和青年知识分子。[①]

此次改名，主要有两个原因。一是西北党校与过去有些不同了，几乎有60%是全国的干部，已经不仅仅是西北的范围了，有很多干部是从华北、华中各地来的，合并在一块就是为了更好地联系实际。二是在领导上，中央党校校长是毛泽东，副校长是彭真，西北党校改为中央党校第五部比过去的领导更强了。不论哪里的干部，华北的，华中的，西北的，都来中央党校学习，对党来说是有利益的一件事情。所以合并起来只有好处没有坏处，能更好地把全国各地经验交流起来。[②]改名后，第五部之教育及行政均归中央党校统一领导，但在中央党校统一领导下，仍应与西北局保持下列的关系："1. 第五部之教育计划于拟定后，应提交西北局讨论通过。2. 西北局于一定时期内应协同中央党校检讨第五部教育进行之情形。3. 第五部有关各项教育行政之重要材料，除交中央党校外，同时应送西北局一份，以备了解研究。4. 西北局委员及各部委负责同志均应照原定计划负责为第五部上课。5. 第五部学生之送入及调出（西北局系统下之干部）仍与西北局组织部保持直接联系，可以不经过中央组织部。西北局组织部对于第五部边区所属干部仍有随时了解之责，如有意见，可随时向中央党校提出。"[③]

改名以后，报考中央党校第五部的学生资格按照中央党校招生规定执行："一、政治面貌与来历清楚、身体健康的区级以上的干部，有两年以上的工作经验、三年以上党龄者为合格。二、部队营级干部一般的不收，个别不适于部队工作，需要转到地方工作的例外。三、区级与相等于区级干部的具体资格是：甲. 党的机关：1. 区委书记、区委各科长；2. 县委执委及等于区级干部的秘书长；3. 地委各部等于区级干部的干事、秘书；4. 区党委各科的干事、秘书；5. 老的支书、乡长连续三年以上工作，四年以上党龄，工作有优越成绩者，经地委介绍亦可投考。乙. 政权：1. 区长、优秀的助理员；2. 县府各科长、秘书长、县议长；3. 专署行署、边府等于区级的科员、干事；4. 分区保安处的科长，行署、边府保安处各科的干事。丙. 群众团体：1. 区级各抗日救国团体主任（简称各救）；2. 县级各

---

① 新华月报:《永远的丰碑》（十五），人民出版社2007年版，第127页。

② 《高岗在中央党校第五部开学典礼上的讲话（1944年4月3日）》，中央档案馆、陕西省档案馆:《中共中央西北局文件汇集》（1944年）（内部本）甲5，1994年，第59~60页。

③ 《西北局常委会关于西北党校的决定（1944年2月1日）》，中央档案馆、陕西省档案馆:《中共中央西北局文件汇集》（1944年）（内部本）甲5，1994年，第13页。

救（工、农、青、女）主任、部长、秘书长，武委会主任；3. 分区级各救部长、秘书长；4. 边区级各救各部等于区级的干事。丁 . 小学教员、校长党龄五年以上，工作五年以上并有成绩者。”①

1945 年 9 月起，中央党校大部分学员陆续奔赴各个解放区，中央党校遂将一、二、三、四、六部合并为一个部，五部则改为西北党校，受中共中央西北局领导。② 至此，西北党校和它的前身边区党校从 1937 年到 1945 年为西北培养了干部 4200 多人。③

边区党校和西北局党校设校长和副校长。抗日战争时期，陕甘宁边区党校校长为张邦英，副校长为李景膺；西北党校校长先后为张邦英、习仲勋、张秀山、高岗，副校长赵伯平、白栋材；中央党校第五部主任白栋材，副主任马国瑞。解放战争时期，西北党校未设校长，只设了副校长，副校长为高仰云，第一副校长先后为高仰云、高峰，第二副校长先后为杨成森、高仰云，第三副校长杨成森。新中国成立后，西北党校校长为马文瑞，副校长为高仰云、杨成森、杨文海。

1949 年 5 月，西北局在《关于加强训练大批知识分子的决定》中指出：西北党校进入西安后，改为西北人民革命干部学校，校长马文瑞，副校长高仰云。④12 月 5 日，西北党校于西安举行开学典礼，西北局第二书记贺龙出席并讲话，勉励大家学习西北党史。⑤1950 年 5 月，彭德怀在西北局常委会上说：党校分配干部要注意专业化，最好分配到原来的工作部门。专业化是党的组织部门最艰苦的组织工作。要在一年左右把干部的品质、政治水平和工作需要全盘了解。⑥

为了提高党校工作水平，1951 年 11 月，西北局首次召开了党校工作会议。西北局党校，新疆干校，陕西省党校，甘肃、宁夏省干校，渭南、绥德、延安地委党校以及西北人民革命大学，西北青年团校，西北工会干部学校校长及工作同志共 34 人出席了会议。会议规定了学校的方针、学制、课程、教员和党委领导诸问题。在加强党委对党校工作领导方面规

① 《西北局组织部关于选送干部到中央党校第五部学习的通知（1944 年 4 月 1 日）》，中央档案馆、陕西省档案馆：《中共中央西北局文件汇集》（1944 年）（内部本）甲 5，1994 年，第 57~58 页。

② 新华月报：《永远的丰碑》（十五），人民出版社 2007 年版，第 127 页。

③ 马文瑞：《记习仲勋在西北局工作》，引自石杰、司志浩主编：《在西北局的日子里》，陕西师范大学出版总社 2013 年版，第 182 页。

④ 中共中央档案资料。转引自张俊南、张宪臣、牛玉民编：《陕甘宁边区大事记》，三秦出版社 1986 年版，第 319 页

⑤ 李烈主编：《贺龙年谱》，人民出版社 1996 年版，第 482 页。

⑥ 王焰主编：《彭德怀年谱》，人民出版社 1998 年版，第 433~434 页。

定：西北局党校为中级党校，以训练县级科、部长以上的具有初中文化程度的党员干部为主。为了满足某些工农老干部文化学习的要求，可设吸收县委委员以上老干部文化学习的班次。省（市）党校为初级党校，以训练区级并具有高小文化程度的党员干部为主。地委办的党校以轮训乡村党员干部为主。县级以下工农干部的文化，由工农文化补习学校或工农速成中学解决。会议确定西北局党校实际学习时间为1年；文化班实际学习为2年；省（市）党校实际学习时间为8~10个月；地委党校实际学习时间为6个月。为了加强党委对党校的领导，除了党校校长仍由党委委员兼任外，从制度上规定：党委必须定期认真检查党校工作，审查党校教育计划，解决重大问题。党委的宣传部门，应协助党委处理党校有关教学方面的问题；党委的组织部门，应协助党委处理党校有关学员调配、学习组织方面的问题，以改变过去有些党委宣传部不管党校工作的不良现象。同时党校必须定期向党委作报告，严格执行请示报告制度。中共中央认为西北局对党校工作的方针是正确的，并将西北局此次会议报告转发其他中央局和分局以供参考。①

1954年12月6个中央局撤销后，中共中央在关于轮训全党高中级干部和调整党校的计划中规定：除华北局党校已经并入马列学院外，原来5个中央局党校（东北、西北、华东、中南、西南）和山东、华南两个分局党校，改为7个中级党校。中级党校的任务，是轮训地委委员、县委正副书记、县长以及相当于这一级的干部。②

新中国成立后，西北局领导下的西北五省一市中，仅有陕西、甘肃、新疆建立了党校。中共陕西省委党校1950年7月建立，中共甘肃省委党校1952年11月建立，新疆分局党校1953年11月建立。中共宁夏省委和西安市委则称干部学校，宁夏省委干部学校建立较早，1949年10月建立。西安市委干部学校1953年3月才建立。中共青海省委则未建立党校或干部学校。

（六）西北财经委员会与西北财经办事处

财经机构是西北局极其重要的工作机构，具体又包括西北财经委员会

① 中央档案馆、中共中央文献研究室：《中共中央文件选集（1949年10月—1966年5月）》第7册，人民出版社2013年版，第391~394页。

② 中央档案馆、中共中央文献研究室：《中共中央文件选集（1949年10月—1966年5月）》第17册，人民出版社2013年版，第418页。

与西北财经办事处。

西北财经委员会是在中共中央财经委员会的基础上成立的。为了加强对陕甘宁边区生产运动的领导，1938 年 12 月中共中央书记处决定成立中共中央财政经济部，设部长和副部长，部长林伯渠，副部长曹菊如、叶季壮，后又加入李富春。1939 年 1 月，中共中央书记处又决定成立中共中央财政经济委员会，以统一与集中解决陕甘宁边区财政经济问题与批准党、政、军三方面的各种预决算，设主任、副主任和委员，主任林伯渠，第一副主任李富春，副主任曹菊如，委员 9 人。1941 年 6 月，中共中央政治局会议决定以林伯渠、朱德、任弼时、李富春、高岗组成中共中央财政经济委员会，以林伯渠为主任。

由于中央财经机构主要是为了解决陕甘宁边区的财经问题，因此中共中央后来决定将财经机构改设在西北局。1942 年 6 月，中共中央书记处决定成立以林伯渠为主任、贺龙为副主任的西北财经委员会，下设由贺龙主持的西北财经办事处。① 但此时西北财经办事处只是确定由贺龙负责，实际尚未真正组建起来。10 月 9 日，中共中央书记处工作会议同意任弼时、李富春的提议，为统一财经委员会实际工作的领导，向西北中央局提议，以贺龙、南汉宸、叶季壮、高自立、朱理治 5 名同志组织财经办事处工作会议，以贺龙为主任。此项议案委托任弼时与林伯渠、贺龙、高岗等同志商定后，交西北中央局决定。② 西北局作出决定后，11 月 25 日，陕甘宁边区政府、晋西北行署、联防军三机关共同委任贺龙、高自立、南汉宸、朱理治、叶季壮组成财经办事处委员会，贺龙为主任。③

西北财经办事处成立后，在人事上做过一次重大调整：1944 年 3 月 5 日，中共中央政治局会议根据毛泽东的提议，决定陈云任西北局委员、西北财经办事处副主任兼政治部主任，其中央组织部部长一职由彭真代理。3 月 10 日，中央书记处发出关于陈云任职的通知。5 月 16 日，陕甘宁边区政府、晋绥行署、陕甘宁晋绥联防司令部联合任命陈云为西北财经办事处副主任。④ 据当年在陈云身边工作的刘家栋回忆："不少同志得知陈云同志这一调动情况时，都表示不理解，认为陈云同志在中央组织部干得好

① 中共中央文献研究室：《任弼时年谱（1904—1950）》，中央文献出版社 2014 年版，第 430 页。
② 中共中央文献研究室：《任弼时年谱（1904—1950）》，中央文献出版社 2014 年版，第 436 页。
③ 李烈主编：《贺龙年谱》，人民出版社 1996 年版，第 354 页。
④ 中共中央文献研究室：《陈云年谱》（上卷），中央文献出版社 2000 年版，第 381 页。

好的，怎么又调了呢？”[①] 其实，让陈云主持西北财经工作的主要原因是，对中共中央所在地陕甘宁边区说来，面对当时国民党当局经济封锁的严峻形势，发展生产已成为突出问题，而西北财经办事处主任贺龙又担任着陕甘宁晋绥联防军司令员，不可能很多地顾及这方面的工作，因此迫切需要加强边区财经工作的组织领导力量。[②] 陈云去东北之后，西北财经办事处由贾拓夫主持。1945 年 9 月 3 日，陈云主持西北财经办事处会议，谈时局问题，并宣布今后西北财经办事处工作由贾拓夫主持。[③] 为加强陕甘宁、晋绥两边区财经工作领导，1947 年 10 月，陕甘宁边区政府政务会议决定仍由贺龙任西北财经办事处主任，贾拓夫、陈希云、惠中权分任第一、第二、第三副主任，将两边区贸易公司合并为西北贸易公司，两边区银行合并为西北农民银行。[④]

西北财经办事处下设政治部，由陈云兼任主任。在各财经部门，均分级设了政治部门。在各分区设立了财经分会。1944 年 4 月，西北局确定陕甘宁边区银行属于企业性质，决定将西北财经办事处物资局改为陕甘宁边区贸易公司，统一管理边区外贸。[⑤]1947 年 11 月，边区政府、联防军司令部联合通告：为有力支援前线，保障部队供给，决定在西北财经办事处下成立一运输大队，统一领导与组织边区各机关之运输力，委任高登榜为该队大队长，白如冰兼任政治委员。[⑥]

西北财经办事处的职权，可从以下几个方面说明。第一，1944 年 4 月陕甘宁边区高级干部会议决定，各地金融、贸易、财政工作必须统一于各个地委的领导之下，各地委又必须统一于西北局及财经办事处领导之下。[⑦] 陕甘宁边区银行受边区政府领导，1943 年以后，由西北财经办事处兼管，属双重领导。银行里有关业务方针的拟订与监督，发行数量的确定与检查，资金的增减，分支行的设立，大量投资与信贷，存放利率的修订，收益的分配与处理，须经西北财经办事处通知决定。[⑧] 第二，1944 年 7 月，中共中央通知各根据地：由陕甘宁边区政府的西北财经办事处负责

① 刘家栋：《陈云在延安》，中央文献出版社 1995 年版，第 186 页。

② 中共中央文献研究室：《陈云传》（一），中央文献出版社 2015 年版，第 354 页。

③ 中共中央文献研究室：《陈云年谱》（上卷），中央文献出版社 2000 年版，第 425 页。

④ 李烈主编：《贺龙年谱》，人民出版社 1996 年版，第 439~440 页。

⑤ 中共中央文献研究室：《陈云年谱》（上卷），中央文献出版社 2000 年版，第 383 页。

⑥ 李烈主编：《贺龙年谱》，人民出版社 1996 年版，第 442 页。

⑦ 《任弼时选集》，人民出版社 1987 年版，第 348 页。

⑧ 黄正林：《陕甘宁边区乡村的经济与社会》，人民出版社 2006 年版，第 120 页。

编辑一种带全国性的经济情报，委托各根据地及办事处向一定的大城市收集必要的材料，按期编成情报，通知各根据地作参考。各根据地及办事处须定期将被委托搜集的或自己需要汇报的情报，通知西北财经办事处。同时亦可向西北财经办事处要求代为收集自己所希望得到的情报。晋察冀分局、北方局、晋绥分局、山东分局、华中局、鄂豫边区党委、东江游击支队、重庆办事处等各地党必须指定专门人员负责收集研究经济情报，每周或每半月或一月用专门的经济情报密码向西北财经办事处通报一次，如遇金融上重大风潮时，随时报告。①第三，一些中央局、中央分局曾向西北财经办事处报告财政经济状况。如 1944 年 11 月，李先念同任质斌致电西北财经办事处，报告财政经济状况。②又如 1944 年 11~12 月，邓小平和滕代远、杨立三 4 次致电中共中央并转西北财经办事处，报告华北地区和太行区的经济状况。③再如，陈云曾致信南方局经济组组长许涤新，要他们向西北财经办事处介绍国民党政府的黄金政策、外汇政策、币制改革政策、金融政策、财政收支政策和棉布政策等。④

西北财经办事处的主要工作方式是召集会议，包括例会和临时会议。如陈云主持西北财经办事处期间，每周在边区银行召开一次例会，召集各主要财经部门领导人参加。经常参加的有边区财政厅厅长南汉宸、贸易总局局长叶季壮、西北财经办事处秘书长曹菊如、边区银行行长黄亚光、土产总公司经理喻杰、贸易总局副局长范子文、西北财经办事处工业组长陈郁，留美经济学家王思华、经济学家丁冬放、边区银行研究室主任苏子仁，晋绥白如冰等也曾参加。⑤据《陈云年谱》，从 1944 年 1 月到 1945 年 9 月 10 日，陈云出席西北财办会议 6 次（包括西北财办第二次会议、第三次会议、第四次会议、第五次会议、第六次会议），主持西北财办会议 26 次（包括 5 次专题会议）。不仅如此，陈云还经常召集曹菊如、南汉宸、

① 《中共中央关于收集研究全国经济情报的通知（1944 年 7 月 22 日）》，中共中央文献研究室、中央档案馆：《建党以来重要文献选编（1921—1949）》第 21 册，中央文献出版社 2011 年版，第 425~426 页。

② 《李先念传》编写组、鄂豫边区革命史编辑部：《李先念年谱（1909—1948）》第 1 卷，中央文献出版社 2011 年版，第 455 页。

③ 中共中央文献研究室：《邓小平年谱（1904—1974）》（上），中央文献出版社 2009 年版，第 541、第 542、第 545 页。

④ 中共中央文献研究室：《陈云传》（一），中央文献出版社 2015 年版，第 392 页。

⑤ 朱劭天：《陈云同志与西北财经办事处》，转引自《缅怀陈云》编写组：《缅怀陈云》，中央文献出版社 2000 年版，第 177 页。

叶季壮、黄亚光开临时会议，解决面临的各种实际问题。[①]

据当时在陈云身边工作的朱劭天回忆：1945 年 9 月，根据党中央的决定，陈云与彭真、叶季壮、伍修权、段子俊、莫春和等同志一起，乘飞机赴东北。陈云行前嘱咐，由西北财经办事处迅速组织 10 多名财经工作干部轻装快马，赶去东北。至此，陈云同志结束了在西北财经办事处的工作。[②]抗日胜利后，陈云在西北财经办事处会议室接连召开了几次例会。他对与会的财经干部说，西北人民为革命作出了巨大贡献，又担负了财政金融方面的负担。我们许多同志就要离开西北，分赴各新解放区，我们为西北人民尽可能留下的只有这大体够一年用的家当。[③]

西北财经办事处自 1942 年成立后，完成了以下历史任务：（1）沟通陕甘宁和晋绥两个边区的财政经济。（2）团结了内部。（3）发展了生产。（4）建立了家务。（5）对于支援边区战争起了一定的作用。但这个组织在工作划分上也存在缺点，主要是多头领导，办事效率低。为了使财经更加集中统一，就必须由财经委员会代替。[④]1948 年 7 月，西北财经办事处在完成历史任务后撤销。为了使财政、生产、建设、银行、贸易建立更加统一集中的领导，以便在财力上更集中，在支前上更加方便灵活，使支前工作做得更好，使后方发展生产及对敌斗争进一步加强，经西北局决定，取消财办处，成立财经委员会，实现财供统一。[⑤]

新的西北局财经委员会，统一领导财政、建设、银行、贸易工作。其具体工作范围是：（1）制定有关财政供给、金融贸易、生产建设的方针、政策和各项制度，由西北局批准，交财政厅、建设厅、银行、贸易公司实施之。（2）财经委员会下设审计处，进行各项审核工作，核准或否决军、政单位的各项预决算。（3）领导督促与检查财政厅、建设厅、银行、贸易公司实现既定之方针、政策、制度的情况，解决他们日常工作中所发生的带有原则性的问题。财政厅、建设厅、银行、贸易公司在行政上仍属政府，

---

① 陈答才：《陈云与西北财经办事处》，《陕西师范大学学报（哲学社会科学版）》，2005 年第 5 期。

② 朱劭天：《陈云同志与西北财经办事处》，转引自《缅怀陈云》编写组：《缅怀陈云》，中央文献出版社 2000 年版，第 181 页。

③ 朱劭天：《陈云同志与西北财经办事处》，转引自《缅怀陈云》编写组：《缅怀陈云》，中央文献出版社 2000 年版，第 180~181 页。

④ 《在联防军后勤会议上的总结报告（1948 年 7 月 13 日）》，《贺龙军事文选》，解放军出版社 1989 年版，第 384 页。

⑤ 《在联防军后勤会议上的总结报告（1948 年 7 月 13 日）》，《贺龙军事文选》，解放军出版社 1989 年版，第 384 页。

财经委员会之各种措施，需向外公布者，由政府签署公布之。[①] 西北财经委员会书记贺龙，副书记贾拓夫，委员贺龙、习仲勋、林伯渠、马明方、贾拓夫。秘书长贾拓夫。[②]1948 年 9 月，毛泽东在中共中央政治局会议上就财经统一问题指出：要以华北人民政府的财经委员会统一华北、华东及西北的经济、财政、贸易、金融、交通和军工生产，以及可能的和必要的建设工作和行政工作。[③] 此后，西北的财经工作统一到华北人民政府财经委员会。但西北局财经委员会仍然工作，1949 年 9 月，该财经委员会结束工作。

新中国成立后，在 6 个大行政区中，财政经济委员会不再设在中央局工作机构中，而改设在大区政权组织中。在西北地区，1950 年 4 月西北军政委员会设立财政经济委员会，主任贾拓夫、副主任白如冰。9 月，西北局书记彭德怀兼任主任，副主任贾拓夫、白如冰。[④]1953 年 12 月，西北行政委员会设立财政经济委员会，主任马明方，副主任白如冰、蔡子伟、狄景襄、朱敏、刘海滨、吴生秀，后增加王达成、冯直为副主任。[⑤]

① 《在联防军后勤会议上的总结报告（1948 年 7 月 13 日）》，《贺龙军事文选》，解放军出版社 1989 年版，第 385 页。

② 中共中央组织部、中共中央党史研究室、中央档案馆：《中国共产党组织史资料》第 4 卷（上），中共党史出版社 2000 年版，第 123、第 127 页。

③ 中共中央文献研究室：《毛泽东年谱（1893—1949）》（修订本）（下卷），中央文献出版社 2013 年版，第 345 页。

④ 中共中央组织部、中共中央党史研究室、中央档案馆：《中国共产党组织史资料》附卷一（上），中共党史出版社 2000 年版，第 259 页。

⑤ 中共中央组织部、中共中央党史研究室、中央档案馆：《中国共产党组织史资料》附卷一（上），中共党史出版社 2000 年版，第 266 页。

第七章　西北局的工作机制

这里所说的工作机制，主要是指西北局领导机构和工作机构的工作方式和运作机制。本章主要依据西北局文件、报纸、文集选集、年谱、日记、传记、大事记、组织史资料等，论述西北局一系列工作的机制，诸如会议形式、文件政治、调查研究、工作团与下乡、工作试点、运动与动员、群众路线、检查与总结等。这些工作机制，都是长效机制，一直使用至今。

一、会议形式

会议是中国共产党党章的重要内容。中共二大、三大、四大党章均在第三章列专章对“会议”作了规定。此后的党章把会议同党的组织机构放在一起加以规定，对各级各类会议以及临时会议的召开次数、人数、办法和形式等均作出制度性规定。会议是集体领导的重要实现形式。苏区中央局时期，中共中央指出：“中央局应有它经常的会议与分工。”[①] 延安时期，毛泽东指出：“过去我们学会了一种工作方式，就是开会。这个方式各处盛行，多年以来我们就没有放弃过这种工作方式。”[②]

（一）党委会议

毛泽东在《关于健全党委制》中指出：今后从中央局至地委，从前委至旅委以及军区、政府党组、民众团体党组、通讯社和报社党组，都必须健全党委会议制度，一切重要问题均须交委员会讨论，由到会委员充分发

① 《中央关于中央苏区组织问题的决议（1931年8月30日）》，中共中央组织部、中共中央党史研究室、中央档案馆：《中国共产党组织史资料》第8卷文献选编（上），中共党史出版社2000年版，第414页。

② 中共中央文献研究室：《毛泽东文集》第3卷，人民出版社1996年版，第112页。

表意见，做出明确决定，然后分别执行……委员会又须分别为常委会和全体会两种，不可混在一起。①

西北局成立后，制定了专门的常委会工作细则，其中包括常委会议。根据该细则规定：常委会议每周一次，定期每星期四上午召开。但每次仍由秘书处事先用书面或电话通知各参加人；每次会议不得超过 4 小时，在必要时由常委会决定可召开临时会议。常委会议的内容包括：讨论中央重要的决议和指示，通过向中央的工作报告。关于政策及工作方针等重要问题的讨论与决定。讨论和通过常委直接领导下的□□□工作的计划和定期的检查。审核与通过县级部长以上及与□□□格以上人员之任免调整。审核与通过县级部长以上及与□□□格以上人员之奖惩。决定高级干部会议及全边区性质会议之召集。决定与通过西北局及所属党委的预决算。其他临时重要事项。②上述工作细则，对会议召开的次数和时间、内容等均作了详细规定，特别是会议内容所规定的 8 个方面，与常委会的职责是相通的，是常委会职责的具体化。

上述常委会议实际上是委员会会议，因为西北局成立时并未设立常委会，委员即是常委，委员会即是常委会。而正式设立常委会则是后来的事情。1943 年 1 月，经西北局委员会第 46 次会议决定与中央书记处批准，西北局设立常委会。③西北局文件规定：西北局会议包括委员会全体会议、常委会及常委所召集之各种会议。一般规定委员会每月开会一次，常委会每周开会一次，如遇特殊情形，可临时改变。在西北局委员会开会期间，常委会停开。主要议程均须于会前做充分准备，并将准备好的材料分送各委员研究，然后提交会议讨论。会议中一般议决事项均须于会后通知西北局委员，特殊事项例外。④

但实际上，常委会议并非每周召开一次，而是大致两周召开一次。西北局文件具体提到的常委会议只有一次，即 1943 年 1 月 28 日西北局常委第 47 次会议决定成立精简委员会。⑤这就说明，常委会议自西北局成立至

---

① 《毛泽东选集》（第 4 卷），人民出版社 1991 年版，第 1340~1341 页。

② 《西北局常委会工作任务和工作细则（1941 年 9 月）》，中央档案馆、陕西省档案馆：《中共中央西北局文件汇集》（1941 年）（内部本）甲 1，1994 年，第 178~179 页。

③ 《西北局通知——设立西北局常委会等（1943 年 1 月 6 日）》，中央档案馆、陕西省档案馆：《中共中央西北局文件汇集》（1943 年）（内部本）甲 3，1994 年，第 1 页。

④ 《西北局常委会的业务与组织（1943 年 1 月）》，中央档案馆、陕西省档案馆：《中共中央西北局文件汇集》（1943 年）（内部本）甲 3，1994 年，第 9~10 页。

⑤ 《西北局办公厅关于成立精简委员会的通知（1943 年 1 月 28 日）》，中央档案馆、陕西省档案馆：《中共中央西北局文件汇集》（1943 年）（内部本）甲 3，1994 年，第 6 页。

此开到第47次，此前已召开46次。对于西北局常委会召开的次数，《中国共产党组织史资料》共提到7次，整理列表如下（见表7-1）。

表7-1 《中国共产党组织史资料》中的西北局常委会

日期	次序	内容
1942.2.12	第26次	决定组织边区土地政策研究委员会
1942.6.18	第37次	决定设党务研究委员会等四个委员会
1942.8.1	第39次	决定组建友军工作委员会
1942.8.15	第40次	决定设精兵简政分委员会
1942.10.15	第44次	决定组建财政经济办事处
1943.1.4	第46次	确定社会部仍为西北局的一个工作部门
1943.1.26	第47次	决定成立精兵简政委员会

由表7-1可知，在自1942年2月至1943年1月近一年的时间里，西北局常委会共召开22次，平均每月召开2次。习仲勋担任西北局书记后，西北局常委会决定每周四召开一次例会。据《史唯然日记》记载，1945年11月15日，西北局常委会例会决定在每星期四召开。之后的22~29日均召开了常委会例会。①据《彭德怀年谱》记载，自新中国成立至1950年10月彭德怀进京，一年时间里，西北局一共召开16次常委会，平均每月1.8次。②

参加西北局常委会议的不仅仅是常委委员，有的会议中央领导和边区政权机关领导人也会参加。分管边区工作的任弼时经常参加西北局常委会议。据师哲回忆：西北局驻在南门外，我常陪弼时去参加西北局常委会。③陈云任西北局委员后也经常参加常委会议。如自1944年1月至1945年9月10日，陈云共出席西北局常委会26次。④据《谢觉哉日记》：谢老也曾多次参加西北局常委会议。如1942年1月30日至西北局开常会，讨论行政教育问题。⑤1945年11月22日至西北局参加常会。⑥1946年8月

① 魏建国、张建儒主编：《史唯然》，陕西人民出版社2021年版，第262页。

② 王焰主编：《彭德怀年谱》，人民出版社1998年版，第423~440页。

③ 师哲：《我敬仰的老师和学习的榜样》，转引自中共中央文献研究室：《回忆任弼时》，中央文献出版社2014年版，第387页。

④ 陈答才：《陈云与西北财经办事处》，《陕西师范大学学报（哲学社会科学版）》2005年第5期。

⑤ 谢觉哉：《谢觉哉日记》（上卷），人民出版社1984年版，第349页。

⑥ 谢觉哉：《谢觉哉日记》（下卷），人民出版社1984年版，第870页。

22日下午参加西北局常会讨论土地问题。9月12日下午参加西北局常会谈学习与报纸。[①]

西北局还曾召开常委办公会议。如1949年10月底至11月上旬，习仲勋主持召开3次常委办公会议，讨论西北局扩大会议的召开及西北军政委员会的组织机构设置等问题。[②]

西北局委员会和常委会也曾召开扩大会议。这种会议延安时期开过，如1946年7月初，习仲勋在延安主持召开西北局扩大会议，传达毛泽东的谈话精神和党中央的北线作战意图。[③]新中国成立后，扩大会议开得较延安时期多，有几次扩大会议很重要。如1949年11月，西北局召开了著名的兰州扩大会议，彭德怀主持会议并作工作报告，贺龙传达中央有关意见，会议讨论了支援解放西南问题，通过了西北军政委员会名单和西北局委员会兰州扩大会议决议。中央军委复电西北局和一野前委同意西北局扩大会议的决议。[④]为了统一党内干部的思想认识，开好西北军政委员会第二次会议，西北局于1950年6月下旬召开扩大会议，研究工作中存在的问题和会议要解决的事项。1951年11月中旬西北局召开扩大会议，强调从上到下应普遍进行一次整风学习，批评和纠正干部中存在的各种错误思想和不良倾向。1952年11月下旬，为贯彻中央人民政府《关于改变大行政区人民政府（军政委员会）机构与任务的决定》，习仲勋结合大区机构的改变，在西安主持召开了为期10天的西北局扩大会议。[⑤]1954年3月下旬至4月上旬，西北局连续召开3次扩大会议，马明方主持并报告工作，一致表示坚决贯彻党的七届四中全会决议。

西北局后方工作委员会会议也可看作西北局委员会会议或常委会会议的一部分，但时间较短。转战陕北前夕，根据中共中央安排部署，西北局一分为二，分为前敌委员会（简称前委）和后方工作委员会（简称后委），前委随西北野战军行动，后委负责主持后方工作。前委在前方工作的三四个月时间里，后委曾多次召开会议讨论有关工作。如1947年5月，马明方主持召开数次后委会议，分别听取崔田夫关于安塞工作情况的汇报，讨论检查撤出延安后的工作情况和存在的问题，讨论榆横工作等。5月19

① 谢觉哉：《谢觉哉日记》（下卷），人民出版社1984年版，第967页。
② 《习仲勋传》编委会：《习仲勋传》（下卷），中央文献出版社2013年版，第20页。
③ 《习仲勋传》编委会：《习仲勋传》（上卷），中央文献出版社2013年版，第440页。
④ 《习仲勋传》编委会：《习仲勋传》（下卷），中央文献出版社2013年版，第20、第21、第24页。
⑤ 《习仲勋传》编委会：《习仲勋传》（下卷），中央文献出版社2013年版，第203页。

日后委开会讨论处理俘虏和扩兵问题，中央军委副主席周恩来参加并作指示。6 月，后委开会重点讨论恢复青年、妇女工作的组织机构的问题。[①]

（二）干部会议

关于干部会议，中国共产党党章早有规定。中共二大党章第三章第十一条规定：各地方由执行委员会每月召集各干部会议一次。[②] 这是党章对干部会议的首次规定。中共七大党章进一步规定：各级党的组织，为了传达与讨论上级组织的重要决定及为了检查工作与布置工作，得召集各种“干部会议”及活动分子会议。[③] 干部会议又可分为高级干部会议（简称高干会或高干会议）和一般干部会议两种。

在中共党史上，高干会主要是在延安时期召开的。此间，中共中央开过，中央局、中央分局开过，军队系统开过，政府系统也开过，但开得最多的是西北局。召开高干会议是西北局的重要工作机制之一，是西北局实施领导、执行中央政策、联系群众和领导政权的基本方式，在西北局各项工作的布置和完成中发挥了重要作用。研究西北局，不能不关注西北局高干会。由领导人年谱、文集、中共中央文件、西北局文件、陕甘宁边区政府文件和《解放日报》等文献资料可知，自成立至 1948 年，西北局先后一共召开了 7 次高干会（见表 7–2）。

表 7–2　西北局历史上的 7 次高干会

次序	时间	天数	内容
1	1941.10~11	8	思想方法、财政经济问题、军民关系和组织工作
2	1942.10~1943.1	88	精兵简政、财政及整风学习、党政军民关系
3	1943.10	5	准备打仗、十大政策、军队管理和练兵
4	1944.3~4	23	财经工作、政权工作和军队政治工作
5	1945.1	9	领导作风和工作作风
6	1946.4~5	15	财经、复员、保卫、边防和武装
7	1948.7~8	17	土地改革、整党、建政和生产运动

---

① 郭刚主编：《中共中央西北局大事记》，中共中央党校出版社 2017 年版，第 153 页。

② 《中国共产党章程》（1922 年 7 月中国共产党第二次全国代表大会议决）。

③ 《中国共产党党章》（中国共产党第七次全国代表大会一九四五年六月十一日通过）。

西北局高干会是西北局主持召开的由党委、政府和军队系统县团级以上干部参加的会议，有时亦称陕甘宁边区高干会。西北局文件规定，高级干部会议的召集由西北局常委会决定。[①] 关于高干会的性质，未见党的文献对此加以规定。陈毅在新中国第一次军队高干会上指出："高干会在党的历史上历来是解决重大问题的会议，其性质等于党的代表会议。"[②] 与党的代表会议相比，高干会的优点是"迅速、便利，召集比较容易"，所以毛泽东指出："代表会议要保存干部会议的好处，不要太繁杂了。"[③] 与委员会全体会议和常委会议相比，高干会的优点在于召集无定期限制，会期可长可短，能够在更大范围内传达中央指示，讨论和决定重大问题，布置相关工作。而委员会全体会议和常委会议则有定期限制，召集相对频繁，会议的规模和人员范围小而集中。

但高干会在发扬党内民主方面有其局限性。一是参会者的范围局限于高级干部，中下级干部和普通党员未能参加会议。二是参加会议的高级干部并非经由党内民主选举或推选方式产生，而是根据会议内容的重要程度和中央指示的传达范围来确定。三是以党的民主集中制原则来衡量，高干会不及党代会民主，在传达指示、讨论问题与作出决策等方面相对偏重于集中。此外，高干会召开的时间也存在着未能照顾到农时，出现不合时宜的情形。毛泽东在 1948 年 6 月转发西北局《关于执行中央土改与整党指示的初步意见》的按语中指出："过去各地在秋冬两季开高级及中级干部会布置全年工作的习惯未能顾到农民的季节，对于农村工作有极大妨碍，这种情况从今年起必须改变。"[④]

在发扬党内民主方面，干部会议比高干会要充分。为了传达并贯彻全国土地会议精神，部署陕甘宁边区的土改和整党工作，1947 年 11 月 1~25 日，西北局在绥德义合召开了陕甘宁边区干部会议。参会者共 922 名，来自地委及陕甘宁边区机关一级干部。[⑤] 义合会议创新了干部会议的组织形式，"打破了过去高干会的圈子，把土地改革、整顿思想、整顿组织等大问题不只是交由少数高干去讨论决定，而是除各分区的负责同志和

① 《西北局常委会工作任务和工作细则（1941 年 9 月）》，中央档案馆、陕西省档案馆：《中共中央西北局文件汇集》（1941 年）（内部本）甲 1，1994 年，第 178~180 页。

② 转引自慕崧：《新中国军队第一次大规模党的高级干部会议》，《光明日报》2012 年 1 月 4 日。

③ 中共中央文献研究室：《毛泽东文集》第 5 卷，人民出版社 1996 年版，第 137 页。

④ 中共中央文献研究室：《毛泽东年谱（1893—1949）》（修订本）下卷，中央文献出版社 2002 年版，第 319 页。

⑤ 《习仲勋传》编委会：《习仲勋传》（上卷），中央文献出版社 2008 年版，第 535 页。

绥德分区及其所属各县干部参加外，并吸收了边区级各机关绝大部分党员干部来共同讨论决定，这就大大地提高了大家的积极性和创造性”。因此，参加会议的“许多干部一致的意见是今后应继续采用这种会议的组织形式”①。但在发扬党内民主方面，干部会议仍嫌不足。毛泽东在 1948 年 9 月中共中央政治局会议上指出：“我们党内是有民主的，但是还不足或者缺乏，现在要增加。办法是用代表大会、代表会议代替干部会议。”②会议决定：“这种代表大会及代表会议，在以后不得用普通的干部会议去代替，而必须按期召开。”③

（三）党政联席会议

在中共党史上，苏维埃时期，党、政、军、民诸系统均曾召开联席会议。据《红色中华》报道，自 1932 年 1 月至 1934 年 12 月召开的联席会议就有近 20 个。但联席会议不同于代表大会。联席会议是商议机关，而代表大会是法权机关。④

延安时期，联席会议召开得更多。据《新中华报》《解放日报》报道，陕甘宁边区的联席会议名目繁多，多达二三十种。诸如：边区参议会常驻委员会与政府委员会联席会议、专员县长联席会议、县委书记联席会议、县长联席会议、县市长联席会议、县委组织部长联席会议、审判员联席会议、一科长联席会议、二科长联席会议、三科长联席会议、四科长联席会议、五科长联席会议、区长区委书记联席会议、区长联席会议、乡长联席会议、支书联席会议、支干联席会议、干部联席会议、合作社联席会议、厂长联席会议、税务局长联席会议、贸易局长联席会议、厂长工程师联席会议、工会联席会议、教育联席会议、妇联主任联席会议，等等。

西北局组织召开的联席会议主要有两种形式，一是党的系统的联席会议，二是党政联席会议。党的系统的联席会议，主要包括地委书记联席会议、县委书记联席会议、组织部长联席会议，以及区委书记联席会议等。地委书记联席会议开得不是很多，但很重要。如前述 1948 年 7~8 月召开的西北局高干会。又如 1949 年 7~8 月，西北局在刚解放的关中新区召开

---

① 《陕甘宁义合会议通报》，陕西省档案馆馆藏“革命历史资料”，A13-28-46。

② 中共中央文献研究室：《毛泽东文集》第 5 卷，人民出版社 1996 年版，第 137 页。

③ 中央档案馆：《中共中央文件选集（1948 年）》第 17 册，中共中央党校出版社 1992 年版，第 351 页。

④ 柏台：《代表大会与主席联席会议》，《红色中华》1932 年 1 月 20 日。

各地方党委书记联席会议，贺龙在会上提出要迅速改进领导作风与工作方法，建立科学的工作制度，习仲勋在会上作了总结报告。12月中下旬，西北局再次召开关中各分区地委书记会议，总结检查自7月关中各分区地委书记会议召开以来的关中农村工作情况。① 县委书记联席会议，在边区党委时期就召开过。如董必武曾出席1940年8月陕甘宁边区县委书记联席会议，并在会上作了《更好地领导政府工作》的报告。② 之后的边区中央局也召开过。如1941年2月下旬陕甘宁边区县委书记联席会议③，也称为陕甘宁边区各县干部联席会议。④ 西北局成立后不久，为切实执行新施政纲领，于5月26日至30日召开县委书记联席会议。会议第一日由组织部部长陈正人报告时事，第二日由宣传部部长李卓然报告施政纲领的意义，第三日由书记高岗报告边区经济建设及运盐问题，下午及30日上午由各县委书记作边区经济建设各种具体办法之商讨。⑤ 组织部长联席会议，主要是在地委一级和县委一级召开的。如西北局于1942年9月至10月召开边区各分委县委及民众团体组织部长联席会议。会议从9月2日开始，会期近一月。在最后一次会议上，西北局组织部长陈正人作了会议总结报告，中共中央组织部部长陈云说明了会议各种决定的意义，《解放日报》总编辑陆定一谈时事。会议讨论并初步解决了党员问题、支部建设问题、干部问题、新区和边境区问题、领导与作风问题、整顿民众团体问题。⑥ 这次会议对于提高党员素质、整顿基层组织、整顿领导机关、整顿边区全党作风、力求正确地执行党的全部政策，从而加强各级党组织的领导起了促进作用。⑦ 又如，1948年11月22日至12月3日，西北局召开地委组织部长联席会议，习仲勋书记和马文瑞部长作了讲话。会议重点讨论了干部问题、整党及民主问题，特别是民主问题。⑧

此外，在陕甘宁边区，还曾召集过区委书记联席会议、总支委联席会议，以及支书与区书联席会议。如1943年1月庆阳县召开区书联席会议，县委宣传部总结半年整风学习情况，指出优缺点；总结一年来文化教育工

① 《群众日报》1949年12月30日。

② 《董必武选集》，人民出版社1985年版，第53页。

③ 中共中央文献研究室：《朱德年谱》（新编本）（中），中央文献出版社2006年版，第1045页。

④ 《任弼时选集》，人民出版社1987年版，第225页。

⑤ 《经过数日议程，县委书记联席会议闭幕，认真执行新施政纲领，加紧运盐宣传工作》，《解放日报》1941年5月31日。

⑥ 《边区各县党委组织部长联席会议结束》，《解放日报》1942年10月5日。

⑦ 房成祥、黄兆安：《陕甘宁边区革命史》，陕西师范大学出版社1991年版，第239页。

⑧ 魏建国、张建儒主编：《史唯然》，陕西人民出版社2021年版，第275~279页。

作，指出今后文化教育工作的方向，对于文化学习成绩最好的决定发给奖品或奖状。[①] 又如，1942 年 6 月，西北局直属党委召开了总支委联席会，讨论加强延安市边区系统各支部工作问题。边区政府、军队、民众团体各总支书记、西北局直属党委书记等参加，张邦英、李卓然两部长也参加了会议并发了言。这是西北局首次召开总支委联席会，对此次会议西北局高度重视。[②] 再如，1944 年 3 月，延市召开支书、党员乡长、区委书记联席会议，研究总结支部怎样领导变工经验。[③]

党政联席会议包括边区党委和边区政府联合召集的联席会议，县长和县委书记联席会议，以及区委书记区长联席会议，主要任务是推动边区的实际工作。其中，最重要、规模最大的一次县长和县委书记联席会议是 1940 年 3 月召开的陕甘宁边区党政联席会议。这是一次由边区党委和边区政府联合召集，各分区书记、专员和各县委书记、县长、保安科长等负责同志参加的会议。会议主要总结边区党代表大会所提出的征粮和扩军工作落实情况，并讨论第二次党代表大会所号召的经济建设工作。[④] 毛泽东于 3 月 4 日莅会作了关于新民主主义问题、边区问题、宪政问题和磨擦问题的重要讲话。[⑤] 西北局下属的分区也曾召开党政联席会议。如 1945 年 9 月延属分区召开县书、县长联席会，主要讨论生产备荒、冬训、普选及秋征等问题。10 月，绥德分区县长、县书联席会，检讨一年来工作作风，提出整顿合作社及缉私工作。1948 年 5 月某日，延属分区召开县委书记、县长联席会议，总结各县春耕。习仲勋、马明方、杨明轩亲临指导，号召大家要重视对生产的领导，指出："恢复生产是搞好一切工作的基础，要克服延安收复后部分干部的安逸享乐思想。"[⑥] 区委书记区长联席会议召开得也很多。如 1944~1946 年西北局下属的延安、淳耀、镇原、米脂等县召开了区书区长联席会议，分别讨论春耕工作、干部领导作风、选举与减租、变工队领导等问题。

此外，延安时期，陕甘宁边区参议会常驻议员和边区政府委员三次联

---

① 《庆阳区支书联席会议，总结半年整风学习》，《解放日报》1943 年 1 月 8 日。

② 《保证完成工作与学习，边区系统支书联席会议》，《解放日报》1942 年 7 月 1 日。

③ 《延安市区书支书会议，总结支部领导变工经验》，《解放日报》1944 年 3 月 4 日。

④ 《习仲勋传》编委会：《习仲勋传》（上卷），中央文献出版社 2013 年版，第 283 页。

⑤ 毛泽东共讲了 4 个问题，即新民主主义问题、边区问题、宪政问题和磨擦问题。中共中央文献研究室：《毛泽东年谱（1893—1949）》（修订本）（中卷），中央文献出版社 2013 年版，第 175 页。

⑥ 《群众日报》1948 年 6 月 6 日。

席会议是在西北局的领导下召开的。有学者称之为“议行联席会”[①]。例如，1949 年 2 月陕甘宁边区第三届参议会常驻议员政府委员暨晋绥边区代表联席会议由边区政府决定召开。贺龙在报告中指出：“这次会是接近全国胜利时开的，是在中共西北中央局领导下在延安所开的最后一次会议。”[②]这三次会议的召开简况见表 7–3。

表 7–3　陕甘宁边区参议会常驻议员和政府委员 3 次联席会议

时间	地点	出席人	议程
1944.7.10~18	延安	常驻议员 7 人 政府委员 13 人 边区一级机关首长列席 旁听 6 人	谢觉哉致开幕词 李鼎铭作政府工作报告 萧劲光作军事工作报告 通过提案和决议
1948.2.27~3.1	绥德	常驻议员 6 人 政府委员 8 人 列席 6 人	林伯渠作政府工作报告 习仲勋作土地改革报告 政府委员人事变动
1949.2.8~17	延安	常驻议员 5 人 政府委员 11 人 晋绥边区 13 人 联防军和边府部门负责人 47 人列席会议	习仲勋致开幕词、杨明轩致闭幕词 贺龙作形势与任务报告 刘景范作政府工作报告 讨论和确定 1949 年的任务 决定两个边区行政管理的统一 调整边府组织机构和人事配备

（四）座谈会

西北局召集的座谈会丰富多样，主要有两种类型，一是党内座谈会，二是党外人士座谈会。

党内座谈会一般由西北局办公厅召集，也有组织部宣传部等部门召集的。有的座谈会有纪要，内容包括时间、出席人、记录、召集机关和专题事项等。座谈会主要围绕某个时期或阶段的中心工作和重要问题，如运盐问题、春耕问题、组织问题、党务工作、伊盟工作、群众工作、卫生工作等召集，并经座谈会议定若干事项。如 1943 年 11 月西北局办公厅举行

① 薛永毅：《陕甘宁边区的“议行联席会”》，《人民法院报》2022 年 1 月 14 日。

② 赵万吉：《1949 年 2 月陕甘宁边区第三届参议会常驻议员政府委员暨晋绥边区代表联席会议史料选》，《历史档案》1992 年第 1 期。

关于陕甘宁边区劳动英雄代表大会筹备问题座谈会，议定 11 项事项。[①]

有的座谈会由西北局书记主持并在党报上报道。如 1945 年 12 月西北局召集陕甘宁边区建设厅、抗联会、延属地委、光华农场及对农业生产有研究的同志举行农业技术座谈会。座谈会由习仲勋主持。《解放日报》头版头条报道了此次座谈会。[②] 又如，西北局于 1946 年 4 月 23 日、24 日晚邀集各分区地委书记、县委书记座谈春耕工作，习仲勋主持并讲话。4 月 27 日和 28 日的《解放日报》在第二版以“西北局春耕座谈会汇报”之一、之二、之三、之四分别对志丹、定边、绥德和子长等县干部领导春耕的方法进行了系列报道，又以“西北局春耕座谈会汇报”之五对各地春耕领导上仍然存在的若干缺点进行了批评性报道。

有的座谈会邀请中央有关领导和部门负责人参加并发言。如 1944 年 4 月西北局办公厅举办组织问题座谈会，就边区农村支部组织及群众团体组织形式等问题进行座谈。中央政治局候补委员、民运工作委员会书记邓发，中共中央研究局党务委员会主任王若飞，民运工作委员会副书记蔡畅，以及干部教育委员会委员王鹤寿等出席并发言。5 月西北局办公厅又举办关于群众、卫生等工作座谈会，中宣部副部长赵毅敏、中共中央政治局秘书胡乔木、中直机关党委书记兼中央管理局政治部主任徐以新等出席座谈会并作了长篇发言，特别是中共中央书记处书记兼组织委员会书记刘少奇到会并作了长篇讲话。[③]

在党内座谈会中，1945 年 6 月至 8 月举行的历史座谈会具有重要的历史意义，值得一提。据《朱德年谱》《陈云年谱》，6 月 26 日至 8 月 2 日，朱德、任弼时、陈云指导西北局举行高干历史座谈会。据《习仲勋传》：中共七大刚刚落幕，习仲勋又参加了西北党的历史座谈会。这次会议是在朱德、任弼时、陈云的指导下召开的，从 6 月 26 日至 8 月 2 日共开了 38 天。7 月 11 日习仲勋在座谈会上发言。[④] 时任西北局行政处处长史唯然在日记中对此次历史座谈会的召开情况作了较完整的记录（见表 7–4）。

---

① 《西北局办公厅座谈会纪要——关于陕甘宁边区劳动英雄代表大会筹备问题（1943 年 11 月 28 日）》，中央档案馆、陕西省档案馆：《中共中央西北局文件汇集》（1943 年）（内部本）甲 4，1994 年，第 42~44 页。

② 《西北局召集有关方面，举行农业技术座谈会》，《解放日报》1946 年 1 月 2 日。

③ 《西北局办公厅关于组织问题座谈会材料（1944 年 4 月 14 日）》，《西北局办公厅关于群众、卫生等工作座谈会的纪录（1944 年 5 月 29 日）》，中央档案馆、陕西省档案馆：《中共中央西北局文件汇集》（1941~1945 年）（内部本）乙，1994 年，第 134~190、第 191~244 页。

④ 《习仲勋传》编委会：《习仲勋传》（上卷），中央文献出版社 2013 年版，第 389~393 页。

表 7–4　史唯然日记中的 1945 年西北局历史座谈会

日期 / 星期 / 天气	简要日程
6.21/ 星期四 / 晴	二、历史座谈会将召开，请示布置办法，马部长示讨论后通知。三、下午开历史座谈会筹备会，明天开始正式会。
6.22/ 星期五 / 晴	一、历史座谈会前天开始，有 160 多人。二、党校的人昨天搬来，住供销、大生、运合三栈，每天两顿饭，计洋 3000 元（250 元）。三、杨口不去，赵忠国感叹这实是重要事，把历史弄清，增进党内团结。
6.23/ 星期六 / 晴	一、座谈会续开，到会者约 200 来回人，张达志、高朗亭 2 人发言。三、晚开警戒及恢复午饭问题，午时曾在秘书长（处）同王德明、马定邦、阮泊生及秘书长同我 5 人，布置警戒工作，分为二：一为军事，一为政治。四、大会宣布：1. 在会场所谈的，不能在别处谈；2. 明天休息一天，后天继续开；3. 明天谈大革命时陕西党的工作。
6.24/ 星期日 / 晴	一、今天参加了“大革命时及前陕西的党”，前来源为三：一为武汉（王尚德同志最早者）派，一为北京（共进社、李子洲等）派，一为上海大学派。陕北据此考查为二源：一为北大共进社以李子洲、魏野畴、呼震东为首，四师为中心；一为上大，以刘尚达、王超北为首，四中为中心。
6.25/ 星期一 / 晴	座谈会继续开，改变方式，在下午 2 时开到 7 时止。
6.26/ 星期二 / 晴	二、下午继续座谈会，由马佩勋、方仲如、崔田民、雷恩钧 4 同志发言。三、未宣布吃饭，好些人却在喊吃，（同秘书长）商定明天仍吃饭。
6.27/ 星期三 / 后阴雨，先晴	三、因雨，座谈会未能开。四、座谈会决定不管饭，请他们各机关自行准备。
6.28/ 星期四 / 阴	一、通知各部分（电话及书面两种）：座谈会西北局不准备饭。
6.29/ 星期五 / 阴	三、昨天座谈会开得很有劲，崔田民讲话。四、继昨天座谈会，由雷恩钧、崔田民 2 同志讲话。六、同杨秘书长谈大会供给，吃饭由机关再准备。七、阎揆要谈清涧兵暴及西北工农革命军的经验。
6.30/ 星期六 / 早阴	二、座谈会未开，饭已准备，但只有交灶上吃了。
7.1/ 星期日 / 晴	因开“七一”纪念会，未开。
7.2/ 星期一 / 晴	三、历史座谈会续开。饭又准备。
7.3/ 星期二 / 晴	四、座谈会续开。
7.4/ 星期三 / 晴	二、上午开座谈会小组长联席会。三、下午继续座谈会。

续表

日期 / 星期 / 天气	简要日程
7.5/ 星期四 / 晴	二、座谈会续开，今天来的人很多，因为是郭洪涛发言。
7.6/ 星期五 / 午前晴，午后阴	一、继续昨天开座谈会，张秀山主席，下星期一续开。二、明天“七七”放假一天，马从义转来电话说：政府通知放假半日。
7.7/ 星期六 / 阴雨	“七七”放假，未开。
7.8/ 星期日 / 阴雨	座谈会未开。
7.9/ 星期一 / 阴雨	未记录
7.10/ 星期二 / 半阴冷	未记录
7.11/ 星期三 / 晴	一、座谈会由习仲勋发言。
7.12/ 星期四 / 半阴晴	一、座谈会续开，由马部长讲话。
7.13/ 星期五 / 阴	一、座谈会今天停开，因为边府礼堂开解放区代表筹备大会，毛主席亦参加，但未讲话。
7.14/ 星期六 / 晴	一、座谈会续开，张秀山发言。
7.15/ 星期日 / 阴	未记录
7.16/ 星期一	一、座谈会续开，阎红彦、吴岱峰发言。二、会的时间要缩短，商定每人讲话时间为 30 分钟。
7.17/ 星期二 / 晴	一、座谈会续开：会期已长，高司令提议减短讲时。
7.18/ 星期三 / 晴	一、会继开，拓夫、谭生彬、马锡五等发言。二、世泰、仲勋、赵忠国等明天走。
7.19/ 星期四 / 晴	二、继续开座谈会。三、仲勋、世泰、赵忠国今天都离开。
7.20/ 星期五 / 晴	二、座谈会续开，今天发言人较多。是这样很快可以结束。
7.21/ 星期六 / 晴	一、座谈会今天结束，结论诚恐得一时期才能做。
7.31/ 星期二 / 晴	一、到中央党校一部开历史座谈会总结会：由阎红彦、郭洪涛、朱理治 3 人发言，朱尚有一半。到赖处吃午饭。
8.1/ 星期三 / 晴	一、今天未开历史座谈会，昨天在党校曾宣布不开。
8.2/ 星期四 / 晴	座谈会今天由朱理治报告，后由高岗同志总结，最后由彭真同志讲话。
8.7/ 星期二 / 晴	明天高司令总结历史座谈会，行政处提出名单。

资料来源：魏建国、张建儒主编：《史唯然》，陕西人民出版社 2021 年版，第 223~236 页。

由上表可知，史唯然直接负责此次历史座谈会的会议布置、警戒工作及吃饭问题，全程参加了座谈会，因此《史唯然日记》对于研究历史座谈会具有重要的史料价值。由该日记可知，西北局历史座谈会 6 月 22 日开始。习仲勋 7 月 11 日在座谈会上发言，19 日离会，这与《习仲勋传》的描述相合，只是日记未提及习仲勋因爷台山战役中途离会及离会的具体时间。关于郭洪涛在历史座谈会上的发言，《史唯然日记》记录：7 月 5 日晴，座谈会继续开，今天来的人很多，因为是郭洪涛发言。另据《谢觉哉日记》记录：7 月 5 日晴，下午至西北局听历史座谈会，郭洪涛发言，此会开了上 10 天，我是第一次出席。[①] 两则日记所记内容相同，因此可以相互佐证相互补充，从中可知这一天的座谈会是下午开的，因郭洪涛发言，故出席者很多。总的来说，此次历史座谈会会期较长，但并非一直连续开，中间因节假日及其他原因也有停开情形；前半程进展较慢，因发言用时较长，后期缩短发言时间，每次发言人较多，所以座谈会才结束得早一些。其实，座谈会 7 月 21 日就结束了，但未作结论，7 月 31 日才开总结会，8 月 2 日再次总结，8 月 8 日又总结了一次。此次历史座谈会，因参加者皆为高级干部，所以也是一次高干会，但主要是一次座谈会。

西北局、西北局宣传部或文委主持召开的文艺座谈会也值得关注。如 1946 年 8 月，西北局宣传部召开文艺界座谈会，到会者有钱俊瑞、李伯钊、柯仲平、欧阳山、鲁直、高朗山、张季纯、杨醉乡、徐雉、林山、柯兰等 30 余人。会议由西北局宣传部部长李卓然主持。会议首先提出当前文艺界的具体任务，并由大家交换意见。[②]11 月，西北局文委召开边区文教座谈会，李卓然在会上讲话，柯仲平、江隆基、柳湜、李伯钊、胡友之等人参加。会议最后由李卓然综合大家意见，提出目前边区文艺工作中的具体任务。[③]1948 年 4 月，西北局在绥德召开陕甘宁边区文艺工作者座谈会，张季纯、马健翎、林山、柯兰、李季、高敏夫、苏一平、王元方、王辉、石鲁等人参加。习仲勋书记到会讲话。他指出，配合恢复边区建设，解放大西北，争取全国革命战争的胜利是边区文艺界今后的工作方针。[④]

党外人士座谈会，最初称为士绅座谈会，最早由毛泽东提出。他在《关于共产党员与党外人员的关系》中指出："在各抗日根据地内，县委以

---

① 谢觉哉：《谢觉哉日记》（下），人民出版社 1984 年版，第 808 页。
② 《西北局宣传部召开文艺界座谈会》，《解放日报》1946 年 8 月 11 日。
③ 《边区文教界座谈当前任务，鼓励保卫边区必胜信心》，《解放日报》1946 年 11 月 9 日。
④ 转引自张俊南、张宪臣、牛玉民编：《陕甘宁边区大事记》，三秦出版社 1986 年版，第 273 页。

上的各级党委必须有计划地召集党员与党外人员联合一起的干部会议及座谈会，与党外人员共同讨论各项抗日政策，并征求党外人员对党的意见。”[①] 此后，党外人士座谈会在抗日民主根据地召开。

召集党外人士座谈会主要是征求党外人士对西北局工作的意见。1943 年 1 月，西北局邀请边区政府及参议会中的党外人士举行座谈会，传达西北局高干会的召开情况，听取党外人士的意见。座谈会后，贾拓夫与谢觉哉将“关于高干会问题与边区政府非党人士谈话的经过”报送毛泽东审阅。毛泽东在座谈会情况的简报上批示：“以后西北局可每两月召集座谈会一次。”[②] 任弼时也批示：“以后凡经政府通过执行的重要政策，可以先与他们交换意见，然后提出。”[③] 这是中央领导以批示的方式首次对党外人士座谈会的召开表示意见。一年后，西北局邀请在延安的党外人士李鼎铭、李丹生、柳湜、贺连城、毕光斗、杜立亭、白宝山等举行党外人士座谈会，征求对本年工作的意见。西北局和边区政府主要负责人到会听取意见并发言。[④] 高岗提议“以后每两月由西北局办公厅召集座谈会一次，以便交换关于边区新民主主义建设许多重要问题上的意见，这个提议得到全体一致的赞成”[⑤]。

西北局指示所属各分区召开党外人士座谈会，中共中央重视并转发各敌后抗日根据地参考，《解放日报》发表社论。1944 年 7 月，西北局指示各地委，要求各分区立即邀请边区参议员、县级参议员和政府委员中有声望的党外人士（不在参议员或政府委员之列者亦可邀请）召开座谈会，每县至少邀请二人出席，分区党政军负责党员的参加，按照知无不言、言无不尽的精神，听取他们对各项工作的批评与建议，座谈会记录抄送西北局和边区政府各一份。[⑥] 中共中央转发《西北局对各地委工作的指示》给李先念、饶漱石、罗荣桓、黄敬、邓小平、程子华、林枫、尹林平等，供各敌后抗日根据地参考。之后，党外人士座谈会在陕甘宁边区的陇东、延属、绥德等分区及许多县召开，成为边区民主政治的一种新形式。其中，

---

① 中共中央文献研究室：《毛泽东文集》第 2 卷，人民出版社 1993 年版，第 398 页。

② 中央文献研究室：《毛泽东年谱（1883—1949）》（修订本）（中卷），中央文献出版社 2013 年版，第 425 页。

③ 中共中央文献研究室：《任弼时年谱》，中央文献出版社 2004 年版，第 439 页。

④ 西北五省区编纂领导小组、中央档案馆：《陕甘宁边区抗日民主根据地》（回忆录卷），中共党史资料出版社 1990 年版，第 576 页。

⑤ 《西北局办公厅欢宴党外人士座谈关于本年工作的意见》，《解放日报》1944 年 2 月 2 日。

⑥ 西北五省区编纂领导小组、中央档案馆：《陕甘宁边区抗日民主根据地》（文献卷・下），中共党史资料出版社 1990 年版，第 146~147 页。

以延属分区党外人士座谈会影响最大。延属分区党外人士座谈会，主要是听取党外人士对于政治、经济、文化教育、军民关系等各方面的意见，切实改进政府工作，把边区建设得更好。座谈会分三个阶段进行，第一阶段主要是揭发与批评缺点，第二阶段主要是提出积极建议，第三阶段主要是总结成绩、自我批评。毛泽东亲自参加了座谈会并发表讲话。他指出“座谈会的方式很好，很需要，要大家多批评缺点，多提意见，以便把缺点纠正，使工作改进。”[①] 座谈会召开期间，《解放日报》发表了“党外人士座谈会的意见”的社论。社论指出：七月间边区参议会常驻会与政府委员会之后，各地先后举行党外人士座谈会，已经举行的，县的一级，有庆阳、鄜县、米脂、延安等地，分区一级，延属专署所召开的党外人士座谈会正在进行中。党外人士座谈会，是三三制政权的补充形式的一种。现在各地所进行的党外人士座谈会，毫无疑义又供给我们一个新的经验，这就是说，巩固和加强三三制政权，巩固和加强各阶层的团结，还需要定期听取党外人士对政权工作的批评与意见。这种党外人士的座谈会，敌后各根据地都应该举行。有些地方也曾举行过，收到了实效。[②]

新中国成立前后，西北局党外人士座谈会继续召开。1949 年 5 月，边区政府副主席杨明轩、教育厅厅长贺连城及政府委员房文礼、苏资深、蔡登霄、李仲仁及留延民主人士党晴梵、王劲哉等 30 人应邀出席西北局举行的在延民主人士座谈会，座谈中国共产党七届二中全会决议。习仲勋在会上说明中共二中全会决议的精神及我党关于与党外民主人士长期合作等政策。到会民主人士王劲哉、苏资琛、李佐堂（起义的国民党白水县县长）等发言，对我党与民主人士长期合作政策表示拥护。[③]1950 年 5 月，西北局统一战线部邀请党外人士举行座谈会，各民主党派、各界人士 200 余人参加。习仲勋着重说明了人民民主统一战线的重要性和长期性。汪锋传达了全国统一战线会议精神。民盟杨子廉、杨明轩和西安市工商联合会主任潘源泉等均相继发言，一致表示团结和合作是两方面的。参加座谈的民主人士普遍认为：这样的会很好，希望今后多开。[④]

---

① 《延属分区党外人士座谈会闭幕，发扬民主改进工作》，《解放日报》1944 年 8 月 29 日。

② 《党外人士座谈会的意见》，《解放日报》1944 年 8 月 21 日。

③ 《群众日报》1949 年 5 月 12 日。

④ 《中共中央西北局统一战线部曾于上月十九日邀请党外人士举行座谈会》，《人民日报》1950 年 6 月 9 日。

二、文件政治

在西北局文件中，所见基本上都是决定、指示、通知、致电、致信、意见、计划与总结等文件形式。西北局的工作主要通过这些文件形式来传达和布置，故谓之文件政治。

决定由西北局委员会或常委会作出，署名为西北局或西北中央局，一般是对一定时期重要事项或者重大行动作出安排，具有指导性、指令性和规范性等特点。如西北局成立后作出的第一个决定是《关于运销食盐的决定》，食盐是边区的特产和大宗产品，也是边区最重要的出口物资，而运销食盐是边区当时的中心任务，关系到边区的生死存亡，所以西北局作出这个决定[①]。也有的决定由西北局和其他单位联合发出，如西北局、中央军委、边区政府于 1941 年 5 月联合发出关于公营商店的决定，规定所有公营商店应照章缴纳政府各种捐税。[②] 西北局作出的决定，可归纳为以下几种类型：一是关于地方工作的决定，如关于警备区（即后来的绥德分区）、关中、三边、陇东、神府、陕西、晋南等地方工作的决定。二是关于某项重要工作的决定，如财经工作、统战工作、教育工作、锄奸保卫工作、干部学习和保健、粮食工作、减租斗争、一元化领导、双拥工作、青年团工作、党的建设等。三是关于成立组织机构的决定，如成立中央调查研究局第四分局、伊盟工委、晋西工委，以及西北党校和延安大学的机构变动等。四是先决定后通知，如中央政治局决定关向应、贺龙、徐向前为西北局委员，欧阳钦、方强为候补委员的通知，关于西北局组织部 1944 年工作的决定的通知，关于几项工作分工领导的决定的通知等。《解放日报》对西北局的一些决定进行了报道，如 1941 年 9 月西北局决定九一八纪念办法并发出通知，1944 年 8 月边区政府和西北局共同决定 10 月 10 日召开文教会议并发出通知等。西北局作出的有关某项工作的决定通常要在地方和基层进行讨论然后加以执行，如 1942 年 10 月延安青化区讨论西北局关于解放日报工作问题的决定，当即决定该区干部学习《群众报》

---

① 《西北局关于运销食盐的决定（1941 年 5 月 18 日）》，中央档案馆、陕西省档案馆：《中共中央西北局文件汇集》（1941 年）（内部本）甲 1，1994 年，第 5 页。

② 陕甘宁边区财政经济史编写组、陕西省档案馆编：《抗战时期陕甘宁边区财政经济史料摘编》（第 9 编），陕西人民出版社 1981 年版，第 623 页。

和《解放日报》的办法。

指示和指示信，一般由西北局委员会或常委会发给所属各级党委，内容多针对某项工作和某个问题。针对问题的指示很多，如春耕问题、锄奸问题、锄草问题、统销食盐问题、减租问题、冬季区乡干部训练问题、棉花打卡问题、选举问题等。工作指示更多，如年度工作、地方工作、春耕工作、运销食盐工作、征收粮草工作、群众工作、双拥工作、友军工作、备战工作、救灾工作、情报工作、剧团工作、招生工作等。以春耕为例，这项具体工作，西北局几乎在每年 2~4 月都要发指示，内容涉及春耕运动中的问题、春耕领导、春耕动员工作、检查春耕工作等。如 1943 年 3 月西北局指示各级党委加强对生产运动和春耕运动的具体领导。[①] 需要补充说明的是，这一指示被华东地区的淮北区党委所属的泗南县委学习并应用。淮北区党委在给泗南县委 4 月份工作总结报告的几点意见中指出：你们学习并应用了西北中央局对春耕运动具体领导的指示的基本精神，已所得的具体领导春耕的经验，都是很宝贵的。例如“抓着地方生产积极分子出来组织号召，真正从一个人、一个庄开始来组织群众进行生产，把某些劳动英雄生产计划在群众中宣布，并以他们在生产中的模范行动来影响其他群众，以及干部以身作则等等”的方式，都是很好的，值得学习的经验。不仅在春耕生产中可以用，而且应把它运用到其他各种工作中去。[②] 有时党政联署发出春耕指示，如 1948 年 2 月西北局和边区政府联署发布《关于开展春耕生产的指示》。当某项工作紧要时，西北局会发出紧急指示，如关于运盐工作的紧急指示、关于防旱备荒的紧急指示等。当某项工作需进一步加强时，西北局会在第一个指示后再作补充指示，如西北局于 1943 年 10 月发出《关于统销食盐问题的补充指示》，1945 年 1 月发出《关于冬季区乡干部训练问题的补充指示》，1949 年 12 月发出《关于情报工作的补充指示》。有的重要工作，由中央与西北局共同发出指示。如为了建设炮兵这一重大的战略任务与政治任务，1944 年 12 月中央军委、中组部和西北局联合发出《关于炮兵学校招生的指示》。

通知一般由西北局委员会或常委会发出，落款署名西北中央局，或西

① 《西北局指示各地党委加强具体领导春耕，克服思想阻碍反对自流现象，利用民间形式提倡劳动互助》，《解放日报》1943 年 3 月 14 日。

② 《淮北区党委对泗南县委四月份工作总结报告的几点意见（1943 年 5 月 17 日）》，北京新四军暨华中抗日根据地研究会淮北分会、江苏省泗洪县新四军历史研究会编：《邓子恢淮北文稿》，人民出版社 2009 年版，第 468~469 页。

北局、中共西北局、中共中央西北局等。1943 年 1 月西北局设立办公厅之后，凡是组织人事方面的决定均由西北局常委办公厅（或西北局办公厅）发通知。西北局的三大部，即组织部、宣传部和统战部也以部门的名义单独发通知。西北局的通知还包括联合通知、联署通知和联名通知。联合通知如西北局统战部组织部于 1941 年 5 月联合发出《关于设立管理非党干部工作干事的问题》的通知。联署通知如 1942 年 7 月底西北党政军领导人高岗、贺龙、林伯渠联署发出《关于禁止法币流通给各级党政军机关的紧急通知》《关于不许扩兵的紧急通知》。联名通知如在解放战争时期的土改工作中，为了慎重对待党外人士，西北局书记习仲勋和副书记马明方联名向各分区发出通知，指出：凡在土改过程中，对参加三三制的党外人士，应慎重处理，县以上非党人士的处理，务希由地委提出意见，经西北局批准。县以下小学教师中的非党人士，须经地委批准后，才能处理。[①]西北局通知一般发给所属各地区、党政军民学各有关组织和个人等，内容多涉及各方面工作、组织人事、决定规定、有关问题等。据《中共中央西北局文件汇集》（1941 年），西北局成立后，当年所发通知都加了序号，从第一号到第三十三号。如西北局通知（第十号）——关于加强领导的几项规定；西北局通知（第三十二号）——从 1942 年 1 月 1 日起各级党委工作人员一律实行新编制。为了加强某项工作，在前面已发通知的基础上再行发出补充通知，如西北局于 1954 年 1 月向各级党委发出“关于进一步学习过渡时期总路线”的补充通知。

电文是西北局文件中较为常见的一种文件形式。而致电则是西北局的一种经常性工作机制，一般以西北局委员会或常委会的名义发给各地方党委。如 1941 年 12 月西北局就严格执行新编制规定分别致绥德特委、陇东分委、三边分委和关中分委电；1944 年 8 月西北局常委关于甄别工作给各地委电。在西北局电文中，由书记发出的电报居多。如 1945 年西北局文件中，仅致电就有 50 则，往来电文 7 则，主要是第一任书记高岗和第二任书记习仲勋致电地方领导，就有关问题、事件和工作发表指示或意见。特别是 7 则往来电文，对于研究西北局在 1945 年内如何防范国民党特务暗杀杜斌丞、如何防范宋文梅等在西安组织新共产党破坏中共陕西关中地区工作，以及如何开展对国民党第二十二军、第十七军的争取工作，如何争取陆军新编第十一旅起义、国民党某部起义，以及对鄂托旗争取

① 《习仲勋传》编委会:《习仲勋传》（上卷），中央文献出版社 2013 年版，第 551 页。

章文轩部策略等具有重要的史料价值。据西北局文件，自1945年2月伊盟工委重建起至同年底，西北局书记高岗和习仲勋曾多次就伊盟工作致电工委书记赵通儒，从中可知西北局对伊盟地下党的工作是如何领导和指导的。解放战争时期，西北局书记习仲勋、副书记马明方多次通过致电的方式对地方党委、工委和特委的工作进行领导和指导。

与致电相类似，致信也是西北局较为常见的一种工作机制。从西北局文件看，西北局的信一般针对某项工作、某些事情或某些问题而写，内容涉及区乡干部培训、运盐、调查研究、春耕、宣传、整顿三风、统战、西北党校、土改、地方工作、慰问感谢等，一般由西北局发给所属各级党委，或同时转发个人。也有西北局领导致信有关地区或有关方面负责人，或党政军领导人联名致信。如《西北局给陇东特委转王维舟、莫文骅的信——通知运盐过程中存在的问题》《西北局给习仲勋并转关中分委的信——关于友区宁县群众二百余携抢欲移来边区请调查处理等问题》。又如1947年12月习仲勋、林伯渠、马明方致信马文瑞、李卓然，要求在土改中注意掌握政策，切忌发生急躁和脱离群众现象；1948年5月，习仲勋、马明方致信感谢晋绥工业部门暨所属工厂节衣缩食，募捐钱物，救济陕甘宁边区灾民。而在有些工作问题上，信件同其他文件结合使用。例如，在区乡级干部工作问题上，西北局先致信延安县委进行检查，后发出《关于检查区乡干部工作的指示》，要求各级党委在执行这一指示时要参照西北局给延安县委关于检查区乡干部工作的指示信。[①]在这里，西北局先发信件，再发指示，前者发给延安县委，后者发给各级党委，两者都是西北局的工作机制，共同发挥作用。

意见在西北局文件也较为多见。它是西北局领导机构和工作机构就一定时期某项重要工作或某个重要问题表示态度和看法，上传下达给相关组织机构及其负责人或在内部进行传达，内容涉及西北局工作的方方面面。在西北局发表的意见中，有的是初步意见，有的是在总结经验基础上提出今后的改进意见。至于意见的文本形式，可以是书面文字，也可以是电报，送达时依具体情况而定。如1943年西北局关于边区党校过去教育工作的简要总结及今后改进之意见，1947年西北局民委关于土改中青年工作的意见等。西北局的意见，有的曾上报中央，特别是毛泽东作了批示

① 《西北局关于检查区乡干部工作的指示（1941年5月30日）》，中央档案馆、陕西省档案馆：《中共中央西北局文件汇集》（1941年）（内部本）甲1，1994年，第23~24页。

或写了批语，有的还被中共中央转发。如西北局于 1944 年 6 月 17 日发表《关于目前陕西工作布置的意见》，第二天毛泽东即批示："此件太长，请节约成五、六百字（许多话可以不写），用电发往关中，不用书面送达，以免万一失落。"[①] 又如 1948 年 6 月，毛泽东为转发西北局《关于执行中央土改与整党指示的初步意见》专门写了批语。[②]

在西北局文件中，计划与总结为数也不少。它是西北局及其工作机构依据其业务和职责为完成某项工作任务而制订起草的。计划在年初制订，总结在年终进行。工作计划有年度计划、季度计划和月计划之分。年度计划如西北局组织部 1942 年工作计划和 1943 年工作计划；季度计划如西北局民运部 1941 年 7 月、8 月、9 月 3 个月的工作计划；月计划如西北局统战部 1942 年 9 月份中心计划。这些工作计划由各部部务会议决定。从文本来看，一个完整的计划包括计划制订的依据、具体计划和工作方法等，如 1942 年西北局组织部工作计划即如此。另外，由于部门由科室构成，因此部门工作计划由科室工作计划构成，如 1943 年西北局组织部工作计划包括组织科工作计划、干部科工作计划和直属党委工作计划。总结有长时段总结，也有年度总结。长时段总结如 1943 年西北局关于边区 9 年来的统战工作总结，西北党校关于边区党校 1939 年至 1942 年教育工作的简要总结。年度工作总结如 1942 年 2 月中央调查研究局第四分局少数民族问题研究室一年来工作总结，1943 年西北局文委一年来的工作总结。西北局的工作总结，有简要总结，也有详细总结，既讲成绩也讲缺点，既讲经验也讲教训，有的还提出今后工作中应注意的问题及改进意见，如关于边区第二届参议会工作、"三三制"政权工作、精简工作的总结等。

上述决定、指示、通知、致电、致信、意见、计划与总结等既是西北局文件的主要形式，同时又是西北局领导机关和工作机关的工作机制，共同构成西北局的文件政治。虽然形式多样，但内容颇多相通之处。如前所述，关于运盐、春耕、征粮、干部、土改等方面的重要工作，西北局的决定、指示、通知、致电、致信等中都有所涉及。如在运盐这项重要工作上，西北局于 1941 年 5 月作出运销食盐的决定，6 月第一次发出关于运盐的通知，7 月第二次发出关于运盐数额新决定的通知，8 月第三次发出

---

① 中央档案馆、陕西省档案馆：《中共中央西北局文件汇集》（1944 年）（内部本）甲 5，1994 年，第 73 页。

② 中共中央文献研究室编：《毛泽东年谱（1893—1949）》（修订本）（下卷），中央文献出版社 2013 年版，第 319 页。

各分区党委、县委对运盐工作应初步总结的通知，同时发出关于运盐工作的紧急指示，12 月致信陇东特委转王维舟、莫文骅详查运盐过程中存在的问题，最后又发出关于冬季运盐工作给各级党委的指示信。又如干部工作，1941 年 5 月西北局发出关于设立管理非党干部工作干事的通知，并就检查区乡干部工作问题致信延安县委，还发出关于检查区乡级干部工作的指示，9 月又作出关于抽调各县干部来延安学习的决定，还发出关于开办党的乡级干部训练班问题的通知，10 月又作出干部保健的决定。总之，正是通过这些文件形式，西北局的各项工作才得以开展，各种问题才得以提出并加以解决。研究西北局，就要研究其文件，只有研究这些不同形式的文件及其内容，才能更好地理解西北局是如何工作的。

三、调查研究

调查研究作为一种工作机制，主要包括两部分，一是成立专门的调查研究机构——中央调查研究局第四分局进行调查研究，二是西北局领导机关及其成员的调查研究。

（一）第四分局的调查研究

1941 年 8 月，中共中央同时发出两个有关调查研究的决定，一是《中央关于调查研究的决定》，二是《中央关于实施调查研究的决定》。根据这两个决定，中共中央设立了中央调查局，担负国内外政治、军事、经济、文化及社会阶级关系各种具体情况的调查与研究。中央调查局设置调查局、政治研究室和党务研究室三个部门，作为中央一切实际工作的助手。其中，调查局担负收集材料之责，下设四个分局：在晋察冀边区设第一分局，负责收集日本、满洲及华北材料；在香港设第二分局，负责收集欧美材料，同时收集日本及华中、华南沦陷区材料；在重庆设第三分局，负责收集大后方材料；在延安设第四分局，负责收集西北各省材料（交西北中央局负责）。[①]

根据中央调查研究决定及其实施计划，1941 年 12 月，西北局成立第

---

① 《中央关于实施调查研究的决定（1941 年 8 月 1 日）》，中共中央文献研究室、中央档案馆编:《建党以来重要文献选编（1921—1949）》（第 18 册），中央文献出版社 2011 年版，第 534 页。

四分局。第四分局的任务：一方面对中央担负搜集西北各种材料之责，受中央调查研究之指导；一方面又作为西北局之调查研究机关（党务除外），在西北局常委直接领导之下进行工作，并成为西北局实际工作之助手。第四分局下设调查处、边区研究室、友区研究室、少数民族研究室、军事研究室和办公室 6 个工作部门。[①] 贾拓夫兼任调查研究局局长和边区研究室主任，欧阳钦（杨清）任副局长和友区研究室主任。边区研究室负责研究边区内部各种情况问题，其下又分财政经济、政治文化及社会群众三组进行研究。其中，财政经济研究组由柴树藩、彭平和于光远 3 人组成。这个组曾对延安南区合作社作了专门的调查研究。如于光远回忆："我国城镇集体所有制经济早就有了。抗战期间延安有一个有名的'南区合作社'，在这个合作社里就有手工业生产。那时我在西北局调查研究局工作，对这个合作社的情况是有些了解的。"[②]

第四分局成立后，进行了大量的调查研究，形成了相关调研资料。仅 1942 年编撰的调研资料就有：《中央调查研究局第四分局关于在关中调查的总结》《各县调查提纲》《西北农村保甲机构及党的支部工作问题（根据一个省区的材料和经验）》《西北情况调查表》《关于甘肃情况调查（二）政治部分》《关于甘肃调查（三）文化教育、军事、结论》。[③]

为实行精简及使调查研究工作完全与实际工作相辅而行起见，1943 年 2 月，西北局提议四局进行改革，改革计划如下：四局缩小为一个调查研究室，设于常委办公厅下，其主任由秘书长兼任，另设一副主任或秘书协助之。边区研究室改为调查研究室下一个组（边区组）独立存在，人数以 5 人为限。调查处取消。将调查处对外一部分工作与友区研究室工作及统战部工作三部分合并为调查研究室下一个组（友区组），人数以 5 人为限。友军研究室已经取消，将其工作合并于联司之参谋处或联政之联络处，使对友军调查研究工作与实际行政工作统一。少数民族研究室取消，将其工作一部分（现状及政策方面）合并于友区组或边区组，一部分合并

① 《西北局关于成立中央调查研究局第四分局的决定（1941 年 12 月 4 日）》，中央档案馆、陕西省档案馆：《中共中央西北局文件汇集》（1941 年）（内部本）甲 1，1994 年，第 229 页。

② 于光远：《提一点建议　讲一点理论——关于我国社会主义计划经济工作中的几个问题》，人民出版社 1981 年版，第 31 页。

③ 中央档案馆、陕西省档案馆：《中共中央西北局文件汇集》（1942 年）（内部本）甲 2，1994 年，第 288~495 页。

于民族学院。①

改革以后的边区研究室（边区组）成为边区经济社会调查最重要的常设机构之一。1943 年该调查组形成的调查材料和研究报告有：《南泥湾调查》《西北局关于运输队工作的调研材料》《西北局调查组关于减租斗争的调查材料》《西北局调查组关于边区减租运动的研究》《西北局调查组关于减租运动中的两个不同典型的总结》《西北局调查组关于山西兴县水磨滩减租运动的调查》《西北局调查组关于山西兴县蔡家崖减租斗争的调查》《西北局调查组关于陕甘宁边区土地和减租问题的研究》等。其中，《西北局调查组关于减租斗争的调查材料》是西北局所派的两个调查组到绥德分区及陇东分区进行减租调查后形成的几个典型地区的调查材料，内含 7 份材料，相继发表在 10 月份的《解放日报》上。西北局调查研究室对延安南区合作社两个经验的研究也发表在同年 12 月份的《解放日报》上（见表 7–5）。

表 7–5 《解放日报》中西北局调查组的调查材料和研究报告（1943 年）

题目	时间、版次
牸牛沟减租斗争——葭县店镇区减租斗争调查之一	1943.10.7（2）
木头峪减租运动——葭县店镇区减租斗争调查之二	1943.10.15（2）
刘木瓜沟减租斗争——葭县店镇区减租斗争调查之三	1943.10.16（2）
合水六区二乡三村的减租斗争——合水县减租斗争调查之一	1943.10.25（2）
绥德延家岔减租调查	1943.10.26（4）
合水县二区一乡的减租斗争——合水县减租斗争调查之二	1943.10.27（2）
米脂县印斗八乡减租调查	1943.10.30（4）
南区合作社办理信用合作的经验	1943.12.12（1）
南区合作社组织运输合作的经验	1943.12.27（1）

西北局调查研究室还付印了张闻天率领的农村调查团的调查报告作为研究参考。1942 年 1 月，张闻天率领农村调查团到神府、绥德、米脂和兴县等地的几十个村庄进行调查，了解党的土地政策执行情况、公粮负

① 《西北局关于调查研究局四分局工作总结与今后精简改进的意见（1943 年 2 月 17 日）》，中央档案馆、陕西省档案馆：《中共中央西北局文件汇集》（1943 年）（内部本）甲 3，1994 年，第 24~25 页。

担、村政权、城市工商业等方面的问题，撰写了一系列调查研究报告，并出版了《神府县农村调查》和《米脂县杨家沟调查》。1943年6月，西北局调查研究室陆续付印了其中较有条理的一部分，如《陕甘宁边区神府县直属乡八个自然村的调查》，作为党内研究此类问题的参考。[①]

（二）领导机关的调查研究

领导机关的基本任务就在于了解情况和掌握政策，而系统的周密的社会调查是决定政策的基础。在这一精神的指导下，西北局领导机关及其成员开展了一系列调查研究。其中，有的调查研究很典型也很著名，对中共中央和西北局的决策都发挥了重要作用。

1941年9月，西北局响应中共中央关于开展调查研究的号召，由宣传部部长李卓然带队组成农村调查团，赴延安固临县三个区进行了为期两个月的农村调查。他们以走入农户的形式，调查了农村各阶层的土地占有、家庭收支、公粮负担等情况；以记录乡长、支书每日生活的形式，了解基层干部的生活、工作状况；以个人访谈与搜集当地数据资料相结合的形式，了解根据地农村的政治、教育、文化风俗、政策执行等各项情况；通过旁听会议的形式，了解基层政权工作情况。调查归来后，他们根据调查得来的材料，写成近10万字的《固临调查》一书，详细介绍了根据地农村的基本状况，尤其是农民的负担情况，使中共中央掌握了大量关于根据地农村现状的一手资料。《固临调查》对推动后来陕甘宁边区政府经济财政政策的调整和大生产运动的开展，起了非常重要的作用。

西北局成立后，领导机关第一次大型的调查研究活动是为1942年高干会的召开而组织进行的。1941年12月，西北局常委、边区政府主席林伯渠率陕甘宁边区政府考察团到鄜（富）县、甘泉进行调查研究，以掌握区、乡基层的具体情况，为召开西北局高干会做准备。[②]1942年1月，西北局考察团到绥德、米脂调查经济工作、政权建设、文化教育、社会阶级关系和党务状况等问题，为西北局高干会做准备。考察团一行30余人，分成3个分团，西北局书记高岗率第二分团到双湖峪、周家硷等地进行考察。调查工作结束后，出版了《绥米土地问题初步研究》一书。[③]

① 中央档案馆、陕西省档案馆:《中共中央西北局文件汇集》（1943年）（内部本）甲3，1994年，第338~442页。

② 张俊南、张宪臣、牛玉民编:《陕甘宁边区大事记》，三秦出版社1986年版，第97页。

③ 郭刚主编:《中共中央西北局历史大事记》，中共中央党校出版社2017年版，第109页。

调查研究的典型案例是郝家桥调查。1943 年 4 月，为了使发展生产这一中心工作迅速开展，绥德地委书记习仲勋带领绥德县委书记宋养初、地委宣传部副部长邹文宣、《抗战报》主编梅行、地区妇联干部张力、《解放日报》驻绥德记者田方等到绥德县郝家桥村蹲点调查，以便取得经验，指导全区工作。习仲勋将调查组人员按照自然村分成小组，包村负责，确定了各自调查内容和重点，并要求在普遍调查的基础上，各选择生活状况和生产条件不同的上、中、下各两个农户进行调查研究，从中发现典型，总结经验。经过为期一个月的调查，习仲勋和调查组认为，郝家桥在改革农业生产措施，理顺土地租佃关系，改造二流子，组织群众移民南下，实行变工互助、精耕细作等方面都很有典型意义和推广价值。绥德地委研究决定，授予刘玉厚模范党员、劳动英雄称号，在全区范围内开展“村村学习郝家桥，人人学习刘玉厚”的活动。蹲点调查结束后，习仲勋还批准了调查组根据郝家桥的经验制定的绥德地区移民工作方案，使刘玉厚的事迹和郝家桥的经验在绥德地区以至全陕甘宁边区广泛传播开来。在典型村经验的引导下，全地区各级组织制订了发展生产计划，农村建立了变工队组织，积极提倡革新农业耕作技术。郝家桥减租减息的经验，对全绥德地区也产生了积极影响，调动和激发了农民群众开展大生产运动的积极性。郝家桥移民经验也在全地区范围内得以迅速推广。①

解放战争时期，西北局的调查研究主要体现在土改和民族工作中。1946 年 7 月，中共中央提出征购地主土地的建议，并就此征求各解放区的意见。西北局和陕甘宁边区政府经过调查研究，总结推广了绥德县贺家石和庆阳县王家原乡的经验，即发动农民实行征购，从而使征购不仅是简单地进行土地买卖，而且成为一场群众性的革命运动。根据这些经验，西北局指示各地，征购只能在群众斗争深入的基础上进行。中共中央肯定了陕甘宁区征购工作的经验，指出“在陕甘宁边区也和各解放区一样，发动群众清算是解决土地问题的主要办法（这是由下而上的），但如果再加一个由上而下的由政府颁布法令以公债征购土地的办法来配合，就更能发动群众，就更能使土地问题迅速彻底而完全地解决”②。1947 年中共中央十二月会议后，习仲勋带工作组到绥德、米脂县传达中央十二月会议精神，检查和指导边区的土地改革工作，后又到子洲县检查工作。1948 年

① 《习仲勋传》编委会：《习仲勋传》（上卷），中央文献出版社 2013 年版，第 342~348 页。

② 沙健孙主编：《中国共产党史稿（1921—1949）》（第五卷），中央文献出版社 2006 年版，第 337~338 页。

1月，习仲勋致信西北局，列举了子洲县土地改革中存在的9种不良现象。此后西北局将习仲勋这份调查报告转报中共中央。经过近半月的调查研究，习仲勋主持召开了西北局会议，进一步传达和讨论中共中央十二月会议精神，并根据陕甘宁边区的实际情况，把中央决定的各项政策具体化，提出使土地改革遵循正轨进行的步骤和办法。后又召开了有640多人参加的边区级干部大会，传达毛泽东《目前形势和我们的任务》的报告。会后，习仲勋又主持召开了参加绥德延家川、义合两区土改工作的工作团会议，同90名与会干部一起总结检讨工作，统一思想认识，明确方针政策。与此同时，马明方、马文瑞也带队去三边、陇东、关中等地检查指导土地改革和救灾工作。为了克服各级领导中的官僚主义，树立踏实朴素的工作作风，西北局特通知各分区、县负责同志经常深入农村，到实际工作中发现问题、解决问题，坚决反对坐在机关指手画脚、发号施令。[①] 民族工作方面，在西北局的指导下，甘肃省工委调查编印了《甘肃回民调查概况》《清水回民调查资料》《回民问题的一般简况》《甘肃番氏（藏民）概况》《夏河县少数民族概况》《甘肃西南边区藏民生活概况》《蒙古人》等资料，呈报西北局，这为制定西北少数民族地区的民族政策，提供了可靠的依据。[②]

1948年，西北局的机关刊物《党内通讯》刊发了调查报告类文章共10篇，其中很多文章是实地调查后发表的。如第7期发表的《中农对平分土地的态度——子洲、双苗两区土改工作团调查》一文，即是以调查报道的形式详尽、深入、全面地反映了子洲县两个区中农对土改的态度问题。文章所刊发的全部都是第一手资料，对中农的心理动态、思想浮动、困惑等都做了全面地反映，针对性强，对整个边区的土改工作有很大的借鉴意义。第8期刊载的《彭副总司令关于营业税的调查》一文，主要是彭德怀同志在行军途中，对绥德、清涧、延川等市镇商业萧条现状的调查及原因分析。这类稿件，一方面，为解决问题提供了重要的现实依据；另一方面，由于中央领导的直接参与，也为广大党员干部在工作中或工作之余进行普遍的、经常性的调查研究树立了一个榜样。第8期发表的《吴堡土地再平分的反应》一文，更是此类文章的典型代表。该文通过广泛调查土地平分后几个乡镇中农、贫雇农等各阶层的意见，通过分析，尖锐地提

① 《习仲勋传》编委会:《习仲勋传》(上卷)，中央文献出版社2013年版，第545~549页。

② 孙作宾、吕剑人:《回忆习仲勋同志的革命生涯》，引自石杰、司志浩主编:《在西北局的日子里》，陕西师范大学出版总社2013年版，第191~192页。

出："现在农村内存在一个最严重问题是中贫农对立，支部和贫农团对立、党内也有两派（实际上都是中贫农对立）好像划了几道鸿沟……中贫农不团结现象如不解决，会妨碍着今后任何一件工作的顺利进行。"此类文章惯于用细致入微的工作态度深入报道某一工作开展的情况、出现的问题，以及各方面的具体反应、评价。通过这种铺地毯式的全方位报道，首先，能引起党员干部对这一工作进行深入的反思；其次，综合各方面群众的意见，能使该项工作所面临的问题、所触及的各方利益都明确地呈现出来，使具体矛盾都浮出水面，更进一步地促进工作的开展。另外，《党内通讯》在批评性报道中，也经常使用通过实地调查得来的材料。如第 8 期刊出的批评性报道《为什么义合市镇乡不能及时纠正偏向》一文，作者并没有只根据汇报材料写文章，而是亲自调查，文中尽量使用第一手材料，比如反映民众的意见，都引用民众自己的语言：民众对义合市镇工作组划成分纠偏工作有意见，他们认为所谓的纠偏只是"改了皮皮，没改瓤瓤"。而反映工作组的想法也尽量引用工作组成员的语言，比如就这一问题，该乡工作组组长苏一平的想法是："成分改了，东西总要尽可能的搞一点。"[①]

新中国成立后，西北局领导重视调查研究并身体力行。为了开发建设大西北，西北局领导和各省领导深入调查研究，在此基础上对发展经济作出全面规划，不同地区、不同领域给予不同任务。彭德怀先后两次专程到新疆实地调查。通过调查研究，彭德怀在中央人民政府委员会第五次会议上提出："西北目前工作计划是按照不同情况的地区，分别给予不同的工作任务。"[②] 在牧区工作问题上，新疆分局于 1952 年 7~8 月召开第二届党代表会议。会后，新疆牧区出现了新的局面。1953 年夏，西北局派出调查小组，在经过 4 个月的调查后写出的《新疆牧区调查报告》，也证实了新疆分局第二届党代表会议后"牧区社会秩序空前安定"的情况。[③]

在土改工作中，西北局和陕西省委调查发现关中地区土地分散，不集中，两头小，中间大。地主占农村户口不到 1%，加上富农共占 6% 左右，合计占土地 20% 左右，中农占农村户口 40%~50%，占土地 50%~60%。这和西北局调查的土地关系基本是一致的，所以西北局和陕西省委在土改中所制定的政策措施都建立在从实际出发、实事求是的基础上。如在划定阶级成分上，强调"必须占有材料，深思熟虑"；"允许被确定阶级成分的

① 李文：《陕甘宁边区新闻事业》，人民出版社 2017 年版，第 558~559 页。
② 《人民日报》1950 年 1 月 7 日。
③ 《习仲勋传》编委会：《习仲勋传》（下卷），中央文献出版社 2013 年版，第 197 页。

人参加会议，提出不同意见”；“阶级成分难于划定的，有争论的，应缓定，多研究，多请示上级”。在土改复查中，西北局明确要求，“凡可定为小土地出租者……不定为地主”，强调要严肃对待成分划定问题，与错定成分的错误进行斗争。①

在城市工作方面，西安解放后，西北局书记习仲勋派赵守一和马松林调查西安工厂情况。调查发现问题不少，劳资关系非常紧张，工人们反映了不少急需解决的问题。形成调查材料后，习仲勋又派他们摸清西安城内妓女情况。在审阅了调查材料后，习仲勋指示西北军政委员会办公厅负责召集公安、民政、卫生、财政、妇联等部门开会作出具体安排，立即行动，彻底取缔了西安的妓女院，医治好妓女们的性病，并帮助她们成家立业，赢得了人心。②

在企业民主改革方面，1950 年秋，习仲勋派西北局政策研究室工作人员邵继尧到宝鸡蔡家坡纺织厂调研。邵继尧根据了解到的情况撰写了一份蔡家坡纱厂开展企业民主改革运动、推动企业民主管理的调查报告。西北局政策研究室主任黄植认为这份调查报告是一篇有价值、有普遍意义的材料，但报告没有抓住民主管理这个“牛鼻子”，还“欠火候”。于是政策研究室牵头成立了包括政府有关部门和群众团体参加的工作组，重新下厂调查，并在原材料的基础上形成一个加强企业民主管理的调查报告。这份调查材料经西北局领导审阅后上报中共中央，又由中央发到全国各地。这个报告就是《西北局关于工业企业民主改革的意见》。③这份调查报告对西北地区加强企业民主管理产生了重要的指导意义。④

除成立专门的调查研究机构进行调查研究，以及领导机关的调查研究之外，在县一级，为了使各县的工作做得更好，在决定政策与执行政策时能根据实际情况与群众的需要与可能出发，西北局组织部认为县委有设一专人从事调查研究工作的必要。这一专门做调查研究工作的干部设立后，可在县委书记直接领导与指示下工作，成为县委书记的一个有力的助手。

① 孙作宾、吕剑人：《回忆习仲勋同志的革命生涯》，引自石杰、司志浩主编：《在西北局的日子里》，陕西师范大学出版总社 2013 年版，第 196~197 页。

② 马松林：《怀念习仲勋书记》，引自石杰、司志浩主编：《在西北局的日子里》，陕西师范大学出版总社 2013 年版，第 33~34 页。

③ 邵继尧：《西北局——我一生美好的记忆》，引自石杰、司志浩主编：《在西北局的日子里》，陕西师范大学出版总社 2013 年版，第 75~76 页。

④ 马文瑞等：《怀念黄植》，引自石杰、司志浩主编：《在西北局的日子里》，陕西师范大学出版总社 2013 年版，第 273 页。

其工作范围是：帮助县委调查了解情形；研究与整理各种材料，作为解决问题的根据，并负责保管材料与供给上边所需要的某些材料。选择这一干部的条件就是须有调查与整理材料的能力。具备这个条件的县可马上设立。[①]

四、工作团与下乡

与调查研究相联系，西北局及其所属地方党委通过组织工作团（组、队）下乡进行工作。此种工作机制广泛存在于西北局的各方面工作中。《解放日报》曾报道了有关文艺、文教、合作社、土改、妇女等方面工作的典型事例。例如，为了贯彻延安文艺座谈会精神，1943 年 11 月下旬，西北局宣传部召开各剧团负责人会议，决定组织鲁艺秧歌队、文协民众剧团、西北文工团等下乡工作与演出。之后，西北局办公厅召开大会，欢送鲁艺秧歌队、文协民众剧团、西北文工团下乡演出，西北局领导陈正人、贾拓夫、杨清、李卓然出席会议。边区文协主席柯仲平代表下乡剧团讲了话。[②] 为了准备 1944 年 10 月边区文教会议，西北局宣传部、边区教育厅、边区文协于 6 月召开下乡动员会，组成 5 个文教工作组，即陇东组、关中组、绥德组、三边组、延属分区，其任务为协助各分区调查研究文教方面的典型并推行各种新方向。[③] 中共中央宣传部与延属地委宣传部组织工作团，分别派往安塞、子长、延川、延长等县工作，时间两个月。工作团下乡主要是为了调查研究典型，改进工作，总结经验，协助地方党政研究与解决有关文教方面的问题，并在每一县选择一个乡做全面调查，以便进行文建之试办工作。地委、专署发出指示，令各县共同进行并予协助。[④]1945 年 3 月，西北局、陕甘宁边区政府建设厅、延属分区联社，共同派人组成工作组，赴延安县帮助整顿川口区合作社。[⑤]1947 年 2 月初，西北局组织

① 《西北局组织部关于县委增设调查研究秘书事给各地委的通知（1944 年 9 月 23 日）》，中央档案馆、陕西省档案馆:《中共中央西北局文件汇集》（1944 年）（内部本）甲 5，1994 年，第 114~115 页。

② 《贯彻党的文艺政策，西北局宣传部组织剧团下乡工作》《贯彻毛泽东同志文艺方向，延安各剧团下乡工作，西北局办公厅召开欢送大会》,《解放日报》1943 年 11 月 24 日、12 月 6 日。

③ 《边区文教会议十月举行，各工作组下乡进行调查研究》,《解放日报》1944 年 7 月 17 日。

④ 《延属派工作团下乡，进行典型调查研究》,《解放日报》1944 年 7 月 17 日。

⑤ 《西北局等机关组成工作组，整顿延县川口区合作社》,《解放日报》1945 年 3 月 5 日。

以马明方为团长、常黎夫为副团长的土改工作团，同胡乔木率领的中央机关土改工作团一起到陇东地区进行土改工作。① 为了加强边区妇女工作，1941 年 9 月，中央妇委、西北中央局联合组织两个妇女工作团，深入区乡，收集研究经验，并确定先赴绥德、延安两地的一定范围内进行调查研究工作。②

召开会议是工作团的一种工作方式。1948 年 1 月初，西北局在绥德召开分区党政军和土改工作团党员干部会，200 人参加。习仲勋传达了毛泽东关于《目前形势和我们的任务》的报告。③ 会后，习仲勋接连召集工作团负责同志，详细研究、逐条领会毛泽东报告精神，听取各工作团的汇报，阅读各种资料，具体分析土改中出现的问题。17 日，西北局召开了有 640 多人参加的边区干部大会，传达毛泽东《目前形势和我们的任务》的报告。会后，习仲勋又召开了参加绥德延家川、义合两区土改工作的工作团会议，同 90 名与会干部一起总结检讨工作，统一思想认识，明确方针政策。④3 月，习仲勋在绥德义合、延家川两区工作团会议上讲话，要求坚决纠正土改中“左”的偏向。⑤

下乡包括选举下乡、剧团下乡、文工团下乡、秧歌队下乡、书报下乡、货郎担子下乡、医药下乡、医生下乡、文教下乡、札工队下乡、干部下乡、学生下乡、画家下乡、作家下乡、领导下乡、工作团下乡、通讯员下乡、巡回法庭下乡等。下乡的目的是检查工作，服务群众，领导工作。例如，自从中共中央颁布“加强调查研究的决定”后，在陕甘宁边区的延安和绥德两个分区组织了下乡调查工作团，在延安就有征粮工作团、银行农贷调查组、妇女生活考察团、青年生活调查团、教育文化辅导团、普查团等。⑥1947 年 2 月，西北局发出致各地委电，要求分区、县级机关，要派大批干部下乡领导土改运动，并应组织三至五人的土地征购委员会，负责研究土改问题。⑦

新中国成立后，彭德怀在西北局常委会上指出：“领导被城市吸引，

---

① 郭刚主编：《中共中央西北局大事记》，中共中央党校出版社 2017 年版，第 150 页。

② 《中央妇委、西北中央局组织妇女工作团》，《解放日报》1941 年 10 月 28 日。

③ 《边区群众报》1948 年 1 月 8 日。

④ 《习仲勋传》编委会：《习仲勋传》（上卷），中央文献出版社 2013 年版，第 542~543、第 549 页。

⑤ 《群众日报》1948 年 4 月 12 日。

⑥ 陈海阔：《换换下乡调查的样式》，《解放日报》1942 年 3 月 5 日。

⑦ 张俊南、张宪臣、牛玉民编：《陕甘宁边区大事记》，三秦出版社 1986 年版，第 233 页。

不下乡，以感想代替政策，这是很危险的。”[①] 为此，西北局和西北军政委员会联合派出工作组或干部下乡，形成党政共管的工作机制。如 1950 年 5 月，习仲勋和西北军政委员会发布命令，要求各地政府组织工作组，派干部下乡，把政府的计划变成群众自己的计划和实际行动。[②] 为了保证做好夏收工作，按照习仲勋的指示，以彭德怀、习仲勋、张治中名义发出西北军政委员会命令，要求各地组织“检查团或工作组下乡，直接帮助夏收，切实解决群众中的困难问题”。[③]

五、工作试点

中国共产党在革命、建设和改革各个时期，常见某项工作在某个（些）地方先行试验一个时期的情况，这就是工作试点。它是在各级党委主要是中央的领导下有关于政策执行与制度建设的一个重要机制，是在一定范围内检验政策是否可行并决定该政策是否需要在更大范围推行的一种工作方法。

众所周知，陕甘宁边区本身就是中国共产党的新民主主义试验区，即新民主主义纲领和政策都是先在陕甘宁边区试行，然后再在其他抗日根据地进行推广，正如毛泽东所言：“陕北已成为我们一切工作的试验区。我们的一切工作在这里先行试验。”而直接领导这个试验区的就是西北局。在西北局的领导下，陕甘宁边区及后来的西北大区，许多工作都是在试点的基础上逐步推行的。其中，“三三制”政权、民族自治、土地改革和民主建政等方面的工作具有典型性。

在土地改革之前，为了解决当时陕甘宁边区老区和新区各自存在的土地问题，实现“耕者有其田”的目标，从 1946 年 9 月开始，习仲勋去关中，马文瑞和马明方先后去陇东，试行征购并分配地主超额土地的工作。这是当时解决土地问题的一个新政策，但后来由于形势变化这个政策未再实行。[④]1947 年 10 月义合会议传达了全国土地会议精神，作出了关于彻底

---

① 王焰主编：《彭德怀年谱》，人民出版社 1998 年版，第 434 页。

② 《军政委员会命令各地全力领导生产工作》，《群众日报》1950 年 5 月 6 日。

③ 彭德怀、习仲勋、张治中：《西北军政委员会令》1950 年 5 月 21 日。

④ 马文瑞：《记习仲勋在西北局工作》，引自石杰、司志浩主编：《在西北局的日子里》，陕西师范大学出版总社 2013 年版，第 171 页。

完成土改和开展整党工作的决定。会后，西北局组织机关干部下乡搞土改试点。在新中国成立后的土改中，试点工作仍在进行。如甘肃省委副书记孙作宾直接参加临夏地区的土改试点。[①]

1940 年，中共中央提出各抗日根据地实行“三三制”政策。陕甘宁边区是首席民主抗日根据地，毛泽东要求边区“作一个样子给全国看，成为全国的一个样板”，以此来“推动全国民主化”。中央关于“三三制”政权的指示发出后，陕甘宁边区党委和政府决定首先在绥德、富县、陇东等地试行“三三制”，先选出乡县两级参议员，后普遍改选了乡县两级政府，最后选出边区参议会参议员，创造了有益的经验，被称为“新民主主义政治的试验区”。[②]在试点基础上，从 1941 年 11 月边区第二届参议会开始，“三三制”在全边区范围内得到普遍实行。抗战胜利后，中共中央安排的第一个全国范围内（包括解放区和国民党统治区）自下而上的普选工作开始进行。《解放日报》发表社论，要求陕甘宁边区的普选，在“全国人民面前做出好的榜样”，“普选不仅是边区人民的一件大事，而且对于全国民主运动与和平建设，也有着极重大的意义”。[③]西北局书记习仲勋对此次普选作了周密部署和精心指导，在试点试选、广泛宣传动员的基础上，分步骤、有秩序地进行普选和县、分区政权的选举工作，顺利选出了出席边区参议会的正式议员 135 名，候补议员 35 名。[④]

在民族自治方面，西北局在陕甘宁边区的三边和关中试行回民自治。《陕甘宁边区施政纲领》规定，依据民族平等的原则，“建立蒙回民族的自治区”。边区的少数民族，主要是回族，集中居住在三边和陇东两个分区。1942 年 4 月，边区政府正式划定定边的四、六两个区和城关区的两个行政村为“回民自治区”。9 月，曲子县的三岔镇也划为“回民自治区”。此后，边区政府又陆续划定一些少数民族群众聚居地区为民族自治区。可以说，陕甘宁边区的民族自治成为新中国民族区域自治的试点。新中国成立后，民族自治改称民族区域自治，西北地区宁夏和新疆建立了省一级民族自治区，此外还建立了地区、县和乡三级民族自治区。

在民主建政方面，西北局首先选择了陕西省长安县作为建政工作的试

---

① 孙晓北：《孙作宾西北任职期的一些事》，引自石杰、司志浩主编：《在西北局的日子里》，陕西师范大学出版总社 2013 年版，第 303~304 页。

② 《谢觉哉文集》，人民出版社 1989 年版，第 360 页。

③ 社论：《要在全国人民前面做出更好的榜样——陕甘宁边区选举运动开始》，《解放日报》1945 年 10 月 15 日。

④ 《习仲勋传》编委会：《习仲勋传》（上卷），中央文献出版社 2013 年版，第 407 页。

点县，探索路子，总结经验。1949 年 10 月，长安县首先召开了第一届农民代表大会，标志着人民当家作主的政治制度开始在西北创立。在此基础上，又召开了长安县各界人民代表会议。西安市也先后召开了第一、第二届各界人民代表会议。1950 年 1 月，习仲勋在给毛泽东的综合报告中，专题汇报了西北地区召开各界人民代表会议的情况，指出存在的问题和不足，提出改进各界人民代表会议的具体建议。在西北局领导下，西北地区的人民民主建政工作取得了很大进展。至 1951 年年底，陕西、甘肃、宁夏、青海、新疆省及西安市都召开了各界人民代表会议，除新疆外，其他都代行省、市人民代表大会的职权。

此外，在其他工作中也实行工作试点。如 1950 年 12 月，彭德怀签署《私营企业重估财产调整资本办法》在西北地区实行，陕西宝鸡为试点，然后逐步进行。[①] 又如 1952 年 6 月初，西北军政委员会第 75 次行政会议再次研究畜牧工作。会议形成的决议指出："目前畜牧工作的中心环节是深入纯牧区和半农半牧区进行重点的调查研究，做好典型试办，摸出规律，推动全局。"[②] 按照决议精神，各省迅速行动，组织干部和畜牧技术人员深入牧区展开调查研究，进行试点，发现典型，总结经验，逐步推广。

六、运动与动员

延安时期，在西北局领导下，陕甘宁边区开展了多种多样的运动。诸如整风运动、选举运动、生产运动、经济运动、文艺运动、文化运动、征粮运动、减租运动、拥军运动、拥政爱民运动、劳模运动、"十一"运动、卫生运动、张治国运动、赵占魁运动、冬学运动、识字运动、春耕运动、锄草运动、纺织运动、练兵运动、青年运动、妇女运动、职工运动等等。通过诸如此类的运动，西北局得以开展经济、政治、军事、文化和社会各方面的工作，以及党政军民学各系统的工作。

1942 年西北局高干会提出整党、整政、整军、整民、整关（即整顿党政军民关系）的任务。高干会之后，边区在党政军民各个系统中深入开

① 郭刚主编：《中共中央西北局大事记》，中共中央党校出版社 2017 年版，第 181 页。
② 《西北军政委员会第 75 次行政会议记录》1952 年 6 月 3 日。

展了以整党、整政、整军、整民、整关为主要内容的整风运动。在整风运动中，为了解决军队同政府及人民群众之间的关系，西北局又领导开展了军队拥护政府爱护人民的拥政爱民运动和政府及人民拥护军队的拥军运动，即“双拥”运动。1942 年 10 月，西北局决定在 1943 年春节期间，由边区政府和留守兵团同时发出拥军拥政运动月。1944 年元旦，西北局又作出《关于拥政爱民及拥军工作的决定》，要求在春节期间再来一次“双拥”的群众运动，党政民方面和军队方面分别重新宣布公约，彻底检查与总结一年来的拥军工作和拥政爱民工作，彻底纠正工作中的缺点。《解放日报》分别发表陕甘宁边区拥军公约和八路军留守兵团拥政爱民公约。1946 年 1 月，西北局再次发出《关于拥政爱民和拥军优抗的指示》《关于拥军爱民的指示》，指导新形势下边区“双拥”运动的继续开展。

新中国初期，和其他中央局一样，西北局除了领导开展抗美援朝、土地改革和镇压反革命三大运动，以及之后的“三反”运动和“五反”运动等之外，曾先期开展了“反不良倾向运动”。西北解放以后，彭德怀提出党政军干部和战士“每人每日节约一两粮运动”，救济灾区群众，帮助许多发生严重灾荒的地区平稳度过。针对进城以后一部分干部中开始滋长骄傲居功和贪图享受的情绪，铺张浪费的现象有所抬头，少数人开始走上贪污腐化的邪路，彭德怀号召一切机关立即开展一个反不良倾向的运动。1950 年 3~5 月，西北大区一级党、政、军、民各机关、团体普遍展开反不良倾向运动，各省市各地方也积极响应，铺张浪费、贪污腐化、违法乱纪等现象显著减少，收到了教育干部、改进作风、推动各项工作发展的明显效果。①

在贯彻中央“新三反”运动方面，1953 年 1 月，中共中央发布了毛泽东亲自起草的《关于反对官僚主义、反对命令主义、反对违法乱纪的指示》。根据中央指示精神，西北局分别于 2 月和 9 月发布了《关于反对官僚主义、反对命令主义、反对违法乱纪的指示》《关于县、区、乡进行反官僚主义、反命令主义、反违法乱纪斗争的指示》。在第一个指示里，西北局认为“新三反”运动“应该在经常工作中不断加以克服和管理；应该注意充分发扬民主吸收被领导者和广大群众的意见，开展自下而上的批评，将其与自上而下的检查结合起来，并和党内定期的党员代表大会或党

① 常黎夫、姬也力：《在西北军政委员会一年——纪念彭德怀同志 90 诞辰》，《人民日报》1988 年 10 月 27 日，引自石杰、司志浩主编：《在西北局的日子里》，陕西师范大学出版总社 2013 年版，第 140 页。

代表会议、机关工作人员民主大会或代表会议结合起来，形成一种经常的工作制度；应将思想政治教育和纪律处分相结合；应对典型的好人好事适当表扬”①。在第二个指示里，西北局指出县、区、乡的“新三反”运动应该有重点地进行，其基本方法是紧密结合检查和总结工作，用批评与自我批评的方法来揭发和分析各种不良倾向。在对待基层干部的错误方面，应实事求是地分析。②

动员也是西北局实行的一种长效工作机制。从有关文件和资料可知，动员的对象有普通群众，也有党员干部，但主要是普通群众，具体如干部、妇女、学生、党外人士、二流子等。动员涉及的工作都比较具体，如生产、春耕、卫生、学习、防疫、防旱备荒、移民、开荒、锄草、秋收、支前、战勤等方面。各种动员中，生产动员最多，其方式之一是召开生产动员大会。如 1943 年 1 月西北局、陕甘宁边区政府联合召开机关生产动员大会，林伯渠作动员讲话，指出开展生产运动不单是一个经济目的，同时是一个紧迫的政治任务，并指出实现此种任务的具体方法。③在动员之前，西北局一般首先发出指示，对动员工作提出要求。如 1948 年 1 月西北局发出《关于救灾问题的决定》，指出动员一切力量和灾荒作斗争，度过今冬明春饥饿时期，并准备春耕生产，争取革命战争胜利，是边区当前最严重、最紧急的任务。该决定并指出了解决灾荒问题应做好的 8 项工作。④再如，1949 年 5 月西北局发出指示，要求各地发动群众，全力做好战勤工作，热情招待远道而来的解放军，并把支援华北人民解放军向西北各省进军作为当前的首要任务。⑤据此，绥德地委发出紧急工作指示，要求各县全力动员，欢迎和支援太原前线人民解放军进军西北。⑥

动员的具体形式，有总动员、紧急动员、宣传动员、党政军民学一致动员等。如为加强战时工作，1946 年 11 月，边区总动员委员会新设立坚壁清野部，以策划进行该方面的工作，由惠中权负责。⑦又如 1945 年 5 月，

① 中共中央西北局：《关于反对官僚主义、反对命令主义、反对违法乱纪的指示》，1953 年 2 月，西北局党内通讯社编：《党内通讯》1953 年 4 月 1 日第 121 期。

② 罗平汉：《中国共产党群众路线思想史》，人民出版社 2013 年版，第 169 页。

③ 《边区机关生产动员会，林伯渠主席号召加紧生产，改善生活并援助前方》，《解放日报》1943 年 1 月 23 日。

④ 《群众日报》1948 年 1 月 22 日。

⑤ 《群众日报》1949 年 5 月 7 日。

⑥ 《绥德大众报》1949 年 5 月 14 日，转引自张俊南、张宪臣、牛玉民编：《陕甘宁边区大事记》，三秦出版社 1986 年版，第 317 页。

⑦ 《边区总动员委员会设坚壁清野部》，《解放日报》1946 年 11 月 19 日。

西北局发布《关于防旱备荒的紧急指示》，指出防旱备荒的方针就是依靠广大的人民及部队机关学校全体人员，首先经过党的会议、干部会议、劳动英雄的会议，变工队、札工队的会议，一揽子会，村民大会等进行深入的动员，号召各家户、各部队、各机关学校多种蔬菜及小日月庄稼，兴修小型水利，收集野菜糠麸，厉行节约，把防旱备荒造成广泛的群众运动。①

动员固然重要，但并非凡事都靠动员，还要处理好动员与农时的关系、临时动员与经常工作的关系，并创新动员的方式方法。在陕甘宁边区，各级党委和政府，特别是分区、县和区三级，均规定在春耕、秋收等农忙期减少动员。如边区政府曾指令农忙期减少动员；绥德县减少动员、开会，以保证秋收；盐池县参议会决定春耕期内减少动员。动员具有临时性，但临时动员不宜太多，不能过于频繁，否则会妨碍经常工作。②动员也有一个方式方法问题，不只是开会、领导讲话。调查显示，陕甘宁边区有的地方，在春耕动员工作中还实行老一套的动员方法，如层层开会讲话，只有一般号召，而缺乏具体深入的研究与指导。比较大的群众性的动员会应该少开，或是不开，而主要的力量应该是放在村民会上，具体的深入研究一个问题，解决一个问题。③

七、群众路线

群众路线的领导方法是毛泽东在1942年西北局高干会上首先提出来的。1943年1月西北局高干会闭幕，毛泽东莅会作了关于领导问题的讲演，他用“集中起来，坚持下去”两句话，阐明了领导的真义，指出党的领导就是集中人民的意见，经过思考研究变成党的意见，然后又把党的意见拿到人民中去实现，这就是群众观点和领导艺术。6月1日，他在《关于领导方法的若干问题》中首次提出“从群众中来，到群众中去”的领导方法，指出“在我党的一切实际工作中，凡属正确的领导，必须是从群众中来，到群众中去”。

在此次高干会上，为提高干部对于经济建设工作的认识，鼓励干部努

① 《西北局发布指示紧急动员防旱备荒》，《解放日报》1945年5月18日。

② 《延安县川口赵区长谈区上工作情况，临时动员多于经常工作》，《解放日报》1942年9月24日。

③ 短论：《打破春耕动员中老一套作风》，《解放日报》1946年4月4日。

力工作，西北局对领导国民经济建设及公营经济事业成绩昭著而又刻苦奉公、在群众中有威信的王震等22名干部予以隆重奖励。《解放日报》以头版和第二版两个版面的篇幅详细报道了西北局对22名受奖干部的奖励、毛泽东的题词、受奖干部的职务及主要成绩，并特地刊发了《向领导经济建设受奖同志学习》的社论，并配有王震、晏福生、黄静波、刘秉温、王丕年、惠中权、刘建章、马文瑞、马锡五、习仲勋10名干部的画像。一览表如下（见表7-6）。

表7-6　西北局22名受奖干部及毛泽东的题词（1943年1月）

姓名	年龄	籍贯	职务	题词
王　震	35	湖南浏阳	八路军第359旅旅长、政委	有创造精神
何维忠	40	湖南平江	八路军第359旅供给部部长	切实朴素、大公无私
罗　章	38	江西万载	八路军第359旅供给部政委	以身作则
晏福生	39	湖南醴陵	八路军第359旅717团政委	坚决执行屯田政策
黄静波	24	陕西绥德	清涧县县长	坚决执行党的路线
刘秉温	31	陕西米脂	延安县县长	善于领导群众
王丕年	28	陕西横山	延安县委书记	善于领导群众
惠中权	27	陕西清涧	靖边县委书记	实事求是、不尚空谈
刘建章	46	陕西佳县	延安南区合作社主任	合作社的模范
王世泰	33	陕西洛川	边区保安司令员	忠实、努力、不夸不骄
杨　林	22	四川苍溪	边区保安司令部供给部部长	坚决执行党的政策
范子文	34	陕西绥德	西北局秘书处处长	机关生产的模范
胡起林	38	陕西横山	延安县政府四科科长	无限忠心
马文瑞	31	陕西子洲	陇东分委书记	密切联系群众
马锡五	45	陕西志丹	陇东分区专员	一刻也不离开群众
王维舟	56	四川宣汉	八路军第385旅旅长	忠心耿耿，为党为国
李丕福	31	甘肃华池	华池县县长	面向群众
习仲勋	30	陕西富平	关中分委书记	党的利益在第一位
文年生	33	湖南岳阳	警备一旅旅长	生产教育两者兼顾
任成玉	28	陕西淳化	赤水县委书记	为群众谋福利
贺晋年	33	陕西子长	警备二旅旅长	艰苦奋斗，不屈不挠
罗成德	34	陕西延安	三边分区专员	不怕困难

注：本表依据《解放日报》并结合其他资料整理而成，22名受奖干部的顺序依地区排列。

毛泽东的题词包括受奖干部在工作中的立场、观点、方法、作风和价值观等，特别是给 6 名党政领导干部的题词中直接带有“群众”二字，如“善于领导群众”“密切联系群众”“一刻也不离开群众”“面向群众”“为群众谋福利”。22 名受奖干部的领导方法和工作方法可归纳为以下 4 点：积极领导群众和机关部队的生产事业；不保守，不空谈，调查研究，实事求是，具有创造精神；与坐在机关写计划、发指示，不发动群众、不教育干部、不研究具体方法、不检查、不总结的官僚主义作风相反，深入群众，依靠群众；执行政策坚决，工作中以身作则，不夸不骄，群众威信高。① 概言之，就是群众路线的领导方法和工作方法。

西北局主要领导始终强调各级领导干部在任何时候、任何工作中都要坚持和发扬群众路线的领导方法和工作方法。解放战争后期，习仲勋在西北局组织会议上作了题为《关于土改和整党工作领导上的一些问题》的讲话。他在讲话中指出，今冬（1948 年）土改工作和整党工作已经开始将近 3 个月，但工作进展缓慢，其基本错误就在于，许多地方不是发动群众开展群众运动，而是干部包办，为完成任务而工作。这种错误领导方法的思想实质，就是不相信群众，不懂得群众发动起来了便可以解决一切问题，不懂得群众就是一切新生力量的源泉。他强调，必须迅速扭转这种领导思想，加强党的政治工作和组织工作，这是具有决定意义的一环。在老解放区，发动群众，开展民主运动，是做好土改、整党以及其他一切工作的根本关键。②

新中国成立后，西北局把群众路线的领导方法和工作方法贯穿在发展民主政治和经济建设等方面，习仲勋在西安市各界人民代表会议第二届第一次会议开幕时的讲话中指出：“大家都是生活在群众中间，要经常接近群众，倾听群众的呼声，反映群众的意见，经过协商委员会将群众的意见集中起来，加以整理、分析，抓住一两个带普遍性的问题，作为提交会议讨论的中心议题，研究提出解决问题的初步意见，再经过代表们拿到群众中去，反复酝酿，反复集中群众的意见，力求作出研究成熟的决议草案，提交会议讨论。”他总结认为，只有真正学会毛泽东所说的“群众路线”的正确领导方法，才能做好工作，不断地教育和提高群众，“使之觉悟到：

① 《毛泽东同志为受奖同志题词（西北局奖励二十二位生产英雄）》，《解放日报》1943 年 3 月 2 日。

② 《群众日报》1948 年 12 月 23 日。

人民是国家的主人，人民自己的力量，可以战胜一切。”①

总之，群众路线的领导方法是毛泽东在西北局高干会上首先提出来的，也首先具体体现在西北局22名受奖干部的身上。可以说，群众路线的领导方法的提出和倡导与西北局有紧密联系，西北局历任领导在工作中一直强调群众观点和群众路线的领导方法，并对此作了大量的论述。实践证明，在西北局的各项工作中，凡是做得好的时候，都是坚持了群众路线的领导方法和工作方法。有时工作中出现问题，也是由于群众路线贯彻得不好。

八、检查与总结

检查与总结也是西北局工作中的一种长效机制。彭德怀在1950年6~8月的西北局常委会上反复强调检查与总结在工作中的重要性。他深刻指出："要建立必要的制度，根据制度检查工作。做完一件工作总结一件，要成为党内作风。"如果"不检查，不总结，只有布置，工作等于零"。"西北局如果有官僚主义作风，我想就是一般号召多，具体指导少；布置多，检查少"②。他在西北区一级整风座谈会上发言指出：目前西北局及各级党的领导机关在思想作风上，存在的带普遍性的问题是，"工作布置多而检查少"，"一般号召多而具体指导少"，"工作拖延，贻误时机"等官僚主义。有了好的决议，若没有很好地组织干部去执行决议，并检查执行的情况，可能使工作计划完全落空。他严厉批评了那种文件传来传去、拖延不解决问题、"形成公文旅行"的官僚主义。指出："有一种同志是没有什么原则的，一切都是为了不得罪人，为了与他接近的人不搞坏关系，敷衍、迁就、马虎，由于领导上没有检查，往往使这样的人竟能长期占住领导岗位，结果把党和人民的事业弄得很坏。"③西北局在各项工作中均认真实行检查与总结，并得到中央的肯定。下面从实践的角度对新中国成立初期西北局的检查与总结机制加以论述。

在统战工作中，1951年8月下旬至9月底、1952年11月和1953

① 《发挥民主效能、在经济战线上打胜仗》，《习仲勋文选》编委会：《习仲勋文选》，中央文献出版社1995年版，第129、第130页。

② 王焰主编：《彭德怀年谱》，人民出版社1998年版，第434、第435、第436页。

③ 王焰主编：《彭德怀年谱》，人民出版社1998年版，第438页。

年 11 月，西北大区和陕西、甘肃及西安市一级政府机关和陕西部分县级政府机关，连续 3 年进行了 3 次较大规模的机关内部统一战线大检查。在西北军政委员会各部门中，一般采取先共产党内后共产党外、先领导后群众、先学习文件后开展批评与自我批评，深入进行对照检查。检查期间，军政委员会机关内部统一战线工作委员会，先后 3 次召开全体委员会和一次民主人士部长、副部长座谈会。在会上，共产党员干部带头检查"包办代替"的思想和表现，非共产党员干部自觉检查"作客"的思想和危害，谈心交心，增强了互相信任和支持。在陕西省和西安市，西北局统战部召开了 6 次西安地区党外人士座谈会，习仲勋和汪锋在会上主动检查，批评党内的命令主义，不习惯同党外人士合作共事的种种表现，强调在党与非党的关系中，起决定作用的是共产党员一方。党员干部，特别领导干部，在合作共事中要起带头表率作用。每次检查后，西北军（行）政委员会都要专门召开会议，听取机关内部统一战线工作委员会的工作汇报。①

在民族工作中，西北局通过逐级检查发现问题，然后上报中央，为中央总结经验、作出决定提供重要参考。如 1952 年中央指示在全国推行民族政策执行情况大检查。8 月，中共甘肃省定西地区靖远县委检查了该县二区打拉池乡（回汉杂居乡）执行民族政策的情况，发现了许多不良问题。之后，从靖远县委起，各级党委逐级上报。县委上报地委，地委上报省委，省委上报西北局。西北局一面将甘肃省委的报告转发至西北其他省委，要求凡是有少数民族聚居或杂居、散居的地方，都要像靖远县委那样检查一次民族政策的执行情况，一面将靖远县委的做法以及甘肃省委的报告，连同靖远县委的报告一并上报中央。报告引起了中央的重视，中央同意西北局关于检查民族政策执行情况的部署并批转了这一报告，要求西南、中南两个中央局也通知所属各地有关党委，以同样严肃认真的精神检查民族政策的执行情况。12 月，中共中央作出《关于在少数民族较少地区必须检查民族政策执行情况的指示》。②

在"三反"运动中，习仲勋给中共中央和毛泽东写了书面报告，汇报了工作的安排部署："我们计划于十二月下旬开始整风，各地都集中力量，在短时间内进行，最迟于明年二月中旬结束，准备即由开展反贪污斗争开头；紧接着检查各种浪费现象；最后联系具体实例，检查领导工作中的官

① 《汪锋传》编写组：《汪锋传》，中共党史出版社 2011 年版，第 321~327 页。

② 胡钧：《忆新中国第一份民族工作经验总结的形成》，引自中共中央党史研究室、中央档案馆：《中共党史资料》（第 103 辑），中共党史出版社 2007 年版，第 76 页。

僚主义作风。”[①] 毛泽东向各大区书记转发了习仲勋的报告，并批示各大区负责人将报告“转发到分局、省市区党委和各级军区去，并在党内刊物上发表”[②]。之后，习仲勋用两周时间深入甘肃、青海等地，检查运动进展情况，指示两省的干部“发动群众上下检查，互相监督，表扬好的，检查坏的”。[③]

在增产节约运动中，中共中央《关于增加生产，厉行节约，紧缩开支，平衡国家预算的紧急指示》下发后，西北局委员会、常委会多次开会讨论，并进行检查。1953 年 8 月底，西北局常委会学习并讨论中央指示。9 月 15 日，西北局常委会讨论增产节约问题。17 日，西北局抽调机关干部组成工作队，深入基层，帮助开展增产节约运动。18 日，西北局会议讨论增产节约完成国家计划问题，对有关增产节约各方面的工作做了具体安排。25 日，西北行政委员会举行第二十一次会议讨论西北各系统增产节约方案，马明方对增产节约运动作了重要指示。10 月 20 日，西北局会议检查增产节约进展情况，要求各级党委加强领导，使运动深入平衡。[④]

在农村工作中，1953 年 3 月，中共中央发出《关于解决区乡工作中“五多”问题的指示》，表扬“一九五二年十二月西北局检查组关于区乡工作中‘五多’问题的报告，写得很好。这个报告集中地反映了我们党政组织在农村工作中一些严重地脱离农民群众、损害农民及其积极分子的利益的问题，即所谓‘五多’问题。‘五多’，就是任务多，会议集训多，公文报告表册多，组织多，积极分子兼职多……因此，必须在一九五三年内，在执行中央一九五三年一月五日关于反对官僚主义、反对命令主义、反对违法乱纪的指示中，着重地克服领导机关中的官僚主义和分散主义，并将那些过去需要而现在已不需要的制度和办法加以改变，方能解决这个问题”。指示分别责成由中央组织部、中央人民政府政务院及其所属财经、文教、政法三个委员会的主管同志负责，各中央局、分局、省市委及各该级行政机关主管同志负责，对于“五多”问题加以清理，制定适当的制度和办法，并报告中央。[⑤] 为了切实贯彻中央的指示，有步骤地彻底地解决

---

① 习仲勋:《关于彻底展开反贪污斗争给毛泽东并中共中央的报告》，1951 年 12 月 11 日。

② 中共中央文献研究室:《建国以来毛泽东文稿》（第 2 册），中央文献出版社 1988 年版，第 568~569 页。

③ 《群众日报》1952 年 1 月 6 日。

④ 郭刚主编:《中共中央西北局大事记》，中共中央党校出版社 2017 年版，第 205~206 页。

⑤ 中共中央文献研究室:《毛泽东年谱（1949—1976）》第 2 卷，中央文献出版社 2013 年版，第 61 页。

区、乡工作中的“五多”问题，改进农村工作，5月，西北局指示县以上各级领导机关，都应将克服“五多”作为反对官僚主义和分散主义的重要内容，并责成西北局各部、委及行政委员会财经、文教、政法三个党组，分别负责对所属各部门进行有关引起“五多”各项问题的检查，并于七一前提出具体可行的改进意见。[①]6月，中共中央批转西北局关于解决区乡工作中“五多”问题的指示给各中央局、各省委并告中央军委各部门及人民政府各部门党组。[②]

① 中央档案馆、中共中央文献研究室:《中共中央文件选集（1949年10月—1966年5月）》第12册，人民出版社2013年版，第397页。

② 中央档案馆、中共中央文献研究室:《中共中央文件选集（1949年10月—1966年5月）》第12册，人民出版社2013年版，第396页。

第八章　西北局的党报党刊与党播

党报党刊是党的喉舌，是党的重要的宣传阵地，是党联系群众的纽带，也是党员干部学习了解党在各个时期各项方针政策的重要渠道。各级党报党刊是党的机关报刊。西北局的党报党刊是西北局的机关报刊，包括“两报一刊”。“两报”是《边区群众报》—《群众日报》和《解放日报》；“一刊”是《党内通讯》。党报党刊对应的机构是报社。报社是西北局的工作机构之一，先后有大众读物社、（边区）群众报社和群众日报社。“两报一刊”是西北局和陕甘宁边区研究极其重要的资料，具有重要的史料价值和研究价值。党播即党务广播，既包括广播，又包括电台，是堪比党报党刊更重要的党内传播工具，是党内教育干部的一种方式。

一、报社：大众读物社—群众报社—群众日报社

1940 年 3 月，陕甘宁边区大众读物社在延安成立，挂靠在陕甘宁边区文化协会名下。它是在边区为第二次代表大会及边区文协第一次代表大会开展大众化工作的决定之下成立的。[①] 始为陕甘宁边区党委工作机构，继为边区中央局工作机构，最后成为西北局的工作机构。1941 年 6 月，西北局常委会决定大众读物社仍归西北局领导，稿件由西北局宣传部审阅。[②] 社长周文（何开荣），副社长杜桴生（杜疑）。

大众读物社面向大众，既办报，又办刊。除创办《边区群众报》外，还编辑出版通俗化图书和《大众习作》《大众文库》《大众画库》等刊物。

① 《大众读物社举行茶会讨论对〈群众报〉的意见，并决成立大众化问题研究会》，《新中华报》1940 年 4 月 8 日。

② 中共中央组织部、中共中央党史研究室、中央档案馆：《中国共产党组织史资料》第 3 卷（上），中共党史出版社 2000 年版，第 89 页。

曾编写出版边区中央局颁布的《陕甘宁边区施政纲领》简释本和总结陕甘宁边区大众化文化运动的《大众化工作研究》一书。[①] 曾以茶会方式讨论对《边区群众报》内容形式等各方面的意见，并决定成立大众化问题研究会，举行座谈会，对大众化具体问题进行深入讨论。[②]

大众读物社存在两年就结束了。据《解放日报》载，大众读物社于1942年2月18日结束，并于结束时召开大会，检讨两年来的工作。在两年时间里，计出版小册子12本、《大众习作》6期、《群众报》90期，对大众化工作和大众化写作问题都有若干收获。[③]

大众读物社结束当天，群众报社在延安成立。之所以结束大众读物社、成立群众报社，主要原因是《边区群众报》在宣传党的方针政策方面发挥了越来越大的作用，引起西北局的重视。西北局认为，边区群众报社可以同时完成编辑出版原来大众读物社的《大众文库》《大众画库》等通俗读物的任务，因而把大众读物社改为边区群众报社。自此，《边区群众报》便进入群众报社独立发展阶段。[④]

群众报社成立时，只设社长，不设副社长。社长由边区参议会副议长谢觉哉兼任。[⑤]1946年开始设立副社长，由杜桴生担任。1947年年初，谢觉哉不再担任社长。2月，群众报社社长一职由西北局宣传部部长李卓然兼任。3月，由于国民党军队进攻延安，群众报社撤离延安，随西北局机关转战陕北，代号五大队十二中队。[⑥]

国民党军队进犯边区后，西北局领导的新闻单位在体制上进行了新的调整，由以报为主转变为以社为主。边区群众报社改为西北新闻社（包括西北新华社和负责发行报刊的西北新华书店），社长李卓然，副社长杜桴生。1947年4月，《边区群众报》正式由三日刊改为日报。5月，西北新闻社撤销，分称新华社西北总分社与边区群众报社[⑦]，加上新华书店，形成三位一体的新闻机构。1948年1月，《边区群众报》在绥德霍家坪正式

① 常紫钟、林理明主编:《延安时代新文化出版史》，陕西人民出版社2001年版，第478~481页。

② 《大众读物社举行茶会讨论对〈群众报〉的意见，并决成立大众化问题研究会》,《新中华报》1940年4月8日。

③ 《大众读物社结束，群众报社成立，群众报将有大革新》,《解放日报》1942年2月22日。

④ 李文:《陕甘宁边区新闻事业》，人民出版社2017年版，第460~461页。

⑤ 《谢副议长兼群众报社长》,《解放日报》1942年2月19日。

⑥ 李文:《陕甘宁边区新闻事业》，人民出版社2017年版，第469页。

⑦ 《边区群众报》1947年5月27日。

更名为《群众日报》。[①]

延安收复后，群众日报社回到延安，同新华社西北总分社、西北新华广播电台合并在一起，形成三位一体的西北新闻工作中心。西北局进入西安后，这个三位一体的机构，开始向三个独立的机构分离，新华社西北总分社和西北人民广播电台先后从群众日报社独立出去，成为与群众日报社平行的新闻单位。林朗任新华社西北总分社社长，金照任西北人民广播电台台长。[②]1949 年 3 月，李卓然调离西北局，群众日报社社长由西北局宣传部部长张稼夫兼任，副社长杜桴生。

1949 年 5 月，西北局建立陕北区党委，领导陕北老解放区的工作，机关驻地位于延安王家坪。1950 年 1 月，中共陕西省委成立后，陕北区党委归其领导，4 月陕北区党委撤销。陕北区党委存在期间，在工作机构中设陕北群众日报社，社长吴文遴，总编辑张潮。新中国成立后，群众日报社作为西北局的工作机构继续存在。1954 年，西北大区撤销，《群众日报》自 10 月 16 日起改为中共陕西省委机关报，并更名为《陕西日报》。自此，群众日报社被陕西日报社取代。

新中国成立后，西北局领导下的西北五省一市党委在党的工作机构中均设省一级报社，报社设社长和总编辑。按时间顺序，先后为甘肃日报社、青海日报社、宁夏日报社、新疆日报社、陕西日报社、西安日报社。需要指出的是，1950 年 1 月成立维、哈文新疆日报社，8 月新疆日报社和维、哈文新疆日报社合并。1952 年 12 月陕西日报社并入西北局群众日报社，1954 年 10 月群众日报社被陕西日报社取代。列表如下（见表 8–1）。

表 8–1　新中国初期西北五省一市党报社

报社	成立时间	社长	总编辑
甘肃日报社	1949.9	阮迪民	阮迪民
青海日报社	1949.10	午人	乔迁
宁夏日报社	1949.11	贾怀济、梁大均	张源、马永河、姚以壮
新疆日报社	1949.12	邓力群、赵守攻、富文	富文
陕西日报社	1950.5	甘一飞	张潮
西安日报社	1953.7	高朗山	袁烙

① 李文:《陕甘宁边区新闻事业》，人民出版社 2017 年版，第 469~470 页。

② 李文:《陕甘宁边区新闻事业》，人民出版社 2017 年版，第 479、第 481 页。

二、机关报:《边区群众报》—《群众日报》

《边区群众报》是应边区党的宣传工作的需要而诞生的。1939 年 5 月，中共中央书记处发出《中共中央关于宣传教育工作的指示》，决定“从中央局起一直到省委、区党委以至比较带有独立性的地委、中心县委止，均应出版地方报纸。党委与宣传部均应以编辑、出版、发行地方报纸为自己的中心任务”[①]。根据中央指示精神，1940 年 2 月，陕甘宁边区党委发出《关于提高党的宣传工作的质量问题》，提出“边委出版的《团结》报，仍为月刊，在内容方面应多注意于对党的政治路线策略口号以及对马列主义的某些原则作通俗的解释介绍。同时，边委计划在最短期内出版一通俗的小报，以便于乡村中识字一千左右的乡级干部、小学教师、识字组长以及不断以消灭文盲运动中出来的非文盲，有一个经常的读物来继续提高他们的政治文化水准”[②]。这里所谓的在最短期内出版一通俗的小报,就是指后来出版的《边区群众报》。

关于《边区群众报》名称的来历，原本第一张报纸清样上的报纸名称是《边区大众报》，正好和大众读物社中的“大众”二字一样，但毛泽东在审阅了周文送来的报纸清样后，在“方针任务”字句旁加杠批注:“还是在群众二字上下工夫，作文章”，又在《边区大众报》报头下画了个杠，写上“还是叫《边区群众报》好！”并亲笔题写报头《边区群众报》3 幅。从此，这份报纸被定名为《边区群众报》。[③]1940 年 3 月，《边区群众报》在延安创刊，由陕甘宁边区文化协会大众读物社主办。

在大众读物社存在的两年时间里，《边区群众报》以新的姿态，出现在新闻战线上，致力于文化大众化工作，成绩斐然。关于该报的通俗程度，据调查，“能识 500 字的人，就可看懂十分之五六，能识 800 字的人，就可看懂十分之八九,一般不识字的群众，也能听懂，所以，该报为边区销行最广之报纸，两年来，该报出版 90 期，共印 36 万多份，甚受一般

---

① 中共中央文献研究室、中央档案馆:《建党以来重要文献选编（1921—1949）》第 16 册，中央文献出版社 2011 年版，第 305 页。

② 中央档案馆、陕西省档案馆:《中共陕甘宁边区党委文件汇集（1940—1941 年）》（内部本）甲 2，1994 年，第 18 页。

③ 李文:《陕甘宁边区新闻事业》，人民出版社 2017 年版，第 458 页。

下级干部和群众之热爱”。此外，为了使报纸内容更加丰富和文字更加通俗，该报曾与中央出版局商量进行革新[①]

作为党报，《边区群众报》先后受陕甘宁边区党委、陕甘宁边区中央局和西北局的领导，始为陕甘宁边区党委机关报，继为边区中央局机关报，最后成为西北局的机关报。西北局成立以后，《边区群众报》与西北局一直保持着和谐密切的关系。如《边区群众报》总编辑胡绩伟经常列席西北局的常委会和边区政府的例会，接触和阅读很重要的文件，参加西北局和边区政府召开的重要工作会议。[②]再如，《边区群众报》关于边区土改的宣传，都是在西北局直接指挥下进行的，比较正确、比较及时地宣传了西北局相关的政策方针和计划步骤。搬到解放日报社以后，《边区群众报》受到西北局和解放日报社的双重领导。[③]

对于《边区群众报》的内容，西北局宣传委员会于1942年3月作了深刻检讨。西北局认为，《边区群众报》是边区流行最广的报纸，读者对象主要是区乡干部，因此报纸内容应该侧重帮助区乡干部的业务、政治学习，然后经过干部灌输给群众。李卓然部长特别指出宣传部对报纸注意不够，报社和各方面的联系也不够，并提出编辑应和群众保持一定的联系等。最后该报主编胡绩伟说明改版后内容着重刊载工作问题和各种具体知识，帮助区乡干部进行学习。[④]4月，改版后的《边区群众报》版面调整为：一版，刊发党的政策、政府指示和前线战报；二版，主要报道陕北解放区各县、区、乡的重要新闻和战事消息；三版，以登载其他解放区战事新闻、国统区新闻和国际新闻为主；四版，注重文艺性和知识性，长期设置“常识问答”“小娱乐”等专栏。此种版面模式在抗日战争中后期和解放战争初期一直采用，直到报纸变为日报才有所变动。[⑤]

1943年3月，《边区群众报》创刊3周年。3年中，该报出刊143期，共发行八九十万份。第一四三期群众报以“把群众报读给群众听”为标题发表社论，以纪念该报创刊3周年。社论号召大家把群众报读给群众听，并希望各宣传教育部门更好地利用该报作为对干部群众的宣传工具；号召

① 《大众读物社结束，群众报社成立，群众报将有大革新》，《解放日报》1942年2月22日。
② 胡绩伟：《青春岁月——胡绩伟自述》，河南人民出版社1999年版，第334页。
③ 李文：《陕甘宁边区新闻事业》，人民出版社2017年版，第467页。
④ 《西北局宣传委员会检讨本栏和群众报》，《解放日报》1942年3月20日。
⑤ 李文：《陕甘宁边区新闻事业》，人民出版社2017年版，第463页。

各区乡干部学习同宜县庙湾区组织农民读报的办法，利用报纸推动生产。[①] 1944 年 3 月，毛泽东在关于陕甘宁边区的文化教育问题的讲话中指出：有了报纸，我们的工作就会做得更好。在陕甘宁边区，不仅有《解放日报》，“还有《边区群众报》，发行更广，看的人更多。”[②]

1946 年 3 月，《边区群众报》创刊 6 周年，适满 300 期。毛泽东特函勉励：“希望读者，多利用报纸，推动工作，学习文化。”第 300 期以“你是群众报的主人，你要利用它”为标题特刊发社论，号召各地读者，切实遵照毛泽东指示，多利用报纸，推动工作，学习文化。[③]。创刊 6 周年前夕，习仲勋在西北局记者招待会上说：西北局过去利用党报建设边区，提高边区，今后还要做得更好。党报的任务，就是要发扬优良的工作作风与批评坏的工作作风。[④] 创刊 6 周年之际，习仲勋撰文表扬《边区群众报》，高度评价了该报 6 年的工作：《边区群众报》出满 300 期了，值得大大庆贺。这个报纸是边区群众公认的好报纸，当得起“群众报”这个光荣的称号。6 年以来，这个报纸对边区人民尽了最大的组织和指导作用。边区的方针是继续紧紧团结，好好生产，和一切反民主势力作斗争，建设一个更繁荣的、更巩固的边区。这份报纸的方针也应该这样。边区群众报是工作指导的工具，是干部学习的工具。群众报是很好的一个学校。[⑤]

1946 年年底，中共中央和西北局领导的新闻单位在体制上都进行了由报为主转向以社为主的大调整，中央一级是由以《解放日报》为主转变为以新华社为主，西北局一级则是由以边区群众报社为主改为以西北新闻社为主。这种转变，一方面反映了由编辑报纸为主改变为以收发新华社新闻为主；另一方面则是报纸的读者对象发生了很大变化，原来《边区群众报》的读者是以基层干部和广大群众为主，至此转变为以西北局系统的中高级干部为主。[⑥]

自创刊以后，《边区群众报》发挥了两大重要职能，一是宣传职能，一是教育职能。它一方面以通俗、多样、活泼有趣的报道内容正确地宣传

① 《广大读者热烈祝贺边区群众报三周年，两月后将改出三日刊》，《解放日报》1943 年 3 月 25 日。

② 中共中央文献研究室：《毛泽东文集》第 3 卷，人民出版社 1996 年版，第 111 页。

③ 《边区群众报创刊六周年，号召读者利用报纸推动工作》，《解放日报》1946 年 3 月 27 日。

④ 《西北局记者招待会上，习仲勋同志提出改进县级领导作风，分区及边区一级的领导机关也应先自检讨，转变作风》，《解放日报》1946 年 2 月 13 日。

⑤ 摘自《边区群众报》1946 年 4 月 7 日，第 301 期。

⑥ 李文：《陕甘宁边区新闻事业》，人民出版社 2017 年版，第 473 页。

党的方针、政策，执行党报在战争环境中的宣传职能；另一方面，又以短小、精悍、简单、具体的语言和宣传形式去适合文化比较落后的边区群众，使“识字少的人看得懂，不识字的人听得懂”。所以，边区群众亲切地称该报为“咱们的报纸”。①

1948年1月10日，《边区群众报》转战陕北途中，在绥德县霍家坪更名为《群众日报》，报头仍由毛泽东题写，每日出版四开四版，刊号承接《边区群众报》日刊，创刊号为第一九三号。延安光复后，《群众日报》回到延安继续出版。1949年5月西安解放后，报社人员进驻西安，并于5月27日在西安东大街开始出版西安《群众日报》，延安《群众日报》于6月1日正式终止。②

《边区群众报》改为《群众日报》后，才真正成为一份完全意义上的党委机关报，为陕甘宁边区的各级党委机关和政府部门的干部服务，指导并监督他们的具体工作。在此之前，虽然该报是西北局的机关报，一直尽力按照西北局的指示进行政策宣传和对基层干部的工作进行指导，但是从严格的定义来说，定位为大众化的《边区群众报》并不是一份完全意义上的党委机关报。而且，由于当时《解放日报》也在延安出版发行，陕甘宁边区在这样一份中央级的党委机关报指导下，也不需要《边区群众报》办成一份完全意义上的党委机关报。所以，从报纸性质的角度来考虑，《边区群众报》更改为《群众日报》，其实是报纸自身向党委机关报这个概念本意的回归。③

《边区群众报》创刊后，在延安一共出版了363期；转战陕北期间，出版不定期的《边区群众报》192期。改名为《群众日报》以后，至1949年6月10日离开延安，出版日报486期。前后相加，在9年半的时间里，边区群众报社和群众日报社在延安和陕北的农村中总共出版报纸1041期。④但可惜的是，从报纸创刊到撤出延安的7年零22天中，《边区群众报》出版的363期全部被毁。这对于研究西北局史和陕甘宁边区史来讲不能不说是一个极大的损失和缺憾。

1949年5月26日，《群众日报》（西安版）创刊，共出刊35天，6月30日结束。⑤6月10日，《陕北群众日报》创刊，原《群众日报》迁至西

① 李文：《陕甘宁边区新闻事业》，人民出版社2017年版，第451页。

② 李文：《陕甘宁边区新闻事业》，人民出版社2017年版，第450页。

③ 李文：《陕甘宁边区新闻事业》，人民出版社2017年版，第470页。

④ 李文：《陕甘宁边区新闻事业》，人民出版社2017年版，第480页。

⑤ 《群众日报》1949年6月30日。

安出版。[①] 1950 年，驻留在延安的《群众日报》的人员大部分迁往西安，以这些人员为基础，于同年 7 月 1 日创刊了中共陕西省委机关报《陕西日报》。延安《群众日报》剩余的一小部分人员仍然驻留延安，主办陕北区党委的机关报《陕北群众日报》。同日，《群众日报》改版为《陕西日报》并出首期创刊，西北局第三书记马明方题词“用最通俗的话，说出群众中真实的生活”[②]。1952 年 12 月 31 日，《陕西日报》又同《西安群众日报》合并，确定《群众日报》既是西北局的机关报，也是陕西省委的机关报。1954 年，西北大区撤销，《群众日报》自 10 月 16 日起改为中共陕西省委机关报，并更名为《陕西日报》，一直出版至今。[③]

报纸是一种新闻媒体，更是党的宣传鼓动工作最有力的工具。把报纸办好，是党的一个中心工作。为了做好报纸工作，西北局曾召开宣传会议加以讨论。如前所述，1942 年 3 月，西北局召开宣传会议，检查《解放日报》边区栏和《边区群众报》问题，李卓然部长在讲话中论述了报纸的作用与任务问题。1947 年 4 月，西北局后委首次召开宣传工作会议，决定《边区群众报》改出日刊。新中国成立后，1953 年 12 月底，西北局召开报纸工作会议，强调要不断加强党委对报纸工作的领导，全面系统地宣传党在过渡时期的总路线。[④]

《边区群众报》创刊后，设主编 1 人、副主编 2 人，主编胡绩伟（小丁），副主编金照、景昌之（景春山），后改称为总编辑和副总编辑，总编辑胡绩伟，副总编辑金照、林朗。改为《群众日报》后，设总编辑 1 人，副总编辑 3 人。总编辑仍为胡绩伟，副总编辑金照、林朗、阮迪民。

三、一定范围内的机关报——《解放日报》

西北局成立后的第三天，即 5 月 16 日，《新中华报》《今日新闻》停刊，《解放日报》在延安创刊，毛泽东亲笔为报头题字。

但创刊后，《解放日报》在报道内容和版面安排上，固守于“一国际，二国内，三边区，四本市（延安市）”的不成文规定，而不是根据党和群众

---

① 《群众日报》1949 年 6 月 12 日。

② 郭刚主编：《中共中央西北局大事记》，中共中央党校出版社 2017 年版，第 178 页。

③ 李文：《陕甘宁边区新闻事业》，人民出版社 2017 年版，第 450 页。

④ 郭刚主编：《中共中央西北局大事记》，中共中央党校出版社 2017 年版，第 207 页。

的需要进行安排。4个版面，一版主要是国际新闻、国内要闻和社论；二版全部是国际新闻；三版是国内新闻；四版是陕甘宁边区（上半版）和副刊（下半版）。这就从版面上把本应突出报道的有关陕甘宁边区和各抗日根据地的新闻，放到了很次要的地位。对此，毛泽东提出了尖锐批评，他称当时的报纸“不是党报，而是社报”，是在为外国通讯社做“义务宣传员”。有鉴于此，中央决定《解放日报》改版。1942年4月1日，《解放日报》正式改版。

正式改版前夕，西北局宣传委员会于1942年3月18日对《解放日报》边区栏及《边区群众报》作了深刻的检讨。柯华、刘异云、蓬飞等发言指出边区栏的内容还相当贫乏，歌功颂德和公报性的多，教育性和批评性的却很少；延安市新闻多，外县新闻少；对某些问题处置不慎重、词句不注意等。特别是李荫蓝指出“边区栏生活于会议当中，对广大群众性的事情却少注意……”胡绩伟着重指出边区栏的文学，应该是通俗简洁的白话文；新闻应该发挥它的战斗性。李卓然在结论中首先认为报纸的组织作用和推动作用弱，在宣传部门没有很好地运用这一战斗武器，报社本身也和通讯员的联系很差，其次是报纸对“整顿三风”的反映太差，没有具体地从各方面揭发工作的缺点，配合党的政治任务。丁浩川说明了《解放日报》准备改版的情形。①

改版后的《解放日报》，面貌发生重大变化。集中表现在版面安排上，彻底改变了“一国际，二国内，三边区，四本市”的不成文规定，而变成“一边区，二解放区，三全国，四国际”。4个版面的具体安排是：一版为以根据地消息为主的要闻版；二版为陕甘宁边区和国内消息版；三版为国际消息版；四版为综合副刊版。两年后，版面又进一步调整为：一版为要闻、战况、社论；二版为生产、政治、战斗通讯；三版为思想、艺术、文化、科学知识；四版为国际消息。②

改版前后，《解放日报》同西北局的工作关系是不同的。据陆定一回忆：改版以前，报纸同地方党和群众是没有什么组织关系的。《解放日报》编委无人参加西北局的会议，在县、区、乡没有通讯员。地方党当前的中心工作是什么，人民生活怎么样，很难知道。因为这样，所以报社无法决定向什么地方派记者。派出去的记者，虽然很有才华，也会写出些有价值的报导，但也有一些新闻，是道听途说，或者凭主观写稿。写了也不给当地党组织审查，

① 《西北局宣传委员会检讨本栏和群众报》，《解放日报》1942年3月20日。

② 胡乔木：《胡乔木回忆毛泽东》（增订本），人民出版社2014年版，第453页。

往往失实，有时闹出笑话。改版以后，余光生任副总编辑，他专同西北局联系，参加西北局的会议，在那里组织社论、文章，从报馆里派记者出去采访些重要问题；报社在县、区、乡设通讯员。情况开始有所改进。[①]

改版后，1942 年 8 月 29 日，中共中央政治局会议就《解放日报》问题作出重要决定："《解放日报》是中央机关报，同时在一定范围内又是西北局的机关报。西北局应积极管理边区范围内的事项，并决定西北局组织部长陈正人参加中央党报委员会。"[②]《解放日报》成为西北局机关报，充分说明中共中央对边区工作的高度重视。

为了更好地利用《解放日报》并加强各级党部对《解放日报》的责任，9 月 9 日，西北局作出《关于解放日报工作问题的决定》，对各级党组织如何利用报纸，给《解放日报》写稿的具体任务、培养通讯员的具体方法、如何发展和正确对待报纸上的批评等问题，作出明确规定。决定要求：西北中央局按月讨论《解放日报》关于边区的宣传方针一次，《解放日报》编辑部派人经常参加西北中央局的各种会议，西北中央局派人出席报馆编辑部会议。各级党委要把帮助与利用《解放日报》的工作当作自己经常的重要业务之一，定期检讨自己对《解放日报》所做的工作，并将讨论情形报告西北中央局。各分区党委及县委的宣传部长均应担任《解放日报》通讯员，并与报馆取得直接联系，负责组织其所管地区内的通讯员工作，组织同级党政负责同志及党外人士替《解放日报》写文章，选定区级干部中起码有写作能力的同志做通讯员，具体帮助并规定每个通讯员应如何去搜集材料，经常检查党报的发行情况，反映党报在群众中的影响和意见，组织与帮助各地党员干部经常读党报及实际响应党报的号召。[③]

对于西北局的这个决定，毛泽东高度肯定，他在给各中央局、各分局起草的电报中指出：西北中央局已经发表了一个关于报纸工作的决定，各地亦应仿此办理，改正过去不讨论新闻政策及社论方针的习惯，抓紧对通讯社及报纸的领导，务使通讯社及报纸的宣传完全符合于党的政策，务使我们的宣传增强党性，拿《解放日报》所发表的关于如何使报纸增强党性的许多文件去教育我们的宣传人员，克服宣传人员中闹独立性的错误倾向。[④]

---

① 陆定一：《延安〈解放日报〉的改版（1981 年 3 月 20 日）》，《陆定一文集》编辑组：《陆定一文集》下卷，人民出版社 1992 年版，第 709 页。

② 胡乔木：《胡乔木回忆毛泽东》（增订本），人民出版社 2014 年版，第 452 页。

③ 《中共西北中央局关于解放日报工作问题的决定》，《解放日报》1942 年 9 月 14 日。

④ 《通讯社和报纸的宣传应符合党的政策（1942 年 10 月 28 日）》，中共中央文献研究室：《毛泽东文集》第 2 卷，人民出版社 1993 年版，第 454~455 页。

为了改进党报，1943 年 1 月中共中央政治局会议决定：《解放日报》设边区版编辑部，调艾思奇任《解放日报》第四版编辑主任，委托任弼时、陈云向中央党校、西北局商调边区版编辑部编辑人员。[①]3 月 20 日，西北局又发出《关于解放日报几个问题的通知》，要求各级党委负责同志应经常向《解放日报》投稿；地委应加强对《解放日报》通讯处的指导；各级党委应负责整顿各地通讯员；各级宣传部应将通讯员的组织和教育工作，作为自己的重要业务之一，并应定期检查通讯员工作，向西北局及解放日报社汇报；各级党委应当检查半年来执行西北局《关于解放日报工作问题的决定》的程度，并将检查结果在 5 月 30 日以前汇报西北局。[②]此后，陕甘宁边区的五个专区和延安市都驻有特派记者，县委设通讯员。到 1944 年年初，陕甘宁边区已有一个由 600 名通讯员组成的经常给党报写稿的通讯网。[③]7 月，《解放日报》终于建构了遍布 31 个地区，共 1020 人[④]的庞大通讯网络（参见图 8-1）。

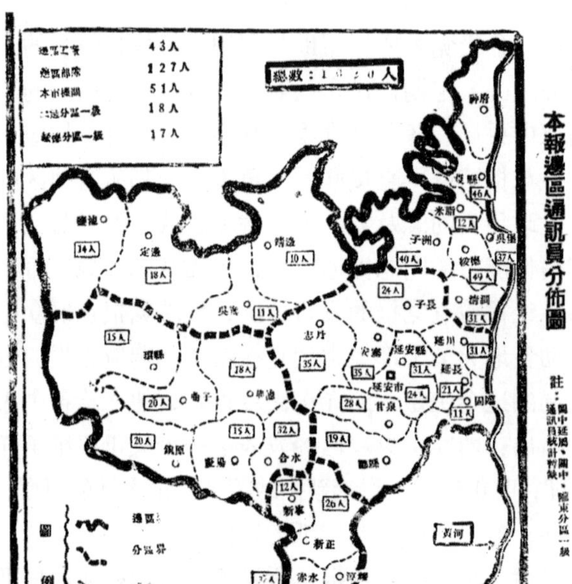

图 8-1 《解放日报》边区通讯员分布图（1944 年 7 月）

① 中共中央文献研究室：《任弼时年谱（1904—1950）》，中央文献出版社 2014 年版，第 439 页。

② 《西北局关于解放日报几个问题的通知》，《解放日报》1943 年 3 月 30 日。

③ 胡乔木：《胡乔木回忆毛泽东》（增订本），人民出版社 2014 年版，第 446 页。

④ 《本报边区通讯员分布图》，《解放日报》1944 年 7 月 23 日。

《解放日报》成为西北局的机关报以后，不仅是边区工作的宣传者，更是组织者，把边区的政治和文化教育工作组织起来。毛泽东在中共中央宣传委员会召开的宣传工作会议上的讲话中指出："《解放日报》在边区已成为一个组织者。没有《解放日报》，在这样一个人口稀少、地域辽阔、在全中国算是经济文化很落后的地区工作，是很困难的。有一个《解放日报》，就可以组织起整个边区的政治、文化生活。"①

西北局委员、常委大都在《解放日报》上发表过文章。特别是林伯渠、贺龙、谢觉哉、李卓然、张邦英和王震曾在《解放日报》上发表相当于"社论"的"代论"，内容涉及生产运动、整风运动和双拥运动等。整理列表如下（见表 8–2）。

表 8–2　西北局领导在《解放日报》发表的"代论"

作者	代论	时间
林伯渠	造成拥军热潮、增强拥军工作	1943.1.16
贺　龙	开展拥政爱民运动	1943.2.1
贺　龙	向自给自足的目标迈进	1943.4.28
谢觉哉	赠言——在欢送边区政府分配到县区工作的同志会上讲	1942.6.4
谢觉哉	由讨论到反省	1942.6.13
谢觉哉	我们应该有的作风	1942.8.8
李卓然	整风领导责任上的三个问题	1943.5.6
张邦英	关于农户计划的问题	1943.5.9
张邦英	展开锄草运动	1943.5.29
王　震	更加提高部队的品质	1942.7.10

抗战胜利后，中共中央曾决定，准备在必要时把领导重心从延安迁往华北，届时《解放日报》将随同中央迁移。根据这一决定，西北局决定先把边区群众报社搬到解放日报社内。1945 年 10 月，边区群众报社的全体人员都搬到了解放日报社内。《边区群众报》总编辑胡绩伟兼任《解放日报》采访通讯部主任，分管《解放日报》关于陕甘宁边区的宣传。边区群众报社搬到解放日报社以后，两个报社的通讯网合并起来，两个报社的

① 中共中央文献研究室：《毛泽东文集》第 3 卷，人民出版社 1996 年版，第 111 页。

记者队伍统一使用。两报上陕甘宁边区的新闻报道在数量上得到了大大增加，在质量上也大为提高。[①]1946 年 5 月，新华通讯社和解放日报社制定了《新华社、解放日报暂行管理规则》，其中规定："《解放日报》为中央所在地最高党委（现为西北局）之机关报。"[②]

1947 年 3 月，国民党军队进攻延安，由于军情紧急、无出版条件，27 日，创办 6 年的延安《解放日报》在子长县史家畔附近被迫停刊。此后，陕甘宁边区只剩下《边区群众报》这一份报纸还在坚持出版。在回到延安的一年里，中共中央仍然处在战争环境中，还没有一个安定的条件来出版中共中央的机关报。因此，《群众日报》作为西北局的机关报，尽可能地刊登新华社发布的国内外新闻、中共中央的指示决定、代表中央的社论和言论、体现中央精神的各种稿件，同时尽量刊登能满足广大读者及时了解全国战局和时局要求的稿件。在《解放日报》停刊的日子里，《群众日报》努力继承和发扬着《解放日报》的优点，使读者"感到解放日报社好像还在延安"。[③]

1948 年 3 月，毛泽东离开陕北之前，在米脂县杨家沟召集了中央纵队全体会议，宣布了中央机关开赴华北的决定，并决定把一部分人员和物资留在陕北。西北局派《群众日报》总编辑胡绩伟参加会议，并迎接新华总社和《解放日报》留下来的人员和一批印刷物资。当时留在《群众日报》的人有丁济沧、张潮、普金、莫艾、李蕴辉、田芳、马沛文、刘漠冰等。群众日报社增加了这样一大批富有新闻工作经验的人员，在当时是具有划时代意义的大事。这不仅为以后办好延安《群众日报》和西安《群众日报》增添了主力军，而且对以后增强西北五省的新闻工作队伍力量也发挥了巨大的作用。[④]

作为一定范围内也是西北局机关报的《解放日报》，对西北局作了大量报道。其中，直接以西北局为题名的报道就近 180 条。兹按年份整理列表如下（见表 8–3）。

① 李文：《陕甘宁边区新闻事业》，人民出版社 2017 年版，第 465~466 页。
② 王敬主编：《延安〈解放日报〉史》，新华出版社 1998 年版，第 88 页。
③ 胡绩伟：《青春岁月——胡绩伟自述》，河南人民出版社 1999 年版，第 304 页。
④ 李文：《陕甘宁边区新闻事业》，人民出版社 2017 年版，第 473 页。

表 8-3 《解放日报》以“西北局”为题名的报道

序号	题目	时间、版次
1	中共西北局通知《决定纪念党诞生二十周年的纪念办法》	1941.6.27（2）
2	纪念党成立二十周年，西北局召开干部大会	1941.6.30（2）
3	五同志抽血为西北局王观澜同志治病	1941.7.2（2）
4	西北局决定“九一八”纪念办法	1941.9.17（4）
5	对于烧杀奸淫的汉奸是否适用宽大政策（中共西北局宣传部，八月二十日）	1941.9.18（4）
6	中央妇委、西北中央局组织妇女工作团	1941.10.28（4）
7	西北局关于征粮征草中的宣传工作给各级党委的指示信（一九四一年十一月十日）	1941.11.16（4）
8	妇委西北局边妇联欢送女参议员	1941.11.25（4）
9	提早运公盐准备春耕，边区政府决冬运二万余驮，西北局同时指示各级党委，加强动员解释，保证完成任务	1941.12.28（4）
10	西北局常委会确定行政学院教育方针，课程要与政府工作社会现实沟通，学习程序由具体到理论	1942.1.31（4）
11	西北局党委警告刘春景，贪污渎职生活腐化	1942.2.6（4）
12	西北局号召春耕运动，努力完成政府计划，号召全党积极参加	1942.2.7（4）
13	西北局决组织专门委员会研究关于土地政策的决定	1942.2.19（4）
14	西北中央局秘书长任作民同志逝世	1942.2.21（3）
15	西北局常委会讨论纪念“三八”节，定今年九月召开妇女代表大会	1942.3.1（4）
16	西北局宣传委员会检讨本栏和群众报	1942.3.20（4）
17	西北局文委讨论文协工作方针	1942.3.21（4）
18	第二次全边区宣传会议，西北局规定出席同志资格；检讨过去——根据毛主席“整顿三风”方针，讨论将来——根据中宣部宣教工作的决定	1942.4.1（2）
19	西北局在职干部补习学校成立	1942.4.4（2）
20	西北局宣传部拟定讨论办法	1942.4.12（2）
21	春耕运动尚未普遍开展，西北局再次发出春耕指示	1942.4.13（2）
22	西北局宣传部拟就在职干部研究业务教育方法	1942.4.13（2）
23	西北局组织部举行各地党史报告	1942.4.14（2）

续表

序号	题目	时间、版次
24	西北局召开干部会议，成立边区学习总委会，执行中宣部“四三”决定，领导党政军民学习（参见四月十七日二版重要更正）	1942.4.16（2）
25	西北局成立边区直属党委	1942.4.19（2）
26	西北局关于准备整顿三风致各地党委信	1942.4.24（1）
27	西北局直属党委指示各支部保证学习计划完成	1942.4.27（2）
28	西北局边区政府组安定考察团	1942.5.27（2）
29	第一期学习中的西北局（参见六月六日二版“来函照登”）	1942.6.3（2）
30	支部如何保证学习任务完成？西北局总支开会商讨	1942.6.12（2）
31	西北局关于在各分区及各县学习毛泽东同志整顿三风报告等二十二个文件的指示（五月三十日）	1942.6.16（2）
32	中共中央西北局关于研究与宣传党中央抗战五周年纪念宣言及告抗日根据地全体党员和八路军新四军将士书的通知	1942.7.15（1）
33	独立经营菜地十亩，西北局生产英雄何有才得奖	1942.7.21（2）
34	西北局分组评阅试卷	1942.8.3（2）
35	西北局粮食工作决定：节省粮食克服浪费，今年征粮保证负担公平合理	1942.8.5（1）
36	西北局指示各地改进学习	1942.8.21（2）
37	西北局召开各县组织部长联席会	1942.9.4（1）
38	中共西北中央局关于解放日报工作问题的决定（一九四二年九月九日）	1942.9.14（1）
39	延长县级同志讨论西北局“党报决定”，决设专人帮助干部读报	1942.9.28（2）
40	子长通讯小组讨论西北局党报决定，县委将定具体实施办法	1942.10.3（2）
41	阅读党报，爱护党报，延安青化区讨论西北局决定	1942.10.11（2）
42	西北局关于党报决定，陇东特委扩大讨论，订执行办法并实施奖惩	1942.10.21（2）
43	谨防回归热，西北局已发现病人	1942.10.26（2）
44	晋西北临参会电文一束：电西北局、陕甘宁边参会、边区政府致谢	1942.11.9（2）

续表

序号	题目	时间、版次
45	边区的土地租佃形式（西北局边区研究室）	1943.1.23（4）
46	延安市各界筹备庆祝废约大会，西北局令各分区同时进行，边区一级讨论中央决定	1943.1.31（2）
47	西北局宣传要点——第八号（中共西北中央局宣传部一月二十六日）	1943.1.31（2）
48	西北局奖励二十二位生产英雄，溺职人员分别惩处（附受奖单位主要成绩介绍，受奖诸同志职务及主要成绩介绍）	1943.2.3（1）
49	毛泽东同志为受奖同志题词“西北局奖励二十二位生产英雄”	1943.2.3（1）
50	西北局邀党外人士座谈，李副主席等发言赞誉高干会成功	1943.2.3（2）
51	庆祝废除不平等条约的通俗宣传要点（中共西北中央局宣传部）	1943.2.4（4）
52	春节宣传效果如何？西北局宣传部令各单位进行总结	1943.2.17（2）
53	延安市筹备纪念“三八”，西北局号召妇女生产，通知各地党委扩大宣传（附：“三八”节纪念标语口号）	1943.2.18（2）
54	西北局令各地党委开展生产竞赛运动	1943.3.6（1）
55	西北局指示各地党委加强具体领导春耕，克服思想阻碍反对自流现象，利用民间形式提倡劳动互助	1943.3.14（1）
56	党的生活：关于公营商店及财经部门驻各地机关中党的工作管理的决定（中共西北中央局一九四三年二月二十七日）	1943.3.17（2）
57	西北局关于解放日报几个问题的通知（一九四三年三月二十日）	1943.3.30（1）
58	西北局机关生产任务，今年增加百分之二十五	1943.3.30（2）
59	枣园菜地已出苗，西北局春菠菜最好，裴庄渠急待修复	1943.4.28（2）
60	西北局宣传部、文委指示各剧团改进工作	1943.4.30（1）
61	西北局机关人员生活改善	1943.5.4（2）
62	西北局的农业生产	1943.5.4（2）
63	西北局机关生产经验介绍	1943.5.14（4）
64	西北局伙食是怎样改善的	1943.5.26（2）
65	西北局检查卫生，张老汉消灭苍蝇万个	1943.6.4（2）
66	西北局关于锄草问题给各地委的指示	1943.6.8（1）

续表

序号	题目	时间、版次
67	西北局开荒超过十倍，建设厅合作社业务发展，平剧院发现黏土可制用具	1943.6.11（2）
68	西北局召开卫生座谈会，各机关应加强卫生工作	1943.6.18（2）
69	西北局宣传部关于初级文化课本的通知	1943.6.20（1）
70	延安市机关学校驻军帮助民众锄草一天，西北局等召集会议协商办法	1943.6.28（2）
71	西北局、留政指示各地热烈纪念“七七”，延安市明日放假	1943.7.6（2）
72	庆祝党的二十二周年，绥德分区向中央与西北局致敬，抗大致电毛泽东同志朱总司令	1943.7.6（2）
73	西北局关于加紧运盐工作的指示	1943.7.28（1）
74	我们将以无限的英勇、果敢，予反动派以歼灭的打击！准备以战斗的胜利回答你们！边防军函谢西北局等	1943.7.28（2）
75	西北局机关青年队工作检查	1943.8.2（2）
76	西红柿酱制法，西北局试验成功	1943.8.30（2）
77	西北局机关农场修仓打窖准备秋收，肉油豆腐等明年可大部自给	1943.9.10（2）
78	西北局奖励事务人员，杨清同志号召天天求进步，张成彪日省煤百斤获头等奖	1943.9.30（2）
79	犊牛沟减租斗争——葭县店镇区减租斗争调查之一（西北局调查研究室）	1943.10.7（2）
80	木头峪减租运动——葭县店镇区灭租斗争调查之二（西北局调查研究室）	1943.10.15（2）
81	刘木瓜沟减租斗争——葭县店镇区减租斗争调查之三（西北局调查研究室）	1943.10.16（2）
82	西北局生产片断	1943.10.23（2）
83	合水六区二乡三村的减租斗争——合水县减租斗争调查之一（西北局调查研究室）	1943.10.25（2）
84	绥德延家岔减租调查（西北局调查研究室）	1943.10.26（4）
85	合水县二区一乡的减租斗争——合水县减租斗争调查之二（西北局调查研究室）	1943.10.27（2）
86	边区党民系统展览生产成绩：西北局收菜二十六万斤有牲口六十头，西北党校平均每人每天吃肉三两六钱	1943.11.15（2）

续表

序号	题目	时间、版次
87	贯彻党的文艺政策，西北局宣传部组织剧团下乡工作	1943.11.24（2）
88	西北局欢迎劳动英雄	1943.12.6（1）
89	贯彻毛泽东同志文艺方向，延安各剧团下乡工作，西北局办公厅召开欢送大会	1943.12.6（2）
90	南区合作社办理信用合作的经验（西北局调查研究室）	1943.12.12（1）
91	西北局全体人员捐肉千五百斤劳军，高等法院捐肉三百斤，犯人捐款五万元	1943.12.18（2）
92	西北局宣传部召开会议，决定目前宣教工作方针	1943.12.24（1）
93	南区合作社组织运输合作的经验——这是运输合作公私两利最好的一个范例（西北局调查研究室）	1943.12.27（1）
94	西北局青年队向边区政府青年队竞赛，提出生产工作学习比赛条件	1943.12.29（2）
95	延安市机关人员开展生产节约运动，延属分区一级女同志纷纷拟订计划，西北局女同志向杨家岭女同志挑战	1943.12.30（1）
96	西北局关于拥政爱民及拥军工作的决定	1944.1.5（1）
97	杨家岭全体女同志热烈动员生产节约，向劳动英雄陈敏同志学习，向西北局等单位女同志竞赛	1944.1.12（2）
98	边抗联农场菜园向西北局边区政府农场菜园挑战，今年要完成粮二百五十石、菜七万斤	1944.1.16（2）
99	西北局宣传部通知“积极准备春节宣传工作”	1944.1.19（2）
100	西北局办公厅欢宴党外人士，座谈关于本年工作的意见	1944.2.2（1）
101	西北局宣传部通知“关于秧歌队总结经验问题”	1944.2.7（2）
102	西北局常委关于今年纪念“三八”通知	1944.2.15（1）
103	一九四四年西北局机关工作人员个人生产计划	1944.2.24（4）
104	关于军队政治工作问题——谭政同志在西北局高干会上的报告（一九四四年四月）	1944.4.15（1）
105	西北局大北沟农场已开老荒地廿垧	1944.4.15（2）
106	西北局开会决定，开展边区文化建设，对报纸、学校、卫生，艺术等工作，均有具体指示	1944.4.23（1）
107	西北局召集各机关开会，决定推进群众医药卫生	1944.5.12（1）
108	西北局召集各机关开会，决定一切医务所都要为群众看病，培养医药卫生人才深入农村	1944.5.12（1）

续表

序号	题目	时间、版次
109	西北局文委召集会议，总结剧团下乡经验，奖励优秀剧作	1944.5.15（1）
110	西北局宣传部、边区政府教育厅拟定中等学校新课	1944.5.27（1）
111	边区文化教育会议将于十月间在延安举行，西北局宣传部、教育厅、边区文协发表决定	1944.5.27（1）
112	西北局、学疗等节省粮食，实行统计人数与公私分红，财政厅座谈会建议各机关都这样办	1944.5.31（2）
113	陕甘宁边区政府、八路军留守兵团司令部、中共中央西北局发布保卫西北联合训令	1944.6.17（1）
114	西北局组织部副部长李景波同志病逝	1944.7.7（1）
115	西北局关于贯彻合作社联席会决议的决定	1944.7.9（1）
116	西北局发布决定：争取工业品全部自给，发展公营、合作、民营等各种工厂，为质量好、产量高、成本低而斗争	1944.7.30（1）
117	西北局宣传部奖励文化学习模范	1944.7.31（2）
118	西北局发出指示，号召各县广种苜蓿	1944.8.5（1）
119	文教会筹委会、西北局文委召开座谈会，讨论冬学、秧歌准备工作	1944.8.10（2）
120	边区政府、西北局决定：十月十日召开文教会议	1944.8.13（1）
121	西北局农业合作社种苜蓿六十亩	1944.8.24（2）
122	西北局办公厅召开兽医座谈会，改善饲养，有效治疗，消灭兽瘟	1944.9.7（2）
123	边区政府、西北局联合通令：严禁合作社摊派股金，过去摊派的必须退还群众	1944.9.19（1）
124	西北局招待留守兵团学习代表	1944.9.19（1）
125	西北局关于冬季区乡干部训练问题的指示	1944.10.8（1）
126	中央办公厅、西北局等为众老英雄集体祝寿	1945.1.3（1）
127	西北局召集各有关机关代表，筹备春节宣传	1945.1.5（1）
128	西北局关于冬季区乡干部训练问题的补充指示	1945.1.11（1）
129	西北局图书室出大后方黑板报	1945.1.15（2）
130	西北局为老同志祝寿，炊事员李凤明深受感动	1945.2.22（2）
131	西北局同志捐款劳军	1945.2.28（2）
132	西北局等机关组成工作组，整顿延县川口区合作社	1945.3.5（2）

续表

序号	题目	时间、版次
133	西北局发布指示紧急动员防旱备荒	1945.5.18（1）
134	继续抢种！延中抢种队赴小砭沟抢种杂田九十垧，西北局延大抢种队即将出发南泥湾	1945.6.12（2）
135	西北局发布关于学习七次大会文件的指示	1945.6.29（1）
136	西北局关于区乡干部冬训指示	1945.10.11（1）
137	西北局宣传部召集会议决定春节宣传方针	1945.11.28（2）
138	西北局再次召开宣传会议，规定春节娱乐活动	1945.12.24（2）
139	西北局召集有关方面，举行农业技术座谈会	1946.1.2（1）
140	西北局宣传部关于加强各县通讯工作的通知	1946.1.22（1）
141	西北局与边区政府、联防军司令部为诸老祝寿	1946.2.6（1）
142	西北局记者招待会上，习仲勋同志提出改进县级领导作风，分区及边区一级的领导机关也应先自检讨，转变作风	1946.2.13（1）
143	西北局行政处拟定个人生产计划	1946.2.17（2）
144	执行西北局指示，陇东各县及时配置通讯干事	1946.2.24（2）
145	西北局行政处详拟个人生产计划	1946.3.19（2）
146	中共西北中央局加强工作继承遗志	1946.4.19（2）
147	西北局春耕座谈会上，习仲勋同志指出继续改进春耕领导	1946.4.27（1）
148	延安市机关生产进展，西北局首长亲自动手	1946.4.27（2）
149	西北局春耕座谈会汇报之一：志丹县级干部亲自领导一个区乡，做出榜样教育干部	1946.4.27（2）
150	西北局春耕座谈会汇报之二：定边纠正“五级布置”方式，利用核心推动群众	1946.4.27（2）
151	西北局春耕座谈会汇报之三：绥德春耕布置方法，按农时按地区规定中心工作	1946.4.28（2）
152	西北局春耕座谈会汇报之四：子长副县书领导方法具体细致踏实	1946.4.28（2）
153	西北局春耕座谈会汇报之五：部分县级领导尚有严重弱点	1946.4.28（2）
154	西北局春耕座谈会后，延川县书立即写信指示工作	1946.5.8（2）
155	纪念本报创刊五周年，韬奋基金委员会、西北局宣传部、延安记者学会奖励本报通讯员，志丹等县荣获团体名誉奖	1946.5.16（2）

续表

序号	题目	时间、版次
156	西北局、边区政府、联司联合举行大会，隆重欢送复员军人归里	1946.5.17（1）
157	抓紧锄草保证丰收！西北局发布夏耘指示	1946.5.23（1）
158	警惕灾害！西北局指示各级党委，继续坚持具体领导	1946.5.31（2）
159	发扬正确的自我批评，西北局指示各级研究“谈批评和接受批评的态度”	1946.6.7（1）
160	志丹县委研读西北局夏耘指示后，加紧组织群众锄草	1946.6.9（2）
161	西北局、边参会等举行晚会，欢迎新疆归来同志及刘、唐空军朋友	1946.7.21（2）
162	西北局宣传部召开文艺界座谈会	1946.8.11（2）
163	延安市改进卫生设施，市区及西北局成绩最好，某些机关迄未重视改善	1946.8.27（2）
164	西北局生产模范是谁?	1946.9.26（2）
165	西北局召开两次会议，决定联系实际加强党章学习	1946.9.28（1）
166	加强干部学习，西北局成立业余学校，李卓然任校长，习仲勋上第一课	1946.9.28（2）
167	西北局宣传部通知各地委县委举办干部业余学校	1946.10.4（2）
168	西北局机关厉行节约，降低伙食标准，紧缩日常开支	1946.10.5（2）
169	西北局、边区政府等机关举行晚会，欢迎民建军参观团	1946.10.12（1）
170	西北局昨欢迎民建军参观团	1946.10.31（1）
171	以自卫战争的伟大胜利作寿礼（中共中央西北局）	1946.11.30（1）
172	老当益壮，西北局、边区政府等机关祝寿会上，朱总司令称，他定能看到新中国	1946.12.3（1）
173	西北局下乡家属集体生活，组织学习访问群众座谈时事	1946.12.4（2）
174	西北局宣传部召集文艺界座谈春节宣传	1946.12.11（1）
175	西北局、边区政府、联司设宴欢迎胡景铎将军	1946.12.19（1）
176	西北局宴胡景铎将军，胡将军今晚向全国广播	1946.12.22（1）
177	西北局号召机关部队让出公地分给移难民，延属专署首先响应，决让地四百三十亩	1946.12.22（1）
178	边府、联司、西北局设宴祝贺范龙章将军	1947.2.19（1）
179	庆祝鲁中大捷，西北局、边区政府等电华东致贺，边区系统今晚举行庆祝会	1947.2.28（1）

由表 8-3 可知，自 1941 年 5 月至 1947 年 2 月间，《解放日报》以西北局为题名的文章多达 179 篇。各年份的篇数分别为：1941 年 9 篇、1942 年 35 篇、1943 年 51 篇、1944 年 30 篇、1945 年 13 篇、1946 年 39 篇、1947 年 2 篇。其中，有不少文章内容涉及西北局的组织机构、领导方式、工作机制等。组织机构如常委会、宣传部、组织部、办公厅、调查研究室、文委、机关、总支等；领导方式如指示、决定、通知、通令、训令等；工作机制如会议、调查研究、下乡、工作团（组）、考察团等。有的是第一手资料，最早就刊登在《解放日报》上，具有重要的史料价值。如毛泽东为西北局受奖二十二位生产英雄的题词、谭政同志在西北局高干会上的报告、西北局关于拥政爱民及拥军工作的决定、西北局组织部举行各地党史报告、西北局调查研究室关于减租和合作社的调查材料、西北局关于《解放日报》的一个决定和一个通知等。在这 179 篇有关西北局的文章中，改版前有 10 余篇，绝大部分发表在第 4 版。改版后发表在第 4 版的仅有 5 篇，其余的均在第 1 版和第 2 版，第 1 版居多数。这就从版面设置上把本应突出报道的陕甘宁边区的新闻放到了重要位置，充分说明《解放日报》在一定范围内也是西北局的机关报。

《解放日报》对西北局机关报《边区群众报》也有报道。如以“群众报”为题名的报道近 20 篇。整理列表如下（见表 8-4）。

表 8-4 《解放日报》以“群众报”为题名的报道

题目	时间、版次
谢副议长兼群众报社长	1942.2.19（4）
大众读物社结束，群众报社成立，群众报将有大革新	1942.2.22（4）
西北局宣传委员会检讨本栏“本报边区栏”和群众报	1942.3.20（4）
延川加强区级整风学习，保证每月集中学习七天，农村党员以群众报为中心教材	1942.9.9（2）
群众报选出模范通讯员	1942.9.27（2）
广大读者热烈祝贺边区群众报三周年，两月后将改出三日刊	1943.3.25（2）
蟠龙二乡刘太银同志去年开始识字，现已能读群众报	1944.5.10（2）
群众报社的新工作	1944.7.24（4）
羊“咳咳病”能治了，群众报介绍的药方，经吴旗县试验有效	1944.8.12（2）

续表

题目	时间、版次
新宁炊事员樊生贵刻苦学习十个月，现能看懂群众报	1944.9.8（2）
延县城万才勤学四个月，已勉强能看群众报	1944.10.30（2）
民众剧团，西工团下乡宣传备荒，群众报发动写备荒的文艺创作	1945.6.14（2）
安塞五区五乡干部郭占魁领导村民砍柴拾粪禁赌，五区指示各乡干部阅读群众报	1946.1.8（2）
边区群众报创刊六周年，号召读者利用报纸推动工作	1946.3.27（2）
农历和群众报“是咱们的好医生！”	1946.6.14（2）
书报评介：“乌鸦告状”——柯蓝作，边区群众报二九四—三〇二期连载	1946.6.20（4）
边区群众报革新后发表社论，加强群众时事教育	1946.8.22（2）
一支新闻事业生力军——西北新闻社成立，群众报将扩大为四开版	1947.2.19（1）
群众报著论鼓励每个干部奋勇当先，克服困难完成土地改革	1947.2.28（2）

由表 8-4 可知，《解放日报》对《边区群众报》的报道，内容涉及边区党委、边区中央局和西北局的工作机构——大众读物社和群众报社，西北局对群众报社的领导，《边区群众报》的革新、改版和创刊纪念，干部、党员和群众读报情况，《边区群众报》的群众性及其在改善人民生活和推动工作方面的重要作用等。虽数量不多，但这种通过报纸了解报纸、宣传报纸的方式，不失为观察和研究西北局的一个新视角。

自创刊至停刊，《解放日报》历时 7 年，共出版 2130 期。虽然办报时间不是很长，但报纸数量巨大，对于中国共产党延安 13 年历史研究和陕甘宁边区史研究具有极其重要的史料价值。

1949 年 4 月 24 日，中共中央决定把《解放日报》的报纸名称移交上海市。5 月 28 日，上海《解放日报》创刊，成为中共中央华东局兼上海市委机关报，日出对开 4 版，是一张以新闻为主、富有上海地方特色、具有全国影响的重要报纸。

此外，据《解放日报》，1938~1942 年，边区党委、边区中央局和西北局领导创办的主要报纸有 11 种，见表 8-5。

表 8-5　边区党委、边区中央局和西北局创办的主要报纸（1938~1941 年）

名称	性质	创刊时间	刊期	印刷	主办机关
解放日报	中共中央机关报	1941 年 5 月	日刊	铅印	解放日报社
抗战报	绥德党政机关报	1939 年 8 月	三日刊	铅印	抗战报社
救亡报	中共陇东特委机关报	1938 年春	四日刊	油印	救亡报社
关中报	中共关中分委机关报	1939 年春	五日刊	油印	关中报社
新边墙报	三边警政机关报	1941 年 12 月复刊	五日刊	油印	三边警区政治部
战声报	三五九旅机关报	1938 年 5 月	周刊	铅印	三五九旅政治部
民先报	三八五旅机关报	1940 年 4 月	五日刊	油印	三八五旅政治部
进步报	鄜甘警区机关报	1940 年 1 月	五日刊	石印	鄜甘警区政治部
群众报	通俗的群众读物	1940 年 3 月	周刊	铅印	大众读物社
新文字报	群众新文字读物	1940 年 12 月	周刊	铅印	新文字报社
连队生活	部队干部战士读物	1940 年 8 月	旬刊	铅印	留政宣传部

资料来源：《边区资料：边区主要报纸调查》，《解放日报》1942 年 1 月 22 日。

由表 8-5 可见，除《解放日报》外，西北局所属的一些地委也创办了党报。1944 年 3 月，毛泽东在关于陕甘宁边区的文化教育问题的讲话中指出："现在边区还有许多地方报纸，是各地委办的，我看到的有关中、绥德的报纸，陇东、三边听说也有。关中、绥德两个地区的报纸似乎还不错，新闻编写得都很好。这些地方报纸之所以需要，就是因为仅仅有一个《解放日报》、一个《边区群众报》还不够，他们那里出一个报纸，反映情况可以更直接、更快些。我想这是好的。"[①] 到 1946 年，陕甘宁边区的主要报纸有：解放日报、边区群众报（周刊）、部队生活（五日刊）、三边报（五日刊）、关中报（三日刊）、陇东报（三日刊）、绥德大众报（三日刊）。[②] 与以前相比，有的报纸名称和刊期有所变化。如部队生活原名连队生活，由旬刊变为五日刊；新边墙报改名三边报；关中报由五日刊改为三日刊；救亡报改为陇东报，由四日刊变为三日刊；抗战报改名绥德大众报。后来，《边区群众报》于 11 月 2 日由周刊改为周二刊。[③]1947 年 4 月，《新闻简报》并入《边区群众报》，《边区群众报》由原来的三日刊改

① 中共中央文献研究室：《毛泽东文集》第 3 卷，人民出版社 1996 年版，第 111 页。

② 《资料：解放区报纸》，《解放日报》1946 年 9 月 1 日。

③ 李文：《陕甘宁边区新闻事业》，人民出版社 2017 年版，第 469 页。

为日刊。[①]1948年2月,《延属报》创刊，油印四开二版，系中共延属分区地委机关报。延属分区因此成为陕甘宁边区五大分区中最后一个创办党报的分区。1949年7月宝鸡解放后,《新宝鸡报》创刊，新华社宝鸡支社亦同时成立。

关于县一级的报纸，1944年3月，毛泽东在讲到陕甘宁边区的报纸时提出“各县还没有。可不可以在各县也办一些报纸”[②]。7月,《解放日报》报道边区各县创办小型报多种。其中绥德分区米脂县已出刊《米脂报》一种，关中分区淳耀县已出刊《群众生活》一种。延属分区则有安塞县的《安塞群众》、延安县的《农村生活》、鄜县的《鄜县通讯》、延川县的《延川报》等。其他分区则未见有报纸出版。已刊各报均系四开油印。[③] 8月，延安市委主编的《延市通讯》创刊，四开两版油印，每月逢十出刊。[④]1945年元旦《葭县报》创刊，内容大多反映该县目前工作情况，如区乡干部冬训、征粮、减租、文教工作等。[⑤]

新中国成立后，西北局领导下的中共西北五省一市党委均有其机关报。按时间先后顺序分别为甘肃日报、青海日报、宁夏日报、新疆日报、陕西日报。西安日报最晚，1953年3月西安市改为中央直辖市，7月《西安日报》刊发。

四、机关刊物——《党内通讯》

西北局的前身陕甘宁边区党委就有机关刊物。1938年2月，陕甘宁边区党委机关刊物《团结》在延安创刊，先为半月刊，后改为月刊。[⑥]

西北局成立后不久，即决定出版党内刊物。1941年6月7日，西北局常委会决定出版不定期党内秘密刊物《党的工作》，发至区一级。6月30日，西北局发出通知，将《组织通讯》改为《党的工作》，“成为西北

① 《边区群众报》1947年4月21日。
② 中共中央文献研究室:《毛泽东文集》第3卷，人民出版社1996年版，第111页。
③ 《边区各县创办小型报多种》,《解放日报》1944年7月31日。
④ 《〈延市通讯〉创刊》,《解放日报》1944年8月24日。
⑤ 《〈葭县报〉创刊》,《解放日报》1945年1月15日。
⑥ 张俊南、张宪臣、牛玉民编:《陕甘宁边区大事记》，三秦出版社1986年版，第31页。

局出版之党内刊物”。[①] 但迄今为止一直未见《组织通讯》《党的工作》的相关资料介绍。

在国民党军队占领延安、《解放日报》停刊、边区群众报社随西北局转战陕北、《边区群众报》不定期出版的情况下，为进一步加强广大党员领导干部的组织建设、思想建设、作风建设，弥补机关报变更时期新闻宣传领域部分职能的缺失，西北局特地出版发行了党内刊物——《党内通讯》。[②]

《党内通讯》是西北局主办的一份刊登政治时事的党内月刊（有时为半月刊），是西北局内部交流工作经验、传递工作消息、发布指示、提出工作建议的重要党内宣传阵地。创刊于 1947 年 5 月，由西北局《党内通讯》编辑委员会主编，党内通讯社出版。对于《党内通讯》，学界已有所关注和研究。[③]

《党内通讯》创刊时，西北局书记习仲勋撰写了发刊词，阐发了刊物性质和办刊宗旨。“《党内通讯》是党内学习与教育的武器，每个同志都有权利来利用它，有些不大成熟的或者不便在公开党报上发表的意见，只要你认为在党内提出有必要，对党的工作有好处，你就可写出来送到这刊物上发表……今天全党正处在保卫边区的光荣战争面前，党内学习与教育的目的首先就是为着保证这个战争的胜利，一切不适合于战争环境与要求的思想（如和平幻想）、作风（如疲沓现象）或组织形式（如庞大的机构）均应批评与改正，凡属在保卫边区战争中的英雄与模范人物均应得到及时的表扬，《党内通讯》应当在这方面发挥应有的作用。”[④]

作为一份仅在党内发行的刊物，《党内通讯》不属于大众媒介，同《解放日报》《边区群众报》等普遍发行的大众媒介是有区别的。它主要刊登的是党内尤其是西北局内部的工作消息、工作经验交流，以及一些不宜在面向党外公开发行的报刊上登出的内部指示、工作建议、批评性报道等。其读者群是组织关系隶属于西北局的一定级别以上的组织和党员干

① 中共中央组织部、中共中央党史研究室、中央档案馆：《中国共产党组织史资料》第 3 卷（上），中共党史出版社 2000 年版，第 88 页。

② 李文：《陕甘宁边区新闻事业》，人民出版社 2017 年版，第 546 页。

③ 如李文的《陕甘宁边区新闻事业》一书对《党内通讯》作了专门介绍、分析和研究。李文和周杰的《论中共中央西北局〈党内通讯〉的批评性报道》一文依据的是 1948 年《党内通讯》批评性报道原文；王森的硕士学位论文《建国初期执政党建设的探索与历史经验研究——以中共西北局〈党内通讯〉为例》依据的是 1948~1952 年《党内通讯》的部分资料。

④ 《习仲勋传》编委会：《习仲勋传》（上卷），中央文献出版社 2013 年版，第 411 页。

部。它的发行范围较小，基本上是西北局所辖的各地县党委及部分军队党组织，同时给中央及其他中央局等相关单位送阅。也因此，它所传播的内容具有保密性要求。对此，《党内通讯》编委会曾在第十八期（1948年12月5日）刊载的《注意保存党内刊物》一文的编者按中明确指出："各县各旅应定期将阅后的本刊，如数集中送地委、纵政，各地委和纵政除留必须份数外，一律就地负责焚毁以免散失。"[①]

《党内通讯》具有重要的监督职能。这一职能主要通过批评性报道反映出来。有研究者统计，1948年全年的《党内通讯》，批评性报道占到了很大的比重，而且自我批评类稿件所占的分量也较大，几乎每期都有相关文章刊出。1948年该刊物共出14期，刊发各类文章146篇，平均每期10篇；其中有批评性报道33篇，平均每期2.4篇；自我批评类报道20篇，平均每期1.4篇。批评性报道和自我批评类报道占到了全年总报道量的37%。[②]这些批评性报道具有以下4个特点：第一，配合整党运动，发挥新闻舆论工具的优势，展开批评，彻底揭发，说服教育，治病救人，有力地推动了西北局整党运动的开展。如第十四期（1948年9月15日）刊发的由习仲勋所作的《对义合会议和去冬今春土改及整党工作的估计问题》和余秋里所写的《群众性的整党运动》。第二，建设性的批评性报道，即在批评与分析之后提出改进意见。如第十四期刊登的《关中干部思想作风的严重现象》一文，首先深入分析了关中地区部分党员干部中存在的官僚主义、蜕化思想，以及错误地执行政策等问题，在此基础上对党的地方组织建设工作以及党员的思想作风问题、素质问题提出全面的改进意见。第三，《党内通讯》自第十六期（1948年10月5日刊发）始，专门开设"批评与建议"专栏，使批评监督制度化、广泛化。相关文章如《不负责任的战勤动员应检讨》《澄城干部思想作风中一些问题》《葭县担架队侵犯群众利益》《对陇东地方工作一点意见》等。第四，把批评与自我批评紧密地结合起来，加大刊发自我批评类稿件的力度。在自我批评类稿件的选取上，编委会倾向于各种"我的反省"类的检讨式文章，反省自己，警示他人。如第十四期刊登的《四分区司令员徐国珍同志的反省》；第十五期刊载的《警四旅领导作风及我个人的检讨》等。同时还尽量选择代表性强、震撼力大的典型，甚至涉及党的高级干部与机关，以起到较好

① 转引自李文：《陕甘宁边区新闻事业》，人民出版社2017年版，第552页。

② 李文：《陕甘宁边区新闻事业》，人民出版社2017年版，第547页。

的示范作用。如第七期（1948年2月20日）刊载的《吴满有的反省》；第九期（1948年4月10日）刊载的《邓小平同志关于新区工作问题的检讨》；第十五期刊载的《西北局、联防军区对执行中央报告制度的检讨》；第十六期刊载的由江隆基所作的《对出版教育通讯特辑的检讨》；等等。①

《党内通讯》在办刊过程中，充分发挥了党刊组织传播工具的作用，广泛刊登党的工作指示、工作经验介绍类稿件，传达宣传党的方针政策和党委的意图，并通过典型事例的报道来达到说服党员、教育党员、组织党员、指导工作的目的。1948年全年，《党内通讯》刊出工作指示类稿件及直接传达党内文件共计44篇，平均每期3.1篇；刊出工作经验介绍类稿件25篇，平均每期1.8篇。这两类稿件合计占到全年总报道量的47%，几乎接近一半。这些数字表明，《党内通讯》充分发挥了组织传播工具的作用，直接通过刊登党的工作指示、工作经验介绍类稿件，传达宣传党的方针政策和党委的意图，具体明确地组织党员干部、指导日常工作。如第十期（1948年4月22日）刊载的《中央关于新区土改指示要点》《野战军政治部对新区群众宣传工作指示》，以及第十五期刊载的《目前肃反政策检讨与今后肃反方针》《一贯道的活动及处理办法》《进城工作中应注意的几个问题》等都是直接、具体地指挥斗争、指导工作。②

西北局对《党内通讯》高度重视，将其作为组织一切工作的一个武器，通过它来指导、组织工作，并利用它了解党员干部队伍近期的思想状况、工作开展情况。具体表现在以下两个方面。

一方面，西北局主要领导、主要部门经常在刊出的比较有代表性、重要性的文章前加按语、批语，以增强文章的重要程度，扩大文章的影响力。据统计，在1948年全年刊发的14期《党内通讯》中，由西北局主要领导、部门加按语、批示的文章有13篇，基本平均每期1篇；由编委会加按语、编后的有7篇，合计占到总报道量的14%。这是一个很可观的比例，充分说明西北局对《党内通讯》的高度重视和积极使用。具体来看，第六期第一篇文章就是《习仲勋同志关于土改问题的两封信》，前面加了毛泽东的批示："完全同意仲勋同志所提各项意见，望照这些意见密切指导各分区及各县的土改工作，务使边区土改工作循正轨进行，少犯错误"；第九期马文瑞发表的《吴旗整顿支部的经验》一文，由习仲勋加按语："文

① 李文：《陕甘宁边区新闻事业》，人民出版社2017年版，第548~551页。
② 李文：《陕甘宁边区新闻事业》，人民出版社2017年版，第552~553页。

瑞同志的报告中，提供了很多很好的关于农村整党的经验，希各地参考执行……”同期刊发的《我对义合会议的看法》是一篇党员的个人来稿，作者就“义合会议时为什么能在边区各级各机关内造成了一个民主高潮，较深入的检查了工作，发现了过去没有能够发现的问题”发表了自己的意见。习仲勋对这种做法予以鼓励，他在按语中说：“他这种思考问题与提出问题的精神是很好的，在党内需要提倡”。再如第十一期《几个值得注意的问题——新区工作团致林、习、马的一封信》，此文所刊发的是新区工作团在赴新区过程中沿途的见闻与调查，并以信的形式向西北局、边区政府所作的报告及对策。就这篇文章，边区政府主席林伯渠、西北局书记习仲勋、副书记马明方联合作了批语，认为“其中提到许多问题，都是边区目前工作中所存在的与急需注意和解决的问题，深望加以研究并具体的切实改进”。这些按语、批示都一针见血地指出了问题、表明了态度，使得《党内通讯》的组织功能、指导功能都能够更为充分地发挥出来。[①]

另一方面，西北局主要领导经常在《党内通讯》上以来信回复的形式指导工作。西北局主要领导针对某地或某单位就某一工作问题的来信，及时回复并将信件公开发表在《党内通讯》上，用以指导、解决工作中带有普遍性的问题。这样的做法，首先主要领导亲自关注了报纸的编辑工作，使得党刊编辑部与党的领导机关的政治生活能够连成一气；其次，大力支持了《党内通讯》的日常工作，解决了部分稿源问题。第九期刊发的《习马书记关于纠偏问题给葭县的信》；第十二期刊发的《强自修同志给宜川县委的信》等，都起到了这样的作用，而且能够把一地一处的具体工作问题提升到全局的高度，使整个西北局下属的各级组织都能对此问题有所重视，或防患于未然，或指导实际工作开展，或引以为戒。西北局主要领导及主要部门对《党内通讯》的高度重视、充分利用，是“全党办报”思想深入贯彻的必然结果。“全党办报”，就是要强调各级党组织“办”报，要亲手“办”（应该把报纸拿在自己手里）、直接“办”和层层“办”（各机关首长负责，把报纸当作自己很好的工作方式）。同时要求依靠全党和全体人民群众来办，即大家动手，反对只依靠少数人发号施令。[②]

1950 年 4 月，西北局作出《关于各级负责同志亲自为报刊写文章的决定》，规定西北局委员，军政委员会各委、部、院、署、行、局、厅负

---

① 李文：《陕甘宁边区新闻事业》，人民出版社 2017 年版，第 555~556 页。
② 李文：《陕甘宁边区新闻事业》，人民出版社 2017 年版，第 556 页。

责同志，军区司令员、政治委员、参谋长、政治主任、宣传部长，各省委书记、省主席都是《群众日报》和《党内通讯》的特约撰稿员，每人至少每3月要为报纸或党刊写1篇文章。按照这个规定，应写文章的负责同志共系79名。据检查结果，自1950年7~12月，已给《群众日报》或《党内通讯》写稿的共有44名，未写稿的有35名，已写稿人数占全体规定写稿人数的55%，共写文章164篇（内有2篇未采用）。为巩固已得成绩与继续贯彻中央和西北局关于负责同志写文章的决定，西北局进一步规定："（一）今后报纸和《党内通讯》，仍须每半年对各负责同志的来稿，加以总结，并在《党内通讯》或报纸上公布一次。各省委亦须根据中央、西北局及本省关于负责同志写文章的指示，对去年下半年的执行情况进行检查，并公布一次。（二）除去年已规定的七十九位负责同志外，今后应增加西北局各部、厅、室负责同志，民大校长、西北党校校长，各省委宣传部长为《群众日报》和《党内通讯》的特约撰稿员。（三）《群众日报》及各省省报，均必须更主动地和特约撰稿员加强联系，必要时可协同各级党委宣传部门，组织这一工作，指定撰稿人帮助负责同志合作写稿，真正达到指导工作，教育干部和群众的目的。"1951年2月，西北局将西北区各级负责同志为报刊写稿情况上报中共中央。3月，中共中央将此报告批转各中央局、各分局参考。中央认为，为了督促党的负责同志为党的报刊写文章，西北局不但作出了专门的决定，并且在半年以后作了认真的详细的检查，向党内公布了检查的结果，又将此种检查公布办法规定为固定的制度，这是完全正确的、必要的。希望各中央局、各分局进行同样的检查，并向中央报告检查结果。[①] 1954年3月，西北局中心理论学习组指出各省市委负责同志写专题论文、专题研究的方法是督促高级干部深入学习理论的有效方法，也是理论联系实际的最好方法，必须坚决实行，对理论与实际相结合的好论文，可在报纸或《党内通讯》上发表。[②]

总之，《党内通讯》在办刊过程中，克服各种困难，积极配合西北局的中心工作，成功地发挥了党刊组织传播工具的作用，教育党员、组织党员、指导工作，对西北局及陕甘宁边区党员干部队伍的思想建设、组织建设、制度建设和作风建设，以及具体的革命和建设工作都作出了很大的贡献。《党内通讯》的办刊历程、经验和作用值得进一步总结与研究。

① 中央档案馆、中共中央文献研究室：《中共中央文件选集（1949年10月—1966年5月）》第5册，人民出版社2013年版，第287~289页。

② 郭刚主编：《中共中央西北局大事记》，中共中央党校出版社2017年版，第209页。

关于西北局《党内通讯》何时停刊、存在多长时间、出版多少期数，以及人员组织等，尚需要进一步研究和补充。

五、党务广播及电台

与报刊相比，党务广播甚至更重要。常务广播是帮助各地党组织了解政治动向、掌握政策、交流工作经验的党内传播工具。毛泽东指出："社论、新闻、广播三者应并重……广播比三千份报纸更重要，要成为第一位的工作。党务广播材料，要求中央各部委、西北局每月至少一条。"① 党务广播在当时有特别重要的作用。主要原因有三：一是根据地分散，交通不便，报纸刊物投递费时，往往失去时间性，甚至根本收不到。二是敌后游击环境下的行动部队，流动性大，地面联络困难。三是大后方的党组织处于秘密环境，文字材料容易泄密。唯其如此，毛泽东说："广播比三千份报纸更重要，要成为第一位的工作。"1942 年 3 月 18 日，继中央关于改造党报的通知后，书记处办公厅又发出了关于党务广播的通知，重新规定收听的条例。收听范围扩大到单独行动部队或驻地较远的旅团；设有电台的各区党委、地委；收听到的文件，内容与党政军民学有关者，立即抄发各部门。一般的可作为党的内部文件或材料登载于党内刊物；没有党刊的地方可单独印发到县委、区委及营级党的干部阅读。大后方与敌后方只能口头传达，以防泄密。②

1943 年 6 月，西北局发出建立党务广播的通知。通知指出："西北局为加强对各地工作之具体指导，交换各种工作经验，以推动党的决议切实有效的执行起见，决定建立党务广播电台，并由六月一日常委会规定其实施计划如下：（一）党务广播内容，主要的应搜集各种实际工作中的典型材料，加以研究整理，广播各地，以供参考。（二）党务广播材料，应由西北局调查研究室、组织部、宣传部、政府党团、联司、军政委员会等分担供给，每一月至二月一篇，每篇字数以一千至三千字为限。（三）党务广播稿件，属于政府范围内的，由林（注：林伯渠）、罗（注：罗迈，即

---

① 中共中央文献研究室：《毛泽东年谱（1893—1949）》（修订本）（中卷），中央文献出版社 2013 年版，第 356 页。

② 沙健孙主编：《中国共产党史稿（1921—1949）》（第四卷），中央文献出版社 2006 年版，第 610 页。

李维汉）负责审阅签字；属于军队范围的，由贺（注：贺龙）、谭（注：谭政）负责审阅签字；属于调查研究室范围的，由贾拓夫同志负责审阅签字；属于组织部范围的，由陈正人同志负责审阅签字；属于宣传部范围的，由李卓然同志负责审阅签字；属于民众团体范围的，由杨清同志负责审阅签字。然后汇交西北局办公厅，经高岗最后审阅签字后拍发（有关政策之重要稿件，须经任弼时同志审阅）。（四）西北局有关全国性之党务广播，均交中央党务广播电台拍发，纯属边区地方性质者，则由西北局党务广播电台拍发。（五）各地收到西北局之党务广播，应即加以具体研究，并灵活运用到实际工作中去。同时各地委每一月至二月应供给党务广播稿件一篇，由地委书记负责审阅签字交西北局办公厅。（六）责成西北局办公厅负责管理、组织及检查党务广播之执行。（七）党务广播由六月份起开始实行，暂定为每周或每旬一次。”①

其实，由西北局文件可知，西北局的党务广播从 1943 年三四月间就开始了，广播材料如《晋西北整风经验》《陕甘宁边区政府整风总结》《延安对文化人工作的经验介绍》《关于陕北变工队的介绍》《陕甘宁边区拥军运动与拥政爱民运动的经验》《关于移民工作中的几点经验》。列表如下（见表 8-6）。

表 8-6　西北局党务广播材料（1943 年）

党播材料	时间	党播号	分类号
晋西北整风经验	1943.3.30	171	全字 95
陕甘宁边区政府整风总结	1943.4.15~5.10	173、175、177、179、180、181、182、183、184	—
延安对文化人工作的经验介绍	1943.4.22	176	全字 100
关于陕北变工队的介绍	1943.4	168	根字 72
陕甘宁边区拥军运动与拥政爱民运动的经验	1943.5.3	178	全字 102
关于移民工作中的几点经验	1943.6.28	189	全字 113

① 《西北局关于建立党务广播的通知（1943 年 6 月 21 日）》，中央档案馆、陕西省档案馆：《中共中央西北局文件汇集》（1943 年）（内部本）甲 3，1994 年，第 241~242 页。

上述材料中，陕甘宁边区政府整风总结广播稿是一个系列广播稿，原文分9件，分9次广播，时间自4月15日至5月10日。其间，4月22日，王若飞送毛泽东阅读，4月25日，毛泽东对王若飞关于送阅陕甘宁边区政府整风总结广播稿的来信批复如下："这些党播，都写得很好，又简短，又具体，又生动，请少奇、弼时、凯丰三人阅后发出。"①

1945年9月5日，延安新华广播电台（XNCR）正式开始播音。②到1946年，中共领导下的解放区主要有4家电台，其名称前面都加"新华"二字。这四家电台分别是：延安、张家口、邯郸、齐齐哈尔新华广播电台。此外，还有哈尔滨和安东广播电台，以及其他地方性小型广播电台。其中，延安新华广播电台：呼号XNCR，波长40公尺，7500千周，时间11点30分到13点，19点到21点30分。主要节目有：国内外大事、综合新闻报道、时论和通讯、时事政治讲述、解放区介绍、八路军介绍、国民党统治区和解放区对比、边区新闻、本市新闻、纪录新闻、名人演讲、文化娱乐、音乐唱片、商业报告、气象报告、时间报告等。③西北局的党务广播就在延安新华广播电台播出。例如，《解放日报》报道：1946年12月21日下午5时，西北局设宴招待胡景铎将军，席间大家举杯为骑六师胜利而干杯，入晚举行跳舞晚会。闻今日下午7时半胡景铎将军将在延安新华广播电台向全国演讲。④

西北局在新中国成立前开始有了自己的广播电台，最早称新华广播电台，后来更名为人民广播电台。1949年1月，西北局就西北新华广播电台于本月五日正式开始播音一事发出指示，要求各级组织利用广播，帮助自己开展工作。⑤6月，西北新华广播电台迁址西安，7月更名为西安人民广播电台，次年9月再更名为西北人民广播电台，1954年西北台停止播音，其人员、设备分别移交陕西人民广播电台和西安台，后两者合署办公。

在西北大区，各省人民广播电台成立的基本情况是：陕西人民广播电台1949年成立于延安，是新中国建台最早的省级电台之一。8月中共甘肃省委在工作机构中设兰州人民广播电台，9月青海人民广播电台成立，

① 中共中央文献研究室：《毛泽东年谱（1893—1949）》（修订本）（中卷），中央文献出版社2013年版，第435页。

② 《大家都来说话——XNCR周年纪念广播》，《解放日报》1946年9月5日。

③ 《资料：解放区几个主要的广播电台》，《解放日报》1946年9月5日。

④ 《西北局宴胡景铎将军，胡将军今晚向全国广播》，《解放日报》1946年12月22日。

⑤ 《群众日报》1949年1月13日。

12 月新疆人民广播电台成立。成立之初，汉语呼号为“迪化人民广播电台”，维吾尔语呼号为“乌鲁木齐人民广播电台”，1951 年 3 月改称新疆省人民广播电台，对外呼号为“新疆人民广播电台”。宁夏人民广播电台建台较晚，1958 年建台。

第九章　西北局的民族工作体系与民族区域自治制度

民族工作是西北局的一大特色，也是西北局研究的一个极其重要的领域。本章从组织和制度的维度进行研究，主体内容包括两部分，第一部分是西北局的民族工作体系，第二部分是西北地区的民族区域自治制度。前者是工作体系，侧重于组织机构；后者是政治制度，侧重于治理架构。主要依据西北局文件、报纸、中共党史资料、组织史资料、李维汉的《回忆与研究》及其他相关文献资料进行论述。

西北局成立前，中共中央就在西北地区建立了一些民族工作机构，特别是中共中央西北工作委员会。西北局成立后，在工作机构中设立了专门的民族工作委员会，并在其他重要部、局，如统战部、中央调查研究局第四分局等部门内也设置了从事民族工作的分支机构，还建立了培养少数民族干部的民族学院。不仅如此，边区政府也设立了民族事务委员会，开展民族工作。所有这些合成一个民族工作体系。西北局成立后，在陕甘宁边区提出并实践了回民自治。新中国成立后，西北局提出了西北民族区域自治实施计划，领导建立了西北地区的民族区域自治制度。

一、民族工作体系及民族工作

（一）西北局成立前的民族工作机构及其工作

设立民族工作机构是中国共产党领导民族工作的一项重要制度安排。中共六大党章首次明确规定：为在其他民族的工农分子中用其民族语言以便于工作起见，于当地的党部委员会之下，设立少数民族工作部。此少数民族工作部应在当地党部指导和监督下工作。[①]

中共中央到达陕北后，中央工作机构中设有专门的民族工作机构——少数民族委员会，主任先后为凯丰、王稼祥、李维汉。少数民族委员会始建于1935年1月。同年8月，中共中央政治局常委会议决定凯丰负责少数民族委员会工作。1936年7月，中共中央政治局常委会议决定成立少数民族工作委员会，以王稼祥、李维汉、杨尚昆、林育英、吴亮平、秦邦宪、张闻天为委员，由王稼祥负责。[②]1937年2—6月，凯丰任主任，6月之后，李维汉任主任。[③]从少数民族委员会到少数民族工作委员会，性质和职责未变，但名称和人员有所变化和调整。

在西北地区，为了团结蒙古、回、藏等各少数民族建立广泛的民族统一战线，1936年10月，中共陕甘省委在蒙古工委的基础上，建立了中共少数民族工作委员会。书记李维汉，副书记高岗，12月以后高岗任书记。少数民族工作委员会除领导原蒙古工委所属组织外，增设了蒙民部、回民部、回民游击司令部，以及在三段地蒙民招待所基础上建立的中共鄂托克旗工作委员会。[④]1937年10月，陕甘宁边区党委认为伊盟的蒙古族和宁夏的回民工作统由少数民族工作委员会领导有一定困难，需要成立两个地区性工作机构分别负责。于是在1938年4月，将少数民族工委的蒙民部改建为三边特委蒙古工作委员会，将回民部改建为宁夏工作委员会，少数民族工委撤销。[⑤]

中共扩大的六届六中全会提出："党中央应组织少数民族委员会，专门注意在少数民族中的工作，研究与总结工作经验，培养与团结少数民族的干部。现在在这方面虽有点工作，但一般的还是自发的，缺乏足够的领导。"[⑥]为此，中共中央决定成立西北工作委员会（简称西北工委或西工委），分担党中央的少数民族工作。

---

① 《中国共产党党章》（1928年7月10日通过）。

② 中共中央文献研究室:《毛泽东年谱（1893—1949）》（修订本）（上卷），中央文献出版社2013年版，第466、第562页。

③ 中共中央组织部、中共中央党史研究室、中央档案馆:《中国共产党组织史资料》第2卷（上），中共党史出版社2000年版，第90~91页。

④ 中共中央组织部、中共中央党史研究室、中央档案馆:《中国共产党组织史资料》第2卷（中），中共党史出版社2000年版，第1118页。

⑤ 中共中央组织部、中共中央党史研究室、中央档案馆:《中国共产党组织史资料》第3卷（上），中共党史出版社2000年版，第271页。

⑥ 洛甫:《关于抗日民族统一战线的与党的组织问题》，中央档案馆:《中共中央文件选集》第11册，中共中央党校出版社1991年版，第698页。

西工委成立后，把过去负责民族工作的机构合并进来，专门设立民族问题研究室，由刘春负责，下设两个研究组：回回民族问题研究组，牙含章、秦毅、朱侠夫等参加；蒙古民族问题研究组，王铎、孔飞、周仁山等参加。[①] 民族问题研究室重点对蒙古和回两个民族的历史、政治、经济、文化等状况进行调查研究。主要研究成果可概括为：两份提纲、两本书、两篇文章。两份提纲是 1940 年 4 月拟定的《关于回回民族问题的提纲》和 7 月拟定的《关于抗战中蒙古民族问题的提纲》，毛泽东批示："中央书记处原则通过。"这两份提纲后来收入了《六大以来》（上），作为中共中央的正式文件。在两份提纲的基础上，又编辑了《回回民族问题》《蒙古民族问题》两本书，分别由延安解放出版社和张家口内蒙古出版社出版。两篇文章是西工委秘书长李维汉写的《长期被压迫与长期奋斗的回回民族》《回回问题研究》，1940 年年初分别发表在《解放》杂志第一〇五至第一〇七期和第一〇九期。这些研究成果为中共中央和西北局制定民族政策和开展民族工作提供了宝贵的资料。

在存在两年半左右的时间里，西工委主要做了以下几个方面的民族工作。一是重视培养民族工作干部，特别是少数民族自己的干部，也包括从事少数民族工作的汉族干部，如 1939~1940 年中央党校专门设了一个回民班（第三十七班），负责人马青年。二是组织少数民族的抗日救国团体。如 1940 年 2 月成立的"延安回民救国协会"是陕甘宁边区第一个少数民族抗日救国团体，10 月又在延安成立了"中国回教救国协会陕甘宁边区分会"。次年春，关中、陇东、三边各分区也相继成立了回协支会。三是交流和促进民族文化。西工委于 1940 年 3 月和 10 月先后成立了蒙古文化促进会和回民文化促进会。四是支持和帮助少数民族建立自己的武装，如抗战时期在关中分区成立了回民支队，时任关中地委书记的习仲勋很重视回民工作，亲自发给回民支队 16 支钢枪。

西工委的历史贡献首先在于它是中国共产党少数民族研究系统化的开端。李维汉指出："我们党从事民族工作的历史已经很久，但是，以马列主义关于民族问题的理论为武器，系统地研究国内少数民族问题并开展少数民族工作则是从西工委开始的。"[②] 还在于它为中华民族的解放事业和民族区域自治培养了一批重要人才。西工委专职工作人员不过十五六个，包

① 李维汉：《回忆与研究》（下），中共党史资料出版社 1986 年版，第 453 页。
② 李维汉：《回忆与研究》（下），中共党史资料出版社 1986 年版，第 452 页。

括孔飞（蒙）、王铎、牙含章、刘庚、刘春、朱侠夫、阮元方、何承华、何长庆、沈遐熙（回）、周仁山、张光义、郑义（回）、郭敬等。附属还有一个藏民小组，成员有天宝、扎西旺徐等5位藏族同志。当时他们都是二三十岁的年龄，经过在西工委的锻炼，后来都成为革命工作的骨干分子和领导者，其中许多人成为民族工作的领导人。孔飞、王铎、朱侠夫、沈遐熙、周仁山、天宝、扎西旺徐等成为内蒙古、宁夏、新疆、西藏等自治区的党政领导人；刘春、何长庆等担任国家民委的领导工作；何承华担任副省长；牙含章成为民族宗教理论研究的专家学者。[①]

（二）西北局的民族工作机构及其工作

在中共中央局中，最早设立民族工作机构的是西北局。西北局的民族工作机构首先是少数民族工作委员会，也包括设在统战部、中央调查研究局第四分局、民运部等部门中承担民族工作的分支机构，以及设在地方党委中的民族工作机构。

西工委并入西北局以后，中共中央不再设立专门的民族工作机构，而是把少数民族问题研究和少数民族工作交由西北局具体负责。为了组织开展西北少数民族工作，西北局于1941年7月发出《关于成立少数民族工作委员会的通知》。以贾拓夫、李卓然、杨一木、刘春、朱侠夫、鲜维俊、刘瑞生、赵通儒、刘英勇9名同志组织少数民族工作委员会，以贾拓夫为主任。[②]但该少数民族工作委员会存在不足一年半的时间，1942年12月就撤销了。[③]

少数民族工作委员会撤销后，统战部成为西北局最主要的民族工作部门。其下设民族处，等于把少数民族工作委员会的工作统到统战部了。为了从组织上加强边区少数民族工作，1941年12月，西北局决定在接近友区的分委、县委设立统战部，并规定凡有少数民族工作的地区，应在统战部内设立少数民族部（或干事），管理少数民族工作。[④]1942年9月，西北局统战部规定：地委统战部设少数民族科。少数民族科设科长一人，科

---

① 周维仁:《贾拓夫传》，中共党史出版社1993年版，第67页。

② 《西北局关于成立少数民族工作委员会的通知（1941年7月10日）》，中央档案馆、陕西省档案馆:《中共中央西北局文件汇集》（1941年）（内部本）甲1，1994年，第128页。

③ 中共中央组织部、中共中央党史研究室、中央档案馆:《中国共产党组织史资料》第3卷（上），中共党史出版社2000年版，第94页。

④ 《西北局统战部关于各分委县委统战部工作的决定（1941年12月10日）》，中央档案馆、陕西省档案馆:《中共中央西北局文件汇集》（1941年）（内部本）甲1，1994年，第239页。

员 1~2 人，其业务是调查与研究边区内外少数民族一般情况，并执行党对少数民族的政策；研究与布置党在少数民族中的工作，并随时总结其经验；负责审查、培养少数民族工作干部；与所属区内少数民族群众团体（回协、蒙古文化促进会、政府民族事务科等）取得密切联系，并指导其工作。县委统战部在某些地区受地委特别委托，得管理邻区党的工作及少数民族工作。①

为了从资金上保证少数民族工作的进行，1942 年 8 月，西北局统战部决定划拨对外工作专款，其中一部分经费专门用于资助少数民族工作，占总经费的 9%。② 为了有计划地开展少数民族工作，8 月底，西北局统战部部务会议拟定了 9 月份中心工作计划。其中，少数民族工作任务是：完成伊盟蒙古工作总结，交常委审查（于 9 月第一周讨论）；伊盟目前情况及政策，写成书面材料，交常委讨论（由赵通儒负责于 9 月第一周完成）；研究讨论一次少数民族干部政策问题，由赵通儒负责搜集材料，并准备报告（9 月第三周讨论）；民族学院之继续整顿，赵通儒、刘景平负责。③

新中国成立后，为了适应新形势下统战和民族工作的需要，西北局决定将城工部改为统一战线部，在地委以上设立统战部，统战部下设民族处。民族处的工作范围与任务包括 7 个方面：调查研究西北各民族情况；研究西北各民族如何实行民族自治（区域自治）；帮助培养民族工作干部；协助领导检查各地民族工作；宣传党的民族政策；了解、联系各民族干部和人士并提出使用意见；帮助与指导西安市的回民工作。④

中央调查研究局第四分局也承担着一部分少数民族问题研究工作。1941 年 9 月，西北局常委会决定成立中央调查局第四局，在常委会领导下进行调查研究工作。10 月，西北局制定了《中央调查局第四局组织及工作条例草案》。12 月，西北局发出《关于成立中央调查研究局第四分局的决定》，第四分局正式成立。1942 年 1 月，第四分局下设少数民族研究

① 《西北局统战部关于地委及县委统战部业务（草稿）（1942 年 9 月 22 日）》，中央档案馆、陕西省档案馆:《中共中央西北局文件汇集》（1942 年）（内部本）甲 2，1994 年，第 233~234 页。

② 《西北局统战部关于对外工作经费问题的决定（初稿）（1942 年 8 月 16 日）》，中央档案馆、陕西省档案馆:《中共中央西北局文件汇集》（1942 年）（内部本）甲 2，1994 年，第 180 页。

③ 《西北局统战部九月份中心工作计划（1942 年 8 月 31 日部务会议决定）》，中央档案馆、陕西省档案馆:《中共中央西北局文件汇集》（1942 年）（内部本）甲 2，1994 年，第 186~187 页。

④ 《西北局统一战线部工作大纲（1949 年 12 月 22 日）》，陕西省档案馆，全宗：17，案卷号：294。

室[①]，负责研究西北少数民族问题，分蒙古、回民及藏民三组，主任刘春，副主任乌兰夫，参加者有孔飞、马尔沙、克力更、马寅、高鲁峰、韩戈鲁等。后来乌兰夫调中央党校学习，实际上脱离了研究室工作。由于少数民族问题研究室附设于民族学院，研究室的工作计划就是民族学院研究处的工作计划，因此民族学院研究处的海明、刘元甫、吕林等3人也参加了研究室工作。[②]

为了做好少数民族问题研究工作，研究室成立后即制订了6个月的工作计划，任务是整理和编写有关蒙、回、藏等民族问题的12份材料。从完成情况来看，有的已形成研究成果，如为东方反法西斯同盟代表大会写了介绍中国蒙、藏、苗、维、满等族情况的文章7篇，2.5万~3万字，在《解放日报》上登载了5篇。其余的还是材料的形式，其中，有的是经过研究整理已编好的材料，如《蒙古民族问题》初稿，约14万字（继续过去西工委工作而来的）;《青藏调查记》，约8万字;《乌审旗调查》，约1.5万字。有的是已经整理出来尚未编好的材料，如《蒙古大事资料》，约6.3万字;“土默特族调查材料”，约4.8万字。有的是已经搜集尚未整理好的材料，如伪蒙材料，约15万字（已有一半整理好）；伊盟材料，约5.4万字（已有3/4整理好）；藏族问题材料，约4万字（已有1/4整理好）。[③]这些成果为中共中央制定少数民族政策提供了宝贵的资料，为进一步调查研究蒙、回、藏等少数民族问题积累了一定的经验。

第四分局少数民族问题研究室的研究工作也存在缺陷。诸如:（1）材料方面，虽然搜集得不少，但有的内容和质量很差，加之未能很好地整理研究这些材料，未能把有利用价值的材料运用到实际工作当中，因此对党的帮助不大。另外，还有的工作者轻视一点一滴地搜集材料。（2）研究方面，虽然做了一部分研究工作，但多数还不得法，还不善于利用材料研

① 本书在此纠正《中共中央西北局文件汇集》（1942年）甲2中的一个错误。该册第39页的文件标题是“中央调查研究局第四分局少数民族问题研究室一年工作总结（1942年2月14日）”。正文第一句是:“少数民族问题研究室是去年一月正式成立的，迄今已一年。”对照第四分局正式成立的文件以及1943年2月17日《西北局关于调查研究局第四分局工作总结与今后精简改进的意见》可知，第四分局少数民族问题研究室的正式成立时间应为1942年1月，文件中所标的年份是错的，故该文件应归入西北局1943年的文件汇集中。

② 《中央调查研究局第四分局少数民族问题研究室一年工作总结（1942年2月14日）》，中央档案馆、陕西省档案馆:《中共中央西北局文件汇集》（1942年）（内部本）甲2，1994年，第39页。

③ 《西北局关于调查研究局第四分局工作总结与今后精简改进的意见（1943年2月17日）》，中央档案馆、陕西省档案馆:《中共中央西北局文件汇集》（1943年）（内部本）甲3，1994年，第20~21页。

究问题，有的一开始就想综合理论，得出规律，写成鸿篇巨著，因此题目定得很大，问题提得很多，结果是东鳞西爪，不能很好地说明一个问题。（3）作风方面，把调查、研究、工作三者割裂开来，调查管调查，研究管研究，工作管工作，三者没有很好地配合，因此调查的材料不一定是研究所需要的，而研究的问题不一定是当前工作所需要的，调查研究脱离实际；或者把党的调查研究当作纯学术的工作来对待，因而对实际情况及党的政策反而不大注意。鉴于少数民族研究室工作中存在的上述问题，以及组织领导方面也有问题，西北局提出了改革意见，“四局缩小为一个调查研究室，设于常委办公厅下，其主任由秘书长兼”。“少数民族研究室取消，将其工作一部分（现状及政策方面）合并于友区组或边区组，一部分合并于民族学院（并于历史及一般问题□□）（原文如此——笔者注）”。[①]

民运部也曾承担一部分少数民族工作。1941年6月，西北局决定设立民运部。民运部即国民党区工作部，下设少数民族组（第三组），专门负责边区内外少数民族工作。其具体业务是:（1）了解西北少数民族情况（与中央调查研究局第四分局取得密切联系）;（2）研究党在边区及外面少数民族中活动的情况，并随时加以总结;（3）研究党在少数民族中的政策，提议把以前少数民族委员会改为少数民族政策委员会，吸收真正有经验的同志参加，并随时得出指示或原则，提交常委采纳执行;（4）领导边区少数民族工作，与政府民族事务委员会，回、蒙各团体及民族学院中党的负责人取得密切联系，并帮助推行其工作。[②]

西北局组织部干部科负责干部包括少数民族干部的调配工作，负责审查民族学院的教员，调整学员的成分，制订招生比例等。西北局宣传部宣传科也负责研究与指导西北少数民族中的宣传工作。

西北局的地方组织，如解放战争时期的甘肃工委，也曾开展了少数民族调研工作，并在所属党组织中建立了少数民族工作部。1947年6月，按照习仲勋和西北局的指示，甘肃工委召开了回民工作座谈会，通过了《关于甘肃回民工作问题》《回民自治纲领草案》，推动党在张家川、徽县和临夏等地回民工作的开展。[③]针对甘肃多民族的特点，甘肃省工委调查

---

① 《西北局关于调查研究局四分局工作总结与今后精简改进的意见（1943年2月17日）》，中央档案馆、陕西省档案馆:《中共中央西北局文件汇集》（1943年）（内部本）甲3，1994年，第23~25页。

② 《西北局民运部业务及组织条例（1941）》，中央档案馆、陕西省档案馆:《中共中央西北局文件汇集》（1941年）（内部本）甲1，1994年，第298页。

③ 《习仲勋在陕甘宁边区》编委会:《习仲勋在陕甘宁边区》，中国文史出版社2009年版，第410页。

编印了《甘肃回民调查概况》《清水回民调查资料》《回民问题的一般简况》《甘肃番氏（藏民）概况》《夏河县少数民族概况》《蒙古人》等资料，呈报西北局，为制定西北民族政策提供了可靠的依据，成为新中国初期西北地区实行民族区域自治的重要参考资料。[①]1947 年 8 月至 1949 年 8 月，中共甘肃工委所属的隆渭工委——陇右工委在工作机构中均设立了少数民族工作部，负责少数民族工作，部长为牙含章。[②]

新中国成立后，西北局在其领导的新疆分局和中共宁夏省委中建立了民族工作机构。1949 年 11 月，中共中央在给彭德怀并告王震、西北局的关于在新疆少数民族中建立共产党组织的若干问题的电报中指出：在新疆中央分局之内除成立各部办事外，应成立各民族的委员会或部，吸收各民族的负责人来分局工作，以便管理各少数民族中的党的事务。但在各区党委及县委内部则不必成立这种民族委员会。[③] 根据中央指示，新疆分局于 1950 年在工作机构中建立了民族部。1951 年 6 月，新疆分局进行机构调整，民族部合并于统战部，民族工作被规定为统战部的一项首要工作，部长赛福鼎·艾则孜（维吾尔族）。[④]1949 年 9 月中共宁夏省委建立时在工作机构中设立了民族（统战）部，1954 年 9 月宁夏省建制撤销后不复存在，部长王志强（回族）。[⑤] 中共陕西省委、甘肃省委和青海省委则没有设立专门的民族工作机构，民族工作置于统战部之下。

在西北局的民族工作体系中，有两个委员会很重要，需要加以区分，一个是少数民族工作委员会，另一个是少数民族事务委员会。两者的职能具有重复性。前者属于党委系统，是西北局的工作部门，存在仅一年多。后者属于政府系统，是边区政府的工作部门，存在时间较长，实际上有关少数民族的许多具体工作由该委员会承担。

---

① 《习仲勋革命生涯》编辑组:《习仲勋革命生涯》，中共党史出版社、中国文史出版社 2002 年版，第 68~69 页。

② 中共甘肃省委组织部、中共甘肃省委党史资料征集研究委员会、甘肃省档案局:《中国共产党甘肃省组织史资料（1925—1987）》，甘肃人民出版社 1991 年版，第 161~163 页。

③ 中共中央文献研究室、中央档案馆:《建国以来刘少奇文稿》第 1 册，中央文献出版社 2005 年版，第 173 页。

④ 中共中央组织部、中共党史研究室、中央档案馆:《中国共产党组织史资料》第 5 卷，中共党史出版社 2000 年版，第 212~213 页。

⑤ 中共中央组织部、中共党史研究室、中央档案馆:《中国共产党组织史资料》第 5 卷，中共党史出版社 2000 年版，第 830~831 页。

（三）民族事务委员会及其工作

西北局成立前，陕甘宁边区政府就曾设立过民族工作机构。如 1940 年边区政府设立少数民族委员会，主任白如冰。[①]

西北局成立后，在边区党委系统和边区政府系统同时设立了民族工作机构。1941 年 7 月西北局常委会讨论三边分区工作时指出："三边地区是开展西北少数民族工作的枢纽。"并指示三边分区委认真进行少数民族工作，在党内成立专门的组织（秘密的），同时在政府内建立少数民族专门工作部门（公开的）为研究执行与领导少数民族政策的机关。[②]8 月 10 日，边区政府举行第七十三次政府委员会议，决定成立少数民族事务委员会，以加强民族事务工作的领导。[③]一说 8 月 11 日，边区政府委员会通过决定在边府下成立少数民族委员会，由赵通儒任该会主任，蒙胞拉索、回胞马生福及谢觉哉、刘景范等为委员。[④]8 月 18 日，林伯渠签署边区政府主席令，任命赵通儒、谢觉哉、刘景范、拉素（那素滴勒盖，蒙古族）、马生福为边区政府民族事务委员会委员，赵通儒为主任委员，陕甘宁边区政府民族事务委员会正式设立。[⑤]1945 年 2 月 8 日，边区政府任命乌兰夫为本府民族事务委员会委员，旗海田为民族事务委员会编译。[⑥]

边区政府民族事务委员会直属边区政府委员会，专管下列事宜：（1）关于边区境内回蒙各民族区域自治事宜。（2）关于边区境内回蒙各民族自治区之政治、自卫、经济、文化、教育、卫生等建设事宜。（3）关于边区回蒙等各民族□□工作之考核与领导等事宜。（4）关于边区各民族纠纷之调解事宜。（5）关于保障回蒙等各民族主权信仰生活风俗习惯，各种法规之拟定与审核事宜。（6）关于与边区境邻各民族间之交际团结事宜。（7）关于愿移居边区各民族人士之招待与安置事宜。（8）关于边区政府所交办一切有关民族事务之事宜。该会设主任委员一人，委员若干人，由边区政府遴选，并设秘书室和民族招待所。[⑦]1943 年 3 月，边区政府第四十三次

---

① 中共中央组织部、中共中央党史研究室、中央档案馆：《中国共产党组织史资料》（第 3 卷）上，中共党史出版社 2000 年版，第 107、第 111 页。

② 《西北局关于三边工作决定（1941 年 7 月 22 日）》，中央档案馆、陕西省档案馆：《中共中央西北局文件汇集》（1941 年）（内部本）甲 1，1994 年，第 132 页。

③ 陕西省档案馆编：《陕甘宁边区政府大事记》，档案出版社 1991 年版，第 111 页。

④ 《边府设少数民族事务委员会》，《解放日报》1941 年 8 月 12 日。

⑤ 陕西省档案馆编：《陕甘宁边区政府大事记》，档案出版社 1991 年版，第 112 页。

⑥ 陕西省档案馆编：《陕甘宁边区政府大事记》，档案出版社 1991 年版，第 225 页。

⑦ 中共中央统战部：《民族问题文献汇编》，中共中央党校出版社 1991 年版，第 934 页。

政务会议讨论通过《陕甘宁边区各级政府及参议会整编办法》。据此办法，边区民族事务委员会的组织略有变动，其所属之民族招待所仍予保留，内部组织略有紧缩。[①]

边区以下地方政府也设置了少数民族工作机构。1941 年 9 月 23 日，边区政府发出命令，令各专署、县市政府增设民族事务科，负责管理各该级少数民族事务工作。[②] 10 月 25 日，《陕甘宁边区政府民族事务委员会暂行组织大纲草案》第七条规定：边区政府民族事务委员会“在边区有民族之分区县市中，呈请边区政府在该管区之专署或县市政府内增设民族事务科，管理该区民族事务，其日常工作直属该专署或县、市政府领导，唯须与该会经常取得密切联系。”[③] 11 月，陕甘宁边区第二届参议会原则上批准了这一规定。1942 年 6 月底，边区民族事务委员会正式向边区政府呈报《关于在三边、陇东、新正、靖边设立民族事务科的报告》，提出：“三边、陇东、靖边、新正，境内外有回蒙民族，为了切实执行第二届参议会所通过《施政纲领》中关于团结回蒙民族之条文，特呈请在三边专署、陇东专署、关中新正县政府、靖边县政府内，设立民族事务科，以专负责一切有关各民族团结事宜之推进。”[④] 7 月，边区政府林伯渠主席、李鼎铭副主席签署命令，同意在三边、陇东专署和新正、靖边县政府设立民族事务科，“希各该专署县府迅速筹设（每县暂设一人）以利民族事务进行”。[⑤] 8 月，林伯渠、李鼎铭又指示边区民政厅刘景范厅长等，在“镇原曲子环县三县府第一科内增设民族事务科员一人，以便专管各该县回民事务”。[⑥]

上述边区政府少数民族事务委员会、各分区和部分县、市民族事务科或民族事务科员三级机构的设立，为管理边区范围内的少数民族工作提供了重要的组织保证。

自成立至 1945 年 8 月，民族事务委员会是陕甘宁边区政府的工作部门之一。此后至 1948 年 10 月以前，陕甘宁边区政府在工作机构中未设立民族事务委员会。相关资料仅见 1946 年 5 月 18 日，边区政府发出命令，根据边区第三届参议会第一次会议通过之提案，责成民族事务委员会城川

① 陕西省档案局：《陕甘宁边区法律法规汇编》，陕西出版集团、三秦出版社 2010 年版，第 52 页。
② 陕西省档案馆编：《陕甘宁边区政府大事记》，档案出版社 1991 年版，第 117 页。
③ 中共中央统战部：《民族问题文献汇编》，中共中央党校出版社 1991 年版，第 934 页。
④ 中共中央统战部：《民族问题文献汇编》，中共中央党校出版社 1991 年版，第 703 页。
⑤ 中共中央统战部：《民族问题文献汇编》，中共中央党校出版社 1991 年版，第 702 页。
⑥ 中共中央统战部：《民族问题文献汇编》，中共中央党校出版社 1991 年版，第 704 页。

办事处协助并加强西乌审旗的各项建设工作。[①] 1948 年 10 月，边区少数民族事务委员会恢复，主任杨明轩。[②] 主任委员和委员通过先聘任后追认的形式产生。12 月，陕甘宁边区常驻议员、政府委员联席会议作出健全边区少数民族事务委员会组成的决定，决定聘请杨明轩、杨静仁（回民）、赵诚（蒙民）、蔡登霄（回民）、旗海田（蒙民）、天保（藏民）等为该会委员，主任委员杨明轩，秘书旗海田。该委员会的任务是处理少数民族工作日常事务及帮助少数民族自治事宜。[③]1949 年 2 月，陕甘宁边区参议会常驻议员、政府委员及晋绥行署代表联席会议追认少数民族事务委员会主任委员杨明轩和委员旗海田等。[④]

新中国成立后，西北军政委员会和西北行政委员会先后均设立民族事务委员会，主任委员汪锋。军政委员会时期 4 个副主任委员分别来自 4 个少数民族：赛福鼎（维吾尔族）、马鸿宾（回族）、喜饶嘉措（藏族）、达理扎雅（蒙古族）。行政委员会时期 7 个副主任委员中有 5 个少数民族委员，2 个汉族委员。

民族事务委员会的主要工作方式是开会。1950 年 7 月下旬，西北民族事务委员会第一次会议在西安召开。彭德怀、习仲勋直接领导了这次会议。会议初步检讨了解放以来的民族工作，广泛宣传了民族平等、团结互助政策，确定了西北民族工作的方针、步骤和任务，并适当批评了某些不正确的观点，奠定了开展民族工作的基础。会议对重大问题采取“有计划的个别深谈方式，多则谈过七八次”，“在小组会上则启发与会委员发言，对正确的意见予以采纳，对不正确的意见给以及时解释，对工作中的缺点和错误主动地进行了检讨”。最后，会议“对区域自治，联合政权，宗教等主要政策都在大体上得到比较明确的一致认识”[⑤]。从性质来看，这个会议实际上是带有西北各民族代表会议性质的会议，西北局决定每半年召开一次这样的会议。[⑥] 会后，西北民族事务委员会的办公地址由西安迁到兰州，为的是更好地就近为各少数民族服务，并在此筹建了西北民族学院。

---

① 陕西省档案馆编：《陕甘宁边区政府大事记》，档案出版社 1991 年版，第 250 页。

② 中共中央组织部、中共中央党史研究室、中央档案馆：《中国共产党组织史资料》（第 4 卷）上，中共党史出版社 2000 年版，第 135 页。

③ 《群众日报》1948 年 12 月 6 日。

④ 《群众日报》1949 年 2 月 17 日。

⑤ 汪锋：《关于西北民族事务委员会第一次会议情况给中共中央西北局并中央统战部的情况汇报》，1950 年 8 月 8 日。

⑥ 《习仲勋传》编委会：《习仲勋传》（下卷），中央文献出版社 2013 年版，第 44 页。

1952 年 4 月下旬召开了第三次民族事务委员会会议，习仲勋、张治中、张宗逊均亲临指导。西北行政委员会时期，民族事务委员会于 1953 年 12 月召开第一次扩大会议，西北局统战部部长汪锋主持会议并作《西北各民族更进一步团结起来，在过渡时期总路线的照耀下前进》的报告。西北局主要领导马明方出席了此次会议，并作了《加强团结，做好少数民族地区的生产建设工作》的报告。[①]

在西北五省中，甘肃省设立了民族事务委员会，青海和新疆未设立。这是因为，中共中央 1950 年 4 月给西南局、西北局等中央局《关于在民族杂居地区成立民族民主联合政府的指示》明确指出："民族杂居地区政府的各种工作，无不与当地各个民族相关联，因此当地的整个政府都要作少数民族的工作，即不需要再设立民族事务委员会，以免减轻政府委员会及所属各部门对少数民族工作的责任，以致有关少数民族的问题不能很好地解决。省级政府如贵州、云南，需要设立民族事务委员会，如青海、新疆，即是包括两个以上具有相当数量人口的多民族省份，其政府组织也应依据上述民族杂居的专县政府组织原则，不必另设民族事务委员会。已设立者可使之成为研究和联络性质的机构。"[②]

（四）民族学院

西北局的民族工作体系，主要包括党政系统的民族工作机构，也包括培养少数民族干部的民族学院。西北局领导建立的民族学院，既包括延安时期的民族学院，也包括新中国成立后的西北民族学院。

民族学院的前身是陕北公学民族部。1939 年冬，中共中央复办陕北公学，亦称"后期陕公"，以加强对民族干部的培训工作。1941 年 6 月，后期陕公成立了民族部，主任王铎（一说贾拓夫）。第一次招生 185 人，除蒙、回、藏、彝、苗、满 6 个民族的学员以外，还有少数汉族同志。杨静仁、汪锋分任回、蒙班班主任。[③]陕北公学民族部的设立，使各族学员可以在此交流民族文化，学习解放本民族的科学道理，这"不仅在边区，即使在全国也属创举"。[④]

---

① 郭刚主编：《中共中央西北局大事记》，中共中央党校出版社 2017 年版，第 207 页。

② 中共中央文献研究室：《建国以来重要文献选编》（第 1 册），中央文献出版社 1992 年版，第 171 页。

③ 李维汉：《回忆陕北公学》，转引自中共党史资料征集委员会：《中共党史资料》（第 15 辑），中共党史资料出版社 1985 年版，第 47 页。

④ 李维汉：《回忆与研究》（下），中共党史资料出版社 1986 年版，第 460 页。

为了培养更多的民族干部，1941年7月，西北局常委会决定以陕北公学民族部为基础成立民族学院。[①] 9月，民族学院正式成立，院长高岗兼，副院长高克林，教务长刘春，教育处长乌兰夫。《解放日报》报道，边区政府开办民族学院，拟招收学生300人以上，包括回蒙藏满苗夷汉等族青年，以加强民族文化教育事业为宗旨，并附设民族研究室，西北文艺工作团等。[②] 民族学院成立时是独立的，1943年3月，学院并入延安大学，更名为延安大学民族学院，刘春担任院长，宗群为副院长。[③] 民族学院成立后，历经几次变迁。1942年8月，高克林调到山西前线工作，带走了一批学员；1944年4月，西北局委员会决定：原延大所属之民族学院迁移三边，由三边地委领导。[④]1945年学院的一部分迁到伊克昭盟的城川，归伊盟工委领导。[⑤] 民族学院在战争环境下办学，一直坚持到1948年年初才奉命停办，历时8年。

民族学院成立后，处室设置、生源、学制（程）、班级设置、教员、课程内容等就基本确定下来。据李维汉回忆，民族学院内设教育处、民族问题研究处和干部处等。民族问题研究处又下设蒙、回、藏3个民族问题研究室。学院初次招收蒙、回、藏、苗、彝、满、汉等各族青年300多人。其中，蒙古族学员占40%，回族学员占20%，女学员32人。到1942年上半年，共设6个班和1个研究生班。按学制规定，民族学院学程3期，每期2年，共6年，但在实际上，学院往往根据斗争需要招生，学制不固定，有3年半的，也有学完6年的。[⑥] 据《解放日报》：民族学院的生源来自西藏、西南各省的苗夷之区、宁夏、青海、大青山、土默特旗、伊克昭盟、哲里木盟和东北。各种不同的习惯、生活、语言、文字、宗教信仰集合在一起，真是中国少数民族的一幅缩影。其中，“蒙占百分之四十，回占百分之二十，藏占百分之四，苗占百分之一，夷占百分之四；而内中曾经参加过革命斗争者，占百分之三十；女生三十二人”。该

① 中共中央组织部、中共中央党史研究室、中央档案馆：《中国共产党组织史资料》（第3卷）上，中共党史出版社2000年版，第89页。

② 《边区政府设立民族学院》，《解放日报》1941年9月18日。

③ 方迪：《高克林与刘春》，转引自中共中央党史研究室、中央档案馆：《中共党史资料》（第82辑），中共党史出版社2002年版，第168页。

④ 《西北局关于延安大学机构变动的决定（1944年4月7日）》，中央档案馆、陕西省档案馆：《中共中央西北局文件汇集》（1944年）（内部本）甲5，1994年，第67页。

⑤ 《西北局常委关于民族学院的决定给三边地委的信（1945年2月9日）》，中央档案馆、陕西省档案馆：《中共中央西北局文件汇集》（1945年）（内部本）甲6，1994年，第7页。

⑥ 李维汉：《回忆与研究》（下），中共党史资料出版社1986年版，第460页。

院编制设教育、研究、总务三处，各班设指导员一人，直属院长。研究处先成立蒙、回、藏三室。领导者都是对西北各少数民族问题有研究的同志，如教育处长乌兰夫即是蒙古革命家。学习的编制，按民族和文化程度的标准，分为一、二、三、四班。除第一班外，二、三、四班都设有指导员，并由学生中直选学习干事一人。学程共分三期，每期二年，一共 6 年毕业。课程内容，是和各族的实际生活、社会发展紧密联系的。除第一班有专门的历史科学的理论教育外，内容多与各民族独立的历史，与一般的社会常识等相配合。各族语言文字是全校必修课程，其他如中国问题、自然科学、数学等，与延安其他各校大致相同。在教学当中，当然和目前抗战的实际联系很紧。教员多是熟悉各民族情形的。学生生活，可以说是民族的，民主的，理论与实践一致的。总之，“民族学院的创立是中国共产党民族政策的具体表现，又是五一施政纲领具体化的开始。它开创在中国的西北，开学于东方民族代表大会声中，其意义更是非常重大的。”①

民族学院是中国共产党创办的第一所民族院校，办学 8 年，为党培养了许多民族工作者和民族问题研究者，开辟了中国少数民族教育的新道路，成为新中国成立后西北民族学院和中央民族学院的历史渊源。民族学院 1943 年并入延安大学，1949 年延安大学更名为西北人民革命大学，1950 年 8 月在西北人民革命大学兰州分校第三部基础上成立西北民族学院，首任院长汪锋。西北民族学院是新中国第一所民族高等学府，2003 年 4 月更名为西北民族大学。1951 年 6 月在北京成立了中央民族学院，首任院长乌兰夫。1993 年 11 月，中央民族学院更名为中央民族大学。其源头也是延安民族学院，乌兰夫曾任民族学院教育处处长。

二、西北局与民族区域自治

（一）陕甘宁边区民族自治

这里用的是民族自治，而非民族区域自治，不加“区域”二字。当代中国政治中的民族区域自治在延安时期称为民族自治。西北局和边区政府对实行民族自治，特别是建设回民自治区，在理论、制度和实践上进行了

① 海燕:《记民族学院》,《解放日报》1941 年 10 月 5 日。

有益的探索。这些探索，为新中国成立后中共中央提出民族区域自治政策、推行民族区域自治和确立民族区域自治制度提供了重要的理论基础、制度基础和实践基础。

1. 民族自治法规。延安时期，陕甘宁边区议会、边区政府和边区中央局相继公布了 3 个重要文件，分别以组织纲要和施政纲领的形式对边区实行民族自治作出初步规定。1937 年 5 月，《陕甘宁边区议会及行政组织纲要》第十三条规定："少数民族（蒙、回）有自由组织自治政府及自由加入或退出边区政府之权。边区议会内设少数民族委员会，保护少数民族特殊利益。"① 但实际上，少数民族委员会并未设置在边区参议会，而是设置在西北局和边区政府。1939 年 4 月边区政府公布的《陕甘宁边区抗战时期施政纲领》第四条规定："实现蒙回在政治上、经济上与汉族的平等权利，依据民族平等的原则，联合蒙回民族共同抗日。"这条规定，虽然没有直接提到蒙、回民族的自治，但确立了民族自治的基本前提，即民族平等原则和权利平等。1941 年 5 月，边区中央局公布的《陕甘宁边区施政纲领》第十七条明确规定："依据民族平等原则，实行蒙、回民族与汉族在政治、经济、文化上的平等权利，建立蒙、回民族的自治区，尊重其宗教信仰与风俗习惯。"② 从而以宪法性文件的形式把中国共产党的民族自治政策确定了下来。不久，《陕甘宁边区施政纲领及其解释》从政策实施的层面对建立民族自治区加以具体阐释。"建立蒙回民族的自治区，给他们民主自治的权利，比如蒙回民最多的乡村，他们自己可以组织蒙回民乡镇来管理他们自己的事。"③

解放战争初期，在西北局的领导下，陕甘宁边区参议会第一次以宪法的形式对少数民族自治作了明确规定。1946 年 4 月，陕甘宁边区第三届参议会制定并通过的《陕甘宁边区宪法原则》第九条规定："边区各少数民族，在居住集中地区，得划成民族区，组织民族自治政权，在不与省宪抵触原则下，得订立自治法规。"④ 在该宪法原则的指导下，边区第三届参议会常驻会组织专门班子起草《中华民国陕甘宁边区自治宪法草案》。10

① 《陕甘宁边区议会及行政组织纲要》，《新中华报》1937 年 5 月 23 日。

② 西北五省区编纂领导小组、中央档案馆：《陕甘宁边区抗日民主根据地》（文献卷·下），中共党史资料出版社 1990 年版，第 78 页。

③ 贾瑞梅、郭林：《陕甘宁边区民族宗教史料选编》，陕西人民出版社 1991 年版，第 118 页。

④ 陕西省档案馆、陕西省社会科学院：《陕甘宁边区政府文件选编》第 10 辑，档案出版社 1991 年版，第 42 页。

月，边区宪法草案经过 6 次修改，送交西北局。[①] 该草案第 5 章“少数民族”第四十九条规定：“聚居于边区境内一定区域之少数民族，设立民族自治区。其区域相当于县者，适用县自治之规定；相当于乡者，适用乡自治之规定。”[②] 后因内战爆发，边区宪法草案未能正式颁布并付诸实施，但民族自治的基本原则已确定下来。

2. 民族自治实践。西北局成立之前，陕甘宁边区曾建立过回族自治政权。1936 年 10 月，中共陕甘宁省委领导建立了豫海县回民自治政府。这是中国共产党少数民族政策在苏维埃时期的首次尝试。虽然它只存在了短短的几个月时间，但开创了中国少数民族自治的先河。

1941 年，陕甘宁边区政府决定建立蒙、回民族的自治区，设立自治地方与自治机关。10 月，成立了由赵通儒、谢觉哉、刘景范、拉素（蒙）、马生福（回）各族代表组成的边区民族事务委员会，负责境内蒙、回民族的区域自治事宜和蒙、回民族的政治、自卫、经济、文化教育、卫生等建设事项。

在陕甘宁边区，回民主要聚集在三边、陇东和关中分区，因此建立回民自治区、乡就主要集中在这些地区。1942 年 4 月，三边专署行政会议决定定边四、六两个区和城关区的两个行政村划为回民自治区，直属县政府领导。此后回民同胞选举了自治区的负责人。[③]5 月，边区政府正式划定边县的四、六区和城关镇的两个自然村为回民自治乡，回民自治区正式成立。成立时还举行了开幕典礼，出席约 1000 人，三边分区罗专员和回民自治区杨区长先后讲话。[④]9 月，边区政府又将陇东曲子县的三岔镇也划为回民自治区。后来又将关中新正县的一区、九区，盐池县的回六庄划为回民自治区。[⑤] 在回民自治区、乡，由回民选举自己的区长、乡长，管理自治区的政治、经济、文化事业。《解放日报》特派记者报道：回民有自己民主选举的乡长和区长，他们有什么问题，由回民乡长和区长负责处理和解决。他们在政府的帮助下，建立了清真寺，设立了伊斯兰小学。[⑥] 三边分区共有 5 所清真寺，寺内均住有阿訇，象征着回民已在边区安居

① 谢觉哉:《谢觉哉日记》(下卷)，人民出版社 1984 年版，第 999 页。

② 谢觉哉:《谢觉哉日记》(下卷)，人民出版社 1984 年版，第 1006 页。

③ 《三边划定回民自治区，各县已有清真寺五所》，《解放日报》1942 年 4 月 29 日。

④ 《定边县设回民自治区》，《解放日报》1942 年 6 月 9 日。

⑤ 陕西省地方志编纂委员会:《陕西省志・政务志》(第 50 卷)，陕西人民出版社 1997 年版，第 576 页。

⑥ 海稜:《回民自治乡》，《解放日报》1942 年 9 月 10 日。

了，正如回民谚语云："没有清真寺就没有定居的回民。"①

从实践情况来看，边区的回民自治搞得好。《解放日报》报道：定边兴华街——回民的自治乡，不仅体现了经济生活的巨大发展，生产的紧张，而且他们还有自己的行政机构，信仰、言论、集会、居住的完全自由，享有真正的民主权利。这里有回民自选的杨彪乡长（最近全乡拟划分为三个行政村，成立参议会），他们对政府有什么意见，都可以自由提出。定边县政府的一切措施，都是通过乡政府来执行。乡政府行使职权及清真寺行使教权，也有明确分工，属于教法的由阿訇处理，政权方面的由乡政府处理，因此获得阿訇亲密的合作。本来回族妇女是不得随便出来参加集会的，但此处由于合作得好，"三八"节回民妇女也派代表出席大会。兴华街后面的伊斯兰小学，是为培养回民后代而设的，共有 54 个回民子弟，政府拟将该校改为民办，交由回民乡自己领导；同时成年的回民已成立了识字组，每天识一个至三个生字，并阅读三边报及群众报。②

在蒙民自治方面，西北局制定了有关边区范围内蒙古族区域自治的具体的方针政策。如 1946 年 2 月，《中共中央西北局关于鄂旗问题的意见》指出："对蒙古工作的基本方针是帮助蒙人反对大汉族主义，团结蒙人内部力量实行自治。"③ 同月，西北局又提出"对伊盟的基本政策，仍应是民族自治"。在工作中，西北局"广泛开展上层与下层的统一战线，团结蒙人，巩固和平，统一内部，推动民族自治地方自治运动"④。1949 年 8 月，奉陕甘宁边区政府命令，乌审旗临时人民自治政府成立，主席强变钢（蒙，乌审盟军起义主要领导人之一），副主席奇寿鼎（蒙名纳素鄂齐）。⑤

总的来说，陕甘宁边区建立的 5 个回族自治区和 1 个蒙族自治区，虽然存在时间不长，但却是民族区域自治的有益尝试，为新中国实行民族区域自治制度提供了宝贵的历史经验。

（二）西北地区民族区域自治

1.《西北民族区域自治实施计划草案》。西北地区有五省一市，其中四个省是民族或多民族地区，有维吾尔族、回族、藏族、哈萨克族、蒙古

① 《三边划定回民自治区，各县已有清真寺五所》，《解放日报》1942 年 4 月 29 日。

② 《定边回民自治乡生产发展市面繁荣，回民享受了政治、信仰、言论、集会、居住的完全自由》，《解放日报》1944 年 5 月 30 日。

③ 中共中央统战部：《民族问题文献汇编》，中共中央党校出版社 1991 年版，第 998 页。

④ 中共中央统战部：《民族问题文献汇编》，中共中央党校出版社 1991 年版，第 1006 页。

⑤ 《群众日报》1949 年 8 月 13 日。

族、塔吉克族、锡伯族、东乡族等十多个少数民族，人口约700万。因此，在西北民族地区实行什么样的政治制度，对于处理好民族关系、搞好民族工作至关重要。

1949年11月，西北局第一书记彭德怀在西北局扩大会议上的工作报告中明确提出，实行“民族自治，不能说是民族自决”①。1950年7月，西北局第二书记习仲勋在西北局第二次扩大会议的讲话中指出：“我要特别说到民族问题。这在西北地区来说是最大的实际问题。这也是我们这里多出的一项任务”，“因为西北是多民族的地区，必须重视民族问题，如果丢开民族问题，就是脱离西北眼前最重要的实际。所以，在这个问题上的任何细节，都不应认为是技术问题，而要看做政治问题以严肃态度对待。”②这一年，在民族聚居地区，有的已开始建立民族区域自治，如甘肃的夏河（拉卜楞）、东乡、卓尼、武坪、天祝、肃北等县和宁夏的阿拉善旗、额济纳旗等蒙、藏和东乡等民族聚居的地区实行了民族区域自治。青海等省某些少数民族聚居的区、乡也这样做了，情形都很好。③

到1952年年底，在西北少数民族聚居区，已经建立的乡级以上的民族区域自治和自治机关共有26个，其中，相当于专区的1个，相当于县级的16个，相当于区级的4个，相当于乡级的5个。但是，西北地区在推行民族区域自治政策中存在的一个问题是：已经建立了区域自治和自治机关的地方，仍占少数民族聚居区的少部分，而且大多是范围狭小，不够集中；有些可以联合的地区，尚未联合在一起。为了进一步推进民族区域自治政策在西北地区的实施，西北局根据中央人民政府提出的《民族区域自治实施纲要》，结合少数民族的分布及民族工作的进展情况，经西北局委员会议酝酿、讨论，于1952年12月通过了《西北民族区域自治实施计划草案》，并上报中共中央，下达陕、甘、宁、青省委，西安市委，新疆分局。1953年1月中共中央批复“基本上同意”。④

西北地区的民族自治区分为3种类型。第一类是由一个少数民族聚居

① 转引自《习仲勋传》编委会：《习仲勋传》（下卷），中央文献出版社2013年版，第21页。

② 习仲勋：《在中共中央西北局扩大会议上的总结》（1950年6月29日）；习仲勋：《关于传达中共七届三中全会的报告》（1950年7月1日）。引自《习仲勋传》编委会：《习仲勋传》（下卷），中央文献出版社2013年版，第42页。

③ 《关于民族区域自治和少数民族地区工作问题（1951年4月5日）》，引自《习仲勋文选》编委会：《习仲勋文选》，中央文献出版社1995年版，第158页。

④ 中共中央党史研究室、中央档案馆：《中共党史资料》（第80辑），中共党史出版社2001年版，第6页。

区为基础建立的自治区，如蒙族自治区、藏族自治区、回族自治区、撒拉族自治区、土族自治区、维吾尔族自治区、哈萨克族自治区等；第二类是由一个大的少数民族聚居区和人口很少的其他少数民族聚居区为基础建立的自治区，如新疆省内的维吾尔族自治区、哈萨克族自治区、撒里维吾尔族自治区，以及其他少数民族如柯尔克孜、塔吉克、蒙、回、锡伯等族的自治区；第三类是由几个或多个少数民族聚居区为基础联合建立的自治区，如蒙藏族联合自治区、蒙藏哈族联合自治区。西北地区已成立和将成立的专区级民族区域自治共有 9 个（甘 2、宁 2、青 5），已成立和将成立及 9 个专区级自治区所辖县级行政单位共为 46 个，以下是若干区乡级民族自治区。[①]

少数民族干部是建立民族区域自治和开展少数民族工作的决定性因素。为了推进和充实民族区域自治政权，必须解决编制和干部问题。为此，西北局在《西北民族区域自治实施计划草案》中，向中共中央提出需要增加编制和干部，并制订出甘、宁、青 3 省共需增加编制数 15204 名。

2. 省级以下民族区域自治。新中国成立后，西北地区的民族区域自治主要涉及甘肃、宁夏、青海和新疆 4 个省。

关于西北地区各级、各族建立民族区域自治的时间，西北局在《西北民族区域自治实施计划草案》中提出："根据西北地区的具体情况，各省、专区、县级的民族区域自治，应争取于明年夏季以前，分别建立起来。各民族的区域自治，均应于明冬全部建立。"[②] 与此同时，中共中央在《关于制订五年建设计划应重视少数民族地区建设的指示》中也给出了专区及其以下建立民族自治区的时间表："凡未实行区域自治的少数民族聚居区，除有特殊情况者外，专区在 1957 年年底以前，将民族自治区逐步建立起来。其中相当于专区及专区以下的民族自治区一般的应在 1955 年年底以前建立。"[③]

西北地区省级以下（不含省级）的民族区域自治，除前述已建立的各级各类自治区外，其余均是按照中央和西北局的实施计划要求，结合西北各省各民族的实际情况推进的。西北局撤销前，甘肃、宁夏、青海、新疆

---

① 中共中央党史研究室、中央档案馆：《中共党史资料》（第 80 辑），中共党史出版社 2001 年版，第 2~5 页。

② 中共中央党史研究室、中央档案馆：《中共党史资料》（第 80 辑），中共党史出版社 2001 年版，第 4 页。

③ 中共中央文献研究室：《建国以来重要文献选编》（第 3 册），中央文献出版社 1992 年版，第 435 页。

4个省基本实现了省级以下，包括专区级、县级、区级、乡级的民族区域自治。

甘肃省在全国最早建立和实行民族区域自治。1949年10月，肃北蒙民临时自治委员会成立，后正式成立肃北蒙古族自治县。1950年5月，甘肃省天祝藏族自治区成立,这是新中国成立的第一个县级民族自治区。[①]到1954年5月，甘肃省人民政府批准成立的专区级自治区有2个，县级自治区有13个，乡级自治区多达21个。宁夏省合并到甘肃省后，甘肃省增加了河东回族自治区和巴彦浩特蒙古族自治区2个专区级自治区，额济纳旗自治区委托酒泉专署代管。

宁夏省、青海省和新疆省省级以下民族自治区的建立主要是在1953年和1954年实现的。

在宁夏，自1952年至1954年上半年，中共宁夏省委和省人民政府根据本省回、蒙两族人口聚居情况，根据中央人民政府颁布的《民族区域自治实施纲要》和西北局提出的《西北民族区域自治实施计划草案》的规定，在现在宁夏回族自治区的范围内成立了3个地区级自治区、2个县级自治区、2个县属自治区和18个自治乡。[②]1954年4月下旬，河东回族自治区和蒙古族自治区成立，同时建立了中共河东回族自治区工委和中共蒙古族自治区工委。

青海省于1950年10月建立了最早的乡级恰卜恰哈萨克族自治区（1953年撤销）。1951年8月，青海省第一次各族各界人民代表协商会议通过在牧区和少数民族聚居区建立民族区域自治的决议。自此青海省开始建立各级各类民族区域自治。到1954年12月，青海省各少数民族聚居区已全部实行区域自治，全省有6个相当于专区级的自治区，7个相当于县级的自治区。[③]一说建立了6个专区级自治区、5个县级自治区、11个区级自治区、7个乡级自治区。[④]

新疆的民族区域自治意义非凡，从中央到西北大区再到新疆地方，各级党政高度重视。1950年1月《新疆省人民政府委员会目前施政方针》明确提出在新疆实施民族区域自治。1952年9月，新疆开始建立民族乡

① 洪承华、郭秀芝等编:《中华人民共和国政治体制沿革大事记（1949—1978)》，春秋出版社1987年版，第23页。

② 徐黎丽:《中国西北少数民族通史》(当代卷)，民族出版社2009年版，第218页。

③ 南开大学历史系:《中华人民共和国大事记（1953—1956)》第2册，河北人民出版社1958年版，第68页。

④ 孔祥录:《青海新型民族关系形成述略》,《青海民族研究》1995年第1期。

的试点工作。西北局《西北民族区域自治实施计划草案》中提出：新疆须将推行民族区域自治工作，作为1953年的主要任务，各民族的区域自治，均应于明冬全部建立。[①]1953年6月，新疆分局提出新疆省民族区域自治实施计划并得到中央批准。计划决定以伊犁、塔城、阿勒泰3个专区建立以哈萨克族为主的自治区，1954年年底之前要完成建立相当于行署级的哈族自治区。[②]从实施情况来看，1953年新疆成立了3个乡级自治区。自1953年11月至1954年7月，经过一年的工作，新疆共成立行署级及以下各级民族自治区27个。[③]其中，有7个相当于乡级的自治区，7个相当于区级的自治区，6个县级自治区，4个专署级自治区和伊犁、塔城、阿勒泰3个相当于行署级的哈萨克自治区。

按照《中华人民共和国宪法》的规定，经国务院批准，1955~1956年，西北甘肃、宁夏、青海、新疆四省的专区级自治区改为自治州，县级自治区改为自治县，区级自治区改为自治乡。

另外，新中国成立初期，西北地区的少数民族区域除西北五省外，还包括现属内蒙古自治区但在当时属于西北局管辖的阿拉善盟、巴彦淖尔盟和伊克昭盟等西蒙地区。特别是伊克昭盟，一直是陕甘宁边区党和西北局领导和管辖的区域。1956年4月，国务院决定将甘肃省的巴彦浩特蒙古族自治州和额济纳蒙古族自治旗划归内蒙古自治区，改建为巴彦淖尔盟。

甘、宁、青、新四省省级以下民族自治区建立以后，西北局提出的各级民族区域自治实施计划，剩下的就是建立省级自治区的问题了。

3. 回、藏、维省级民族自治问题。新中国成立后，西北局曾计划建立相当于省级的藏族、回族和维吾尔族3个自治区。但相当于省级的藏族自治区最终没有建在西北，而是建在西南。这样，在中华人民共和国的5个省级民族自治区当中，西北占了两席，即宁夏回族自治区和新疆维吾尔自治区。

在《西北民族区域自治实施计划草案》中，西北局曾计划在西北建立一个相当于省级的藏族自治区的方案。当时，西北局认为，根据西北藏族分布情况，需要建立一个相当于省级的自治区（以青海藏区为主）。但因

① 中共中央党史研究室、中央档案馆:《中共党史资料》(第80辑)，中共党史出版社2001年版，第4页。

② 《王恩茂文集》上册，中央文献出版社1997年版，第200页。

③ 寇清平、王晓伟、李永忠:《新疆民族区域自治的历史进程》，转引自中共中央党史研究室:《中共党史资料》(第45辑)，中共党史出版社1993年版，第202页。

藏族内部的部族分割、缺乏中心领袖人物等情况，以及在西北地区成立一个相当于省级的大块自治区确有困难，必须帮助他们逐步完成，因此，西北局提出，先拟在青海建立果洛和海南两个相当于专区级的藏族自治区，在甘肃建立一个相当于专区级的甘南藏族自治区。至于相当于省级的藏族自治区，“须待一九五四年视条件成熟再提出具体计划”。对于西北局上报的民族区域自治实施计划草案，中共中央在批复中首先就藏族自治问题作出批示：“关于将来成立相当于省的藏族自治区问题，暂不作决定，更不要向党外提出，须待今后甘、青两省各相当于专区的藏族自治区成立后，再依情况作适当考虑。”[①] 后来，甘、青两省相当于专区的藏族自治区成立了，但相当于省级的藏族自治区最终也未能建立起来。这是因为藏族在西北的分布比较分散，而西藏地处中国的西南边疆，又是藏族人口最集中的聚居区，加之省级民族自治区在全国范围内还有一个布局平衡的问题，所以省一级的藏族自治区放在西藏比西北更合适。

建立省一级的宁夏回族自治区和新疆维吾尔自治区首先是由西北局提出来的，但二者都是在西北局撤销后才建立起来的。

关于在西北是否需要建立一个相当于省级的回族自治区，西北局提出的实施方案是，先拟在甘、宁、青3省建立2个相当于专区级的回族自治区和4个相当于县级的回族自治区，并要求西北各省对县级以下的回族区域自治也应当积极推行。此外，对于西安市回族居住区是否需要推行区域自治，西北局要西安市提出具体意见并报西北局批准执行。在此基础上，西北局提出，建立一个相当于省级的回族自治区，要“待上述自治区成立、情况进一步发展后再定”[②]。后来，西安市没有建立回民自治区。最终，省一级回族自治区是在西北局撤销前夕，由中央民族事务委员会党组在上报中央的《关于拟在西北回族聚居区建立回族自治区的请示报告》中正式提出来的。西北局撤销后，在中央统战部、国家民委和甘肃省多次酝酿讨论的基础上，中共中央决策在甘肃省建立省一级回族自治区（因其时宁夏省已并入甘肃省）。1957年全国人大一届四次会议通过了成立宁夏回族自治区的决议，1958年10月，宁夏回族自治区成立。

关于在新疆建立全省范围的维吾尔自治区，西北局提出的实施计划

---

① 中共中央党史研究室、中央档案馆：《中共党史资料》（第80辑），中共党史出版社2001年版，第6页。

② 中共中央党史研究室、中央档案馆：《中共党史资料》（第80辑），中共党史出版社2001年版，第3~4页。

是，1953年春土改结束后即着手推行。“新疆并须将推行民族区域自治工作，作为一九五三年的主要任务，各民族的区域自治，均应于明冬全部建立，惟相当于省级的维吾尔自治区，可视情况至迟推至一九五四年春季成立。”[①] 中共中央批示：新疆实行区域自治的具体方案，即请新疆分局研究提出，报西北局、中央批准执行。西北局撤销后，1955年1月，新疆分局向各级发出了《关于成立省级自治区的指示》。5月，中央复电同意。10月，新疆维吾尔自治区成立。

总之，西北民族区域自治是按照中共中央的指示精神和《共同纲领》规定的民族政策建立的。为了进一步推进西北民族区域自治，根据中央关于《民族区域自治实施纲要》，西北局制定了《西北民族区域自治实施计划纲要草案》，对各级各类民族区域自治提出了具体实施计划。在建立民族区域自治的过程中，西北大区党政领导机关本着不是“为办区域自治而办区域自治”“要办就办好”的方针[②]，依照自下而上、由小到大的顺序循序推进，先建立县、区、乡的自治区，然后到专区级自治区、相当于行署级的自治区，最后到省级民族自治区。其中，省级以下民族自治区是在西北局的领导下，主要是在1953年、1954年两年当中完成的。而新疆维吾尔自治区和宁夏回族自治区两个省级民族自治区是经由中共中央批准建立的，是在西北局撤销以后建立的。

① 中共中央党史研究室、中央档案馆：《中共党史资料》（第80辑），中共党史出版社2001年版，第5~6页。

② 《关于民族区域自治和少数民族地区工作问题（1951年4月5日）》，引自《习仲勋文选》，中央文献出版社1995年版，第161页。

第十章　西北局体制机制的特色

西北局的体制机制与其他中央（分）局相比，既有共性又有特殊性，特别是延安时期的西北局极具特色。本章在前面各章内容的基础上，综合多种文献资料，通过与其他中央局和中央分局的比较，从组织史和制度史的角度顺理成章地总结论述西北局体制机制的特色。

一、延安时期西北局的特殊重要性

延安时期的西北局，系指 1941 年 5 月至 1949 年 5 月间的西北局。此间，与其他中央局与中央分局相较，西北局具有特殊重要性。这种特殊重要性主要表现在以下两个方面。

其一，西北局与中共中央同城延安 6 年。在中共党史上，与中共中央所在地同在一地的中央局仅有 3 个。按时间先后顺序分别是苏区中央局、西北局和华北局。苏区中央局与中共中央同在瑞金时间较短，仅一年多时间，从 1933 年年初到 1934 年 10 月。中共中央和中央红军长征离开中央苏区后，苏区中央局改称苏区中央分局。华北局与中共中央同在河北和北平的时间较长。平、津解放以前，华北局机关和中共中央所在地同在河北省平山县，华北局机关先后驻河北省平山县烟堡村和白化村，中共中央机关驻平山县西柏坡村。1949 年 1 月北平解放以后，华北局机关于 2 月迁至北平。3 月，中共中央领导机关进驻北平。此后，华北局领导机关与中共中央领导机关同在北平，直至华北局撤销。

西北局与中共中央同在延安和陕北 7 年，如果从其前身陕甘宁边区党委算起，时间还要更长一些。在延安城，中共中央和中央军委机关驻在城北王家坪、杨家岭、枣园，西北局和陕甘宁边区政府机关驻在城南。

因为同在延安，所以西北局得到中央的关怀、指导和帮助就多。对此，两任西北局组织部部长陈正人和马文瑞作了很好的概括。陈正人指出：边区党最重要的一个特点是：边区是党中央所在地，边区党得到在中央相当长期的直接领导下，并且有中央所属各机关工作同志的帮助，这给予边区党以不少的优越有利条件，它在一切工作上有着党中央和毛泽东同志的直接关心与帮助，这就更能保证边区党在领导上、工作上的正确，更易于克服困难。[①] 马文瑞指出：延安时期，西北局有一个得天独厚的条件，就是在中央身边，能经常得到中央的指导和帮助。中央讨论西北的工作问题时，西北局的常委能够参加。中央委托任弼时分管西北局工作，西北局的一些重要会议，任弼时都出席。西北局制定一些重要文件可以得到中央的及时指导和帮助。有时西北局对中央的指示提出某些变通办法，能及时得到中央的认可。[②] 类似的话，马文瑞不止一次讲过。他还指出：西北局从成立到1948年3月，一直在中央和毛主席身边。毛泽东、周恩来、任弼时在坚持转战陕北指挥全国军事斗争的过程中，处处关心着西北地方工作，我们能就近直接获得中央和毛主席的指示，是一个很有利的条件。[③]

因为在中央身边，所以中央政治局和书记处召开的与陕甘宁边区有关的会议，西北局主要领导也出席了。如1941年8月，西北局书记高岗两次出席中共中央政治局会议，讨论陕甘宁边区财政经济工作的方针和中央机关及编制问题。11月，出席中共中央书记处会议，会议同意毛泽东的提议，陕甘宁边区参议会选举边区政府正副主席时，在两个副主席中要有一名非党的进步人士。1942年4月，出席中共中央书记处会议，会议同意毛泽东的提议，陕甘宁边区系统的整顿“三风”与检查工作由任弼时、高岗负责。8月，出席中共中央政治局会议，讨论加强陕甘宁边区工作和召开西北局高干会问题。1945年9月，出席中共中央政治局会议，同张闻天、李富春等要求去东北。又如1947年7月，习仲勋、马明方等出席在陕北靖边县小河村召开的中共中央扩大会议，西北战场问题是这次会议的重要议题。12月，西北局主要领导出席在米脂县杨家沟召开的中共中央扩大会议，会议着重讨论解决军事、经济、统一战线、解放区土改和整党等问题。

其二，延安时期西北局之所以特殊重要，是因为它领导的陕甘宁边区

---

① 陈正人：《陕北党的历史材料》（1942年）。

② 马文瑞：《对习仲勋同志和西北局工作的一些回忆》，《纵横》1997年第8期。

③ 马文瑞：《记习仲勋在西北局工作》，引自石杰、司志浩主编：《在西北局的日子里》，陕西师范大学出版总社2013年版，第164~165页。

特殊重要。那么，陕甘宁边区究竟有多特殊、多重要，特殊在哪里？重要在哪里？对此，毛泽东、任弼时等中央领导和西北局领导都作过重要论述。

据胡乔木回忆，毛泽东对陕甘宁边区一直寄予厚望，并像对待亲人那样细心周到地关怀着、抚育着它的成长。他再三再四地强调：边区“是第一个根据地，统一战线的策源地，全国有名的、政治的文化的中心”，尽管别的根据地人口比边区多，“但不能代替它的地位”。边区一定“要做得比全国都好，不但成为抗战的堡垒，而且要成为模范的抗战堡垒”。要“使边区成为民主的模范，推动整个国家的民主化”。边区建设所有的大政方针都是在毛泽东的指导下确定的。边区召开的几乎所有的重要会议，如边区党的代表大会、边区参议会、边区中央局和西北中央局高干会议、边区党政联席会议、军政联席会议、留守兵团会议、县长联席会议等等，毛泽东无不亲自出席并作报告和讲话。边区建设的成绩，凝结着他的心血和智慧。[①]

就党的政策纲领而言，毛泽东指出：我们党的政策可以分为对全国的和在陕甘宁边区、敌后抗日根据地的两部分。关于对全国的政策，即加强作战，加强团结，改良政治，发展生产，抗战胜利后，采取与各党各派继续合作，共同建国的方针。关于在陕甘宁边区和敌后抗日根据地的政策，几年来我们创造了许多新东西，例如反“扫荡”、反“蚕食”、生产运动、土地政策、“三三制”、精兵简政、拥政爱民、拥护军队、整顿“三风”等。[②]1941年5月1日，陕甘宁边区中央局发布了著名的《陕甘宁边区施政纲领》。中共中央认为，此纲领“不仅陕甘宁边区可以施行，而且在华北、华中各抗日根据地均可以施行，即在全国范围内说来，亦必有甚大之影响云”。[③]

就民主政治而言，陕甘宁边区是全国第一个彻底实行民主制度的区域，实行“普遍、直接、平等、无记名投票”的民主选举。毛泽东指出：“这里是实行了民主制度的区域，这就是边区的特点，我们希望这个特点普及于中国。”“全中国也应该采取这个制度，应把抗日战争与民主制度结合起来，以民主制度的普遍实行去争取抗日战争的胜利。”[④]1942年8月，毛泽东复

① 胡乔木：《胡乔木回忆毛泽东》（增订本），人民出版社2014年版，第137~138页。

② 中共中央文献研究室：《毛泽东年谱（1893—1949）》（修订本）（中卷），中央文献出版社2013年版，第447页。

③ 《边区中央局发布施政纲领》，《新中华报》1941年5月1日。

④ 《新中华报》1938年7月15日。

信谢觉哉："不要把这里的参议会看成只是本区的参议会，而要把它看成所有华北、华中各根据地的参议会的领袖。"[①] 朱德在边区参议会二届二次大会上说："在所有解放区中，只有陕甘宁边区处在后方环境。它的民主建设比其他解放区更形完备。"[②] 抗战胜利后，《解放日报》发表了题为《要在全国人民前面做出更好的榜样——陕甘宁边区选举运动开始》的社论。社论指出，陕甘宁边区是全国第一个进行自下而上的普选的地区，这对于全国政治民主化和地方自治的推行，将会提供许多宝贵的经验。[③]

对于陕甘宁边区的评价，毛泽东在 1947 年 7 月陕北小河村召开的中共中央扩大会议上指出：这个边区是土地革命时期留下的唯一的一个区域，保存了几千名干部。第一，有本地领导骨干；第二，有政治上可靠的军队；第三，人民是好的；第四，保留了土地革命时期老区许多好的作风，有了这些条件，敌人是可以被战胜的。[④] 据《杨尚昆日记》，毛泽东在中共七届二中全会上谈到对各大区工作总的看法，对西北局的评价很高。他说："西北是第三个大敌人，艰苦奋斗，成绩伟大。"[⑤]1949 年 10 月，毛泽东电复延安和陕甘宁边区人民，指出延安和陕甘宁边区人民对于全国人民是有伟大贡献的。[⑥]

关于陕甘宁边区地位和作用的特殊重要性，任弼时在 1942 年西北局高干会上作了经典的概括。他指出，陕甘宁边区是党中央所在地的区域，有它特殊的地位。这种特殊的地位表现在两个方面，一是陕甘宁边区对于华北、华中各抗日根据地来说，是处于一种"领袖的地位，即根据地的领袖地位"，就是说这个区域里的一切重要设施，对于其他根据地有一种先导的模范的作用，要为其他根据地所效法。二是陕甘宁边区对于全国，甚至全世界来说，是处在一种"中央发言人的地位"，就是说，边区每一个政策的实施，国内外的人士，国民党，日本帝国主义者，都要把它看成中共中央的设施，并根据它来判断中国共产党的动态。[⑦] 边区的特殊地位，

① 中共中央文献研究室：《毛泽东年谱（1893—1949）》（修订本）（中卷），中央文献出版社 2013 年版，第 398 页。

② 《边参会第二届第二次大会昨日隆重揭幕》，《解放日报》1944 年 12 月 5 日。

③ 《解放日报》1945 年 10 月 15 日。

④ 转引自《习仲勋传》编委会：《习仲勋传》（上卷），中央文献出版社 2013 年版，第 387 页。讲话记录稿存中央档案馆。

⑤ 杨尚昆：《杨尚昆日记》（上），中央文献出版社 2001 年版，第 53 页。

⑥ 《群众日报》1949 年 10 月 27 日。

⑦ 任弼时：《关于几个问题的意见》（1943 年 1 月），西北五省区编纂领导小组、中央档案馆：《陕甘宁边区抗日民主根据地》（文献卷・下），中共党史资料出版社 1990 年版，第 2 页。

使得其与中共中央的关系较之其他各根据地更加密切，可以更方便、更直接地得到中共中央的指导，这是其他抗日根据地所没有的。

对于抗战胜利后陕甘宁边区的地位，当时有人认为，指导作用减轻了。但西北局书记习仲勋指出：我们陕甘宁边区，还是全国的指导中心。这一点日本投降后，有些同志说，陕甘宁边区的指导地位减轻了。我们说没有减轻，因为党中央还在这里，中央的政策要从这里发出去，战争的指令要从延安发出去，所以我们这里对推动全国民主运动特别对推动西北民主运动仍是一个重要阵地。在大范围讲，它是一个首席边区，人口虽然没有别的地方多，但这块地方的重要性很大，经过大革命、土地革命、抗战几个时期，现在又处于战争的威胁下，对此我们必须有清醒的认识和精神上的准备。①

二、组织机构之于其他中央（分）局的特色

西北局的组织机构有中共中央的“底子”。西北局的许多机构建立在苏维埃时期中央组织机构的基础上。中央到陕北后，组织机构的前面都冠以“西北”二字。1935 年 11 月，中央政治局会议讨论中央组织问题，决定中央对外公开用“西北中央局”（实际是中共中央委员会）称谓，成立西北革命军事委员会（实际是中央革命军事委员会），宣布成立中华苏维埃共和国中央政府西北办事处（其前身是中华苏维埃共和国中央政府下的“人民委员会”）。随后又成立中华全国总工会西北中央执行局，西北抗日救国联合会，国家银行西北分行，西北政治保卫局（由原“国家政治保卫局”改称），西北抗日红军学校。② 1935 年的“西北中央局”下辖陕北、陕甘、陕甘宁 3 个省委，神府、关中 2 个特委。1937 年 5 月陕甘宁特区党委成立，9 月中华苏维埃共和国中央政府西北办事处改称陕甘宁特（边）区政府。至此，陕甘宁边区由中央直管改为边区自己管。后来，边区党委升格为边区中央局、西北局。因此，也可以说 1941 年成立的西北局是从中共中央当中分离出来的。西北局成立后，陕甘宁边区政府成为西北局的同级政府组织。

---

① 《习仲勋传》编委会编:《习仲勋传》（上卷），中央文献研究室 2013 年版，第 404 页。

② 王健英:《中共中央机关历史演变考实（1921—1949）》，中共党史出版社 2005 年版，第 331~335 页。

西北局历时13年，与其他中央局和中央分局相比，组织及名称更具稳定性和连续性，持续时间也最长。在中共中央局中，大多数中央局都有过易名、改建、撤销、合并、重建等情形。例如，北方局是中共中央建立的第一个中央局，1924年12月建立，1925年1月中共四大期间撤销，前后仅存在一个多月，书记李大钊。土地革命战争先后建立过3个北方局，第一个北方局1927年8月至11月，书记王荷波；第二个北方局1930年8月至12月，书记贺昌；第三个北方局1935年5月至1945年8月，书记先后为高文华、刘少奇、杨尚昆、彭德怀（代理）、邓小平（代理）。又如华中局，与西北局同年同月成立，由中原局和东南局合并成立，1945年10月改称为华中分局，1947年5月华中分局并入华东局。1949年5月，中原局改称华中局，12月华中局又改称中南局。而西北局自成立至撤销，13年当中组织名称一直没有改变，而且中间一直没有断开，这在中央局史上是绝无仅有的。西北局的13年，经历了抗日战争时期、解放战争时期和新中国成立初期3个历史时期，这在中共中央局史上也是唯一的。

西北局由西北工委和边区中央局合二为一成立。在中共中央局，有几个中央局是合二为一成立的。它们是华中局、华东局、华北局和西北局。同样合二为一，但同中有异。具体来说，华中局和华北局由两个中央局合并而成，华东局由一个中央局和另一个中央分局合并而成。1941年4月东南局与中原局合并成立华中局；1948年5月晋察冀中央局和晋冀鲁豫中央局合并成立华北局；1945年10月山东分局和华中局合并成立华东局。而西北局则由中共中央西北工作委员会和中共中央陕甘宁边区中央局合并成立的，前一个是中央工作机构，后一个是中央派出机构。在所有中央局中，有此种来历和构成的仅西北局一家。

西北局的同级组织较其他中央局要齐全完备。抗日战争时期，西北局与其他中央局的一个重要区别是，成立之前和之后，就有同级的政军群组织：陕甘宁边区参议会和陕甘宁边区政府；八路军后方留守处——八路军留守兵团，陕甘宁晋绥联防军；还有数量众多的工青妇等民众团体[①]。而抗战时期的东南局、中原局以及由二者合并成立的华中局则没有，南方

① 这些群众团体是：陕甘宁边区民众抗敌后援会、陕甘宁边区各界抗日救国联合会、陕甘宁边区总工会临时委员会—陕甘宁边区总工会筹备委员会—陕甘宁边区总工会、陕甘宁边区农民会、西北青年救国联合会、中华青年救国团体联合办事处、陕甘宁特区青年临时救国会—陕甘宁边区青年救国联合会、陕甘宁边区各界妇女联合会筹备委员会—陕甘宁边区各界妇女联合会。

局也没有，北方局只有同级军事组织——八路军前方总部。解放战争时期，西北局、东北局、华东局均有同级政军群组织；晋冀鲁豫中央局和晋察冀中央局以及由二者合并成立的华北局有同级政军组织，但无群团组织，中原局亦然。而华中局只有同级军事组织。新中国成立初期，六大中央局在这方面基本相同。

西北局的财政经济机构由中共中央财政经济机构发展而来，并由中共中央决定成立，这也是其他中央局所没有的。为了加强对陕甘宁边区生产运动的领导，1938 年 12 月中央书记处会议听取李富春关于边区生产运动准备工作的报告，决定成立中共中央财政经济部，部长林伯渠。1939 年 1 月，中央书记处决定成立中共中央财政经济委员会，以统一和集中解决陕甘宁边区财政经济问题与批准党、政、军三方面的各种预决算，主任林伯渠。1941 年 6 月，中央政治局会议决定以林伯渠、朱德、任弼时、李富春、高岗组成中共中央财政经济委员会，以林伯渠为主任。[①]1942 年 6 月，中央书记处为实行晋西北与陕甘宁两个区域财政经济统一筹划事宜，决定组织财政经济委员会，以林伯渠为主任，共 19 人组成，并在财经委员会下设立财经办事处。[②]这些财经工作机构，不管是中央的还是西北局的，不管是部还是委员会，都由中共中央书记处及政治局决定成立，主要是为了解决陕甘宁边区的财政经济问题而设立的，部长或主任都是林伯渠。而林伯渠是西北局委员、常委，陕甘宁边区政府主席。中央财政经济委员会的一些委员同时也是西北局财政经济委员会的委员，如高自立、叶季壮和南汉宸。

西北局成立前，中共中央的民族工作机构和青年工作机构，因陕甘宁边区或西北地区党的工作而建立。如中共中央进驻延安半年后，即成立了少数民族委员会，主任李维汉，第二年又成立了西北工作委员会，主持陕、甘、宁、青、新、蒙等西北各省党的秘密工作，并把过去负责民族工作的机构合并进来。又如，1937 年 4 月西北青年救国联合会成立，为西北青年运动的领导机关。次年 5 月中共中央青年工作委员会成立。10~11 月，西北青年救国会在延安召开第二次代表大会，大会成立中华青年救国团体联合办事处。上述西北青救会、中华青联办事处和青年工

① 中共中央组织部、中共中央党史研究室、中央档案馆:《中国共产党组织史资料》第 3 卷（上），中共党史出版社 2000 年版，第 44~45 页。

② 中共中央组织部、中共中央党史研究室、中央档案馆:《中国共产党组织史资料》第 3 卷（上），中共党史出版社 2000 年版，第 89 页。

作委员会三个机构合署办公，一套班子，形成了以中央青委为核心，以中华青联办事处为主体的全国青年运动的领导机关。①

西北局成立后，有的工作机构与中共中央的工作机构具有交叠性或重合性。例如，中共中央机关报《解放日报》创刊一年多后，同时在一定范围内成为西北局的机关报。1944 年 2 月初，西北局常委会决定西北党校改为中央党校第五部。更名后，第五部之教育及行政均归中央党校统一领导，但仍与西北局保持关系。调查研究局第四分局隶属于中央调查研究局的系统，是后者的一个分局，但同时又是西北局的一个组成部分。1941 年 12 月，西北局作出《关于成立中央调查研究局第四分局的决定》。据该决定，第四分局对中央负有搜集西北各种材料之责，受中央调查研究局指导，又为西北局的调查研究机关（除党务外），在西北局常委直接领导下进行工作，是西北局实际工作的助手。

在高等学校方面，西北局也创立了 3 个第一。首先，延安大学是中国共产党创办的第一所综合性大学。1941 年 9 月，由陕北公学、中国女子大学、泽东青年干部学校合并成立。其次，民族学院是中国共产党创办的第一所民族院校。1941 年 7 月，西北局常委会决定以陕北公学民族部为基础成立民族学院，9 月民族学院正式成立。再次，1949 年 5 月，西北局发出《关于加强训练大批新区知识分子的决定》，将西北人民艺术学校、西北财经学校、延安大学合并为西北人民革命大学。1950 年 8 月在西北人民革命大学兰州分校第三部基础上成立的西北民族学院是新中国第一所民族高等学府。

三、领导机构和工作机构制度化

由西北局文件可知，1941~1944 年，西北局的领导机构，如常委会，主要工作机构，如秘书长、组织部、宣传部、统战部、民运部、社会部、中央调查研究局第四分局、文委、党务委员会、行政处等均制定了组织与工作条例、细则或制度，从而实现了领导机构和工作机构的制度化。这在其他中央局和中央分局中是不多见的。（见表 10–1）

① 中共中央组织部、中共中央党史研究室、中央档案馆：《中国共产党组织史资料》第 3 卷（上），中共党史出版社 2000 年版，第 39、第 122 页。

表 10-1　西北局领导机构与工作机构的组织及工作条例（1941~1944 年）

年份	组织及工作条例
1941	《西北局民运部组织及工作条例》
	《西北局常委会工作任务和工作细则》
	《中央调查局第四局组织及工作条例草案》
	《西北局组织部工作业务及组织条例》
	《西北局民运部业务及组织条例》
	《西北局秘书长的业务》
	《西北局秘书科各科（室）工作业务》
	《西北局文委的业务》
	《西北局宣传部的业务与分工》
1942	《西北局党务委员会工作条例》
	《西北局组织部组织条例》
	《西北局统战部关于地委及县委统战部业务（草稿）》
	《西北局关于地委秘书处及县委秘书处业务与分工草案》
1943	《西北局常委会的业务与组织（草案）》
	《西北局社会部（边区保安处）及其各级组织之组织规程（草案）》
1944	《西北局行政处组织机构与业务工作制度》

注：本表根据《中共中央西北局文件汇集》（1941 年、1942 年、1943 年、1944 年）中有关文件整理而成。

由表 10-1 可见，西北局成立后，就开始建章立制，至 1944 年基本完成。从常委会到部分工作部门，再到地委、县委，均制定了组织条例，或工作条例和工作制度等。尽管这其中有的是草案，如常委会、第四分局、社会部等，但同样是制度化的标志。不仅如此，有的机构，如常委会、组织部和民运部先后制定了两个（次）工作制度。秘书系统和统战部门的制度不仅西北局有，地委和县委也有。

不管是叫作组织条例，抑或工作条例、工作任务、工作细则、工作业务、工作制度，还是业务或业务分工，所规定的内容基本相同，主要包括组织、职责、分工及组织间关系等。关于常委会、秘书长、组织部、宣传部、统战部、党务委员会、第四分局等前已述及，不再赘述。下面以文委和行政处为例加以说明。

1941 年 7 月 17 日，西北局常委会决定成立西北局文委和西北文协。文委在西北局常委直接领导下研究西北文化动向，负责指导与帮助边区文协党团工作。其业务是：检查和研究党中央文化政策在边区及西北的具体执行状况；了解全边区与西北各地文化人的工作情形、生活状况及计划，如何培养新的文化干部问题；研究与帮助边区文协党团工作，并协助文协统一对边区各文化团体的领导；协助文协研究与改进边区及西北的各种民间文艺旧形式，以开展大众化文化运动；与延安各文化团体、艺术学校（如蒙民与回民文化促进会、鲁艺部、艺术学校等）取得工作上的联系。① 在组织上，文委设主任一人、委员若干人。主任李卓然，委员李卓然、贾拓夫、周文、柯仲平、丁浩川、张仲实、丁玲、艾思奇、李兆炳、周扬、肖向荣 11 人，任职至 12 月。1943 年 3 月，李卓然对 1941 年 12 月至 1943 年 2 月文委一年零两个月的工作进行了总结，认为在此期间文委执行了西北局常委会给文委规定的最主要的业务——从思想上、组织上统一领导边区文化团体的任务。为了加强文委工作，李卓然建议由贾拓夫、罗迈、周扬、肖向荣、柯仲平、李卓然组织新的文委，并提出在边区文协内部建立领导核心——党团，提议以柯仲平、白彦博、张寒晖、胡绩伟、苏一平 5 人组成。为完成边区文协的精简方案与 1943 年的工作任务，文委必须定期讨论与检查工作，暂定三月一次，由文委会议进行；经常出席文协党团及文化团体有关会议；政府每月文化活动费统一由文委分配。② 据《解放日报》记载，1942 年 3 月文委第二次会议讨论文协工作方针和开办边区艺术干部学校。1943 年 4 月西北局宣传部、文委指示各剧团改进工作。1944 年 5 月，西北局文委召集会议，总结剧团下乡经验，奖励优秀剧作。8 月，文教会筹委会、西北局文委召开座谈会，讨论冬学、秧歌准备工作。③

行政处是西北局办公厅下设的一个机构。其组织与业务最早在 1943 年 1 月《西北局常委会的业务与组织（草案）》中已有所规定，在办公厅的组织架构中可见行政处长、副处长及其下设科、所，以及行政处长的职责等。1944 年，西北局制定了专门的行政处组织机构与业务工作制度，

---

① 《西北局文委的业务（1941 年）》，中央档案馆、陕西省档案馆:《中共中央西北局文件汇集》（1941 年）（内部本）甲 1，1994 年，第 315 页。

② 《西北局文化工作委员会一年来的工作总结及边区文协之精简方案（1941 年 3 月 20 日）》，中央档案馆、陕西省档案馆:《中共中央西北局文件汇集》（1943 年）（内部本）甲 3，1994 年，第 132~139 页。

③ 《解放日报》1942 年 3 月 21 日，1943 年 4 月 30 日，1944 年 5 月 15 日，1944 年 8 月 10 日。

对行政处的任务、组织、具体分工、工作制度等作出详尽的规定。这也是西北局主要工作机构中规定得最为详尽的一个。行政处在常委及秘书长领导下管理全局人员生活，保证办公文具及必需品之供给；统一和掌握全局的财政收入，适当调剂经费之支配和审查；领导机关生产建设及党的系统（群众团体、西北党校在内）的干部保健工作；管理全局卫生、警戒、招待事宜。行政处设正副处长各一人，秘书一人，下设总务科、生产科、会计科、卫生所、招待所、托儿所（或家属职业社）、收发室7个单位。各科所社各设社、所、科长一人。科以下得按其工作之繁简设副科长一人或科员若干人，增强工作效率。正副处长根据常委决定、秘书长之指示，及本处工作具体情形，按期作出计划，经常委通过或秘书长批准后交各科所执行，并定期检查执行程度，呈报常委及秘书长审核之。掌握本局全局收支，领导生产工作，适当的分配与调剂经费，加强检查工作，并力求节约。建立各项工作制度、会议制度，使工作日渐正规化，以便配合全局顺利进行工作。组织与领导本处工作人员的学习，提高文化水平、政治认识、工作效率，适合精简之要求。秘书在正副处长领导下帮助处理日常事务及保健委员会事务。总务科在正副处长领导之下负责解决全局人员之衣食住行。会计科在正副处长领导下负责编制本机关及西北局附属机关、学校的各项经费预决算。生产科经管西北局商业生产。招待所在正副处长领导下办理来往干部招待登记工作，并领导他们学习及文化娱乐工作。医务所在行政上受行政处领导，在技术上受卫生所领导，进行机关卫生、诊治机关人员临时疾病，并按时检查干部身体。收发室在行政处领导下负责收发口递送来往一般公文、信件及传达和登记来往会客人员。警卫担任西北局警卫工作，保卫全局工作人员之安全。妇女干部（家属）职业社的工作以照料小孩为主，生产以纺织缝纫为主。为提高工作效能，建立工作制度，完成精简的各种工作任务，行政处在集体领导分工负责的原则下制定出检查、汇报和供给等制度。[①]

而西北局委员会在通过常委会的业务与组织的同时，规定了西北局委员及各部、委、会负责人遵守事项：西北局会议，包括全体委员会、常委会及常委所召集之各种会议，必须按时到会，西北局会议时间如与各人本身会议冲突时，除中央会议外，均须服从西北局会议。对于西北局会议

---

① 《西北局行政处组织机构与业务工作制度（1944年）》，中央档案馆、陕西省档案馆：《中共中央西北局文件汇集》（1944年）（内部本）甲5，1994年，第177~191页。

所准备之每项议程，均须于会前根据材料详加研究，并准备意见。凡经西北局决议之事项，均须无条件服从，如有不同意见，可向常委或西北局会议上提出，在未改变前，仍须绝对服从。保守西北局秘密，一切文件电报必须负责保管，不许给无关人员传阅，其有指定退回者，须按期退回，并不准将西北局秘密事件向外泄露。对外发表政见，包括文章、讲演、谈话等，如系未经中央或西北局议决之新问题时，均须经常委同意后始可发表，不得发表违反中央或西北局决议精神之言论。各部、委、会一切带有政治性质之决议事项，均须通知常委办公厅，其工作计划、会议记录及其他主要文件，亦应送常委办公厅一、二份，以备查考。[①]这些事项就会议召集、会议议程、议决事项、保密工作、政见言论、文件报备等作出明确的、严格的规定，是西北局领导机关和工作部门制度化的重要组成部分。

四、民族自治工作制度化

民族问题和民族工作在西北地区具有特殊的重要性。毛泽东说："西北少了一个工业，多了一个民族问题。"习仲勋说："民族问题就是西北地区的实际，西北的所有工作，如果脱离了民族问题，就是脱离了实际。"[②]可以说，在西北，抓住了民族问题，就抓住了西北问题。当然，民族工作不独西北局有，其他中央局与中央分局也有。但与后者相比，西北局最大的特色正在于民族这一块，从中共中央长征到达陕北以后直至西北局撤销，民族工作贯穿始终。这一点，没有哪一个中央局可与之相提并论。

延安时期，西北局和边区政府不仅建立了蒙、回民族自治区乡，而且民族区域自治制度化发展。其主要标志是1942年西北局民族工作委员会就关中新正县和三边盐池回六庄两地回民自治区的性质、任务和政策等作出规定，形成《建设回民自治区》的意见。这个意见是陕甘宁边区民族区域自治的指导性文件。其内容概要介绍如下。

第一，回民自治区的任务、性质、职权及建设条件。回民自治区是民族平等政策在边区的具体应用，其任务是团结抗战，实现民族平等，因此

① 《西北局常委会的业务与组织（1943年1月）》，中央档案馆、陕西省档案馆：《中共中央西北局文件汇集》（1943年）（内部本）甲3，1994年，第10页。

② 《习仲勋革命生涯》编辑组：《习仲勋革命生涯》，中共党史出版社、中国文史出版社2002年版，第70、第150页。

它的性质是新民主主义的自治区。回民自治区是居住在边区领土上的一部分回民实行区域自治，因此它仍是边区的一部分，但它有权利按照本族的特点制定各种单行法规与各种条例，进行有利于本民族政治、经济、文化各种建设，唯对边区政治方针、制度法令也必须遵守与实行。建设自治区的必须条件可归纳为：农民占人口的最多数，有着独特的民族生活方式；拥有与人口发展相适应的足够多的土地；当地居民觉悟到有建设自治区的必要，且应出于自愿；各个居民区域互相连接便于行政管理，因而有可能划为一个行政区域。

第二，自治机关与自治权。关中新正县第一区一、九两乡建立相当于边区一般“区”的自治区，称为边区回民自治区；三边盐池回六庄建立相当于边区一般“乡”的自治乡，称为回民自治乡。回民自治区行政地位高于边区一般的区与乡，行政系统直属于边区政府；边区政府委托关中专署与盐池县政府分别领导之。

自治区参议会是自治区任命的代表机关，依自治区人口及自治区建设的政治意义，参议会宜采用议行分离一级制。设常驻员，议长脱离生产。区参议会下不设乡参议会。自治区参议员由人民选举小组直接产生，其比例为每 20 人至 30 人得选议员一人。各行政村主任由村民大会直接选举。自治区参议会职权一般与县参议会相同，其组织条例及选举条例，应由自治区参议会起草，边区参议会批准执行。

自治区区政府采用一级制，即由回民自治区人民选出区的参议会，再由参议会选出自治区政府委员，区政府下直接为行政村（或自然村如回六庄），行政村主任由村民大会选举。区政府由委员 5 人组成，设自治区主席、第一、第二、第三、第四科和裁判员，分掌民政、婚姻、民族事务、经济建设、财政、卫生、教育、公安、保卫和司法等项事务。如图 10–1 所示。

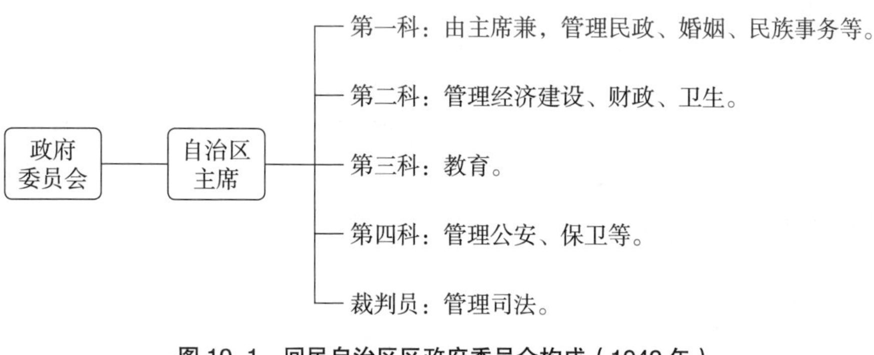

图 10–1　回民自治区区政府委员会构成（1942 年）

自治乡政府由委员三人组成，设乡主席一人（脱产），助理员二人，分掌民政、经建、财政、教育、公安等事务。回民自治区在边区法令范围内，得制定各种单行法规，经边区政府批准颁布实行。自治区实行政教分离，阿訇有选举权和被选举权，但在职阿訇不得担任行政首长与政府各部门主要负责工作。

第三，文化教育与宗教政策。学校与清真寺分离，使学校教育独立发展。文字应以中国新文字为主，但汉字亦为必修课，达到能运用的目的，阿文在国民教育期，仅为附属课程，但亦为学生之必修课（最多每周二次）。教育内容应是民族的，除教授一般自然科学常识外，回民历史、地理等当为其主要内容。实行团结回教教派的政策：天下回回是一家，使全穆斯林如一人。各信各德，互相爱护，互相信赖，互相尊重。回教各派都有存在、分坊、合坊及聘请阿訇的自由。发扬回教文化优良传统与团结美德。政府对各教派一视同仁。尊重阿訇，回民工作同志，应遵守教规、习俗，不得违反。组织教长联席会议，互相交换意见，联络感情，以达团结之目的。在宗教仪式上，尊重各派之自由，不得强迫，不得互相攻击。[①]

第四，回民自治区党的任务。回民自治区党的任务之一便是建设自治区的党，使之成为团结自治区回民的核心，团结西北回民的堡垒。建设回民自治区的党，首先，要自下而上地建立自治区区委。它是自治区党的领导机关，同时又是党的代表机关。在自治区区委未成立以前，上级党应设立代表机关。其次，支部以行政村（或两行政村共设一支部）为单位建立，其性质应是秘密的。支部书记如未被选为村主任或政府委员时，不直接参加行政会议，党员与支部之政见，应由公民参政系统提出或提到上级党委。再次，党员应以"精"为原则，在群众中有威信，勤于业务，为人正派。最后，自治区群众团体党团，直接受自治区区委领导。

第五，回民协会的组织与任务。边区回民协会是一个以民族为单位的群众团体，边区每个回民都应成为它的会员。其基本任务是团结全国回民，为争取抗战胜利与回民在抗战建国中之政治平等生活改善而奋斗；组织与动员全边区回民，保卫边区，建设回民自治区；帮助政府安插移民、难民，救济贫民，保障政府生产计划完成；提高回民政治文化水平，发扬回民优良文化传统；反映回民群众要求，帮助政府法令执行；沟通回汉

---

① 《西北局少数民族工作委员会：建设回民自治区（1942年）》，中央档案馆、陕西省档案馆：《中共中央西北局文件汇集》（1941年至1945年）（内部本）乙，1994年，第85~86页。

关系，调解民间纠纷；向外介绍边区回民政治、经济、文化之建设。回民协会组织以短小精悍、灵活紧凑为原则。缩小分会组织，充实工作，改正副干事长及五科（总务、组织、宣传、教育、研究、交际）为干事长及三科（组织、宣传、服务）的组织形式。整顿各地支会，统一领导，每分区成立一支会，如地区分散，可设立区会，支会设总干事及组织、宣传两股，区会设主任 1 人。分会脱离生产者不得超过 3 人（杂务人员不在内），支会、区会完全不脱离生产。回协组织系统如图 10–2 所示。

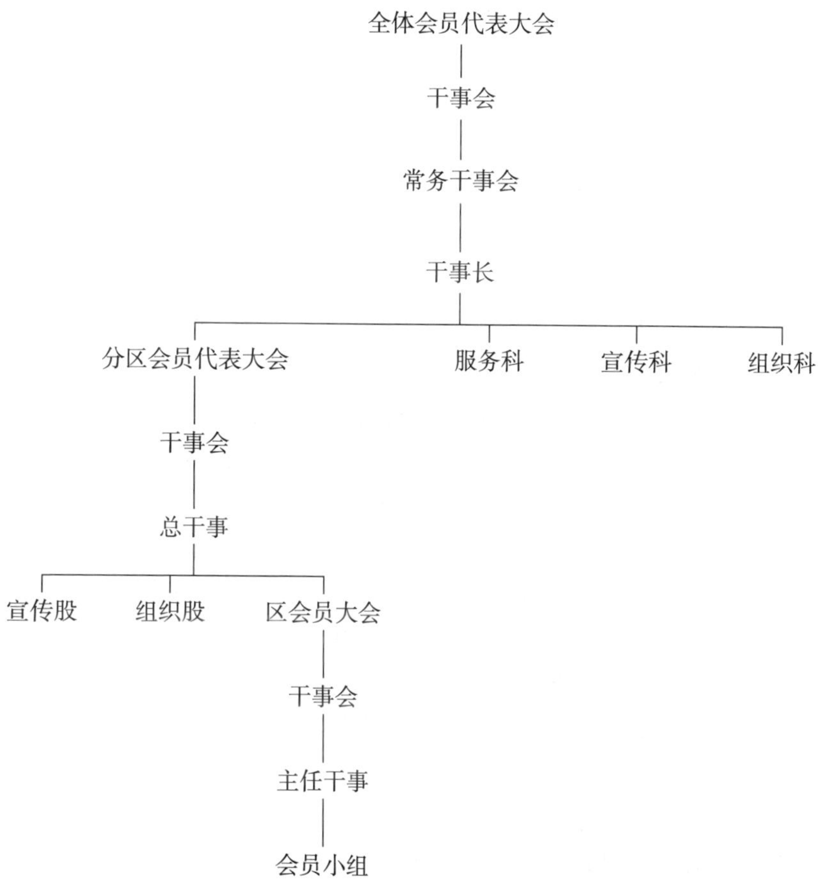

图 10–2　陕甘宁边区回民协会组织系统（1942 年）

第六，建设回民自治区的步骤。第一步，组织自治区调查团，到关中、盐池进行调查，广征居住该地回汉人民对建设自治区的意见；具体调查各地实际情况，如人口、政治生活、经济情况、文化教育、回汉关系等，作为建设自治区之参考。第二步，组织建设委员会，在调查任务完成后，由边区政府任命有关人员和当地有威望之回、汉各界人士，负责自治区建设事宜——划界、准备选举新政府等，于自治区政府成立之日宣告任务终结。建设委员会应向边区政府负责。[①]

上述意见是迄今所见较为全面系统介绍新民主主义革命时期党的民族区域自治政策的重要历史文献。意见中所规定的关于民族自治区的性质、类型、任务、职权，以及建设自治区的条件和步骤，建立自治机关行使自治权等内容，具体翔实，具有较高的史料价值，至今仍是我国民族区域自治制度中的基本内容。

五、纪检监察制度的独特性

中国共产党的纪律检查机关先后称监察委员会、审查委员会、党务委员会、纪律检查委员会，这几个机关有改称、取消和前后相继的关系。中共五大为加强党内监督，决定设立中央监察委员会并将其写入五大党章。六大党章将监察委员会改为审查委员会。1933 年 9 月，中共中央党务委员会成立，其职责是处理党籍问题和对党员的处分，在中央苏区的省县则称监察委员会。1935 年 11 月，中共中央曾在陕北甘泉县下寺湾决定组成以董必武为主任的五人党务委员会，处理陕北的错误“肃反”问题。中共六届六中全会决定：由各中央局决定，在区党委之下设立监察委员会。1940 年 12 月，中共中央作出关于地方党及军队中党务委员会工作的决定。中共七大党章又将审查委员会改为监察委员会。

与其他中央局和中央分局相比，西北局的党务机构和监察机构可以说是独一无二的。抗日战争时期和解放战争时期，在中共中央局和中央分局中，仅有西北局设立了党务委员会和监察委员会，其他中央局和中央分局均未设立。

党务委员会是西北局的一个工作部门，在西北局直接领导下工作。其工作业务为处理各级党的组织与个别党员违反党章党纪问题，解决党内纠纷，保障党员应有的权利，监督党员应有的义务，审查各级党委的工作，

① 《西北局少数民族工作委员会：建设回民自治区（1942 年）》，中央档案馆、陕西省档案馆：《中共中央西北局文件汇集》（1941 年至 1945 年）（内部本）乙，1994 年，第 76~93 页。

审核各级党费数目及用途。西北局党务委员会设书记一人，秘书、干事各一人。书记领导并处理党务委员会全部工作，向西北中央局负责，并于每月例会时向西北局作工作报告。党务委员会在工作时必须按照规定的手续办事。这些手续有：（1）西北中央局及所属各级党委凡有何种问题，须交本委员会处理者，得将有关问题的全部材料及所提出具体意见一并交本委员会，以便进行工作。（2）本委员会书记在处理每一问题后，得用书面通知各委员征求意见，作最后决定，并将处理经过在例会上报告之。（3）本委员会对所处理问题作出决定后，对方（个别党员或下级党委）如有不同意见时，得重新召开委员会处理之。同样，党务委员会在处理个别党员问题时也必须依照下列手续办事：（1）尽可能通知本人和有关党员到会，如本人因缺席或时间来不及通知到会，而已成立决定，事后发现事实真相与本委员会所根据材料成立之决定不相符合，被处分党员要求重新讨论与决定时，本委员会必须接受其意见。（2）本委员会对每个党员处分的决定，必须得本委员会法定人数之同意，并须作出简短明确书面决定，口头决定无效。（3）对个别党员问题的讨论，尽可能于三天之前通知本人，决定公布前三天应将决定原文通知其本人。（4）被处分党员，不服本委员会决定进行上诉时，本委员会不得阻止，但未得上级指示改变原文决定之前，本委员会仍执行原来决定。（5）本委员会对个别党员处分决定时，均须写成书面文件并将决定复写三份，一份存留西北中央局组织部，一份交党员所在地的党委，一份交本人作据。在取消、改正或停止党员处分时，同样须作书面决定。此外，党务委员会在处理各种问题时必须分轻重缓急进行工作。在处理问题后，得按不同性质分类登记。党务委员会的主要工作方式是召开会议。每月召开一次例会。在会议上除讨论规定问题外，并由书记报告月内所进行的工作。每三个月进行一次检讨工作、总结经验的会议。党务委员会要经常向西北局请示工作或口头报告工作，每半年书面报告工作一次。①

西北局党务委员会 1941 年 6 月 7 日设立，书记崔田夫，委员崔田夫、刘景范、吕振球、张邦英、唐洪澄、吴光远、高长久。② 此外，西北局在其同级军事组织中也曾设立党务委员会，作为纪律检查机关。如 1945 年 12 月西北局委员会决定在陕甘宁晋绥联防军司令部成立党务委员会，“以

① 《西北局党务委员会工作条例（草案）（1942 年 1 月）》，中央档案馆、陕西省档案馆：《中共中央西北局文件汇集》（1942 年）（内部本）甲 2，1994 年，第 14~16 页。

② 郭刚主编：《中共中央西北局大事记》，中共中央党校出版社 2017 年版，第 102 页。

谭政、张仲良、王世泰、阎揆要、谭生斌五位同志组成联司党务委员会，以张仲良为书记。”[①]

在中共七大讨论党章时，西北局两个小组提出应设立专门机关（如监察委员会）来了解考察干部，认为对于西北局而言已到了有必要成立监察委员会的时候了。[②]1945年10月，西北局委员会决定取消党务委员会，成立监察委员会，以崔田夫、刘景范、张仲良、刘秉温、马定邦5人组成西北局之监察委员会，以崔田夫为书记，闫泽民任秘书。由西北局常委办公厅发出成立通知。[③]1947年9月以后，西北局监察委员会书记由常委马文瑞兼任。

不仅西北局成立了监察委员会，其同级政权机关也成立了监察委员会，但在名称前面加上了“人民”二字，称人民监察委员会。1949年2月，陕甘宁边区政府设立人民监察委员会，主任刘景范。3月，边区政府人民监察委员会开会讨论健全机构、确定职权等问题。[④]2月至9月，西北局监察委员会与边区政府人民监察委员会同时存在，两个班子，两套人马，但个别人员有交叉，如刘景范是西北局监察委员会委员，同时又是边区政府人民监察委员会主任。1950年4月，西北军政委员会下设人民监察委员会，主任马文瑞，1953年1月该委员会结束。

1948年8月，刘少奇在中共中央各部门负责人会议上指出：今后从中央起，要设立监察委员会。[⑤]新中国成立后，为了更好地执行党的政治路线及各项具体政策，加强党的组织性与纪律性，密切联系群众，克服官僚主义，保证党的一切决议的正确实施，1949年11月，中共中央作出《关于成立中央及各级党的纪律检查委员会的决定》。决定下发后，各中央局、中央分局纪律检查委员会成立。1950年3月，西北局召开常委会，讨论各级党委的纪律检查委员会与政府的人民监察委员会，应该在组织机构上统一起来，比较好办事。[⑥]4月，西北局纪律检查委员会成立，书记

① 《西北局常委办公厅关于成立联司党务委员会的通知（1945年12月15日）》，中央档案馆、陕西省档案馆：《中共中央西北局文件汇集》（1945年）（内部本）甲6，1994年，第170页。

② 《西北局两个小组讨论刘少奇关于修改党章报告的记录摘要（1945年5月18日）》，中央档案馆、陕西省档案馆：《中共中央西北局文件汇集》（1945年）（内部本）甲6，1994年，第235页。

③ 《西北局常委办公厅关于成立监察委员会的通知（1945年10月5日）》，中央档案馆、陕西省档案馆：《中共中央西北局文件汇集》（1945年）（内部本）甲6，1994年，第107页。

④ 《群众日报》1949年4月18日。

⑤ 中共中央文献研究室：《刘少奇年谱（1898—1969）》（下卷），中央文献出版社1996年版，第158页。

⑥ 郭刚主编：《中共中央西北局大事记》，中共中央党校出版社2017年版，第174页。

马文瑞，副书记谭生彬。根据《中共中央关于各级党的纪律检查委员会领导关系问题的指示》，西北局纪律检查委员会在西北局委员会、常委会的领导下工作，在工作上、业务上受中共中央纪律检查委员会指导，并指导所属各省纪律检查委员会的工作。西北局领导下的西北五省一市党的工作机构中设纪律检查委员会，各该委员会设书记一人，不设副书记。

西北局纪律检查委员会建立以后，通过作出决定、发出指示等方式进行工作。如 1952 年 1 月，西北局纪律检查委员会作出开除杜尼山党籍的决定。[①]2 月，作出对吴文遴的处分决定（注：吴文遴曾任西北文教委员会秘书长兼文化部副部长）。[②]1953 年 3 月，西北局纪律检查委员会发出《关于重视处理报纸批评稿件及读者批评信件的指示》。[③]

值得一提的是，西北军政委员会第一次会议曾集中讨论行政人员是否兼职监察委员的问题。这个问题，当时法律上没有规定，但有些省的许多监委是由行政首长兼任的。军政委员会下设的人民监察委员会中也存在这种情况，如马文瑞既是西北军政委员会委员同时兼任人民监察委员会主任。对此，委员们有不同意见。时任西北军政委员会委员、宁夏省人民政府副主席、著名民主人士邢肇堂发言说："行政首长兼任监委，有检查工作之便，没有坏处。今天的行政与监察是统一的，严格划分似无必要，但也不能太多。"而有的委员则认为，监委不宜由行政人员兼任，监委的工作一方面要对行政积极从事帮助，一方面还要在"消极"上纠举弹劾，监委要专业化。西北局第三书记、西北军政委员会第一副主席习仲勋认为："行政人员还是尽可能的不加入监委会好，他们加入监委不能专心把工作做好；同时行政与监察明确划分开来，在群众中会起好的作用。所以，我意根据中央监委情形，少数行政人员加入也不要紧，但以非行政人员做这项工作较宜。同时还要看我们提出的这些监委人选是否适当。"习仲勋的意见得到了委员们的赞同，大家发言讨论更加积极，提出了很多好的建议，使监委会制度更加完善。[④]

① 郭刚主编:《中共中央西北局大事记》，中共中央党校出版社 2017 年版，第 190 页。
② 郭刚主编:《中共中央西北局大事记》，中共中央党校出版社 2017 年版，第 191 页。
③ 郭刚主编:《中共中央西北局大事记》，中共中央党校出版社 2017 年版，第 201 页。
④ 《习仲勋传》编委会:《习仲勋传》(下卷)，中央文献出版社 2013 年版，第 28~29 页。

六、政府党团工作制度化

1941年8月，陕甘宁边区政府党团成立。1942年12月，为了进一步规范党团工作，边区政府党组织公布了《陕甘宁边区政府党团规则（草案）》[①]。这是中共党史上第一个政府党团规则，它使党对政权的领导和政府党团工作有章可循。该规则的主要内容包括：边区政府党团的任务、边区政府党团的组织关系及对西北局的关系、党团对政府的领导方式、党团会议及党团内部的关系、党团对边区政府系统中党员的关系、党团对支部关系、严申党纪、附则等，共8个方面28条。根据该规则规定，边区政府党团主要有三大任务。一是依据中央对根据地领导的统一与一元化的精神，保证党对“三三制”政权的领导，统一党员在政权机关中的言论行动，把党的政策、党的决定，依靠党团的努力，取得行政机关或民意机关的通过，把党的主张变成政府的主张，并使之见诸实行。二是党团工作的中心，应当放在对政府工作的统一领导与掌握政策上，党团书记应当经常照顾全局，主动地去抓住重大问题（原则的、政策的、大政方针的），提出讨论，不是被动应付，也不是把一切事务问题，都要提到党团会议上去讨论。三是边区政府的对外宣传，由党团统一管理，《解放日报》（党报）所发表关于边区政府政策的宣传及政权系统中党员对外发表涉及原则性的文章或演说，须先得党团同意，重要者还征得西北局同意，才能发表。[②]

西北局对边区政府的领导要经过党团。党团是西北局领导边区政府的桥梁和纽带，主要表现在：（1）党团人数、人选及党团书记，由西北局就边区政府及边区参议会常驻委员会负责党员中指定，并呈请中央批准。（2）政府党团绝对服从西北局的领导，对西北局对政府工作的各种决议、决定或指示，必须在党团会上作出具体实施办法，坚决贯彻执行。（3）政府一切设施，凡有关于原则的、政策的、大政方针的问题，党团必须首先提出办法交西北局讨论通过后，方能在政府委员会或议会去提出。其有某

① 1942年9月1日，中共中央政治局作出《关于统一抗日根据地党的领导及调整各组织间关系的决定》，强调根据地领导的统一与一元化。同年10月至1943年1月召开的西北局高干会议决定边区一级的党、政、军、民工作都统一于西北局。《陕甘宁边区政府党团规则（草案）》就是依据中共中央政治局会议精神制定的，是在西北局高干会议期间制定的。

② 西北五省区编纂领导小组、中央档案馆：《陕甘宁边区抗日民主根据地》（文献卷·下），中共党史资料出版社1990年版，第531~532页。

种临时紧急处置来不及先向西北局请示的问题，也必须在事后立即向西北局报告，请求审查追认。至于一般的日常应执行的事务，不应事事都提到西北局去讨论，反对不理或一切依赖两种现象。（4）西北局对党团的指导，是着重在原则方针上，不干涉其细微，给党团在具体执行时，有灵活运用之余地。但党团绝对不能因此离开党的原则方针，自由行动。（5）党团书记经常参加西北局常委会，应当将政权工作中的情况，党的政策执行的情形，经常的迅速的向西北局反映，并定期向西北局报告党团的工作。（6）边区政府党团对专署县区乡党团，不发生直接指导关系，但西北局所收到各级党内关于政权工作的报告，可交党团参考和处理。①

党团对边区政府的领导要经过党员。主要表现在：（1）党团没有超越政府组织直接下命令下指示解决问题，强制党外人士服从的权利，它的一切决议，只有经过自己党员的努力在政府会议或参议会中，说服非党人士得到通过，才能发生效力。（2）在党团万一没有说服参议会及政府的大多数，因而党团意见未被参议会及政府通过时，必须少数服从多数，不得违反民主集中制的原则，如果发现有党团同志因为自己的意见与西北局有分歧，因而不执行西北局的决定，这是最严重违反党纪的行为，应当受到指斥与处分。（3）政权机关中党员，必须与党外人士实行民主合作，共同遵守民主集中制。（4）党团对于政权中的非党人士，要在生活上关心，政治上帮助，与他们建立公谊私交的关系。党团对边区政府系统中党员的关系是：（1）党团对边区政府系统中各部门负责党员（只限于边区一级的），负有指导之责。他们应服从党团的领导，在讨论到有关他们负责部门的工作时，应吸收其参加讨论。（2）关于要求全体一致行动的问题，党团可以召集扩大的会议，传达党委或党团的决定。（3）党团对于普通党员不必发生关系，如有意见可经过政府机关支部去解决。②

上述《陕甘宁边区政府党团规则（草案）》不只适用于陕甘宁边区，也适用于其他抗日根据地；不只适用于中央局（分）对同级政权的领导，也适用于各级党委对同级政府的领导，因此是一篇关于党政关系、党的领导方式、党团工作的重要文献，对于坚持党的集中统一领导、转变党的领导方式、处理好党政关系具有重要的指导意义。

---

① 西北五省区编纂领导小组、中央档案馆：《陕甘宁边区抗日民主根据地》（文献卷·下），中共党史资料出版社 1990 年版，第 532 页。

② 西北五省区编纂领导小组、中央档案馆：《陕甘宁边区抗日民主根据地》（文献卷·下），中共党史资料出版社 1990 年版，第 533~534 页。

非党组织中的党团（组）如何工作，中共六大党章规定："党团所在组织中，各项要解决的问题应该先经党团会议或党团干事会之讨论。"[①]这是党章对党团工作方式——党团会议的首次规定。后来的党团（组）就是据此开展工作的。延安时期，西北局的同级党外组织——陕甘宁边区政府党团（组）的工作方式是召开党团会议，个别时候还曾召开过党团扩大会议。首任党团书记谢觉哉曾说："党团会须要开，因为事实需要，非开不可，党团会不易开得好。"[②]

对于党团（组）会议如何召开，《陕甘宁边区政府党团规则（草案）》作了若干原则性的规定：（1）党团每月要有定期的会议，由党团书记召集，议事日程及讨论参考资料，应尽可能于先数日送出，务使会议进行更有组织。（2）除定期会议外，如党团书记认为必要或根据某一部门负责党员之请求，经党团书记同意，还可以临时召集会议。（3）党团每次开会时间及议程，应通知西北局，如西北局认为必要时，得派人参加，同时党报《解放日报》主笔及总编辑可以出席政府党团会议，俾能正确掌握政府对外宣传方针。（4）参加党团的各部门负责干部，应当除开会时外，经常向党团书记反映该部门工作情况，并提供一切必须材料，凡有涉及政策的新的措施，必须先提交党团讨论，重要者还必须经西北局批准，方能提到政府委员会或参议会上去，在西北局与党团尚未决定的问题，只要是涉及原则方针的，党员不能随便表示态度。（5）党团内部要有民主的讨论，但一经决定，必须一致行动，不能有个人自由，不能对外发表不同的意见。[③]由此可见，陕甘宁边区政府党团（组）的工作是规范化和制度化的。这些规定对于规范党团（组）工作、开好党团（组）会议、落实党团（组）职能起到了重要的指导作用。

由相关文献可知，陕甘宁边区政府党团时期，党团会议开得并不是不多，也未按规定每周召开一次。自政府党团改为党组后，党组会议开得较党团会议要多一些。据《谢觉哉日记》，1945 年下半年，边区政府党组会议召开过 20 余次，平均每周一次，个别时候也曾出现过一周开两次甚至三次会议的情形。例如，1945 年 7 月 2 日、7 日和 8 日，边区政府党组

① 中共中央文献研究室、中央档案馆：《建党以来重要文献选编（1921—1949）》（第 5 册），中央文献出版社 2011 年版，第 482 页。

② 谢觉哉：《谢觉哉日记》（上卷），人民出版社 1984 年版，第 354 页。

③ 西北五省区编纂领导小组、中央档案馆：《陕甘宁边区抗日民主根据地》（文献卷・下），中共党史资料出版社 1990 年版，第 533~534 页。

在一周之内开过三次会议，16 日、17 日、24 日和 26 日又召开了党组会议。[①]

从内容来看，党团（组）会议着重讨论各项要解决的重要问题。如灾荒问题、政府和西北局运盐问题不正确关系及边师教支反对西北局迁家事、加强党性的决定、检讨党团工作、选举问题、作风问题、边区师范教工支部问题、行政学院工作、征粮工作、保安处工作、审干防奸工作、政府工作总结，等等。此外，有的党团（组）会议安排学习中共中央和西北局的有关文件和政策，有的传达中央领导如毛泽东关于文化教育的讲话，有的检讨党团工作中的优点和缺点。还有的以报告的形式进行，如 1945 年 6 月 27 日和 7 月 2 日，谢觉哉在党组会议上报告政权组织应否一元化问题。边区政府党团（组）通过定期不定期的党团（组）会议来议决党和政府工作中需要解决的问题，是党团（组）工作制度化的具体表现。尽管党团（组）会必须开，但也存在着为开会而开会的情形，所以谢觉哉说："为开会而开会，此作风没有改变。"[②]

历史和实践证明，陕甘宁边区政府党团（组）是局部执政时期中国共产党建立的最重要的政府党团（组），在党的领导体制和组织建设史上的地位是独特而又重要的，对于新中国成立后党组的制度化发展和党政关系的处理具有重要的历史意义。

① 谢觉哉：《谢觉哉日记》（下卷），人民出版社 1984 年版，第 806、第 808、第 809、第 812、第 813、第 821 页。

② 谢觉哉：《谢觉哉日记》（下卷），人民出版社 1984 年版，第 1039 页。

参考文献

一、档案、文件、资料

[1] 陕西省档案馆馆藏有关西北局的档案。

[2] 陕西省档案馆馆藏“革命历史资料”。

[3] 陈正人:《陕北党的历史材料》(1942 年)。

[4] 西北局宣传部编:《土地改革文件》，新华书店西北总分店，1950 年 10 月。

[5] 西北局宣传部编:《土地改革文件》(续)，新华书店西北总分店，1950 年 12 月。

[6] 西北局宣传部编:《土地改革地区农村政治教材》，新华书店西北总分店，1950 年 9 月。

[7] 西北局宣传部编:《反对美国侵略台湾朝鲜宣传资料》，新华书店西北总分店，1950 年 8 月。

[8] 西北局宣传部编:《党员课本》，新华书店西北总分店，1948 年 8 月。

[9]《政策学习文件》，新华书店西北总分店，1950 年 4 月。

[10] 中央档案馆、陕西省档案馆:《中共中央西北局文件汇集》(内部本)甲 1~6，1994 年。

[11] 中央档案馆、陕西省档案馆:《中共中央西北局文件汇集(1941 年至 1945 年)》(内部本)乙，1994 年。

[12] 中央档案馆、陕西省档案馆:《中共陕甘宁边区党委文件汇集》(内部本)甲 1(1937—1939 年)、甲 2(1940—1941 年)，1994 年。

[13] 中央档案馆、陕西省档案馆:《陕西革命历史文件汇集》甲 18，1993 年。

[14]《西北局在增产节约运动中改善了秘书工作》，《新黄河》1954 年 3 月 15 日。

[15]《中共中央西北局关于集中力量做好春耕工作的指示》，《陕西政报》1953 年 3 月 2 日。

[16]《中共中央西北局关于号召西北全党动员春耕的指示》，《陕西政报》1951 年 1 月 31 日。

[17]《中共中央西北局发出关于加强西北修建铁路工作指示》，《甘肃政报》1951 年 1 月 23 日。

[18]《动员起来做好农村改革工作——中共西北局习仲勋书记在陕西省第一届农民代表大会开幕时的讲话》,《陕西政报》1950 年 4 月 1 日。

[19]《向中共中央西北局彭、习、马书记致敬电》,《陕西政报》1950 年 3 月 17 日。

[20]《关于传达西北局扩大会议决议的报告——张德生书记》,《甘肃政报》1950 年 2 月 25 日。

[21]《陕西省委关于贯彻西北局整顿干部作风的指示》,《陕西政报》1950 年 2 月 15 日。

[22]《将新区农村工作提高一步（西北局习仲勋书记在关中地书会议上的总结报告）》,《甘肃政报》1950 年 1 月 12 日。

[23]《中国共产党中央西北局关于整顿干部作风的指示》,《甘肃政报》1950 年 2 月 14 日。

[24]《贯彻财经政策与改进工作的方向——贾拓夫副主任在西北财经委员会第二次会议上的闭会词》,《甘肃政报》1950 年 2 月 14 日。

[25] 中共中央组织部、中共中央党史研究室、中央档案馆:《中国共产党组织史资料》(第 1—19 册)，中共党史出版社 2000 年版。

[26] 中共陕西省委组织部、中共陕西省委党史研究室、陕西省档案馆:《中国共产党陕西省组织史资料（1925.8—1987.10）》，陕西人民出版社 1994 年版。

[27] 中共甘肃省委组织部、中共甘肃省委党史资料征集研究委员会、甘肃省档案局（馆）:《中国共产党甘肃省组织史资料（1925—1987）》，甘肃人民出版社 1991 年版。

[28] 中共宁夏回族自治区委员会组织部、中共宁夏回族自治区委员会党史研究室、宁夏回族自治区档案局（馆）:《中国共产党宁夏回族自治区组织史资料（1926—1987）》，宁夏人民出版社 1992 年版。

[29] 中共青海省委组织部、中共青海省委党史研究室、青海省档案局:《中国共产党青海省组织史资料（1949.9—1987.10）》，青海人民出版社 1995 年版。

[30] 中共新疆维吾尔自治区委员会组织部、中共新疆维吾尔自治区委员会党史研究室、新疆维吾尔自治区档案局:《中国共产党新疆维吾尔自治区自治区组织史资料（1937—1987）》，中共党史出版社 1996 年版。

[31] 中国革命博物馆:《中国共产党党章汇编》，人民出版社 1979 年版。

[32] 中共中央党校党建教研室:《苏联共产党章程汇编》(内部本)，1979 年。

[33] 西北五省区编纂领导小组、中央档案馆:《陕甘宁边区抗日民主根据地》(文献卷·上下)，中共党史资料出版社 1990 年版。

[34] 西北五省区编纂领导小组、中央档案馆:《陕甘宁边区抗日民主根据地》(回忆录卷)，中共党史资料出版社 1990 年版。

[35] 陕西省档案馆、陕西省社会科学院:《陕甘宁边区政府文件选编》第 1 辑，档案出版社 1986 年版。

[36] 陕西省档案馆、陕西省社会科学院:《陕甘宁边区政府文件选编》第 10 辑，档案出版社 1991 年版。

[37] 中国科学院历史研究所第三所:《陕甘宁边区参议会文献汇辑》，科学出版社 1958 年版。

[38] 陕西省档案局:《陕甘宁边区法律法规汇编》，三秦出版社 2010 年版。

[39] 中央档案馆:《中共中央文件选集》第 7、第 8、第 10、第 11、第 13 册，中共中央党校出版社 1991 年版。

[40] 中央档案馆、中共中央文献研究室:《中共中央文件选集（1949 年 10 月—1966 年 5 月）》第 5、第 7、第 8、第 10、第 16、第 17、第 18、第 36 册，人民出版社 2013 年版。

[41] 中共中央文献研究室:《建国以来重要文献选编》（第 1~3 册），中央文献出版社 1992 年版。

[42] 中共中央文献研究室、中央档案馆:《建党以来重要文献选编（1921—1949）》（第 5、第 16、第 18、第 19、第 20、第 21、第 22、第 26 册），中央文献出版社 2011 年版。

[43] 中共中央文献研究室:《文献和研究》（1984 年汇编本），人民出版社 1986 年版。

[44] 中共延安地委统战部、中共中央统战部研究所:《抗日战争时期陕甘宁边区统一战线和三三制》，陕西人民出版社 1989 年版。

[45] 中共党史资料征集委员会:《中共党史资料》（第 8 辑），中共党史资料出版社 1983 年版。

[46] 中共党史资料征集委员会:《中共党史资料》（第 9 辑），中共党史资料出版社 1984 年版。

[47] 中共党史资料征集委员会:《中共党史资料》（第 14 辑），中共党史资料出版社 1985 年版。

[48] 中共党史资料征集委员会:《中共党史资料》（第 15 辑），中共党史出版社 1985 年版。

[49] 中共中央党史研究室、中央档案馆:《中共党史资料》（第 33 辑），中共党史出版社 1990 年版。

[50] 中共中央党史研究室:《中共党史资料》（第 44 辑），中共党史出版社 1992 年版。

[51] 中共中央党史研究室:《中共党史资料》第 45 辑，中共党史出版社 1993 年版。

[52] 中共中央党史研究室、中央档案馆:《中共党史资料》(第 80 辑),中共党史出版社 2001 年版。

[53] 中共中央党史研究室、中央档案馆:《中共党史资料》(第 82 辑),中共党史出版社 2002 年版。

[54] 中共中央党史研究室、中央档案馆:《中共党史资料》(第 103 辑),中共党史出版社 2007 年版。

[55] 中共中央党史研究室、中央档案馆:《中共党史资料》(第 111 辑),中共党史出版社 2009 年版。

[56] 甘肃省社会科学院历史研究室:《陕甘宁革命根据地史料选辑》(第 1 辑),甘肃人民出版社 1981 年版。

[57] 赵通儒著,魏建国整理:《陕北早期党史资料》,中共党史出版社 2018 年版。

[58] 陕西省地方志编纂委员会:《陕西省志・政务志》(第 50 卷),陕西人民出版社 1997 年版。

[59] 陕西省地方志编纂委员会:《陕西省志・行政建制志》(第 50 卷),三秦出版社 1992 年版。

[60] 定边县地方志编纂委员会:《定边县志》,方志出版社 2003 年版。

[61] 郝成铭、朱永光主编:《中国工农红军西路军・文献卷》(上),甘肃人民出版社 2004 年版。

[62] 王健英:《中国共产党组织史资料汇编——领导机构沿革和成员名录》,红旗出版社 1983 年版。

[63] 王健英:《中国共产党组织史资料汇编:领导机构沿革和成员名录:从一大到十四大》(增订本),中共中央党校出版社 1995 年版。

[64] 中共中央北方局资料丛书编审委员会:《中共中央北方局》(综合卷),中共党史出版社 2002 年版。

二、报刊

[1]《新中华报》。

[2]《解放日报》。

[3]《边区群众报》。

[4]《群众日报》(延安版)。

[5]《群众日报》(西安版)。

[6]《党内通讯》。

[7]《西北政报》。

[8]《陕西政报》。

[9]《甘肃政报》。

三、年谱

[1] 中共中央文献研究室:《毛泽东年谱（1893—1949）》（修订本）（上、中、下卷），中央文献出版社 2013 年版。
[2] 中共中央文献研究室:《朱德年谱》（新编本）（中），中央文献出版社 2006 年版。
[3] 中共中央文献研究室:《刘少奇年谱（1898—1969）》（上、下卷），中央文献出版社 1996 年版。
[4] 中共中央文献研究室:《周恩来年谱（1898—1976）》（修订本），中央文献出版社 1998 年版。
[5] 中共中央文献研究室:《周恩来年谱（1949—1976）》（上卷），中央文献出版社 1997 年版。
[6] 中共中央文献研究室:《任弼时年谱（1904—1950）》，中央文献出版社 2014 年版。
[7] 中共中央文献研究室:《陈云年谱》（上、中卷），中央文献出版社 2000 年版。
[8] 王焰主编:《彭德怀年谱》，人民出版社 1998 年版。
[9] 李烈主编:《贺龙年谱》，人民出版社 1996 年版。
[10]《彭真传》编写组:《彭真年谱》，中央文献出版社 2012 年版。
[11]《董必武年谱》编纂组:《董必武年谱》，中央文献出版社 2007 年版。
[12] 王树盛、郝玉峰:《乌兰夫年谱》，中共党史出版社 1989 年版。
[13] 中共中央文献研究室:《邓小平年谱（1904—1974）》（上），中央文献出版社 2009 年版。
[14]《李先念传》编写组、鄂豫边区革命史编辑部:《李先念年谱（1909—1948）》第 1 卷，中央文献出版社 2011 年。

四、选集、文选、文集、文稿

[1]《毛泽东选集》（第 2~4 卷），人民出版社 1991 年版。
[2] 中共中央文献研究室:《毛泽东文集》第 2 卷，人民出版社 1993 年版。
[3] 中共中央文献研究室:《毛泽东文集》第 3、第 4、第 5 卷，人民出版社 1996 年版。
[4] 中共中央文献研究室:《毛泽东文集》第 6、第 7 卷，人民出版社 1999 年版。
[5] 中共中央文献研究室:《毛泽东书信选集》，人民出版社 2003 年版。
[6] 中共中央文献研究室:《建国以来毛泽东文稿》（第 1 册），中央文献出版社

1987 年版。
[7] 中共中央文献研究室:《建国以来毛泽东文稿》(第 2 册),中央文献出版社 1988 年版。
[8] 中共中央文献研究室、中共西藏自治区委员会、中国藏学研究中心:《毛泽东西藏工作文选》,中央文献出版社、中国藏学出版社 2001 年版。
[9] 中共中央文献研究室、中央档案馆:《建国以来刘少奇文稿》(第 1~4 册),中央文献出版社 2005 年版。
[10] 中共中央文献研究室、中央档案馆:《建国以来周恩来文稿》(第 1~2 册),中央文献出版社 2008 年版。
[11]《任弼时选集》,人民出版社 1987 年版。
[12]《陈云文选》,人民出版社 1995 年版。
[13]《彭真文选》,人民出版社 1991 年版。
[14]《习仲勋文选》编委会:《习仲勋文选》,中央文献出版社 2013 年版。
[15] 中共中央文献研究室:《习仲勋文集》(上、下卷),中央党史出版社 2013 年版。
[16] 中共中央统战部、中央文献研究室:《习仲勋论统一战线》,中央文献出版社 2013 年版。
[17]《林伯渠文集》,华艺出版社 1996 年版。
[18]《马文瑞文选》(第 1 卷),陕西人民出版社 1998 年版。
[19]《谢觉哉文集》,人民出版社 1989 年版。
[20]《王恩茂文集》上册,中央文献出版社 1997 年版。
[21]《董必武选集》,人民出版社 1985 年版。
[22]《黄克诚军事文选》,解放军出版社 2002 年版。
[23]《刘志丹文集》,人民出版社 2012 年版。
[24]《陆定一文集》编辑组:《陆定一文集》下卷,人民出版社 1992 年版。
[25] 北京新四军暨华中抗日根据地研究会淮北分会、江苏省泗洪县新四军历史研究会编:《邓子恢淮北文稿》,人民出版社 2009 年版。

五、传记

[1] 中共中央文献研究室:《毛泽东传(1893—1949)》,中央文献出版社 2004 年版。
[2] 中共中央文献研究室:《任弼时传》(下),中央文献出版社 2014 年版。
[3] 中共中央文献研究室:《朱德传》(修订版),中央文献出版社 2006 年版。
[4] 彭德怀传记组:《彭德怀全传》(二),中国大百科全书出版社 2009 年版。

［ 5 ］ 当代中国人物传记丛书编辑部:《彭德怀传》，当代中国出版社 1993 年版。
［ 6 ］ 戴茂林、赵晓光:《高岗传》，陕西人民出版社 2011 年版。
［ 7 ］《习仲勋传》编委会:《习仲勋传》（上、下卷），中央文献出版社 2013 年版。
［ 8 ］《贺龙传》编写组:《贺龙传》，当代中国出版社 2007 年版。
［ 9 ］ 刘秉荣:《贺龙全传》（四），人民出版社 2006 年版。
［ 10 ］《林伯渠传》编写组:《林伯渠传》，红旗出版社 1986 年版。
［ 11 ］《马文瑞传》编写组:《马文瑞传》，当代中国出版社 2005 年版。
［ 12 ］ 周维仁:《贾拓夫传》，中共党史出版社 1993 年版。
［ 13 ］ 中共江西省委党史研究室:《陈正人传》，中共党史出版社 2007 年版。
［ 14 ］《谢觉哉传》编写组:《谢觉哉传》，人民出版社 1984 年版。
［ 15 ］ 中共陕西省委党史研究室:《马明方》下，陕西人民出版社 2001 年版。
［ 16 ］《汪锋传》编写组:《汪锋传》，中共党史出版社 2011 年版。
［ 17 ］ 中共陕西省委党史研究室、中共志丹县委编:《曹力如》，陕西人民出版社 2018 年版。
［ 18 ］ 魏建国、张建儒主编:《史唯然》，陕西人民出版社 2021 年版。

六、回忆录、日记

［ 1 ］ 李维汉:《回忆与研究》（下），中共党史资料出版社 1986 年版。
［ 2 ］ 胡乔木:《胡乔木回忆毛泽东》（增订本），人民出版社 2014 年版。
［ 3 ］ 谢觉哉:《谢觉哉日记》（上、下卷），人民出版社 1984 年版。
［ 4 ］ 张秀山:《我的八十五年——从西北到东北》，中共党史出版社 2007 年版。
［ 5 ］《马文瑞回忆录》，陕西人民出版社 1998 年版。
［ 6 ］ 彭德怀:《彭德怀自述》，人民出版社 2019 年版。
［ 7 ］《肖劲光回忆录》，解放军出版社 1987 年版。
［ 8 ］《郭洪涛回忆录》，中共党史出版社 2004 年版。
［ 9 ］《杨尚昆回忆录》，中央文献出版社 2007 年版。
［ 10 ］ 杨尚昆:《追忆领袖战友同志》，中央文献出版社 2001 年版。
［ 11 ］ 石杰、司志浩主编:《在西北局的日子里》，陕西师范大学出版总社 2013 年版。
［ 12 ］ 师哲口述，师秋朗整理:《毛泽东的翻译：师哲眼中的高层人物》，人民出版社 2005 年版。
［ 13 ］ 吴冷西:《十年论战（1956—1966）——中苏关系回忆录》（上），中央文献出版社 1999 年版。
［ 14 ］ 吴冷西 :《回忆主席与战友》，人民出版社 2016 年版。

七、大事记

[1] 陕西省档案馆编:《陕甘宁边区政府大事记》,档案出版社 1991 年版。
[2] 张俊南、张宪臣、牛玉民编:《陕甘宁边区大事记》,三秦出版社 1986 年版。
[3] 郭刚主编:《中共中央西北局大事记》,中共中央党校出版社 2017 年版。
[4] 南开大学历史系:《中华人民共和国大事记(1953—1956)》第 2 册,河北人民出版社 1958 年版。
[5] 刘华峰、王雨亭主编:《中国共产党组织工作大事记》,辽宁人民出版社 1992 年版。
[6] 樊天顺、赵博主编:《中国共产党组织工作大事记》,中国国际广播出版社 1991 年版。
[7] 吕澄、张竹梧等:《党的建设七十年纪事(1919—1991)》,中共党史出版社 1992 年版。
[8] 洪承华、郭秀芝等编:《中华人民共和国政治体制沿革大事记(1949—1978)》,春秋出版社 1987 年版。
[9] 中共西藏自治区委员会党史研究室:《中国共产党西藏历史大事记(1949—2004)》第 1 卷,中共党史出版社 2005 年版。
[10] 富文、田中圩主编:《中国共产党新疆历史大事记》,新疆人民出版社 1993 年版。

八、相关著作

[1] 郝在今:《延安秘密——中共西北局隐蔽斗争纪实》,解放军出版社 2018 年版。
[2] 延安西北局革命旧址管理处编:《西北局纪事(1941.5—1949.6)》,陕西人民出版社 2019 年版。
[3] 延安西北局革命旧址管理处编:《走进中共中央西北局》,陕西人民出版社 2018 年版。
[4] 王敬主编:《延安〈解放日报〉史》,新华出版社 1998 年版。
[5] [美]费正清、费维恺:《剑桥中华民国史》(下卷),刘敬坤、叶宗敭、曾景忠、李宝鸿、周祖羲译,中国社会科学出版社 1994 年版。
[6] [美]李侃如:《治理中国——从革命到改革》,胡国成、赵梅译,中国社会科学出版社 2010 年版。
[7] [美]詹姆斯·汤森、布兰特利·沃马克:《中国政治》,顾肃、董方译,江苏人民出版社 2007 年版。
[8] 中共中央党史研究室:《中国共产党历史》第一卷、第二卷,中共党史出版社

2011 年版。

[9] 沙健孙主编:《中国共产党史稿（1921—1949）》第四卷、第五卷，中央文献出版社 2006 年版。

[10] 沙健孙主编:《中国共产党与抗日战争》，中央文献出版社 2005 年版。

[11] 庞松:《中华人民共和国史（1949—1956）》，人民出版社 2010 年版。

[12] 中共中央文献研究室第二编研部等:《刘少奇大辞典》，中央文献出版社 2009 年版。

[13] 中共中央文献研究室:《回忆任弼时》，中央文献出版社 2014 年版。

[14] 蔡庆新、姚勇:《任弼时的非常之路》，人民出版社 2001 年版。

[15]《习仲勋在陕甘宁边区》编委会:《习仲勋在陕甘宁边区》，中国文史出版社 2009 年版。

[16]《习仲勋革命生涯》编写组:《习仲勋革命生涯》，中共党史出版社、中国文史出版社 2002 年版。

[17]《缅怀陈云》编写组:《缅怀陈云》，中央文献出版社 2000 年版。

[18] 新华月报:《永远的丰碑》（十五），人民出版社 2007 年版。

[19] 支益民、刘揆楚主编:《中国共产党陕西省组织发展沿革概要》，陕西人民出版社 1993 年版。

[20] 朱凯、郭林、吴璋主编:《陕甘宁边区史》（解放战争时期），西安地图出版社 1993 年版。

[21] 雷云峰总编:《陕甘宁边区史》（上、中、下篇），西安地图出版社 1994 年版。

[22] 房成祥、黄兆安主编:《陕甘宁边区革命史》，陕西师范大学出版社 1991 年版。

[23] 宋寿金、李忠全主编:《陕甘宁边区政权建设史》，陕西人民出版社 1990 年版。

[24] 李文:《陕甘宁边区新闻事业》，人民出版社 2017 年版。

[25] 常紫钟、林理明主编:《延安时代新文化出版史》，陕西人民出版社 2001 年版。

[26] 刘宪曾、刘瑞棻主编:《陕甘宁边区教育史》，陕西人民出版社 1994 年版。

[27] 王金昌、张晓东编著:《陕甘宁边区经济典藏》，人民出版社 2017 年版。

[28] 董万寄主编:《中共中央西北局陕甘宁边区政府在马蹄沟》，三秦出版社 2015 年版。

[29] 王健英:《中共领导机构沿革纪实》，广东人民出版社 2001 年版。

[30] 王健英:《中国共产党组织史大事纪实（1921.7—1937.7）》（第 1~4 册），广东人民出版社 2003 年版。

[31] 王健英:《中共中央机关历史演变考实（1921—1949）》，中共党史出版社 2005 年版。

[32] 王健英:《民主革命时期中共历届中央领导集体述评》（上、下卷），中共党史

出版社 2007 年版。

[33] 杨奎松:《中华人民共和国建国史研究》1，江西人民出版社 2009 年版。

[34] 辛向阳:《百年博弈》，山东人民出版社 2000 年版。

[35] 李华:《中国共产党执政体制研究》，人民出版社 2008 年版。

[36] 唐宝富:《抗日根据地政治制度研究》，人民出版社 2001 年版。

[37] 中共中央党校党史教研部编、郭德宏主编:《十一届三中全会以来中共党史研究的新进展》，中共党史出版社 2004 年版。

[38] 梁怡、李向前主编:《国外中共党史研究述评》，中共党史出版社 2005 年版。

[39] 潘世伟、徐觉哉主编:《海外中共党史研究要览》，上海人民出版社 2012 年版。

[40] 钱承军:《建国前中国共产党报刊研究》，中国文联出版社 2009 年版。

[41] 范晓春:《中国大行政区：1949—1954 年》，东方出版社 2011 年版。

[42] 中共中央统战部:《民族问题文献汇编》，中共中央党校出版社 1991 年版。

[43] 中共中央文献研究室、中共西藏自治区委员会编:《西藏工作文献选编（1949—2005）》，中央文献出版社 2005 年版。

[44] 杨建新、徐黎丽主编:《中国西北少数民族通史》（当代卷），民族出版社 2009 年版。

[45] 中国中共党史学会编:《中国共产党历史组织机构辞典》，中共党史出版社、党建读物出版社 2019 年版。

[46] 中共中央组织部全国组织干部学院编:《中国共产党组织工作历程》，党建读物出版社 2015 年版。

[47] 中共中央组织部组织局编:《民主集中制理论与实践》，党建读物出版社 1994 年版。

[48] 赵生晖、齐连池主编:《党的组织学》，中共中央党校出版社 1993 年版。

[49] 万福义、齐连池编:《政党的组织形式和组织制度》（上、下册），华夏出版社 1994 年版。

[50] 赵生晖、万福义、叶笃初主编:《党的建设教程》，人民出版社 1995 年版。

[51] 陈红运编著:《政党组织学》，黑龙江人民出版社 2011 年版。

[52] 浦兴祖主编:《当代中国政治制度》（修订版），复旦大学出版社 1999 年版。

[53] 梁琴、钟德涛:《中外政党制度比较》，商务印书馆 2000 年版。

[54] 许睢宁:《李维汉统一战线思想与实践研究》，人民出版社 2014 年版。

[55] 罗平汉:《中国共产党群众路线思想史》，人民出版社 2013 年版。

[56] 黄正林:《陕甘宁边区乡村的经济与社会》，人民出版社 2006 年版。

[57] 杨永华:《中国共产党廉政法制史研究》，人民出版社 2005 年版。

[58] 郑辉:《延安时期中国共产党法律文化建设研究》，人民出版社 2018 年版。

[59] 曾鹿平主编:《延安大学史》，人民出版社 2008 年版。

九、相关文章

[1] 李维汉:《关于陕甘宁边区党史的几个问题》，《人文杂志》1981 年 S1 期。

[2] 李维汉:《回忆延安时的民族工作——纪念贾拓夫同志》，《民族研究》1981 年第 1 期。

[3] 马文瑞:《对习仲勋同志和西北局工作的一些回忆》，《纵横》1997 年第 8 期。

[4] 师哲:《"我们党内的母亲" ——回忆任弼时同志》，《人文杂志》1981 年 S1 期。

[5] 齐心、孙启蒙、张守宪:《中国共产党陕西地区组织的建立及其初期的革命活动》，《人文杂志》1981 年 S1 期。

[6] 阎树声、胡民新:《延安整风运动中的西北局高干会》，《人文杂志》1992 年第 6 期。

[7] 宛志亮:《整理原西北局零散档案的思考》，《档案》1994 年第 6 期。

[8] 李文、周杰:《论中共中央西北局〈党内通讯〉的批评性报道》，《国际新闻界》2009 年第 8 期。

[9] 刘明贵:《毛泽东思想民族观的集中体现——读毛泽东致彭德怀、西北局的信》，《信阳师范学院学报（哲学社会科学版）》1991 年第 3 期。

[10] 陈答才:《陈云与西北财经办事处》，《陕西师范大学学报（哲学社会科学版）》，2005 年第 5 期。

[11] 王光鑫:《任弼时与西北局高干会》，《党的文献》2022 年第 3 期。

[12] 拜学英:《热血青年投革命 干部大队援西北——西北局举办回族干部培训班始末》，《回族研究》2021 年第 2 期。

[13] 岳国芳、王晓荣:《中共中央西北局调查研究工作特点论析》，《兰州大学学报（社会科学版）》2017 年第 3 期。

[14] 王建华:《抗战时期陕甘宁边区的乡村党员登记》，《党的文献》2011 年第 1 期。

[15] 宋月红:《中共西藏工委的创建与组织沿革考述》，《中共党史研究》2007 年第 6 期。

[16] 范晓春:《新中国成立初期设立大行政区的历史原因》，《当代中国史研究》2009 年第 4 期。

[17] 董晶:《建国初期的大行政区制度始末》，《中共郑州市委党校学报》2007 年第 1 期。

[18] 贺永泰:《中共党史上的四个西北局考析》，《中共党史研究》2013 年第 4 期。

[19] 贺永泰:《延安时期中共中央西北局的历史地位和贡献——兼论西北局与中共中央的关系》，《观察与思考》2017 年第 9 期。

[20] 贺永泰:《中共中央西北局文艺座谈会历史纪实》,《延安文学》2022 年第 5 期。

十、数据库

[1] 中国共产党思想理论资源数据库。
[2] 延安大学图书馆特色数据库。

索 引

N

P

Q

R

S

T

X

Y

Z

后　记

在本篇后记里，我想主要说明和表达一下自己研究中共中央西北局（以下简称西北局）的缘起、过程和谢忱。

西北局是中共中央派出机构——中共中央局之一，1941 年 5 月在延安成立，1954 年 12 月光荣完成历史使命后撤销，历时 13 年。在中共党史上，西北局具有特殊重要的历史地位和贡献：领导根据地和国民党统治区党的工作，领导陕甘宁边区建设，领导边区政军民学系统，领导边区及西北地区的民族区域自治。在解放大西北中，参与指挥军事和领导支前工作。新中国成立后，领导建设新西北。一言以蔽之，西北局是中国共产党在西北地区的最高领导机关，领导西北地区党的各项工作。就研究而言，无论从通史还是专题史的角度来说，西北局都是一个值得研究的课题。

我是陕北人，陕北在中国的版图上位于西北，在行政区划上属于陕西省。2008 年 4 月我在复旦大学马克思主义学院参加博士研究生复试时，导师杜艳华教授问我是来自西北的贺永泰吗，我回答是的。这一问，让我觉得自己不只是陕北人、陕西人，而且是西北人。也不料这一问，竟相关到我的博士论文选题。2009 年 6 月博士论文开题前，我脑海里一直在思考写什么题目。有一天我正乘坐公交车，一闪念间想到了“西北局”3 个字，于是立即从随身衣兜中掏出笔和袖珍笔记本（那几年的一个习惯），快速记下来，颇有点“自鸣得意”。第一次向杜老师汇报，她当即同意并支持我就做西北局。我又在电话中把这个选题报告我的硕导高尚斌教授，他也表示赞同和认可，并谈了很好的意见。虽然题目基本确定了，但具体做什么，如何做，资料支撑不支撑，我心里还不是很有数。恰在这段时间，延安大学历史系梁严冰教授来华东师大开学术会，约我见面聊聊，当聊到我的博士论文选题时，他建议我按中国历史上的“局、所”研究来做，并举例说明。我采纳了他的建议，决定把西北局作为一个“局”来做。在选题聚焦的情况下，我再次向杜老师汇报，经与她讨论，最终将题目确定为《中共中央西北局组织系统研究（1941—1954）》。

在研究西北局的同时，我对其他中央局也有所关注，并费了不少功夫。曾以为做了许多无用功，说与杜老师，她鼓励我说，这些功夫都不会白费。果不其然，2011年博士毕业后，我成功获批2012年教育部课题《中共中央局的组织建制、领导体制和工作机制研究》。2017年春，经延安大学张纯厚教授推荐，陕西师范大学出版总社尹海红编辑联系出版我的博士论文，在后来谈及如何出版时，她建议我最好申报国家社科基金项目，因为以项目的形式资助出版更有价值和含金量。我在与她交谈中形成了《中共中央西北局体制机制研究（1941—1954）》的选题，2018年我如愿获批国家社科基金后期资助项目。

在完成国家社科基金后期资助项目的过程中，要感谢的人很多。首先感谢我的导师杜艳华教授，她指导有方，信任并放手让我去做博士论文。博士毕业后，杜老师指导我与她共同完成她主持的国家社科基金规划项目“马克思恩格斯现代性思想体系及其影响研究”，分配我撰写著作的下篇，后来该著作荣获2018年上海市第十四届哲学社会科学优秀成果奖学科学术奖著作类一等奖。2021年她成功获批第二个国家社科重大项目“中国共产党迈向第二个百年对人类社会进步发展的新贡献研究”，分配我承担其中的一个子课题《开辟新道路：中国共产党迈向第二个百年对世界现代化发展贡献的研究》。本书付梓出版前，她阅读了书稿并欣然作序。师恩浩荡，没齿难忘！感谢我的硕士导师高尚斌教授在我从上大学到硕士研究生再到留校任教及至今天给予我工作、事业和生活上的关心和帮助，2002年他指导我完成了《论邓小平人的现代化思想研究》的硕士论文，为我开启了现代化研究之门，我能有现在的发展，与高老师的指导是分不开的。在研究过程中，陕西省社科院李忠全研究员、原陕西省委党史研究室副巡视员贾巨川、原陕西省档案馆法规处刘玉川处长、西安理工大学马克思主义学院院长梁严冰教授、陕西师范大学出版总社尹海宏编辑、子洲县委史志研究室原主任董万寄、延安大学杨利文博士和雷小倩博士，以及延安西北局革命旧址管理处李静和王慧等在不同方面给予我支持和帮助，在此一并表示谢忱！

在获准国家后期资助项目立项时，收到5位匿名专家的评审意见，结项时，又收到两位专家对项目成果的反馈鉴定意见，这些意见都十分中肯、切中要害，均在书稿完成和最终出版前被充分吸收并在书中加以体现。在此对专家们提出的宝贵意见和建设性建议深表敬意和感谢！

最后我想说的是，家人的支持是我人生道路上最坚强的后盾！感恩我的父母，虽然他们离世了，但始终是我为事业奋斗的力量源泉和永恒动力；感谢我的妻子张文欢对我申报和完成教育部项目和国社科基金后期资助项目的支持，对我工作、生活的关心和照顾；儿子贺楚涵是我申报并完成课题研究的信心与希望；感谢我的兄长及家人对我的亲情助力！

从 2006 年接触西北局文件至今，我在西北局研究方面完成了博士论文，并在此基础上先后获批一个教育部人文社科研究一般项目和一个国家社科基金后期资助项目，2013 年在《中共党史研究》第 4 期发表《中共党史上的四个西北局考析》一文并荣获 2015 年陕西省第十二次哲学社会科学优秀成果论文类二等奖。近年来，又陆续发表了有关西北局研究的十余篇论文，可以说在这方面取得了初步的成绩。研究西北局进而中共中央（分）局是我从事中共党史研究的一个重要领域，我也想在这方面的研究中有所建树，但由于自己能力和水平有限，很多地方有待于继续深入探究。现在呈现在读者面前的这本拙著难免错讹不当之处，敬请大家批评指正。

贺永泰

2024 年 4 月于延安大学萃园校区